イラスト・図説でよくわかる

# 江戸の用語辞典

江戸人文研究会＝編
善養寺ススム＝文・絵

廣済堂出版

# はじめに

お初にお目にかかります。このたびは本書をお買い上げいただきまして、誠にありがとうございます。

あたしは、上野・善養寺町に店を構えます、貸本屋の善右衛門と申します。こうして本を担ぎまして、武家屋敷から裏長屋まで、本を貸したり、売ったり、お望みの本を取り寄せたりするのが商売でございます。

毎日江戸の町を上から下まで、歩いておりますんで、江戸のことにはちょいと詳しいんで、案内役を務めさせていただきます。とは申しましても、あたしは学者じゃありませんので、あくまでも時代物を読むために役立つ情報としてですがね。

## 【江戸二百六十年】

そもそも江戸は二百六十年と、それは長い年月がありますんで、一口に「江戸時代は」なんて括ったりはできないんで、だいたい四期に分けて語られます。

江戸初期にはまだ気の荒い戦国時代の風習が色濃く、文化的には上方が中心でございました。江戸中期になりまして、文化の中心が江戸に移ります。平和が定着し、武士も穏やかになりつつ、よりストイックになってまいります。江戸後期は江戸文化が成熟した頃ですな。文化も花咲きますが、武士の風習や気質が庶民にも広まって、身分の違いが小さくなってまいります。そして幕末の十年は、またきな臭い時代となって、あらゆることが変わってまいります。

　年号のわかるものは、その都度説明させていただき、だいたいのものは、「江戸初期」「寛永の頃」などおおざっぱな説明をお許しください。年代を特定しないものは、「二百六十年の間にそんなこともあった」くらいにお考えくださいまし。

　時代以外に、同じ江戸でも下町か山の手か、はたまた武士か庶民か、土地や階級によっても、習慣や呼び名が変わるものもございます。それらを全部は紹介できないんで、本書では、一般的にいわれるものの中から、日本橋~浅草での庶民の説を中心に説明させていただきます。中にはあたしの好みで、こっちの説のが面白えやってんで選んだのもございますがね。

　こんなことをいっちゃあ何ですが、あたしの説明と、時代小説のシーンと嚙み合わない場合もあるやもしれません。時代小説の場合は「歴史小説」と呼ばれますような時代考証の深いものと、単に「舞台を江戸に設定しただけの小説」まで、様々でございます。「江戸を舞台にしただけ」のものは、あまり時代考証にこだわらず、自由な創作で書かれています。また、時代劇では、撮影セットの都合や、見た目に慣れないなどの理由で、アレンジしてあることも多いので、それは意図や理由あってのこととしてお楽しみくださいまし。

## 【町人と庶民】

　本書では、天皇陛下は「帝《みかど》」としています。一方、農民、職人、商人など、公家や武家を除く人々は「庶民《しょみん》」と表現しております。微妙なところでは「町《ちょう》人《にん》」というのがあります。一般には庶民と同義で使われますが、狭義では、庶民の中でも、表店《おもてだな》を営む以上の方々で、税金を納め、町の行政に関わる家の者を申しまして、貧しい裏長屋の住人などは含まれません。本書では、町人と庶民は使い分けております。

## 【江戸の間思考《ましこう》】

江戸の人々の考え方を理解するには「間思考」というキーワードが役に立ちます。

今日の方は、物事を「点思考」で捉えますが、当時の方は「間思考」が基本でございました。それは、時間感覚にも見られます。皆さんは「十二時」と申しますと、十二時ピッタリのことを指しますが、当時は「九ツ」なら九ツの間、約二時間全てを指しました。だもんですから「九ツに来て」といいますと、鐘の音を聞いてから「どれ、行くか」と動き始めまして、到着するのは三十分後か一時間後になります。ピッタリに来て欲しい時には「鐘の鳴り終わるまでに」などといわなければなりませんでした。

人を見る時もまた「仕事や経歴、趣味」など、個人の情報ではなく、「親や家系、所属」などを見ました。本人よりも、どのような人々の「間」にいるかを重視したからでございます。これが社会の基準ですから、責任も個人だけでなく所属する者全員に及びました。

この間思考というのは、一見曖昧で理不尽に思えますが、その反面、当事者は曖昧さの中から答えを出す判断力と責任が求められる考え方でもありました。社会の管理もまた間思考が基本で、それぞれの所属社会に、一義的な裁量権がございました。ですからそのルールも、今日の法律のように万人に共通するものではなく、所属する社会によって異なりました。

武士は『武士道』に見られるように、厳しく己を律して、忠義に励むことが求められましたが、庶民はそれとはずいぶん異なりました。それは江戸中期に全国に出された『正徳《しょうとく》の高札』に見ることができます。

《正徳の高札》

一、みんな仲良くして、下の者にやさしく、奉公に精をだしなさい。
一、仕事にしっかり励み、欲張ってはなりません。
一、他人に迷惑をかけず、いつもキチンとしていなさい。
一、博奕《ばくち》はいけません。
一、喧嘩はいけません。騒動に加わったり、怪我人をかくまったりしてはなりません。
一、鉄砲は禁止。隠していたら重罪に処します。
一、盗賊などを知らせた者には、褒美を与えます。
一、死刑執行の見物をしてはいけません。
一、人身売買は禁止です。永年使った者には、それに見合う処遇をしなさい。また、遠国に妻のある者を呼び返して働かせてはいけません。

これが、庶民の法です。贅沢《ぜいたく》を禁じ勤勉であれということは同じですが、武家と違い、ずっと人情主義でございましょ？　この違いが江戸の人々の暮らしに大きく影響しておりました。

## 【本書の使い方】

項目は「あ」から「わ」まで順に並べてあります。各頁《ぺーじ》の下角の■には、その頁に扱う項目の頭文字を表示してあります。その隣には、その頁に扱う「最初の項目」と「最後の項目」を記しております。

解説中の【】は、他に項目があり解説されている語でございます。

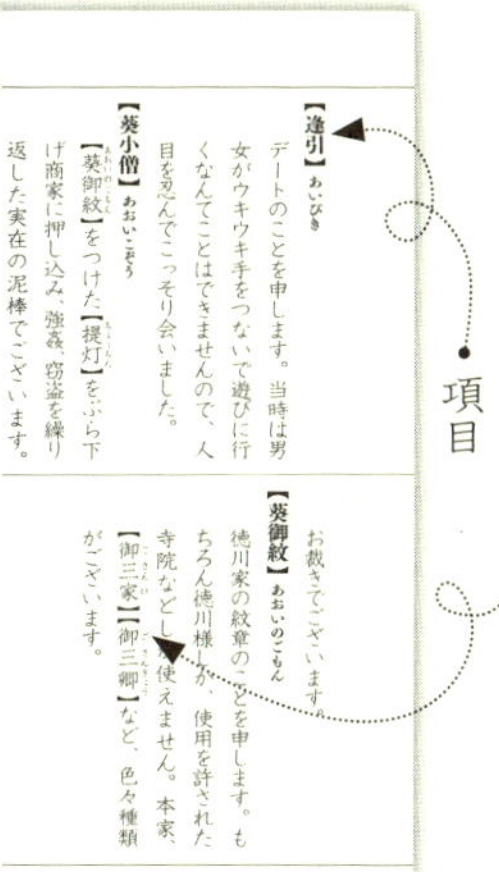

お裁きでございます。
【葵御紋】あおいのごもん
徳川家の紋章のことを申します。もちろん徳川様しか、使用を許された寺院などしか使えません。本家、【御三家】【御三卿】など、色々種類がございます。
【逢引】あいびき
デートのことを申します。当時は男女がウキウキ手をつないで遊びに行くなんてことはできませんので、人目を忍んでこっそり会いました。
【葵小僧】あおいこぞう
【葵御紋】をつけた【提灯】をぶら下げ商家に押し込み、強姦、窃盗を繰り返した実在の泥棒でございます。
項目

# もくじ

コラム



巻末コラム

# 歴代将軍

| | 一代 | 二代 | 三代 |
|---|---|---|---|
| 西暦 | 一六〇三 | 一六〇五 | 一六二三 |
| 元号 | 慶長八年 ← | 慶長十年 ← | 元和九年 ← |
| 将軍 | 一代・家康《いえやす》 | 二代・秀忠《ひでただ》 | 三代・家光《いえみつ》 |
| 御姿 |  |  |  |
| 御台所 | 正室＝築山殿<br>継室＝朝日姫 | 正室＝小姫<br>継室＝江与 | 正室＝鷹司孝子 |
| この時代の元号 | 慶長 | 慶長・元和 | 元和・寛永・正保・慶安 |

**【初代将軍・家康《いえやす》】**

天文十一年生～元和二年（一五四二～一六一六）四月十七日没。享年七十五 ◆御台所＝正室＝築山殿（鶴姫、駿河御前）。織田信長の命により斬首。＝継室＝朝日姫。豊臣秀吉の家臣の妻で、離縁させられお輿《こし》入れ ◆キーワード＝「朱印船貿易」「大坂冬・夏の陣」「武家諸法度制定」「禁中並公家諸法度制定」「大御所」

**【二代将軍・秀忠《ひでただ》】**

天正七年生～寛永九年（一五七九～一六三二）一月二十四日没。享年五十四 ◆御台所＝正室＝小姫《おひめ》（春昌院）。離縁、享年七歳。＝継室＝藤原達子《さとこ》（江《ごう》、小督、江与、崇源院《すうげんいん》）。豊臣秀吉の命で離縁し、秀忠様とは三度目の結婚 ◆キーワード＝「二元政治」「恐妻家」「一国一城令」「武家諸法度」「禁中並公家諸法度」

**【三代将軍・家光《いえみつ》】**

慶長九年生～慶安四年（一六〇四～一六五一）四月二十日没。享年四十八 ◆御台所＝正室＝鷹司孝子《たかつかさたかこ》（本理院） ◆キーワード＝「諸士法度」「寺社奉行設置」「目付と大目付を設置」「春日局」「寛永の大飢饉」「島原の乱」

**【四代将軍・家綱《いえつな》】**

寛永十八年生～延宝八年（一六四一～一六八〇）五月八日没。享年四十 ◆御台所＝正室＝顕子《あきこ》女王（浅宮、高厳院） ◆キーワード＝「寛永の遺老」「酒井忠清」「文治政治」「証人制度廃止」「伊達騒

| 一六五一 | 一六八〇 | 一七〇九 | 一七一三 |
|---|---|---|---|
| 慶安四年 ← | 延宝八年 ← | 宝永六年 ← | 正徳三年 ← |
| 四代・家綱《いえつな》 | 五代・綱吉《つなよし》 | 六代・家宣《いえのぶ》 | 七代・家継《いえつぐ》 |
|  |  |  |  |
| 正室＝顕子女王 | 正室＝鷹司信子 | 正室＝近衛熙子 | 正室＝八十宮 |
| 慶安・承応・明暦・万治・寛文・延宝 | 延宝・天和・貞享・元禄・宝永 | 宝永・正徳 | 正徳 |

動」「越後騒動」「明暦の大火」

**【五代将軍・綱吉《つなよし》】**

正保三年生～宝永六年（一六四六～一七〇九）一月十日没。享年六十四◆御台所＝正室＝鷹司《たかつかさ》信子（浄光院）◆キーワード＝「越後騒動」「天和の治」「生類憐れみの令」「綱紀粛正」「貨幣改鋳」「勘定吟味役設置」「湯島聖堂設置」「学問の推進」「赤穂浪士討入」「元禄の大地震」「富士山噴火」「犬公方」「桂昌院」「水戸光圀」「柳沢吉保」「堀田正俊」

**【六代将軍・家宣《いえのぶ》】**

寛文二年生～正徳二年（一六六二～一七一二）十月十四日没。享年五十一◆御台所＝正室＝近衛熙子《ひろこ》（天英院）◆キーワード＝「生類憐れみの令の廃止」「正徳の治」「酒税廃止」「文治政治」

**【七代将軍・家継《いえつぐ》】**

宝永六年生～正徳六年（一七〇九～一七一六）四月三十日没。享年八◆御台所＝正室＝吉子《よしこ》内親王（八十宮《やそのみや》、浄琳院宮）。生後一ヶ月で六歳の家継様と結婚◆キーワード＝「金銀復古令」「大奥・天英院対月光院の争い」「絵島生島事件」「間部詮房」「新井白石」

**【八代将軍・吉宗《よしむね》】**

貞享元年生～寛延四年（一六八四～一七五一）七月十二日没。享年六十八◆御台所＝正室＝理子《まさこ》女王（真宮《さなのみや》、寛徳院）◆キーワード＝「享保の改革」「町火消設置」「公事方御定書」「上米の令」「鷹狩」「目安箱設置」「小石川薬園・養

| 一七八七 | 一七六〇 | 一七四五 | 一七一六 |
|---|---|---|---|
| ←天明七年 | ←宝暦十年 | ←延享二年 | ←享保元年 |
| 十一代・家斉《いえなり》 | 十代・家治《いえはる》 | 九代・家重《いえしげ》 | 八代・吉宗《よしむね》 |
|  |  |  |  |
| 正室＝寧姫 | 正室＝五十宮 | 正室＝比宮 | 正室＝真宮 |
| 天明・寛政・享和・文化・文政・天保 | 宝暦・明和・安永・天明 | 延享・寛延・宝暦 | 享保・元文・寛保・延享 |

生所設置」「心中物浄瑠璃の禁止」「洋書輸入の解禁」「足高制」「相対済令」「天一坊事件」「享保の大飢饉」「水野忠之」

**【九代将軍・家重《いえしげ》】**

正徳元年生～宝暦十一年（一七一一～一七六一）六月十二日没。享年五十一 ◆御台所＝正室＝増子《ますこ》女王（比宮《なみのみや》、証明院）。御台所になる前に二十三歳で没 ◆キーワード＝「百姓一揆」「大岡忠光」「田沼意次」「小便公方」

**【十代将軍・家治《いえはる》】**

元文二年生～天明六年（一七三七～一七八六）九月八日没。享年五十 ◆御台所＝正室＝倫子《ともこ》女王（五十宮《いそのみや》、心観院） ◆キーワード＝「倹約令」「田沼時代」「賄賂政治」「重商業主義」「三原山・桜島・浅間山の大噴火」「伝馬騒動」「目黒行人坂の大火」「明和の大津波」「南陵二朱銀」

**【十一代将軍・家斉《いえなり》】**

安永二年生～天保十二年（一七七三～一八四一）一月三十日没。享年六十九 ◆御台所＝正室＝近衛寔子《ただこ》（茂姫、寧姫、広大院、一位様）。島津重豪《しげひで》娘、薩摩藩の幕府への影響力を強化。家斉様とは不仲 ◆キーワード＝「寛政の改革」「棄捐令公布」「貸金会所設置」「株仲間、専売制の廃止」「人足寄場設置」「処士横議の禁」「七分積金」「間宮林蔵の樺太探索」「異国船打払令公布」「シーボルト事件」「天保の大飢饉」「抜け参りの流行」

**【十二代将軍・家慶《いえよし》】**

寛政五年生～嘉永六年（一七九三～

| 一八三七 | 一八五三 | 一八五八 | 一八六六 | |
|---|---|---|---|---|
| 天保八年 ← | 嘉永六年 ← | 安政五年 ← | 慶応二年 ← | 慶応三年(一八六七)明治維新 |
| 十二代・家慶《いえよし》 | 十三代・家定《いえさだ》 | 十四代・家茂《いえもち》 | 十五代・慶喜《よしのぶ》 | |
|  |  |  |  | |
| 正室＝楽宮 | 正室＝鷹司任子<br>継室＝一条秀子、篤姫 | 和宮親子内親王 | 正室＝一条美賀子 | |
| 天保・弘化・嘉永 | 嘉永・安政 | 安政・万延・文久・元治・慶応 | 慶応 | |

一八五三)六月二十二日没。享年六十一◆御台所＝正室＝喬子《たかこ》女王(楽宮《さざのみや》、浄観院)◆キーワード＝「水野忠邦」「鳥居耀蔵」「姉小路」「大御所時代」「天保改革」「蛮社の獄」「上知令」「問屋株仲間を解散」「人返し令」「出版を制限」「黒船来航」「大塩平八郎の乱」「化政文化の開花」「お由羅騒動」「芝居弾圧」

**【十三代将軍・家定《いえさだ》】**

文政七年生〜安政五年(一八二四〜一八五八)七月四日没。享年三十五◆御台所＝正室＝鷹司任子《たかつかさただこ》(天親院)＝継室＝一条秀子(澄心院)＝継室＝藤原敬子《すみこ》(篤姫、天璋院)。薩摩より二人目のお輿入れ◆キーワード＝「日米和親条約」「阿部正弘」「堀田正睦」「篤姫」「島津斉彬」「ペリー」「ハリス」「三日コロリ」

**【十四代将軍・家茂《いえもち》】**

弘化三年生〜慶応二年(一八四六〜一八六六)七月二十日没。享年二十一◆御台所＝正室＝和宮親子《かずのみやちかこ》内親王(静寛院宮)◆キーワード＝「桜田門外の変」「公武合体」「兵庫開港」「神戸海軍操練所」「日米修好通商条約調印」「長州征伐」「井伊直弼」

**【十五代将軍・慶喜《よしのぶ》】**

天保八年生〜大正二年(一八三七〜一九一三)十一月二十二日没。享年七十七◆御台所＝正室＝一条美賀子◆キーワード＝「幕末」「軍制改革」「西欧留学の推進」「鳥羽伏見の戦い」「王政復古の大号令」「軍艦・開陽丸」「大政奉還」

# 江戸市中図

この地図は天明～寛政の頃（一七八一～一八〇一）のものです。この頃の江戸の人口は、百二十八万人を越え、すでに世界一の大都市でございました。ちなみに同じ頃のロンドンの人口は約八十六万人だそうです。武士と庶民の人口割合は、だいたい半々でしたが、住む土地には大きな差がありました。

地図の白い部分が「武家地」でして、江戸の約六十％を占めます。一方、濃い色の部分が庶民の住む土地です。約二十％しかありませんでした。庶民のほとんどが【芝《しば》】～浅草、深川あたりに集中しておりました。残りの二十％は寺社でございます。

# 江戸市中図

飛鳥山
板橋宿
千駄木
入谷村
根津神社
寛永寺
駒込
根津
護国寺
大塚町
駒込追分
水戸殿
不忍池
音羽町
池之端
古川町
小石川町
本郷町
上野広小路
早稲田
水戸殿
水道橋
湯島聖堂
牛込町
昌平橋
尾張殿
小石川御門
神楽坂
牛込御門
飯田町
筋違御門
雉子御門
神田
田安御門
一橋御門
田安御門
清水御門
竹橋御門
尾張殿
市ヶ谷御門
常盤橋御門
番町
江戸城
大手御門
新宿
呉服橋御門
四ッ谷町
四ッ谷御門
半蔵御門
和田蔵御門
内藤大和守
麹町
馬場先御門
鍛冶橋御門
京橋
赤坂御門
桜田御門
数寄屋橋御門
紀伊殿
日比谷御門
銀座
木挽町
山下御門
溜池
虎ノ御門
新橋
宮増町
祝橋御門
愛宕山
芝
増上寺
麻布町
渋谷町
本村町
三田
一本榎木町
高輪大木戸
白金猿町
下高輪町
北品川町
目黒不動
品川宿

# 江戸の社会と司法

幕府略図

直参と江戸町人の代表的な役職と階層。この他に大奥がある。■の帯は非士分を表す

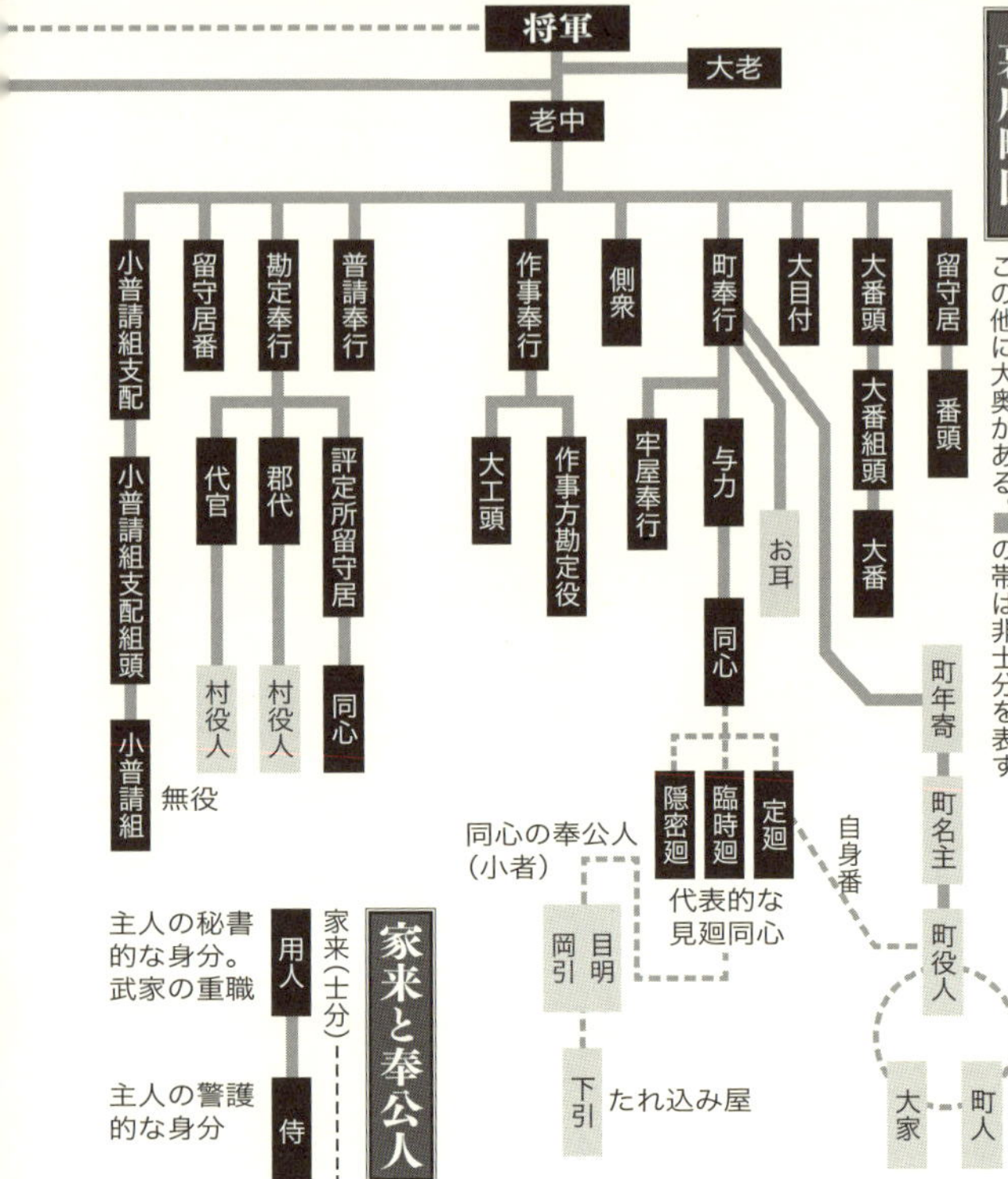


## 家来と奉公人

旗本・御家人に仕える主な身分

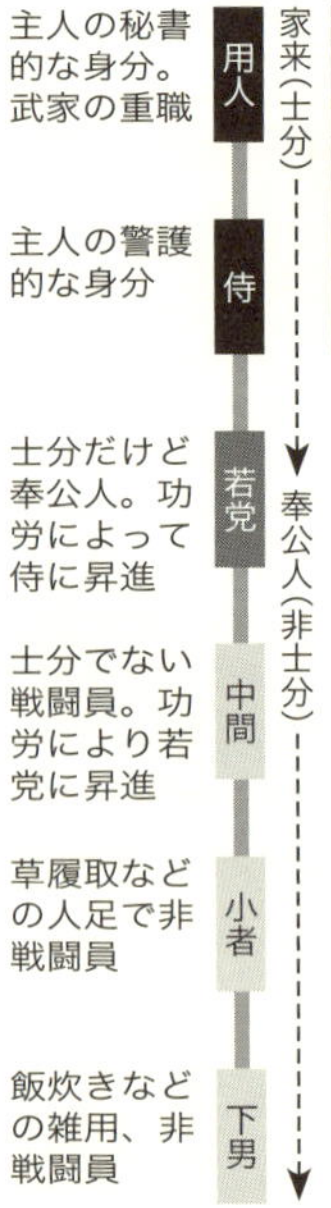


武士の地位・役職は、基本的に世襲されるものでございました。上図では格は示しておりませんが、【大名《だいみょう》】【旗本《はたもと》】【御家人《ごけにん》】と家格によって就ける役職も決まっておりました。ただし、江戸後期には、技能の必要な役職では【一代限《いちだいかぎり》】として、家格に関係なく抜擢されたり、養子に入って世襲することが行われました。ただし、旗本以上の家には親類以外からの縁組みは禁じられておりました。

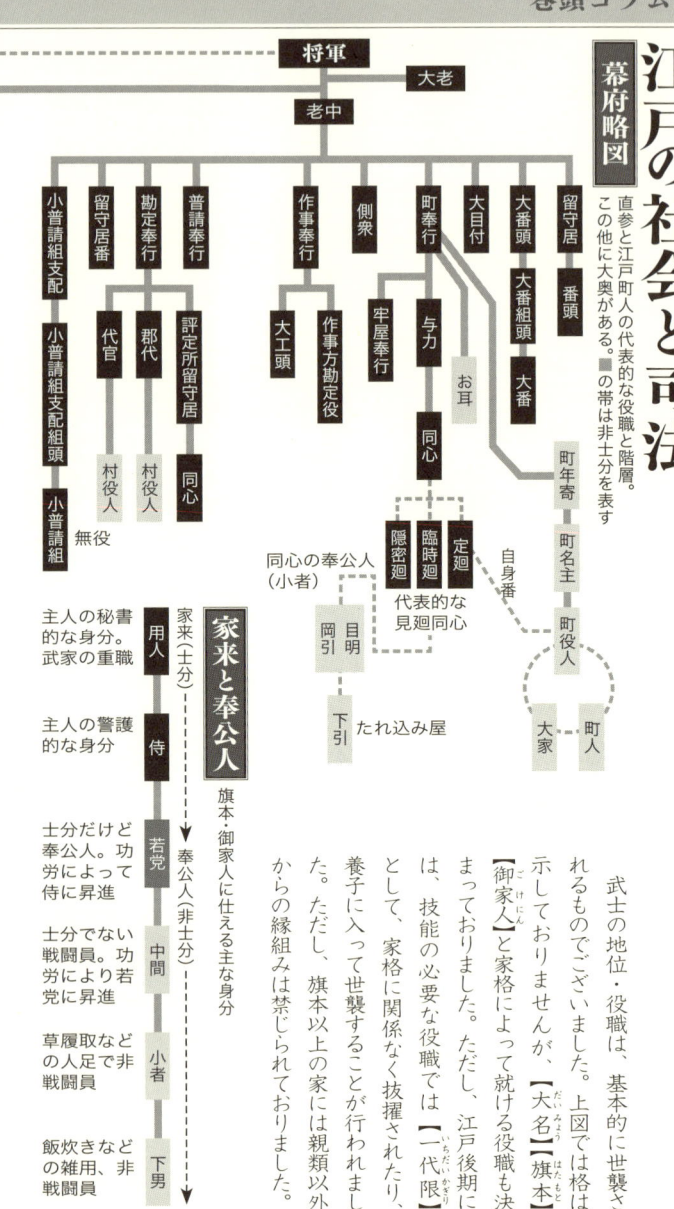

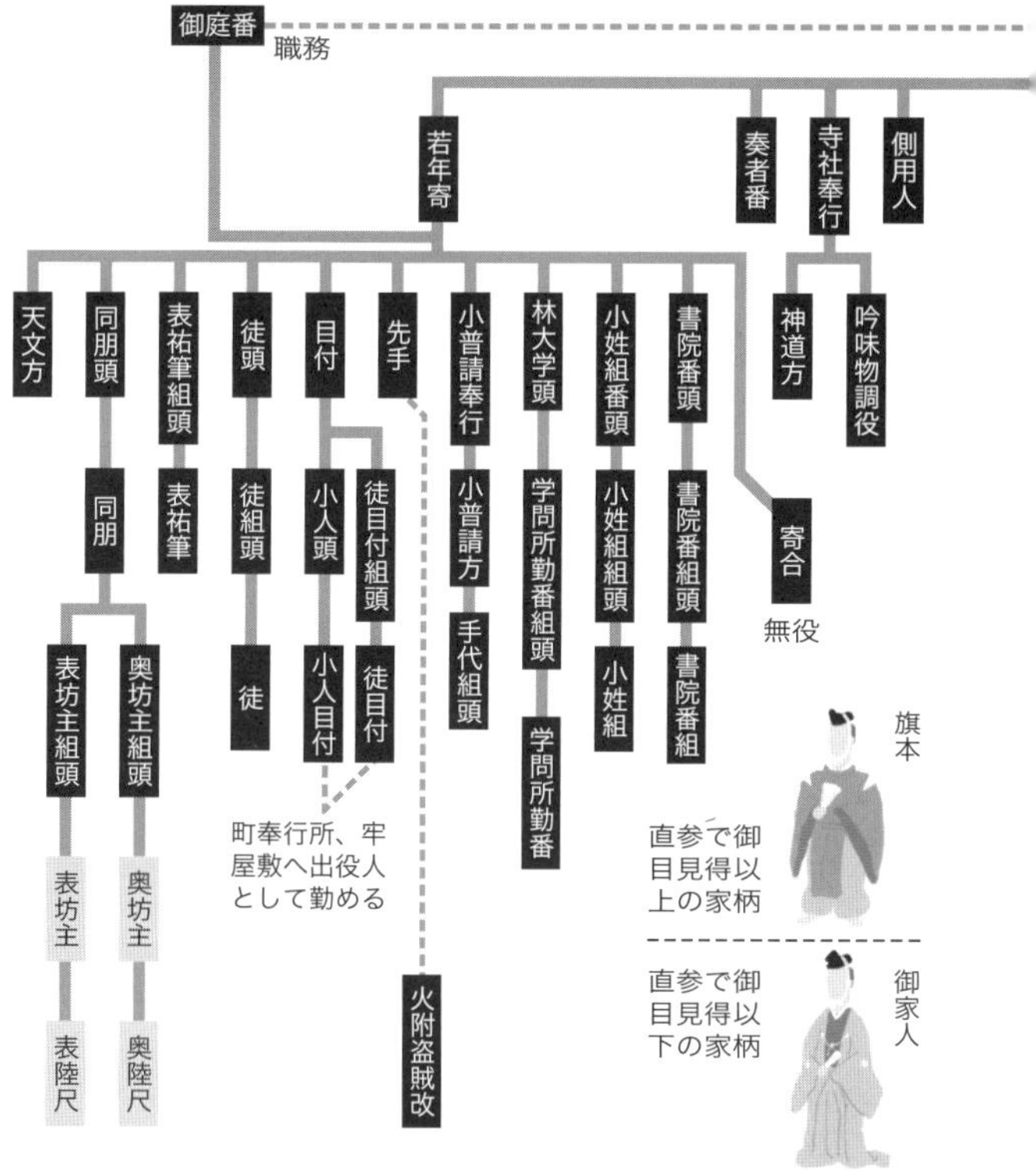


## 諸藩邸略図

大名家の代表的な役職と階層。この他、奥には女中、下女がいる

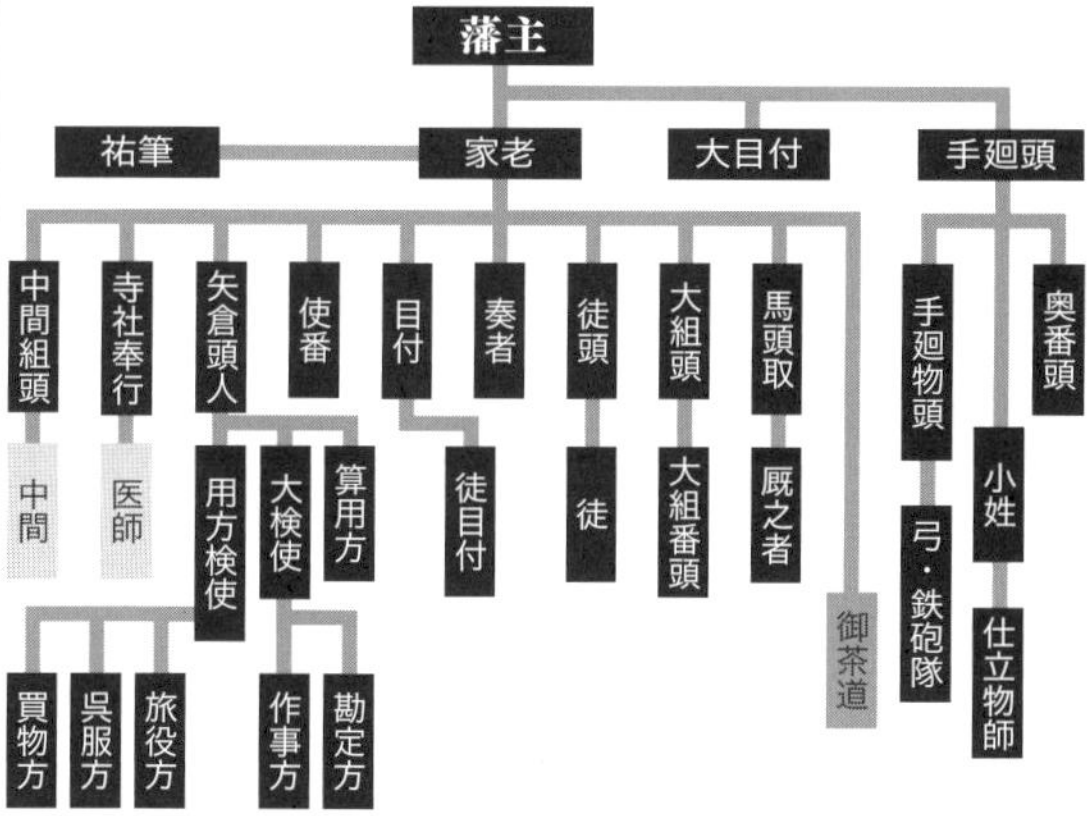

江戸時代の社会の基本は「主従関係」でございました。将軍は頂点におりますが唯一絶対の君主ではなく、それぞれの武家が抱える家来の主人は、あくまでも直属の雇い主でした。さらに、その家来も自分の家来を抱え、主従関係をもっております。庶民もまた【奉公人《ほうこうにん》】は主人に、【長屋《ながや》】では【家主《いえぬし》】に、【町人《ちょうにん》】は【町年寄《まちどしより》】にと、入れ子構造の主従関係で社会を構成し、自治管理しておりました。このため幕府は自治の根底を揺るがす【逆罪《ぎゃくざい》】や、管理外にいる【無宿者《むしゅくもの》】には厳しく対応いたしました。

そして、日常の揉めごとは自治体内で解決するのが基本でございます。各自治体の手に余ったり、幕府が問題視した事件、事故が司法機関によって【吟味《ぎんみ》】され、処分されました。【大名《だいみょう》】は【大目付《おおめつけ》】が、【旗本《はたもと》】や【御家人《ごけにん》】は【目付《めつけ》】が、僧侶、神官は【寺社奉行《じしゃぶぎょう》】が取締りを管轄し、【関八州《かんはっしゅう》】や幕府直轄領、管轄を越える複雑な事件は【勘定奉行《かんじょうぶぎょう》】が、そして、江戸庶民は【町奉行《まちぶぎょう》】が取締りました。

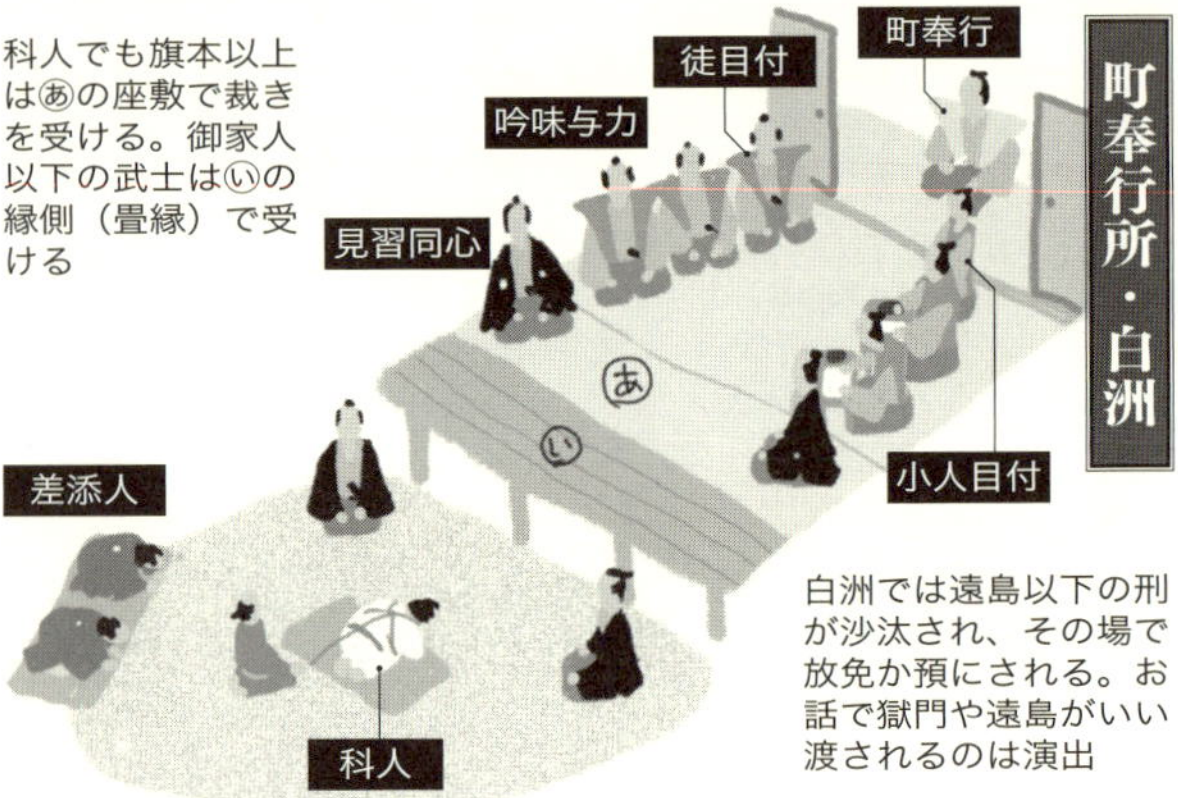


科人でも旗本以上はあの座敷で裁きを受ける。御家人以下の武士はいの縁側（畳縁）で受ける

白洲では遠島以下の刑が沙汰され、その場で放免か預にされる。お話で獄門や遠島がいい渡されるのは演出

その他、世の中が荒れますと、【御《お》先手組《さきてぐみ》】から【火附盗賊改《ひつけとうぞくあらため》】が組織され、【三奉行《さんぶぎょう》】では手の付けられない荒くれ者や盗賊などを管轄に関わらず取締りました。他の奉行は検使を臨席させたり、判例集を作るなどして冤罪《えんざい》の防止や、公平性の保持に努めましたが、火附盗賊改は怪しければすぐ捕縛し、吟味せずに斬ることもございました。

【科人《とがにん》】が収檻されるのは町奉行が管理する【牢屋敷《ろうやしき》】でございます。当初は受刑者と容疑者が一緒に入れられておりましたが、やがて禁固刑者は、佐渡島や石川島へ移され、労役となりました。また、病気や十五歳以下の者は「溜《ため》」と呼ばれる、【非人頭《ひにんがしら》】管理の病檻《びょうかん》に送られました。

牢屋敷には【石出帯刀《いしでたてわき》】の屋敷と【揚《あげ》屋座敷《やざしき》】【揚屋《あげや》】【大牢《おおろう》】【百姓牢《ひゃくしょうろう》】「女揚屋(女囚)」【二間牢《にけんろう》】の六種類の獄舎と、吟味や【責問《せきもん》】をする「穿鑿所《せんさくじょ》」、それに拷問をする「拷問蔵《ごうもんぐら》」、さらに処刑をする「仕置場《しおきば》」がございました。五百石以上の武士は牢には入れられず、親類や関係者の家に「預《あずけ》」にされます。

裁きを下す【白洲《しらす》】は、町奉行所、火附盗賊改の屋敷にあり、町奉行所では【遠《えん》島《とう》】以下の刑を【沙汰《さた》】いたしました。それ以上の刑は、【老中《ろうじゅう》】が詮議し、牢屋敷で沙汰されました。また、武士や【座頭《ざとう》】などは吟味の後、それぞれの管理者に引き渡されることもあります。その場合、裁きは管理者が行いました。

## 牢屋敷

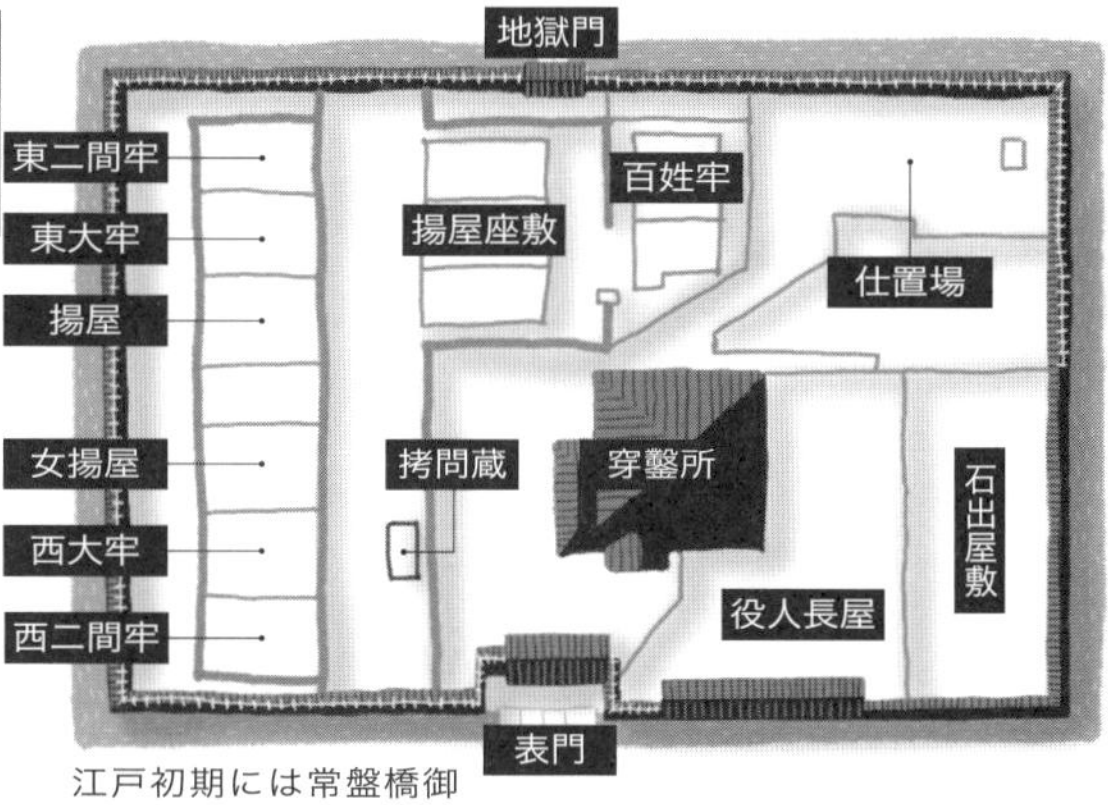


江戸初期には常盤橋御門外にあったが、後に大伝馬町に移転した

## 敲刑

敲刑は、数は絶対に減らされないが、痛がればば手加減された

拷問には【笞打《むちうち》】【石抱き《いしだき》】【海老責《えびぜめ》】【吊責《つるしぜめ》】の四種類がございました。このうち吊責以外は【責問《せきもん》】と呼ばれます。水責や水牢、木馬などは、江戸時代の【町方《まちかた》】では使いませんでした。笞打と石抱きは穿鑿所で行われ、海老責と吊責は拷問蔵で行われました。これらは、「殺人」「放火」「盗賊」「関所破り」「謀書謀判《ぼうしょぼうはん》（文書偽造）」の容疑者に限り、明らかな証拠や、仲間の自白などがある場合のみ、老中の許可を得て行われました。

自白するまで半年でも続けられますが、殺してしまわないように検使や医者が監視いたしました。それでも自白しない場合は【察斗詰《さっとづめ》】として、老中の裁許により、死刑となりました。

百五十回くらい敲きます

笞打

初級：太縄で後手に締め上げられこれだけでも痛い

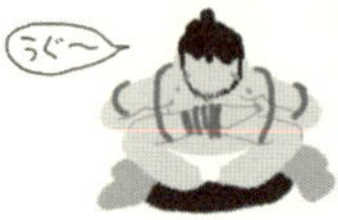
うぐ〜

海老責

上級：体を屈まされ細縄で縛られる。内臓が圧迫され辛い！

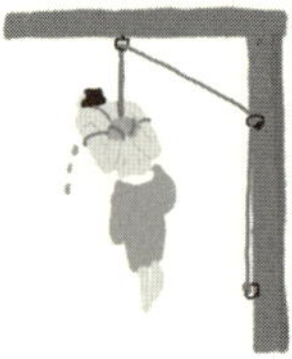

吊責

特級：後手に縛られ釣下げられる

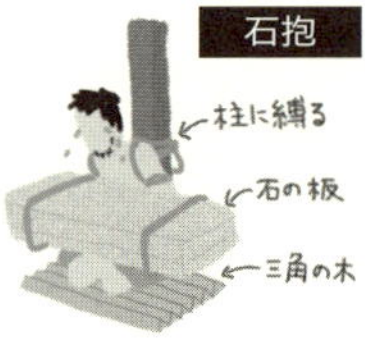
柱に縛る
石の板
三角の木

石抱

中級：十露盤に正座して膝に石板を乗せられる最高十枚！

拷問に身分の差はございません

「敲《たたき》」は終了後、放免されますので、牢屋敷の表門前で執行されました。「所払《ところばらい》」は御裁き後、差添人《さしぞえにん》に引き渡され、「追放《ついほう》刑《けい》」は近くの【見附《みつけ》】へ護送され、そこで縄を解かれました。遠島に処せられる者は、霊岸島か金杉橋で、世話番の【御船《おふな》手《て》】に受け渡され、船で伊豆七島へ運ばれました。【下手人《げしにん》】や【死罪《しざい》】は牢屋敷内の仕置場で執行され、【獄門《ごくもん》】の場合は斬られた首だけが、浅草か品川の刑場に運ばれて晒《さら》されました。【火炙《ひあぶり》】【磔《はりつけ》】【鋸挽《のこぎりびき》】は【引《ひ》き廻《まわ》し】の後、刑場で執行されました。

無宿者だけは無罪でも、刑期満了でも放免されず、佃島の【人足寄場《にんそくよせば》】か佐渡島へ送られました。

| | | 刑罰 | 内容 |
|---|---|---|---|
| 正刑 | | 下手人《げしにん》 | 斬首。希望すれば親族が遺体を引き取れる |
| 正刑 | | 死罪《しざい》 | 斬首の上、遺体は試し斬りに。引き取り不可 |
| 正刑 | | 火炙《ひあぶり》 | 引き廻しの上、焼死刑 |
| 正刑 | | 獄門《ごくもん》 | 引き廻しの上、斬首。試し斬り後、首は晒し |
| 正刑 | | 磔《はりつけ》 | 市中引き廻しの上、磔柱に縛り処刑後、三日間晒し |
| 正刑 | | 鋸挽《のこぎりびき》 | 引き廻しの上、二日間首まで埋められ晒したのち磔刑 |
| 正刑 | | 所払《ところばらい》 | 住む町から追放 |
| 正刑 | | 江戸払 | 江戸市外へ追放 |
| 正刑 | | 追放 | 庶民は江戸十里四方追放（日本橋を中心に直径十里の江戸市外へ追放）。士分には中追放、重追放がある（闕所し、現住国と犯罪地、主要国、主要街道から追放） |
| 正刑 | | 遠島《えんとう》 | 伊豆七島へ送られ、恩赦が出るまで労働奉仕か自給自足 |
| 正刑 | | 耳切り・鼻削 | 耳、鼻を切り落とす。享保以後は敲に変更 |
| 正刑 | | 敲《たたき》 | 軽敲は五十回の笞打ち。女性は五十日の禁固、重敲は百回の笞打ち。女性は百日の禁固 |
| 正刑 | | 牢《ろう》 | 過怠牢は禁固刑。永牢は終身刑 |
| 正刑 | | 押込《おしこめ》 | 謹慎 |
| 正刑 | | 叱責《しっせき》 | お叱りを受ける。急度叱りはキツイ叱り |
| 属刑 | | 引き廻し | 市中引き廻しは牢屋敷から市中を廻り牢屋敷へ戻る。五箇所引き廻しは牢屋敷から刑場へ向かう間 |
| 属刑 | | 晒《さらし》 | 日本橋の袂で三日間の晒者になる |
| 属刑 | | 墨刑《ぼっけい》 | 腕に二輪の入れ墨を入れる |
| 属刑 | | 闕所《けっしょ》 | 財産没収。不動産の場合と、動産を含める場合がある |
| 属刑 | | 非人手下《ひにんてか》 | 非人頭に預けられ奉仕生活者となる。人別帳も移される |
| 閏刑 | 士分 | 逼塞《ひっそく》 | 謹慎。夜は潜り門より出入可 |
| 閏刑 | 士分 | 閉門《へいもん》 | 門を閉めて窓をふさいで謹慎 |
| 閏刑 | 士分 | 蟄居《ちっきょ》 | 一室に謹慎または隠居し家督を子孫に譲る |
| 閏刑 | 士分 | 改易《かいえき》 | 身分除籍、扶持を没収 |
| 閏刑 | 士分 | 預《あずけ》 | 沙汰までの拘束、刑罰としての拘束。大名預 ( 五百石以上の武士 )、町預、村預、親類預、宿預などがある |
| 閏刑 | 士分 | 切腹 | 自ら腹を切る。裁き前であれば家督は安泰 |
| 閏刑 | 士分 | 斬罪《ざんざい》 | 死刑と同じ、身分没収 |
| 閏刑 | 僧侶 | 追院 | 官職を解き、寺に戻ることを禁ずる |
| 閏刑 | 僧侶 | 構《かまえ》 | 所属の派や宗に戻ることを禁ずる |
| 閏刑 | 庶民 | 過料《かりょう》 | 罰金刑。応分過料は身分・財産によって科する |
| 閏刑 | 庶民 | 戸〆《とじめ》 | 戸口を釘打ちして閉ざし謹慎 |
| 閏刑 | 庶民 | 手鎖《てぐさり》 | 手錠をして謹慎。三十日～百日 |
| 閏刑 | 女性 | 剃髪《ていはつ》 | 髪を剃り親族の保護観察処分 |
| 閏刑 | 女性 | 奴《やっこ》 | 女性のみに科される労働刑。保護観察処分 |

# 江戸の通貨

江戸時代の通貨は金・銀・銭の「三貨制度」と申しますが、実際に使われたのは紙幣を含めた四種類でございました。

㊀ 銭＝銅貨。庶民が日常生活で使いました。これを束ねたものを「緡《さし》」と申しまして、九十六枚で百文、九百六十枚で千文として使いました。【鐚銭《びたせん》】とは粗悪な輸入古銭などを申しまして、〇・五文〜〇・一文として勘定されました。

㊁ 金＝もっぱら武士の【禄《ろく》】や報奨、高額な商売の取引に用いられ、江戸で流通いたしました。

㊂ 銀＝商売の取引、大工の手間賃、駕籠の代金など、高額な支払いに用いられました。江戸中期までは【称量貨幣《しょうりょうかへい》】と呼ばれる、重さで取引されるものだけ

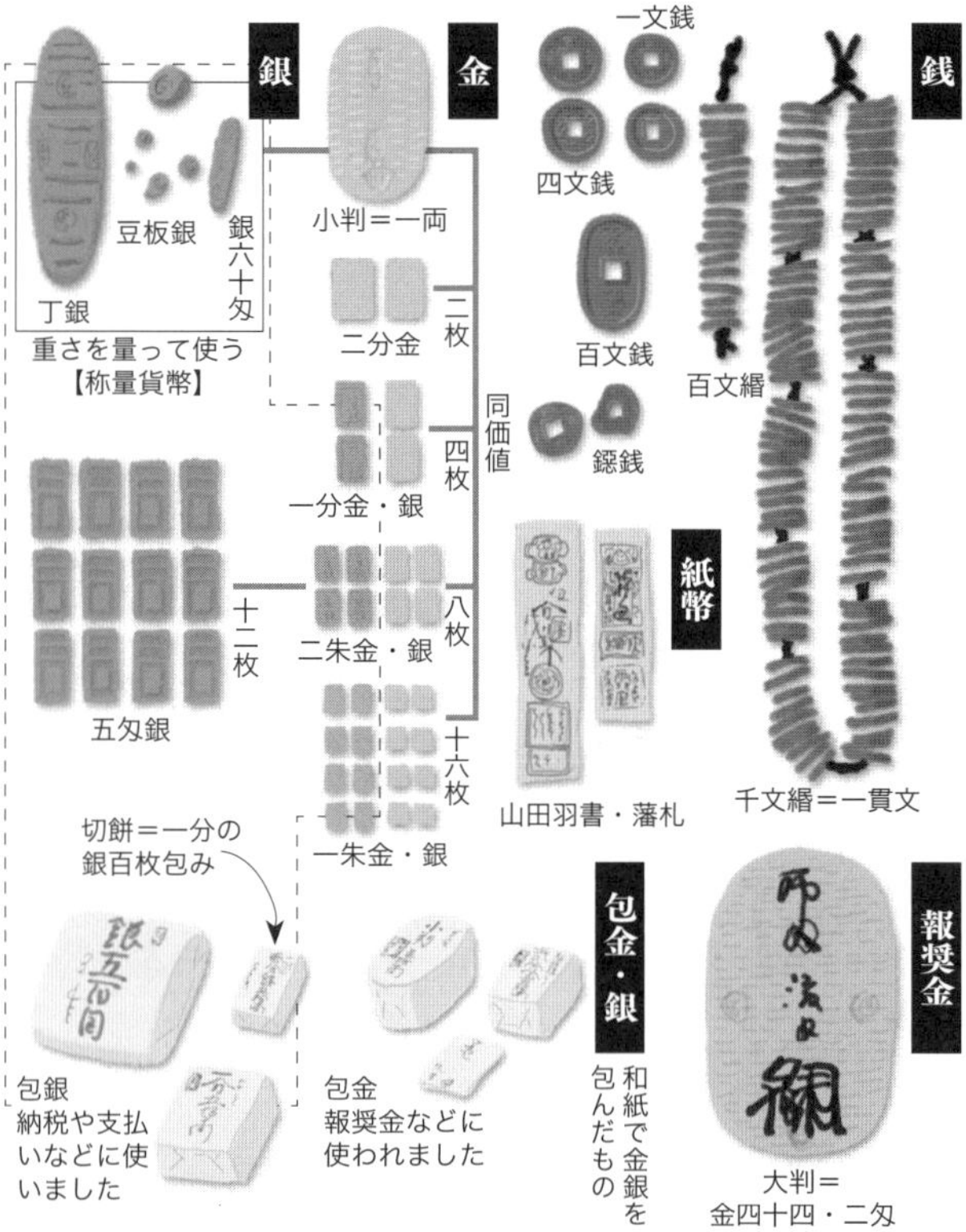

でございました。日常では【豆板銀《まめいたぎん》】や一分銀などの少額銀がよく使われました。ただし、金、銀、銭は全く別の貨幣ですので、一万円札と百円玉のように混ぜて使われることはありませんでした。

㈣紙幣＝【山田羽書《やまだはがき》】や【藩札《はんさつ》】などで、換金の約束手形のようなものでして商人や藩が発行いたしました。

金〜銀〜銭の交換は【両替商《りょうがえしょう》】で行います。レートは毎日の相場によって変動しました。年代や換算基準によって大きく異なりますが、最もわかりやすいのは一両＝銀六十匁＝銭四千文＝米百八十キロ＝今日で十万円という換算です。

**【金遣いと銀遣い】**

江戸では反物などの高価な商品は「金」で、同じものでも上方では「銀」で取引されました。このため「関東の金遣い、関西の銀遣い」と申しますが、江戸で銀を使わなかったわけではございません。江戸でも大工の手間賃など、大きな商いは銀で支払われました。なにせ金は最低でも一朱＝二百五十文、と単位が大きいですし、逆に銭は四文と細かいですから、百文以上の支払いには、不便でございます（百文銭は天保六年（一八三五）発行）。

一方、関西では、金の産地が少ないですし、武家も少なかったので、金貨があまり流通しませんでした。また、銀なら〇・一匁単位で使えますので商売に便利でした。そのため商人の比率が高い上方では、おのずと銀が好まれました。

ちなみに一匁とはどんな重さかと申しますと四グラム弱でして、今日の五円玉くらいの重さでございます。

# 江戸の時刻と月読

当時の時刻は大きく分けて二種類の時を使っておりました。ひとつは、鐘がご～んと鳴って「おや、もう七ツだね」なんていう、【時《とき》の鐘《かね》】で知る生活時刻で、これを「不定時法」と申します。もうひとつは、一刻の長さが二時間に固定された「定時法」で、「何時に七ツの鐘を鳴らせ」だの「巳刻《みのこく》に登城せよ」など、主に御役目に使われたものでございいす。

**【不定時法】**

時の鐘は、日の出前を「明け六ツ」、日没後を「暮れ六ツ」として、その間を六等分したものでございました。朝と夜それぞれ六刻なので、一日は十二刻となります。昼夜の一刻の長さは、季節によって変わりますが、平均二時間としますと、その半分の一時間を【半時《はんとき》】、四分の一の三十分は【四半時《しはんとき》】【小半時《こはんとき》】と申しました。これは太陽を見てもわかるんで、庶民はもっぱらこちらを用いました。

また、一日の区切りは今日のように午前零時ではなく、明け六ツでございました。ですから夜明け前の出来事は「昨日のこと」となります。

### 不定時法

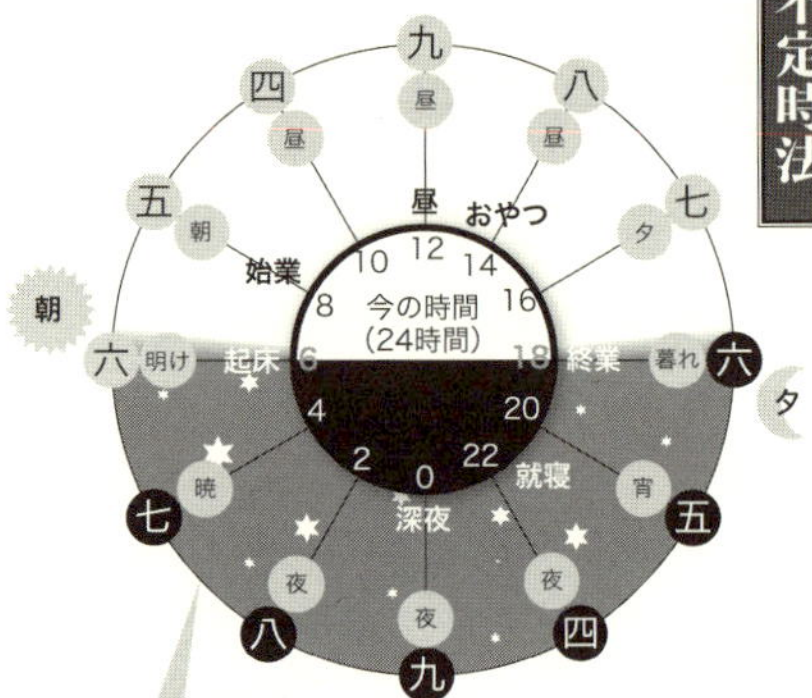


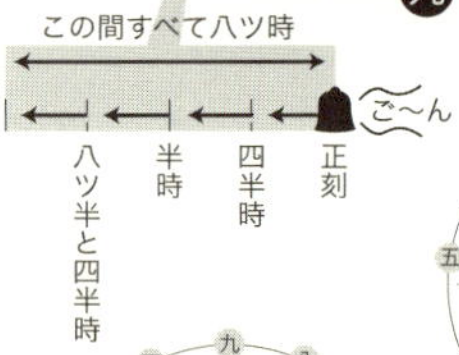


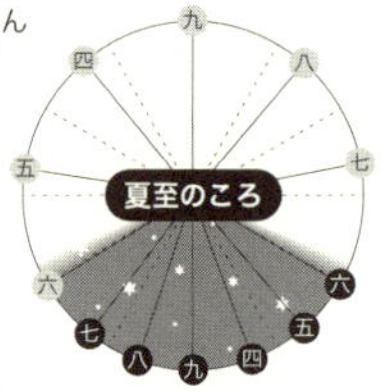


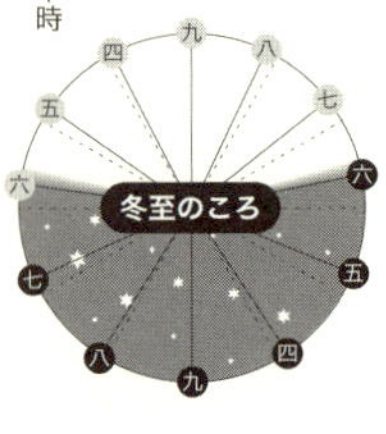

**【定時法】**

今日と同じように、一刻の長さがいつも同じものを申します。一日が十二刻なのは不定時法と同じですが、時刻の名は「子・丑・寅・卯・辰・巳・午・未・申・酉・戌・亥」の干支で表します「十二辰刻法」が使われました。

一刻の分け方には二種類ありまして、三等分して「上・中・下」と呼ぶものと、四等分して「一ツ・二ツ・三ツ・四ツ」と呼ぶ方法でございます。

幽霊の出ます「草木も眠る丑三《うしみ》ツ時《どき》」は、「丑刻《うしのこく》の三ツ時」の意味でございます。定時法での一刻は二時間ですので、三ツ時とは、三番目の三十分間、つまり今日の二時～二時半に当たります。また、不定時法でも「十二辰刻法」で呼ぶ方法もございました。

さらにややこしいことに、今日の午前零時は「子刻《ねのこく》の正刻《せいこく》」を指すというものと、「子刻の始まり」を指すのだというふたつの解釈がありました。

どうしてこんなに複雑なのかと申しますと……、それは時間の定義が曖昧だったからでございます。

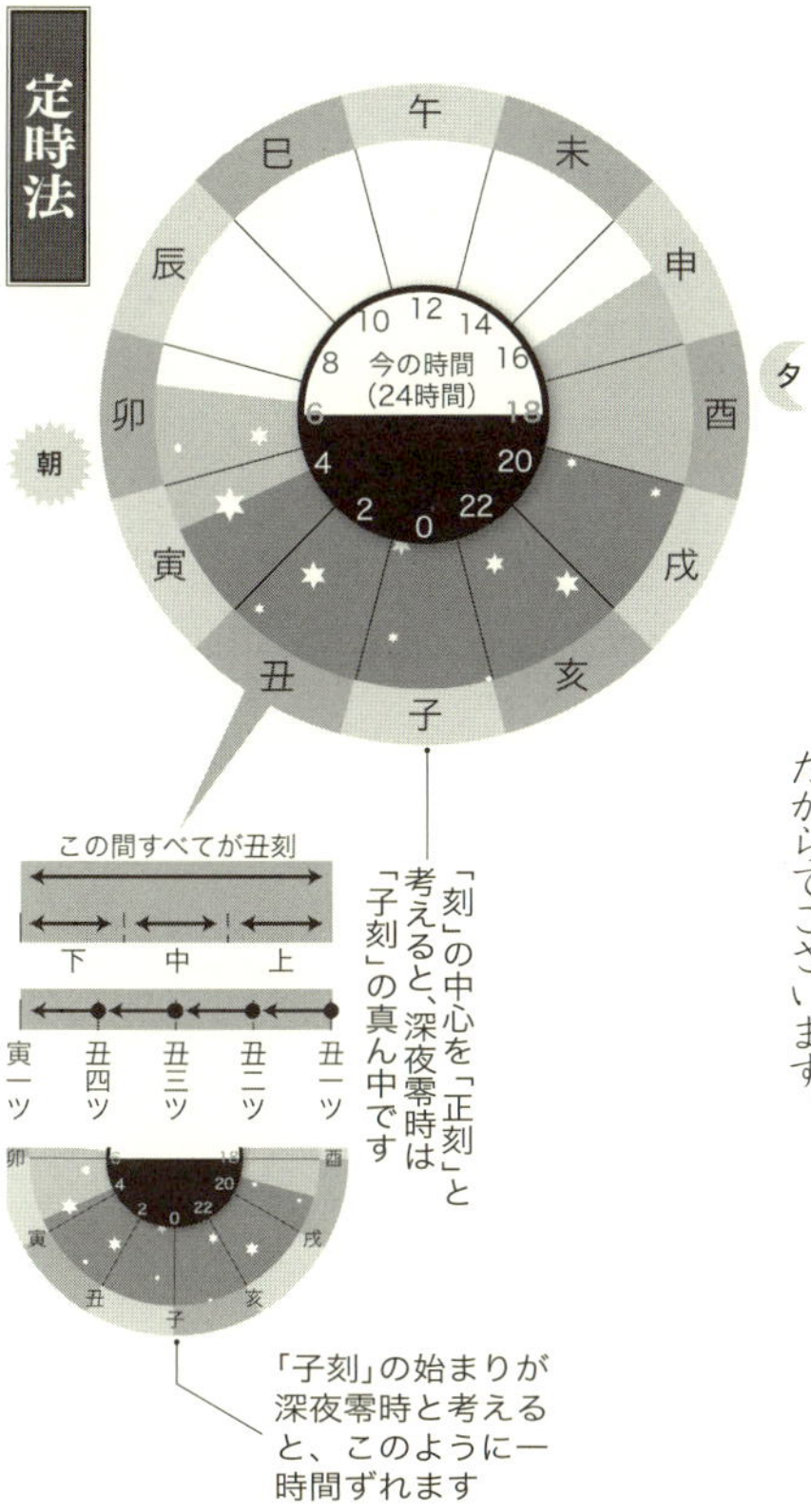

当時の人は月を見上げれば、今日が幾日かわかったもんでございます。これを「月読《つくよみ》」と申します。

なにしろ「ひと月」は月の満ち欠けで数えておりましたから。ですんで、お話の中に月の名前が出てきますのは、日付と同じ意味があります。そして、満月を見ますと、「月も半ばですなぁ」と感慨深く思ったものです。

**【朔日】ついたち**

「月が立つ」という意味でして、第一日目を申します。新月ですので夜には月が出ず暗夜となります。反対に昼に昇りますので、日食は朔日に起こります。

**【若月】わかづき**

二日目の月で、まるで夜空が目をつ

ぶったような薄月でございます。

**【三日月】みかづき**

三日目頃の月で、「眉月《まゆづき》」とも申します。夕刻、沈む太陽の近くに見えます。

**【夕月】ゆうづき**

四日頃の月を申します。「遊月」なんて書いたりもいたします。

**【上弦の月】じょうげんのつき**

七日頃の月でございます。「七日月」「弦月《ゆみはり》」とも申します。暮れ六ツ（日暮れ）にちょうど右半分の月が真南の高いところにございます。

**【十三夜月】じゅうさんやづき**

満月の二日前の月で、この月の姿も美しいと愛されました。

**【小望月】こもちづき**

満月の一日前の月でございます。「十四日月」「十四夜月」とも申します。

**【望月】もちづき**

満月のことです。「十五夜月」ともいい、「三五《さんご》の月」とも申します……三×五＝十五だからですな。日没と同時に東に昇ります。

**【十六夜】いざよい**

「いざよい」とは「ためらう」の意味で、日没後に、少々間をおいて昇ってきます。満月の少し欠けた月でございます。

**【有明の月】ありあけのつき**

「残月《ざんげつ》」とも申しまして、夜が明けても空にある月を申します。十五夜以降の月は昇るのが遅いので、午前中も空に浮かんでおります。

**【立待月】たちまちづき**

十五夜を過ぎますと、月は日没後に昇るようになります。立ったまま「月はまだか？」と待っていますと上がる月で、十五夜の二日後でございます。

**【居待月】いまちづき**

十五夜から三日後の月を申します。月待ちの際、立ち疲れて座った頃に出る月という意味です。

**【臥待月】ふしまちづき**

十五夜から四日過ぎますと、月を待っているうちに眠くなりますな。で、横になった頃に出る月でございます。「寝待月」とも申します。

**【亥中の月】いなかのつき**

「更待月《ふけまちづき》」とも申しまして、十五夜から五日過ぎますと、待てどもなかなか出てきません。だいたい亥刻《いのこく》（二十二時）の中頃になって昇ってまいります。

**【下弦の月】かげんのつき**

「二十三夜」とも申しまして、ちょうど左半分の月でございます。子刻《ねのこく》（二十四時）頃に昇ってまいります。

**【二十六夜】にじゅうろくや**

月の出が最も遅い夜でございまして、三日月のちょうど反対の月を申します。昇りますのは夜明け前です。これ以後は朝陽に重なって月は見えなくなります。

**【月籠・月隠】つきごもり**

月が隠れ始めます、晦日《みそか》前の月でございます。「晦」と書いて「つごもり」とも読みます。

# 江戸時代の度量衡

| 長さ | | |
|---|---|---|
| 一寸《すん》 | 0.1 尺 | 3.03 センチ |
| 一尺《しゃく》 | 10 寸 | 30.3 センチ |
| 一間《けん》 | 6 尺 | 1.818 メートル |
| 一町《ちょう》 | 60 間 | 109.08 メートル |
| 一里《り》 | 36 町 | 3.927 キロ |

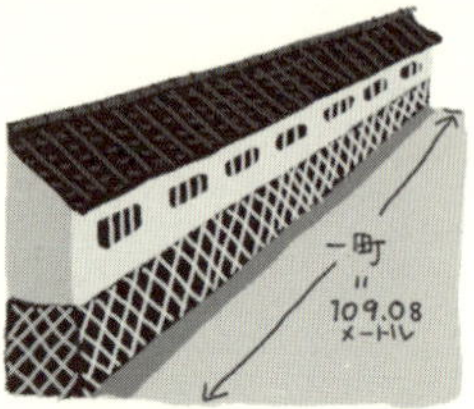


| 量 | | |
|---|---|---|
| 一合《ごう》 | 10 勺《しゃく》 | 0.18 リットル |
| 一升《しょう》 | 10 合 | 1.8 リットル |
| 一斗《と》 | 10 升 | 18 リットル |
| 一石《こく》 | 10 斗 | 180 リットル |
| 一俵《ひょう》 | 3.5 斗 | 63 キロ |

※江戸に集まる俵のほとんどは三〜四斗でした。そのため、禄の支払いには十俵で三・五石と計算されました

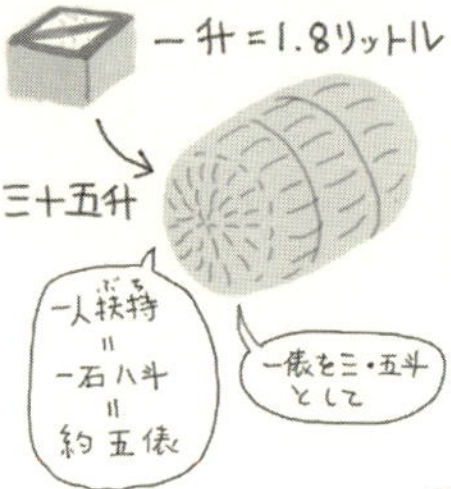


| 重さ | | |
|---|---|---|
| 一匁《もんめ》 | 0.006 斤 | 3.75 グラム |
| 一斤《きん》 | 160 匁 | 600 グラム |
| 一貫《かん》 | 6.25 斤<br>1000 匁 | 3.75 キロ |

| 広さ | | |
|---|---|---|
| 一平方尺《へいほうしゃく》 | 0.027 坪 | 0.09 平米《へいべい》 |
| 一坪《つぼ》・一歩《ぶ》 | 36.66 平方尺 | 3.3 平米 |
| 一畝《せ》 | 30 坪 | 99.1736 平米 |
| 一反《たん》 | 10 畝 | 991.736 平米 |
| 一町《ちょう》 | 10 反 | 9917.36 平米 |

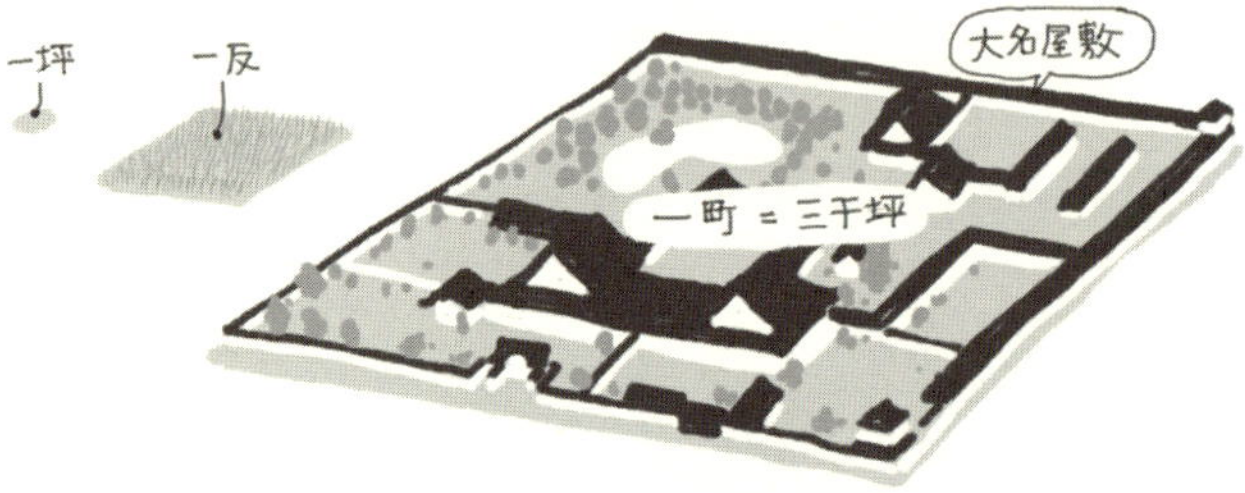

# 江戸の用語辞典

浮世絵＝喜多川歌麿『教訓親の目鑑　ばくれん』の一部

# 【あ】

**【匕首・合口】** あいくち

一般に「懐刀《ふところかたな》」のことを申します。鍔《つば》のない柄《つか》と鞘《さや》がぴったり合う作りの刀のことでございます。長さを表す【九寸五分《くすんごぶ》】という表現もされます。武士の正装時や妻女が持ちます護身用の武器です。

**【相対死】** あいたいじに

今日の【心中《しんじゅう》】のことです。当時心中といえば「心中立て」と申しまして、相思相愛の証を立てることを意味しました。その証には、切った髪や指を贈るなどがございまして、最後が相対死であります。ずいぶん色気のない呼び名ですが、これは八代・吉宗《よしむね》様が「心中」が「忠」の字に似ていることを嫌い使用を禁じ定めたとされております。

　見合い結婚がほとんどの時代でしたから、恋愛の末に死を選ぶ悲恋話は、庶民の人気ナンバーワンの話題でした。江戸や上方で事件が起きますと、噂は数日のうちに【瓦版《かわらばん》】に刷られ販売されたり、【人形浄瑠璃《にんぎょうじょうるり》】になって演じられました。しかし、死にそこなって騒ぎになりますと、【晒《さら》し者《もの》】にされたうえ【非人手下《ひにんてか》】など厳しく罰せられ、大変困ったことになりました。

**【間の宿】** あいのしゅく

【宿場《しゅくば》】と宿場の間にある休憩地のことでございます。宿場として認められておりませんので【旅籠《はたご》】はなく、公に泊まることはできません。

## 江戸の愛と結婚

### 【結婚】けっこん

当時、武士と中流以上の庶民の結婚は、プライベートな感情で決められるものではなく、この先ふたりで暮らしていけるかどうか、身内の勘定で決められるものでございました。ですんでダメンズ好きの方には辛いですな。

もちろん、どちらかが見初《みそ》めて結婚話へ進展することもございますが、その場合も両親・親類のお眼鏡に叶っていることが条件でした。なにしろ連帯責任社会ですので、一族の結婚は決して他人事ではなかったのです。

結婚生活の風習も今日とはだいぶ異なりまして、結婚をしても氏《うじ》は変わりませんし、家紋も別々です。また、所有権も別です。女性は結納金と嫁入り道具を持って嫁ぎますが、これは夫婦の所有物ではなく、あくまでも嫁のものでした。つまり、旦那が勝手に質に入れることもできませんし、離婚するとなればキッチリ返さなければならない決まりでした。この結納金のことを【敷金《しききん》】とも申します。まるでマンションを借りるみたいですが、娘を守るための保険みたいなものだといえましょう。その他、共稼ぎは【銘々稼《めいめいかせ》ぎ】と申しますが、稼いだお金はそれぞれ個人のものでした。

### 【夫婦の情】ふうふのじょう

当時は見合い結婚が基本で、好き合ったからといって一緒になれませんでした。と、こういわれますと、夫婦愛なんかないみたいですが、そんなこたぁありません。結婚してから育むものがございまして、これは愛や恋とは呼ばず人情と申します。

恋は「落ちる」ものですが、情は「絆《ほだ》される」ものだそうでございます。

【逢引】あいびき
デートのことを申します。当時は男女がウキウキ手をつないで遊びに行くなんてことはできませんので、人目を忍んでこっそり会いました。

【葵小僧】あおいこぞう
【葵御紋《あおいのごもん》】を付けた提灯《ちょうちん》をぶら下げ商家に押し込み、強姦、窃盗を繰り返した実在の泥棒でございます。【長谷川平蔵《はせがわへいぞう》】に現行犯で捕らえられ、犯罪の詳細を取らずに【獄門《ごくもん》】となりました。なぜかと申しますと、被害女性の名前などが記録に残らないようにするためでした。長谷川様というお方は、【粋《いき》】ですねぇ！　法より情が優先できる江戸時代ならではのお裁きでございます。

【葵御紋】あおいのごもん
徳川家の紋章のことを申します。もちろん徳川様か、使用を許された寺院などしか使えません。同じ葵御紋でも、本家、【御三家《ごさんけ》】【御三卿《ごさんきょう》】など、色々種類がございます。

徳川葵

守山三つ葵

【青本】あおほん
【草双紙《くさぞうし》】の一種でございまして、江戸中期に流行りました。題材は歌舞伎、【浄瑠璃《じょうるり》】、歴史、伝記などです。

【青物屋】あおものや
お店をかまえる八百屋さんのことでございます。【棒手振《ぼてふり》】の八百屋は【前栽売《せんざいうり》】と呼ばれまして、数種類の野菜だけを担いで売りました。野菜は青物市場で仕入れまして、農家からの直売ではございません。野菜の他に漬け物、こんにゃく、唐辛子なども扱いました。

【赤鰯】あかいわし
錆びた刀のことでございます。刀というのは実に手間のかかるものでして、手入れをしないとあっという間

に錆びてしまいます。二百六十年も平和が続きますと、武士でも刀を抜くのは手入れ時以外にはございませんので、ズボラな方は、いざという時に錆びて抜けない！　なんてことになります。

**【赤坂御門】あかさかごもん**

「赤坂見附」のことでございます。江戸城外郭門のひとつで、ここから大山道が始まります。大山道は三軒茶屋から相模国（神奈川県）に繋がる【大山詣《おおやまもうで》】の道でもございました。

**【垢抜けした】あかぬけした**

江戸っ子はとにかくサッパリしたのが好きでして、大工など汗をかく商売の方なんぞは、日に四度《よたび》も五度も風呂へ入ったものです。さらに、髭なんぞも、剃らずに抜きました。むだ毛を処理するのは【毛切石《けきりいし》】と申します石でございました。女性も毎日【湯屋《ゆや》】で、鶯《うぐいす》の糞などを混ぜて工夫した【糠袋《ぬかぶくろ》】を使いまして、お肌を磨き上げたものです。江戸の女性は【渋皮《しぶかわ》の剥《む》けたいい女《おんな》】という、白いもち肌が自慢でした。だもんですから垢抜けって申しますのは、「都会っぽい」という意味で使われます。

**【赤袢纏】あかばんてん**

【町火消《まちびけし》】の「頭」「副頭」「小頭」の三役の着る袢纏《はんてん》のことでございまして、腰と肩に赤い筋が入っておりました。ですんで赤袢纏といえば、【火消《ひけし》】の三役のことも申します。

**【赤本】あかほん**

【草双紙《くさぞうし》】の一種で表紙の赤いものを申します。内容は『猿蟹合戦』などのお伽噺で、子供向けのものでした。十頁《ページ》で一冊六〜十文程度とお安いので、【長屋《ながや》】の子供たちも楽しめました。もちろん【貸本屋《かしほんや》】でも安く借りられます。

**【赤門】あかもん**

加賀藩邸の正門のことです。朱に塗

られるのは将軍家のお姫様が嫁いだ先だけに許されました。加賀・前田家には、十一代・家斉《いえなり》様の溶姫《やすひめ》様が文政十年（一八二七）に嫁がれました。これは今日の東京大学の赤門でございますな。

**【上がり框】** あがりかまち

【土間《どま》】と座敷の間にあります縁側《えんがわ》の部分を申します。履き物を脱ぎはきするための腰掛けでございます。

**【揚がり座敷】** あがりざしき

「上がり座敷」とも書きます。【旗《はた》本《もと》】や【御家人《ごけにん》】などの武士や医師、僧侶用の牢座敷を申します。小伝馬町の【牢屋敷《ろうやしき》】内にありました。

**【悪所】** あくしょ

町での悪所は【遊廓《ゆうかく》】のことでございます。遊蕩《ゆうとう》する場所、【芸子《げいこ》】遊びをする場所のことを申します。「悪所狂い」は遊廓に泊まり込んで遊び惚《ほう》けることを申しまして、しまいには勘当《かんどう》になって、家をおん出されます。すると遊廓からもほっぽり出されます。なにせ勘当されちゃいますと、実家がバカ息子の遊び代を支払う法的義務がなくなりますので。

**【揚縁】** あげえん

江戸の店は【腰板障子《こしいたしょうじ》】に【土間《どま》】がほとんどでしたが、上方では揚縁に大戸《おおど》、【上《あ》げ戸《ど》】がメインでございました。揚縁は縁台のことでして、店じまいする時に持ち上げてたたみ、戸にします。上半分は木の板で閉じました。昼間の揚縁は、お客様が座って品物を見たり、品物を並べる場所として使われました。

**【揚代】** あげだい

【遊女《ゆうじょ》】や【芸子《げいこ》】【芸者《げいしゃ》】を【揚屋《あげや》】に呼んで遊ぶ代金を申します。「玉《ぎょく》代《だい》」「揚銭《あげせん》」とも申します。ちなみに【花魁《おいらん》】と遊ぼうと思いますと「初会」「裏」「馴染み」と三回で十八両

〈百八十万円〉ほどいたします。部屋持ちの遊女は二分《ぶ》くらいでした。

**【上げ戸】** あげど

【表店《おもてだな》】のシャッターです。数枚の板を入り口の柱の溝にはめ込んで使います。上に押し上げるのは「突上《つきあ》げ戸」と申します。

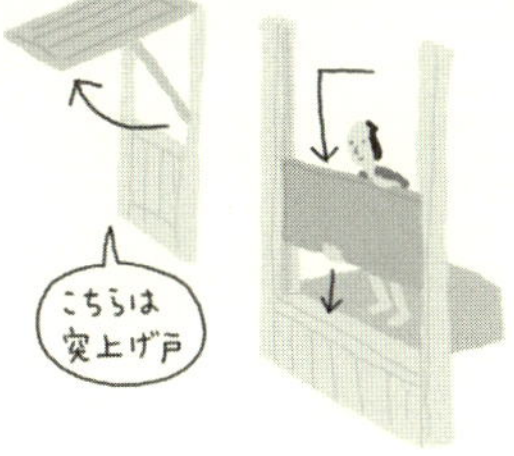


**【揚場】** あげば

㈠【揚屋《あげや》】のことを申します。「揚場入り」は【花魁道中《おいらんどうちゅう》】のことです。

㈡船の荷物を揚げる場所、船着き場を申します。特に神田川の船着き場を指しまして、【山《やま》の手《て》】のお屋敷町の荷物をここで揚げました。

**【揚屋】** あげや

㈠【吉原《よしわら》】で【花魁《おいらん》】など高級な【遊《ゆう》女《じょ》】と遊ぶ店のことです。遊女は【置屋《おきや》】におりまして、そこから呼び寄せます。お客は財布を揚屋に預けることで、酔っても安心して遊べました。しかし【張店《はりみせ》】と申します、格子の向こうで客を待つ下級遊女は揚屋に呼べませんでした。

㈡【牢屋敷《ろうやしき》】では、武士や僧侶、神官、女性を入れる獄舎をいいます。

**【揚屋座敷】** あげやざしき

【牢屋敷《ろうやしき》】にある獄舎のひとつで、五百石以下の【旗本《はたもと》】を収檻するものです。畳敷きで、食事などの世話をする者が付きます。五百石を越える武士は、牢屋敷には入れられず、親類や関係のある家に預けられます。

**【阿漕】** あこぎ

欲の限度のない者、厚かましいことを申します。伊勢の禁漁区「阿漕ヶ浦」の密猟者の意味から来ました。

**【顎付き】** あごつき

㈠訪ね先で食事が出されることを申します。

㈡得意先で食事を出されるほどに付き合いの厚い職人や【廻《まわ》り髪結《がみゆい》】

のことを申します。

【麻裏草履】あさうらぞうり

麻紐を巻いて台にした草履《ぞうり》でございます。藁《わら》や藺《い》草を編んだものより丈夫で人気になりました。

【浅葱裏】あさぎうら

「浅黄色」とも書き、新撰組の羽織に使われた水色のことです。本書の見返し（表紙裏）の紙にも使いました。

㈠ごくオーソドックスな羽織の裏地が浅葱色で、これを申します。

㈡地方のお侍の羽織が浅葱裏であることから、転じて→田舎侍のことを指します。もともとは【遊女《ゆうじょ》】の隠語で、女性の扱いを知らないことから、【野暮《やぼ》】な男とされました。

【浅草紙】あさくさがみ

リサイクル紙で作られたちり紙でございます。浅草で作られたため、こう呼ばれます。

【浅草銭】あさくさせん

浅草橋の【銭座《ぜにざ》】で作られた銭のことでございます。「御蔵銭《おくらせん》」とも呼ばれます。その他、【芝《しば》】、水戸、仙台など十五箇所に銭座があり、それぞれ地名をとって「～銭」と呼ばれますが、普通は区別いたしません。

【浅草溜】あさくさだめ

【吉原《よしわら》】に隣接する、浅草田んぼの真ん中にありました、病気や子供の囚人を収容する施設です。病人や怪我人は回復するまで、子供は大人になるまで刑の執行を猶予されました。

【浅草天文台】あさくさてんもんだい

「頒暦所御用屋敷《はんれきどころごようやしき》」と申しまして、天明二年（一七八二）に浅草の鳥越に建てられました天文観測所です。ここで幕府の【天文方《てんもんかた》】暦学者が天体を観察し、【太陰太陽暦《たいいんたいようれき》】を計算し

て【暦《こよみ》】を作りました。この暦に【土《つち》御門家《みかどけ》】が暦注《れきちゅう》を書き込み、暦屋がカレンダーを印刷し、販売したり、配ったりいたします。その他、測量、地誌編纂、洋書翻訳なども行い、日本地図を製作しました伊能忠敬《いのうただたか》もここで観測術を学びました。

**【浅草の奥山】あさくさのおくやま**

浅草観音の裏町を申します。山というのはお寺のことを指します。浅草は江戸市街の北端でしたが、現在の渋谷のような賑わいでした。

**【浅草広小路】あさくさひろこうじ**

浅草寺《せんそうじ》の参道、雷門の前の通りのことで【火除《ひよ》け地《ち》】として広く作られておりました。突き当たりは【吾妻《あずま》橋《ばし》】でして、それを渡ると本所《ほんじょ》。左に進めば向島《むこうじま》となります。

**【浅草見附】あさくさみつけ**

「浅草御門」とも申しまして、奥州街道へ続きます江戸城の外郭門です。

**【足軽】あしがる**

武士の最下級。「雑兵《ぞうひょう》」【徒同心《かちどうしん》】とも申します。日常は雑務をこなし門番や【徒《かち》】として槍、【挟箱《はさみばこ》】などを持ち、主人の外出の供をいたします。有事には最前線で兵卒として槍、弓、鉄砲隊で働きました。

**【足軽具足】あしがるぐそく**

粗末な甲冑《かっちゅう》、道具などを申します。【足軽《あしがる》】が主人からもらえるのは【陣笠《じんがさ》】のみで、武器や鎧は自分で調達いたしました。そのため、あり合わせで傷んだものが多かったそうでございます。

**【足軽大将】あしがるたいしょう**

こちらは【足軽《あしがる》】身分ではなく【物《もの》頭《がしら》】とも呼ばれます、槍・弓・鉄砲隊の隊長を申します。役に就くのは二百石～五百石の中流武士でした。

**【足軽長屋】あしがるながや**

武家屋敷内の【足軽《あしがる》】の住む【長屋《ながや》】でございます。足軽でも役の高い嫁持ちは、二間以上、トイレ、台所付きの長屋が与えられました。【奥長《おくなが》屋《や》】と呼ぶこともあります。

**【足芸】あしげい**
仰向けに寝て、足だけで樽や桶などを回したり、様々のものを積み重ねたりします大道芸、お座敷芸を申します。江戸後期はこういった芸が大変流行りました。また、足でっ楽器を演奏する芸も申します。

**【足駄】あしだ**
下駄の古い呼び名です。

**【足高制】あしだかせい**
【足高制《たしだかせい》】の項をご参照ください。

**【足中】あしなか**
船曳人足《ふなひきにんそく》が履きました草鞋《わらじ》で、つま先部分しかないものです。草鞋は濡れたところでも滑りませんし、足を守ってくれます。

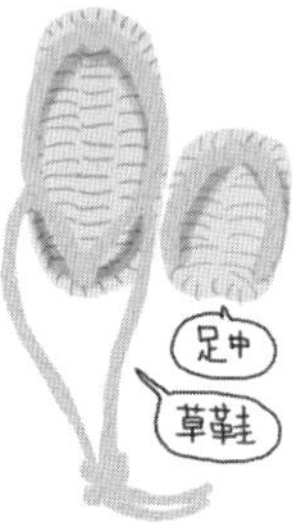


**【足下提灯】あしもとちょうちん**
下の塗輪《ぬりわ》〈重化《じゅうけ》〉を小さくして足下を広く照らせるよう工夫しました提灯《ちょうちん》を申します。図は【提灯《ちょうちん》の色々】のコラムをご覧ください。

**【飛鳥山】あすかやま**
八代・吉宗《よしむね》様によって桜の名所となり、江戸っ子の人気を集めた観光地でございます。王子《おうじ》一帯には、飛鳥明神、紀州熊野権現〈王子権現〉が祀られ、音無川《おとなしがわ》など紀州由来のものが多かったため、紀州出身の吉宗様に愛され、庶民の行楽地として開発されました。

**【梓巫女】あずさみこ**
【市子《いちこ》】のことを申します。梓の木で作った神道具の弓をもち、降霊術をいたしました。女性に人気の占いでございます。

**【吾妻下駄】**あずまげた

桐の台の上に草履《ぞうり》を付けましたもので、足触りがよく洒落ておりました。冬は暖かく、夏は汗を吸います。図は【下駄《げた》の色々】のコラムをご覧ください。

**【東講】**あずまこう

【旅籠《はたご》】の組合です。詳しくは【浪花《なにわ》講《こう》】の項をご参照ください。

**【吾妻橋】**あずまばし

浅草と向島《むこうじま》・本所《ほんじょ》を結ぶ橋でございます。安永三年(一七七四)に【大《おお》川《かわ》】に架けられました、江戸期最後の橋です。それまでは【竹屋《たけや》の渡《わた》し】と呼ばれる、渡し船が使われておりました。【町人《ちょうにん》】が寄付を募って架けた橋でして、武士以外は、ひとり二文(五十円)の通行料を取りました。

**【仇討ち】**あだうち

㊀敵討《かたきう》ちのことです。武士が主を殺された場合に、自分の手でけりをつける習わしでございました。家長が喧嘩などで斬殺された場合は、子や妻が仇討ちしなければ、お家は取り上げられたままとなります。

㊁転じて→名誉を回復することも申します。

**【愛宕山】**あたごやま

江戸の防火を願い初代・家康《いえやす》公が愛宕神社を建てられた山です。山と申しましても僅か二十五メートルしかありませんが、境内からは江戸が一望でき、江戸湾も望める景勝地でした。

**【あたぼう】**

「当たり前だ、べらぼうめ」の略でございます。「べらぼう」とは「便乱坊《べらんぼう》」と書きまして、差別言葉でございますんで「あたぼう」という方がまだ、品がございますな。

**【頭株】**あたまかぶ

集団のリーダー的存在、メインのメンバーを申します。

**【厚鬢】あつびん**

庶民男性の髪型で、時代劇でよく見かける髪型でございます。【月代《さかやき》】を狭く剃りまして、【鬢《びん》】を大きく残すスタイルです。上品な髪型とされ、剃りが少ないので手間もかからないものでした。初めは神社の宮司さんや、豪商の方々に好まれました。やがて、サッパリしたヘアスタイルに飽きたのでしょうか、こってりとした厚鬢が若者にも好まれました。図は【髪型《かみがた》の色々】のコラムをご覧ください。

**【後棒】あとぼう**

【先棒《さきぼう》】の反対で駕籠や【長持《ながもち》】の後ろ側を担ぐ者を申します。

**【穴蔵】あなぐら**

【町屋《まちや》】の床下に穴を掘って作る蔵です。火事の時に大事なものを投げ込んで守るためにも用います。

**【姉さん被り】あねさんかぶり**

女性の【手拭《てぬぐい》】の被り方を申します。掃除や外出時の埃よけに、日光を防ぐ帽子の代わりに、冷たい風を防ぐ防寒にも手拭は重宝いたしました。スタイルは綿帽子の様に後ろで結んだり、ひらりと掛けて、片口にくわえたりと色々でございます。

**【油売】あぶらうり**

【天秤《てんびん》】で売り歩く油屋さんでございまして、屋敷や【長屋《ながや》】に売りにやってまいります。一合《ごう》（百八十ミリリットル）で四十文《もん》くらいでした。一升《しょう》（一・八リットル）買いますと半値以下になるんですが、長屋住まいの方はなかなか一気には買えません。一合でだいたい二、三日分ですが、早寝すれば四、五日持ちます。「早寝早起きは三文の得」と申しますが、早寝すればだいたい三文くらいの油代は浮きますな。江戸後期になりますと、だんだん油の値段も安くなりまして、みなさん宵っ張りになってまいります。【蕎麦《そば》】や【茶《ちゃ》飯《めし》】なぞの夜食も一晩中売り歩いているくらいです。

**【油壺・油皿】** あぶらつぼ・あぶらざら

【行灯《あんどん》】の明かり用の道具でございます。油壺から油皿《ゆざら》へ油を注ぎ入れまして、油に浸した【灯芯《とうしん》】に火を点けて明かりにしました。単純なものですが、姿が美しいので凝る方は何十両もします工芸品をお持ちでした。

油には【菜種油《なたねゆ》】、椿油《つばきゆ》、荏胡麻油《えごまゆ》や【魚油《ぎょゆ》】、鯨油《げいゆ》を使いました。菜種油の方が高級で魚油はお手頃でしたが、鰯《いわし》の脂ですから点けますと魚を焼いた臭いがいたしました。

**【天照大神】** あまてらすおおみかみ・てんしょうだいじん

太陽の女性神でございまして、天岩戸に隠れた方です。両親は「伊邪那《いざな》岐《ぎ》」・「伊邪那美《いざなみ》」。兄弟が「月読《つくよみ》尊《みこと》」と「素戔嗚尊《すさのおのみこと》」で、三人兄弟を「三貴子《みはしらのうずのみこ》」と呼びます。詳しくは『日本書紀』をお読みください。

**【天の邪鬼】** あまのじゃく

㈠「あまんじゃく」とも申します。妖怪、小鬼の一種で、人と反対のことをいうなどしてイタズラを働く存在でございまして、仏教では四天王に踏みつけられております。

㈡転じて↓わざと他者に逆らう言動をする、ひねくれ者のことを申します。

**【網打ち場】** あみうちば

深川《ふかがわ》にありました【岡場所《おかばしょ》】のことを申します。深川は漁師の町ですので、それに掛けてこう呼ばれました。

**【編笠】** あみがさ

㈠藁《わら》や藺草《い》で編んだもので、骨がなくふたつに折りたたむことができまして、携帯に便利でございました。

㈡編んで作った笠の総称。図は【笠《かさ》の色々】のコラムをご覧ください。

**【編笠茶屋】** あみがさちゃや

吉原大門《よしわらおおもん》の脇にございました、武士が顔を隠すための【編笠《あみがさ》】を貸す茶屋でございます。武士はここへ寄りまして、【揚屋《あげや》】や【遊女《ゆうじょ》】を紹介してもらったりします。

**【怪】** あやかし

怪しいもの、「妖怪」「物《もの》の怪《け》」のことを申します。もともとは船を襲う海の妖怪をいいました。船が沈没させられると、海の男たちに恐れられました。

**【洗い髪】** あらいがみ

㊀ 洗髪の際に下ろした髪のこと。
㊁ 髪を洗った時の如く下げたままの髪型を申します。江戸後期に【切《き》り前髪《まえがみ》】に洗い髪という【伝法《でんぽう》】な娘の髪型として流行りました。

**【新井白石】** あらいはくせき

明暦三年～享保十年（一六五七～一七二五）江戸中期に活躍した儒学者です。六代・家宣《いえのぶ》様の時代に儒教精神に基づく政治を目指し「正徳の治」などを行い、七代・家継《いえつぐ》様まで、将軍の側近として活躍いたしました。

**【洗い張】** あらいはり

着物をバラして洗う方法でございます。洗濯時に縫い目に負担がかかりませんし、生地のゆがみを直すこともできますので、着物が長持ちいたします。洗い終わりましたら、竹籤《たけひご》製の伸子《しんし》という道具や【張《は》り板《いた》】で平らに張り、糊を付けて乾かして仕立て直します。反対にバラさないで洗う方法を【生《い》き洗《あらい》】と申します。

**【荒神様】** あらがみさま

【へっつい】の神様でございまして、どのお宅でも、火を使う場所にお祀りしております。【荒神様《こうじんさま》】とも呼ばれます。

**【荒物】** あらもの

庶民が荒物といえば、笊《ざる》や箒《ほうき》などの日用品を申します。【船問屋《ふなどいや》】などの場合は、軽くてかさばる積み荷を申します。

**【有明行灯】** ありあけあんどん

光量の調節できるカバーの付いた【行灯《あんどん》】でございます。普段は台にして使うカバーを、眠る時には覆いかぶせて光量を絞り「枕行灯《まくらあんどん》」として使います。

**【有り体】** ありてい

㈠「有りのまま」ということでして、嘘のないことを意味します。

㈡「ありきたり」という意もございます。

**【有馬の水天宮】** ありまのすいてんぐう

筑後久留米《ちくごくるめ》二十一万石の有馬《ありま》中務《なかつかさの》大輔《たいふ》【上屋敷《かみやしき》】にありましたお宮を申します。もともと屋敷内のお宮でございましたが、出入り商人の口コミで広まり、庶民に信仰されるようになりました。後に今日の人形町へ移されまして、安産の神様として信仰されております。また、有馬家は江戸一番の高さを誇る【火《ひ》の見櫓《みやぐら》】でも有名でした。

**【荒れ寺】** あれでら

廃寺《はいじ》などにより、住職がいなくなり荒れ果てた寺のことを申します。お話では悪い奴が根城《ねじろ》にしたり、【賭《と》場《ば》】にしたりいたします。寺社内は町の犯罪の取り締まりを行います【町奉行《まちぶぎょう》】の管轄外ですので、見つかってもすぐに捕まる危険がないからでございました。

同じ使われ方をするものにお堂がございます。こちらは社寺の建物のことを申します。

**【袷】** あわせ

裏地を付けた冬物の着物のことを申します。夏物は【単衣《ひとえ》】と申します。【長屋《ながや》】の連中は、汗をかく仕事が多いですから、一年中単衣で過ごしますが、女性は袷を着ました。

**【行火】**あんか

夜具の中に入れたり、炬燵《こたつ》にしたり、上に座ったりして暖をとる道具です。陶器製、石製、木製のものがありました。

**【安政の大獄】**あんせいのたいごく

安政五年（一八五八）に【大老《たいろう》】・井伊直弼《なおすけ》が自分の政治に反対する者百名以上を将軍の名を借りて弾圧した事件を申します。この結果、井伊様は二年後に桜田門の前で暗殺されま

## 行灯の色々

当時は大都会の江戸市中であっても日暮れ後は真っ暗でしたので、行灯の光でも相当明るく感じたものです。

光量を調節するために片面が板張りになっているものもございます。後ろを向けますと間接照明となり、良いお家では襖《ふすま》に向けまして、襖絵を浮き立たせます。金銀がチラチラと輝いてそれは美しいものでございます。【長屋《ながや》】には襖はございませんから、針仕事なんぞをします女房に向けましてね。旦那は行灯の裏でゴロリと横になりながら、それを眺めるってぇわけです。これもまた美しいものですなぁ。

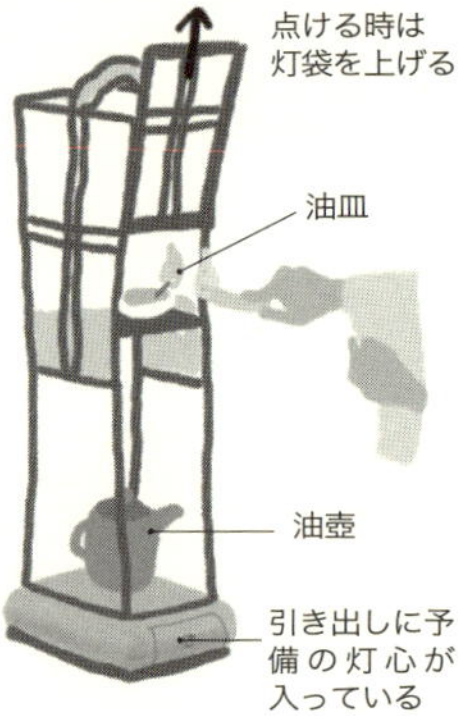


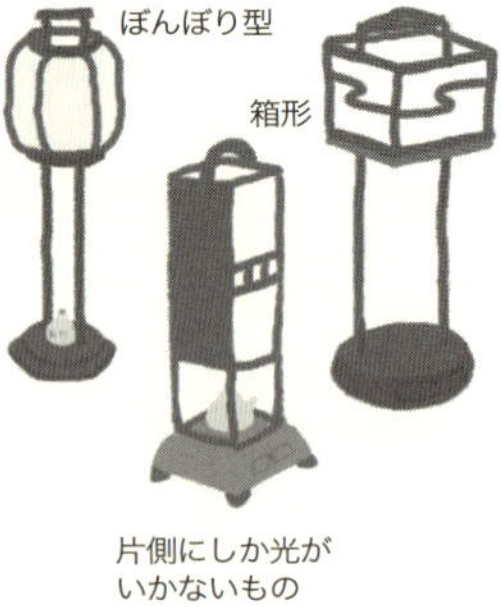

した。力による弾圧は、力による復讐を呼ぶこととなりますな。

**【行灯】あんどん**

当時の照明器具でございます。構造は高さが一～二尺（約三十～六十センチ）で蝋燭《ろうそく》や【油皿《あぶらざら》】を置く台がございまして、そこに和紙を貼りました【灯袋《ひぶくろ》】と申しますカバーが付いております。光源は高価な蝋燭か、安価な灯油＝【菜種油《なたねゆ》】、荏胡麻《えごま》油、【魚油《ぎょゆ》】などを使いました。

灯油の中でも、菜種油はお酒と同じくらいの値段がいたしました。魚油は随分と安いですが、煙と臭いが多く出ました。台には【油壺《あぶらつぼ》】を置き、小さな引き出しには、【灯心《とうしん》】が入れてあります。油も芯も減りますので、その都度足したり伸ばしたりしなければなりません。

**【行灯袴】あんどんばかま**

ぱっと見は【半袴《はんばかま》】のようですが、二股に分かれておらず、【行灯《あんどん》】のように一本筒です。着物に皺《しわ》が寄らず、見た目は袴を着けた正装に見えるというもので、お年寄りに好んで使われました。図は【袴《はかま》の色々】のコラムをご覧ください。

**【あんぽつ】**

造りの上等な【町駕籠《まちかご》】のことを指しまして、上方では「あんだ」と申します。図は【駕籠《かご》の色々】のコラムをご覧ください。

## 【い】

**【居合】いあい**

早撃ちならぬ、早斬りを申します。【抜刀《ばっとう》】せずに相手に対峙し、【間《ま》合《あい》】に入ったところで抜打《ぬきうち》にいたします。

**【家主】いえぬし**

【裏長屋《うらながや》】の管理人、大家のことを申

します。【家守《やもり》】【差配《さはい》】ともいいます。

**【鋳掛屋】** いかけや

金属の鍋釜の穴を直す職人でございます。鞴箱《ふいごばこ》を持って町を廻りました。当時は修理屋さんも向こうからやって来てくれますんで、助かりますなぁ。

鉄を溶かして直します
鉄
炭
鞴箱

**【伊賀袴】** いがばかま

忍者がはいているタイプのもので、裾を細く絞り脚絆《きゃはん》のようにして、動きやすさをアップしております。同じ種類に【立付袴《たっつけばかま》】「軽衫《かるさん》」などがございます。立付袴は武士の【道中《どうちゅう》】や【捕《と》り物《もの》】の際に使われ、軽衫はポルトガル語でして、伊賀袴の改良型とお考えください。見た目はどれも……そんなに変わりません。図は【袴《はかま》の色々】のコラムをご覧ください。

**【粋】** いき

㊀センスがよく、サッパリと【垢抜《あかぬ》けした】、それでいて、人の気持ちもよく察し、人としての魅力の備わった者でございます。簡単に申しますと、しみったれでも【野暮《やぼ》】でもない人で、気の利いた人ですな。

㊁【遊里《ゆうり》】や文化に精通していて、遊び上手の人を申します。

**【生き洗】** いきあらい

着物を仕立てた状態で洗うことを申します。逆に、一度ほどいてバラバラにするのを【洗《あら》い張《はり》】と申します。

**【行きがけの駄賃】** いきがけのだちん

㊀何かをするついでに行うことを申します。【馬子《まご》】が仕事に馬を連れて行く時に、そこまで別の荷物を運んで他の駄賃を稼ぐことから来ております。

㊁転じて→物事を「ついで」にすることを申します。

行くついでに乗せてやろうか?

**【生霊】**いきりょう

いわゆる「念」でございますな。誰かを慕うがあまり、念だけがその人の周りをうろついたり、怨むがあまり取り憑いたり、また、「悔しい」思いを残したり、逆にあまりにも幸せだったから、その場に「楽しい」思いを残したり、人から離れた「気持ちのエネルギー」でございます。人に憑く場合は、多くは頭髪にまとわり付くといわれますので、髪を切ったり、柘植《つげ》の櫛ですきますと、落とすことができるそうです。

**【幾代餅】**いくよもち

両国の有名な菓子でございます。【搗《つ》き米屋《ごめや》】の【手代《てだい》】・清蔵が、【浮《うき》世絵《よえ》】の【遊女《ゆうじょ》】・幾代に惚れ、一年がかりで貯めた金でやっと【吉原《よしわら》】へ会いに行きました。帰り際、幾代に「今度はいつ会えるの？」とたずねられ、清蔵は正直に自分の身分を明かします。その情熱に惚れました幾代が「来年の三月、年季が明けたらあんたの女房にしておくれ」と申しまして、無事にふたりは結ばれまして餅屋を開き繁盛いたしました、というお話がございます。

**【居消】**いけし

店の金を使い込んだ【奉公人《ほうこうにん》】を、返済させるために「タダ働き」させることを申します。場合によってはいくら働いても返せないこともございましたが、正直者であれば【下男《げなん》】として一生使いました。

**【池之端】**いけのはた

上野・【不忍池《しのばずのいけ》】の周囲の町を申します。料理屋や茶屋が多く建ち並んでおりました。

**【勇み肌】**いさみはだ

鉄火肌《てっかはだ》とも申しまして【仁侠《にんきょう》】気質のことでございます。【男伊達《おとこだて》】で、弱きを助ける！ といった感じですが、単なるチンピラを指すこともございます。肩で風を切って歩くような者のことです。

**【石抱き】**いしだき

「石責《いしぜめ》」とも申します。【牢屋敷《ろうやしき》】などで行われます、自白をさせる拷問のひとつです。「十露盤」という三角の木材の上に正座させまして、後ろ手に柱に縛り付けます。そして、その膝の上に石の板を載せていきます。だいだい五枚くらいで泡を吹いて気絶するか自白するそうで、しぶといと十枚まで載せられます。脛《すね》を壊して歩けなくなる者もおりました。図は巻頭コラムの【江戸《えど》の社会《しゃかい》と司法《しほう》】をご覧ください。

**【石出帯刀】** いしでたてわき
小伝馬町の【牢屋敷《ろうやしき》】の奉行が世襲する名前でございます。【旗本《はたもと》】・石出家が代々この役職に就きまして、家長になりますと「帯刀」を襲名いたしました。

**【石部金吉】** いしべきんきち
石と金は堅いことから、堅物《かたぶつ》を嘲っていう言葉でございます。さらに上を行くカチンコチンの石頭には、兜を被らせまして、「石部金吉金兜《かなかぶと》」と呼んだりします。

**【意趣斬】** いしゅぎり
㈠主に武士が、怨みなどで人を斬ることを申します。たとえ復讐でも、【仇討《あだう》ち】として許されていない限り、斬った方も、その場で【切腹《せっぷく》】か捕縛され裁かれました。
㈡転じて→身分に関わらず、怨みによる殺人を申します。

**【居丈夫】** いじょうぶ
体が大きくて逞しい男性のことでございます。

**【居職】** いじょく
職人のことで、自分の家を仕事場とする者を申します。

**【衣食の道】** いしょくのみち
生計のことを申します。食べて着るという最低限の生活をする糧でございますな。

**【伊勢暦】** いせごよみ
伊勢・宇治山田の暦屋が発行しました【暦《こよみ》】で、【御師《おし》】が伊勢神宮の御札と一緒に全国に配りました。どこの家にもあった暦です。

**【伊勢参り】** いせまいり

伊勢神宮へお参りをする旅を申します。【時代《じだい》が下《くだ》る】につれて人気になりまして、誰もが一生に一度は行きたい憧れの旅行でした。若者には【抜《ぬ》け参《まい》り】が流行りました。

**【伊勢屋】** いせや

「火事・喧嘩・伊勢屋・稲荷に犬の糞」といわれるほど、江戸には伊勢出身の商人が多く、伊勢屋の屋号もとても多く使われました。これは、伊勢の商人たちが初代・家康《いえやす》公に従い、江戸に移住し、町作りに貢献したからでございます。今日でも有名な「高島屋」や「東急百貨店」も伊勢の商人がルーツでございます。

**【板頭】** いたがしら

㊀道場などで弟子の名前を書いた名札板の先頭にいる一番弟子、最古参の門弟を申します。

㊁【岡場所《おかばしょ》】のナンバーワンの【遊《ゆう》女《じょ》】のことを申します。

**【居丈高】** いたけだか

態度のデカイ様を申します。「居丈」とは座高のことで、座っているのに上から人を見下すような態度でございます。いけ好かないヤツですな。立ってもそれほど身長はなかったりしますから、芯のところを認められていない方に使う言葉でございます。

**【いたこ】**

東北地方の女の霊媒師（巫女）のことを申します。

**【潮来】** いたこ

茨城県の霞ヶ浦にある町でございます。東北からの水運の中継地点として栄えまして、【鹿島大社《かしまたいしゃ》】へのお参り客もよく訪れました。

**【板子】** いたこ・いたご

木材の板のことを申します。「板子一枚下は地獄」とは、船底の下は海で落ちたら命はないということでございます。

**【徒者】** いたずらもの

【無頼漢《ぶらいかん》】とも申します、ならず者のことでございます。

**【韋駄天】いだてん**

㊀風のように走る、仏教の守護神でございます。子供の病を取り除く神として信仰されます。

㊁転じて→足の速い者、その様を申します。

**【板の間稼ぎ】いたのまかせぎ**

【湯屋《ゆや》】の脱衣所が板の間であることから、脱衣所から衣服や物を盗む置き引きを申します。「板場稼《いたばかせ》ぎ」とも呼びます。ぼろい服で来て、良い着物を着て帰るという手口で盗みます。ケチな泥棒ですので、とっ捕まえても【同心《どうしん》】を呼ぶこともなく、懲らしめて、顔に墨を塗って褌一丁《ふんどしいっちょう》で表へほっぽり出しました。

**【板橋刑場】いたばしけいじょう**

板橋宿近くにありました【刑場《けいじょう》】でございます。幕末に近藤勇が【斬首《ざんしゅ》】された場所です。

**【一膳飯屋】いちぜんめしや**

定食屋でございます。今日のように【土間《どま》】にテーブルが並んでいるのではなく、座敷に上がってお膳で食べました。

**【一代限】いちだいかぎり**

武士の社会は世襲制でして、お役も代々世襲していくものですが、力量が重要な【祐筆《ゆうひつ》】、勘定、【代官《だいかん》】、兵法、医療などの分野では、世襲ではなく有能な者が【召出《めしだし》】されることが江戸中期以降よくございました。このような世襲されない地位を一代限と申します。

**【いちっ子】いちっこ**

「市子」とも書きます。降霊術をする【いたこ】のことでございます。霊を憑依させて話をしたりしまして、【長屋《ながや》】で開業する者が多くございました。庶民の女子衆《おなごしゅう》に人気がありました。

**【一の鳥居】いちのとりい**

深川八幡の外の鳥居のこと、また、その近辺のことを申します。

**【一番富】** いちばんとみ
【富《とみ》くじ】の一番のことでございまして、大当たりです。

**【一番堀】** いちばんぼり
蔵前にございます、御蔵に続く運河を申します。一から八番堀までございました。

**【市松小僧】** いちまつこぞう
美男子のスリでございます。江戸中期の実在の人物でして、最後は【大《おお》店《だな》】の娘に惚れられて逆玉の輿に乗りました！ どんなに悪い奴でもイケメンには世間は甘いものでございます。

**【銀杏返】** いちょうがえし
江戸末期に好まれた女性の髪型のひとつです。髷《まげ》を真ん中で分けまして、左右ふたつの輪に結います。「両手」「両輪」とも申します。主に未婚の娘がいたしまして、結婚または出産すると【丸髷《まるまげ》】にするのが、ポピュラーでございました。

**【銀杏髷】** いちょうまげ
江戸後期に好まれました最も一般的な男性の髷《まげ》でございます。武士に好まれました「大銀杏」は、髷の先を少し銀杏の葉形に広げたものを申しますが、お相撲さんのように、扇状にはいたしません。この頃には武士も【鬢《びん》】を剃って整えるようになりました。図は【髪型《かみがた》の色々】のコラムをご覧ください。

**【一貫緡】** いっかんざし
【銭緡《ぜにざし》】「緡縄《さしなわ》」という紐で一文銭を九百六十枚束ねたものを申します。これで千文として通用いたしました。緡は【臥煙《がえん》】などが内職で作ったものを、店で二朱金二片で買い取りました。中には脅して押売りする輩《やから》もおりました。図は巻頭コラムの【江戸《えど》の通貨《つうか》】をご覧ください。

**【一心太助】** いっしんたすけ
江戸前期の魚屋でして、手首に「一心」の文字を刺青した【侠気《おとこぎ》】あふれる江戸っ子でございました。

**【一刀流】** いっとうりゅう
戦国時代の剣士、伊藤一刀斎《いっとうさい》の流派でございます。小野次郎右衛門《おのじろうえもん》が初代・家康《いえやす》公の家臣となりまして、二代・秀忠《ひでただ》様の剣術指南を務めました。竹刀《しない》を使った稽古をいたしまして、全国に広まりました。北辰《ほくしん》一刀流、正木《まさき》一刀流など様々に枝分かれいたしました。

**【一本踏鞴】** いっぽんだたら

十二月二十日限定で雪山に出没します一本足の妖怪です。「踏鞴」とは足踏み鞴《ふいご》のことで、ドスンと足音を響かせました。全てが日にち限定ではありませんが「一本足」「たてくりかえし」など、似た伝説が全国にあります。雪の上に一本の足跡を残すそうですが人間に危害は加えません。

**【出立】** いでたち

㊀姿、格好のことを申します。

㊁政《まつりごと》の作法を申します。

㊂旅立ちのことでございます。

**【井戸】** いど

【長屋《ながや》】の井戸は「上水井戸《じょうすいいど》」という水道でした。水道は初代・家康《いえやす》公が町を造る際に、多摩川などから水を引きまして、江戸中に巡らせたもので、江戸っ子の自慢でもございました。この井戸は普通の「掘抜井戸《ほりぬきいど》」と比べてずっと浅いものでした。たいていは屋根なしの樽囲いで、竿の先に桶を付けたもので水をすくいます。毎年、七夕の日に長屋総手で【井戸浚《いどさらえ》】をいたしました。掘抜になりますと、屋根が付いて【ろくろ】式の釣瓶を使います。ちなみに、【大店《おおだな》】や【町屋《まちや》】で掘抜井戸が作られましたのは、火事の際に【大福帳《だいふくちょう》】などを投げ込んで、火から守るためにも役立つからでございました。

**【井戸浚】いどさらえ**

「井戸替え」ともいいます、【井戸《いど》】の掃除を申します。【長屋《ながや》】では、毎年七夕の日に、住人が揃ってしました。

**【糸鬢頭】いとびんあたま**

【中間《ちゅうげん》】が好んでしました髪型でございまして、【撥鬢頭《ばちびんあたま》】よりさらに細く、針のように尖ったものを申します。気持のピンと尖った方に、【鎌髭《かまひげ》】と合わせて好まれました。この頭をした中間を「糸鬢奴《いとびんやっこ》」と呼びました。

**【田舎小僧】いなかこぞう**

【稲葉小僧《いなばこぞう》】と同じ天明の頃（一七八一～一七八九）に【大名屋敷《だいみょうやしき》】と寺社を専門にした盗賊です。最後は御縄《おなわ》となり処刑されました。

**【鯔背】いなせ**

【鯔背銀杏《いなせいちょう》】という髪型から来ておりまして、それを好んで結った、魚市場の威勢の良い若者のような方を申します。キビキビ働いて活きのいい感じでございます。

**【鯔背銀杏】いなせいちょう**

魚河岸の若い衆が好んだ髪型でして、髷《まげ》の先を扇状に広げたものを申します。

**【稲葉小僧】いなばこぞう**

【大名《だいみょう》】の刀剣を専門に狙った、天明の頃（一七八一～一七八九）の盗賊でございます。稲葉丹後守の侍医の家に生まれましたが、手癖が悪く勘当《かんどう》されまして盗賊に落ちます。一度御縄《おなわ》になりますが、護送中に脱走しまして名を馳せます。最後は二十一歳の若さで逃亡先で病死いたしました。

**【犬神】いぬがみ**

【狐憑《きつねつき》】と同じようなもので、「犬神《いぬがみ》

持《もち》」の家系に共に暮らす繁栄の神でございます。床の間の下などに住みまして、時として憑依《ひょうい》いたします。

**【犬公方】いぬくぼう**

【生類憐《しょうるいあわ》れみの令《れい》】を出しました五代・綱吉《つなよし》様のことでございます。

**【犬毛付帳】いぬけつけちょう**

村ごとに用意された犬の戸籍でございます。【生類憐《しょうるいあわ》れみの令《れい》】により、犬にも戸籍が作られました。作っただけでなく「登録した犬がいなくなったら、きちんと探しなさい。また、迷い犬は保護して主人が見つかったら返してあげなさい」と責任とルールが明確にされました。が、江戸市中以外ではほとんど実行されませんでした。

**【犬屋敷】いぬやしき**

【生類憐《しょうるいあわ》れみの令《れい》】による、江戸の野良犬のための保護施設でございます。初めは元禄八年（一六九五）に【四谷御門《よつやごもん》】の横に設けられました敷地二万坪の「お犬小屋」でしたが、いっぱいになってしまったので、元禄十五年（一七〇二）中野に作られたのが犬屋敷でございます。【中野《なかの》御囲《おかこい》】「中野の御犬小屋」などとも呼ばれました。

　敷地面積は三十万坪（約九十九万平方メートル。東京ディズニーランドより広い！）で、今日の中野駅から高円寺一帯が使われました。二十五坪の犬小屋が二百九十棟、子犬養育所が四百五十九箇所作られ、世話をする役人の住居もありました。総工費はなんと二十万両。使われましたのは、五代・綱吉《つなよし》様が亡くなられる宝永六年（一七〇九）までの、僅か七年間だけでございました。

**【井原西鶴】いはらさいかく**

寛永十九年〜元禄六年（一六四二〜一六九三）。【浮世双紙《うきよぞうし》】の人気作家で俳人でございます。著書には『好色一代男』『好色五人女』などがござ

います。好色物、町人物、武家物などを多く執筆いたしました。

**【今大路家】** いまおおじけ

代々【典薬頭《てんやくのかみ》】を務める医師・薬剤師の二家系のひとつでございます。もう一家は半井家《なからいけ》でございます。

**【忌日・斎日】** いみび

陰陽道、占い、神に仕える家などで、災いのある日として慎む日、「穢《けが》れ」を避ける日を申します。

**【いもりの黒焼き】** いもりのくろやき

惚れ薬でございます。粉末にして意中の相手に振りかけますってぇと、それだけで惚れられちゃうのだそうで……。江戸のみなさんは良くも悪くも大変な迷信好きでして、本気か冗談かは……わかりませんが、そんなことを日常楽しんでおりました。

**【入切符・出切符】** いりきっぷ・できっぷ

【御領《ごりょう》】以外の諸国で行われました、入国ビザ制度でございます。たいていは入出国にお金は取りませんが、加賀藩だけはこのビザに八十文を徴収し、周辺の商人からいたく評判が悪いものでした。

**【入込湯】** いりこみゆ

混浴のことを申します。江戸の【湯屋《ゆや》】といいますと入込湯だという話がよく出ます。幾度か禁止されるものの、お湯を沸かすには燃料代がかかります。なにせ江戸は女性の少ない町でしたので、経済的に男女別の浴槽を用意するのは難しかったようでございます。その代わり、日別制、時間別制などで利用しました。ただし、人口の多い下町では男女別や女性専用の湯屋が江戸初期からございました。

　ですが、江戸中期まで男女とも【湯文字《ゆもじ》】という下着を着けて入りましたので、すっぽんぽんではありませんでした。

**【入鉄砲と出女】** いりでっぽうとでおんな

「江戸に入る鉄砲と、江戸から出て行く女」という意味で、【関所《せきしょ》】で、特に厳しく取り締まられた事柄です。「出女」は、人質として、江戸に住むことが義務づけられている【大名《だいみょう》】の妻

## 江戸の医療

明和八年（一七七一）以降になりますと、【人別帳《にんべつちょう》】に享年が記録されるようになりました。それによりますと、明和以後百年の平均寿命は、僅か二十八歳ほどでした。随分と寿命が短いですなぁ。これは乳幼児の死亡率が高いためでして、幼児の三人にひとりしか大人になれませんでした。大人になっても人生は五十年くらいが普通でございます。

　お医者はと申しますと、幕末には江戸市中だけで漢方医二万人以上、蘭方医五千人とたくさんおりました。しかしながら、その技術や鍛錬の方法は決まりがなく、免状も必要ないという程度のもので、さらに薬代は「病癒して首括る」などといわれるほど高く、庶民にとって医者にかかるのは大変なことでした。そのため、ほとんどの庶民が【妙薬《みょうやく》】と呼ばれる市販薬を使うか、神頼みをいたしました。

　また、主な健康の秘訣は「冷や水を飲まない」「食べ過ぎない」ことでございました。

**【江戸十大疾病】**

　当時の書物に登場します病のランキングは以下のようなものでした。

㊀眼病。㊁【疝気《せんき》】。㊂【疱瘡《ほうそう》】。㊃【食傷《しょくしょう》】。㊄歯痛。㊅風邪。㊆【瘡毒《そうどく》】。㊇痔。㊈【癪《しゃく》】。㊉癇症《かんしょう》。

**【治療費】**

◆漢方医

徒医者《かちいしゃ》＝二分《ぶ》

乗物医者《のりものいしゃ》＝二両一分

◇薬礼

一貼（一服）＝銀二分

五貼＝銀一匁《もんめ》

五十貼＝銀十匁

三百貼＝銀六十匁

◆蘭方医

診察代＝十五〜三十匁＋

初診二十二匁五分その後一回十五匁

◇薬礼

七日分＝銀三十匁

女を申します。

**【色悪】いろあく**

歌舞伎での美男の悪役を申します。転じて→【男色《だんしょく》】、ゲイの悪人のことも指します。

**【色茶屋】いろちゃや**

茶屋とは名ばかりの【岡場所《おかばしょ》】でございます。当時は【吉原《よしわら》】以外での風俗営業は認められていないので、茶屋と名乗って誤魔化しておりました。もちろん、ここの【茶汲女《ちゃくみおんな》】はウエイトレスではなく娼婦でした。

**【いろは茶屋】いろはぢゃや**

谷中《やなか》の【岡場所《おかばしょ》】でございます。もともとは谷中の僧侶相手に夜の商売をしておりましたが、やがて一般の方も来るようになりました。「いろは長屋」とも申します。こうした岡場所は、【吉原《よしわら》】のようにややこしいしきたりがないので、江戸後期には大変流行ります。

**【色若衆】いろわかしゅう**

【男色《だんしょく》】の歌舞伎役者のことでございます。舞台の後は宴席や夜の商売で稼ぎます。

**【岩見重太郎】いわみじゅうたろう**

当時、宮本《みやもと》武蔵《むさし》と並んで人気の剣豪武勇伝でございます。各地で大蛇を

退治し、父の敵を討つという物語です。実在の人物ですが、多くの武勇伝はフィクションです。講釈や本、錦絵、演劇などあらゆるジャンルでもてはやされました。『敵討《かたきうち》天之《あまの》橋立《はしだて》』『岩見《いわみ》重太郎《じゅうたろう》一代実記《いちだいじっき》』などがあります。

**【隠居所】いんきょじょ**

日本橋や京橋、神田の【大店《おおだな》】、大家《たいけ》がご隠居用に建てた別荘のことを申します。「根岸の隠居」といえば優雅に【道楽《どうらく》】を楽しみながら暮らすご隠居のことでございます。

**【慇懃講】いんぎんこう**

【無礼講《ぶれいこう》】の逆で、礼儀正しい集会のことを申します。

**【因業】**いんごう

㈠仏教思想で因縁と業を申します。良い行いは良い結果につながり、悪い行いは悪い結果につながるということです。つまり、結果だけが突然降りかかるのではないという考え方です。ちなみに「行い＝業」には、行動・言葉・心持ちの三業があります。

㈡頑固で情のないことを申します。惨《むご》いこと、冷たいことです。「因業な仕打ち」は血も涙もない扱いのことでございます。「因業じじい」は頑固親父、ケチんぼ、しみったれ親父のことですな。

**【飲水病】**いんすいびょう

糖尿病のことでございます。江戸後期になりますと、みなさん食も贅沢になりますし、甘い物も召し上がるようになりましたので、今日と同じような症状に苦しみました。

**【印籠】**いんろう

三重～五重の携帯用の小箱でございます。薬入れなどとして使われました。裕福な旦那さんや武士が持つものは、豪華な細工が自慢でした。

**【印籠時計】**いんろうどけい

裕福な方が持ちました、【印籠《いんろう》】形の懐中時計です。ゼンマイ仕掛けで動きました。

# 【う】

**【ういろう】**

口臭、頭痛、めまい、歯痛に効くとされました仁丹のような民間薬でございます。「ういろう」は製作者の名で、正式名称は「透頂香《とんちんこう》」と申します。ちなみに、お菓子の「ういろう」は、この薬を製造する小田原の「外郎《ういろう》家《け》」が客用に考案した菓子を、明治時代に販売して広まったものです。

**【植木店】**うえきだな

日本橋茅場町の日枝《ひえ》神社の前には植木職人がたくさん住んでおりまし

## 浮世絵

江戸中期に菱川師宣《ひしかわもろのぶ》によって版本の挿絵として作られたのが始まりで、風景、風俗、演劇、古典文学、和歌、美人、役者、力士などが描かれた木版画でございます。版画の他にも「肉筆《にくひつ》浮世絵」と呼ばれる、直接紙に描いたものもございます。有名な絵師は「鈴木春信《はるのぶ》」「鳥居清信《きよのぶ》」「西川祐信《すけのぶ》」「鳥居清長《きよなが》」「喜多川歌麿《うたまろ》」「東洲斎写楽《とうしゅうさいしゃらく》」「歌川広重《ひろしげ》」などでございます。

浮世絵には「錦絵」【春画《しゅんが》】「絵本」の種類がございます。色刷りは鈴木春信の頃から始まり、十版以上も重ねるようになりました。段々派手になり、値段もグンと跳ね上がりましたので、【享保《きょうほう》の改革《かいかく》】で規制を受けます。絵双紙、錦絵は三枚綴りまで、刷りは八版まで、女性は幼女のみ、価格は十六文以下に定められました。

そのため、タイトルは「幼女」になり、女性を以前より小振りに書くことで「大人の女じゃないよ」ってことで描いたりしました。また、【火消《ひけし》】の浮世絵が「子供遊び」などと題されているのも、災害をテーマにした刷物の販売が禁止されていたからでございます。絵本では、歌麿の『百千鳥《ももちどり》』や春信の『青楼美人合』が有名でございます。

浮世絵は絵師がひとりで作るものではなく、【版元《はんもと》】が企画して、「絵師」が描き、「版木職人」が【版木《はんぎ》】を彫り、それを「摺《す》り師」が刷るという何人もの手が必要でした。

た。そのため、この界隈を植木店と呼びました。

**【浮名】**うきな

浮いた噂、モテ話のことでございます。特に「【遊女《ゆうじょ》】に本気で惚れられた」などの噂話を申します。お坊ちゃんたちにとっては名誉な噂ですが、一般には女遊びの悪い噂でした。「浮名を流す」は、遊女との仲や恋愛の噂が世間に広まることを申します。

**【浮世双紙】**うきよぞうし

「浮世草紙」とも書きます。【井原西《いはらさい》鶴《かく》】が開拓した書物のジャンルで、浮世のことを題材にした小説でございます。浮世とは、当世風、【好色《こうしょく》】の世界のことでして、わかりやすく申しますと、最先端のファッション界です。つまり浮世双紙はファッション雑誌でございます。

**【請状】**うけじょう

契約書のことを申します。【年季奉《ねんきぼう》公《こう》】でも、それなりのお店に奉公に上がる場合は、子供の身元、年季の内容などを示した請状を両親とお店で交換いたしました。それを仲介するのが【口入《くちい》れ屋《や》】でございます。

**【請出】**うけだし・うけだす

㈠【遊廓《ゆうかく》】から【遊女《ゆうじょ》】を引き取ることを申します。遊女の借金を支払えば、いつでも請出すことができました。請出した女性は嫁か【妾《めかけ》】となります。【吉原《よしわら》】の遊女は知識、接客、マナーに加え、心の綾《あや》を読むのにも長けておりますので、商家の嫁には申し分ございません。妾として請出される場合も【船宿《ふなやど》】や料亭などを経営させ、常連客を接待しまして、お店の重要な役を担いました。

㈡借りたお金を払って、質草《しちぐさ》を返してもらうことを申します。【長屋《ながや》】の庶民は、夏には【夜具《やぐ》】を質に入れ、冬には【蚊帳《かや》】を質に入れて、質屋を簞笥《たんす》代わりに使うこともありました。半年ごとに請出さなければなりませんので、得にはなりませんが、始終火事でどこかの町が燃えてますから、家に置いておくよりは安心でしたし、部屋が広く使えます。

**【請地】** うけち
向島《むこうじま》の請地村にございます、秋葉神社の庭園を申します。火伏の神様として信仰され、秋の例祭はたくさんの人で賑わいました。当時、このあたりはまだ【江戸田舎《えどいなか》】でして、風光明媚な場所でございました。

**【請人】** うけにん
保証人のことを申します。今日では保証人は金銭的な保証だけをしますが、当時は刑罰や命までかけましたので、容易《たやす》いことではございません。

**【請判】** うけはん
㈠【請人《うけにん》】が【請状《うけじょう》】に押す判子のこと、判を押すことでございます。
㈡保証人のことも申します。

**【鬱金の財布】** うこんのさいふ
鬱金で黄色に染めました木綿財布で、銭を入れて懐に入れても、腹が冷えないと考えられておりました。

**【牛込】** うしごめ
江戸城の北西の地域、神楽坂《かぐらざか》あたりの町を申します。武家屋敷が多い高台でございまして、江戸以前は牧場でした。その向こうが早稲田《わせだ》になります。

**【牛込御門】** うしごめごもん
神楽坂《かぐらざか》から江戸城に向けて堀を渡りましたところにあります、江戸城の外郭門でございます。「紅葉門」とも呼ばれました。

**【艮・丑寅の方角】** うしとらのほうがく
丑と寅の間、北東を申します。

**【丑の刻参り】** うしのこくまいり
深夜に、御神木《ごしんぼく》に藁人形《わらにんぎょう》を五寸釘で打ち込んで人を呪う呪術でございます。もっぱら女性が行いました。白衣を着まして、胸には丸鏡を下げ、髪を下ろし、頭に五徳《ごとく》を逆さまに被り、蝋燭《ろうそく》を立てるという姿で行います。七日間続けますと【満願《まんがん》】となり、呪いは完了いたします。ただし、その間決して人の目に触れてはなりませんで、それを目撃した者には不幸が訪れるとされております。

**【臼職】** うすしょく

臼を作る職人のことでございます。

**【梲】** うだつ・うだち

【町屋《まちや》】の二階から屋根にかけて張り出す塀のような飾りでございます。泥棒避けや火除けなど、様々な説がありますが、店の繁栄を誇示するためにも作られました。「梲が上がらない」は「繁盛しない」ことを申します。

**【唄物】** うたもの

【語《かた》り物《もの》】の【義太夫《ぎだゆう》】や【浄瑠璃《じょうるり》】に対して、【長唄《ながうた》】のことを申します。

**【打飼い】** うちかい

武士が旅に使う背負い網袋でございます。武士は両手に何も持たないものですので、これにくるんで背負いました。

**【打刀】** うちがたな

刃を上にして腰に差す刀を申します。当時、武士が腰につけた大小は打刀でございます。中世の大刀は、刃を下にして腰につけました。

**【打首】** うちくび

死刑のひとつで、刀で首を打ち斬ることを申します。お話でよく聞かれます「市中引き廻しの上、打首獄門」は「馬に乗せて市中で見せしめにして打首、さらに首を晒す」ということでして【獄門《ごくもん》】刑のことをいいます。

**【打込燭台】** うちこみしょくだい

ただのL字の金具でございますが、【町方《まちかた》】の【同心《どうしん》】が、夜の【捕《と》り物《もの》】の際に室内の柱などに打ち込みまして燭台にして使うものです。

**【打銭】** うちせん

【切賃《きりちん》】と同じで、【両替商《りょうがえしょう》】などがとる換金手数料のことを申します。

**【内床】** うちどこ

店舗で営業する床屋さんのことでございます。結銭は一回二十八文程度でした。露天で営業する店を【出《で》床《どこ》】といい、客先に出向くのを【廻《まわ》り髪結《がみゆい》】と申します。

**【内八文字】うちはちもじ・うちはちもんじ**

京の【遊女《ゆうじょ》】の歩き方を申します。内側に足をまわしながら歩きまして「島原風」とも呼ばれます。江戸は【外八文字《そとはちもんじ》】で歩きました。

**【打物屋】うちものや**

包丁などの刃物を売る店のことでございます。

**【内寄合】うちよりあい**

江戸の南北の町奉行所が、相互連絡のために行う寄合《よりあい》でございます。場所は月ごとに交代で、【月番《つきばん》】の奉行所で行われました。

**【内与力】うちよりき**

室内勤務専門の【与力《よりき》】でして、町奉行所で【祐筆《ゆうひつ》】【小姓《こしょう》】として働きました。【町奉行《まちぶぎょう》】直属の家臣が就任いたしました。

**【空兵庫】うつおひょうご**

【兵庫髷《ひょうごまげ》】を【勝山髷《かつやままげ》】のように輪にしたもので、髷《まげ》が元気に伸びますので、町娘に好まれました。

**【空蝉】うつせみ**

㈠この世に生きる人、この世のことを申します。

㈡空蝉という【遊女《ゆうじょ》】が始めた髪型でございます。髷《まげ》の端をくるりと巻いております。

**【討手】うって**

【謀反《むほん》】を企てた者や犯罪者を討つため、または捕らえるために遣わされます、追手のことでございます。

**【うなぎ飯】うなぎめし**

鰻丼、鰻重のことを申します。当初、鰻は串と飯が別盛りでしたが、江戸の書物『真木のかづら』によりますと、うなぎ飯を考案したのは、文化の頃（一八〇四～一八一八）、日本橋堺町（人形町）の芝居屋・大久保今助だそうです。鰻好きで、興行中に毎日、日本橋の大野屋から鰻を取り寄せておりましたが、仕事が忙しく冷めてしまいます。そこでご飯に鰻をはさませたのが始まりだそうです。
　当時の鰻重の値段は六十四文（千六百円）でしたが、庶民はもっぱら屋台の一串十六文の蒲焼きを食べておりました。

**【海坂藩】** うなさかはん
藤沢周平の小説に出てくる藩でございます。架空の藩で、庄内《しょうない》藩がモデルとされています。「海坂」とは水平線の円弧のことを申します。

**【産女・姑獲鳥】** うぶめ
「死んだ妊婦を埋葬する際に赤子《あかご》をお腹に入れたままにするとなってしまう」といわれる妖怪です。そのため、妊婦の死者はお腹を切って子を出すか、人形を抱かせて埋葬するのが習わしでございました。

**【馬下駄・庭下駄】** うまげた・にわげた
庭先や厠《かわや》へ行くのに使われました、低い一材の下駄です。土を掘らないように歯が広くなっております。「馬下駄」は底を菱形にくり抜いたもので、飛び石の上を歩きますと、馬の蹄のような軽快な音がいたしました。図は【下駄《げた》の色々】のコラムをご覧ください。

**【馬差】** うまさし
【宿場《しゅくば》】におります【馬子《まご》】に指示を出す【問屋場《といやば》】の御役人のことを申します。

**【馬乗袴】** うまのりばかま
馬乗袴は、袴の中でもベーシックなもので、武士が日常身につける裾が広いものを申します。袴はもともと馬に乗るためのものです。今日で申しますチャップスで、カウボーイなどがはいているものと役目は同じでした。

**【馬引】** うまひき

㈠【馬子《まご》】のことを申します。「馬追《うまおい》」ともいいます。

㈡刑罰では、馬に乗せて【市中引《しちゅうひき》き廻《まわ》し】をすることを申します。先頭に「触れ書き」を持った者が歩き、罪人の所行《しょぎょう》を知らせて見せしめにいたします。または、【科人《とがにん》】の身許、余罪などの情報を求めるために、本人を馬に乗せて引き廻しました。

**【馬宿】** うまやど

「馬を泊める」という意味でございまして、厩《うまや》など馬を世話する設備のある宿でございます。当時、街道にはたくさんの馬が行き来していました。【駅《えき》】として整備された【宿場《しゅくば》】には、武士が使う【伝馬《てんま》】が五頭以上常におりました。庶民も使うことができますが、自分で手綱を取ることはできませんで、必ず【馬子《まご》】に引いてもらいました。ちなみに、【船宿《ふなやど》】も同じように「船溜《ふなだめ》」の意味でございます。

**【海坊主】** うみぼうず

体が亀、頭が人間の妖怪だったり、大《おお》蛸《だこ》だったりと様々な姿の妖怪でございます。穏やかな海が突然荒れて、現れ、船をひっくり返すと船乗りたちに恐れられました。

**【埋もれ木】** うもれぎ

山中に埋まった半化石状の古木のことでございます。珍重されまして高値で取引されました。どこに埋もれているかはわかりませんで、これを探す連中を「山師《やまし》」と呼びます。

**【浦賀奉行】** うらがぶぎょう

【下田奉行《しもだぶぎょう》】の項をご覧ください。

**【裏鬼門】** うらきもん

家相で【鬼門《きもん》】の反対側、南西方向のことを申します。鬼が入りやすいため、家相を良くするためには封じる必要がございます。江戸の裏鬼門を

# 裏長屋

庶民の住む横町式の【長屋《ながや》】のことを申します。庶民は江戸の人口百万の半分くらいを占めながら、江戸市中の二割程度の狭い土地に暮らしておりましたので、おのずとスペースもコンパクトでございます。

家賃は月に四百〜千百文（一万〜二万七千五百円）ほどでございました。壁は五〜六センチの厚みの粗末な土壁でして、すぐに崩れるものですから、住人が紙などを貼って繕うのが一般的です。

隣の話も筒抜けで、夫婦喧嘩などしようものなら、翌朝、戸を開いた瞬間に「あんたが悪いよ。可哀想じゃないか」と近所のおかみさん連中に攻められます。当然ながら、ガラスなんてものはありません。入り口は【腰板障子《こしいたしょうじ》】で、奥は障子戸です。【へっつい】の上の窓は【連子窓《れんじまど》】で網戸なぞもありません。ですから、夏は【蚊帳《かや》】がないと、おちおち眠れません。

それでも窓があれば良い方でして、入り口以外に風の通り道のないのもありました。もちろん暑いですし、湿気も料理の煙もこもります。中には、二階建、三間に二畳の台所、専用トイレ付きなんて豪華な物件もありました。

裏長屋は６畳ほど。裏に障子戸と縁側があるのはいい部屋

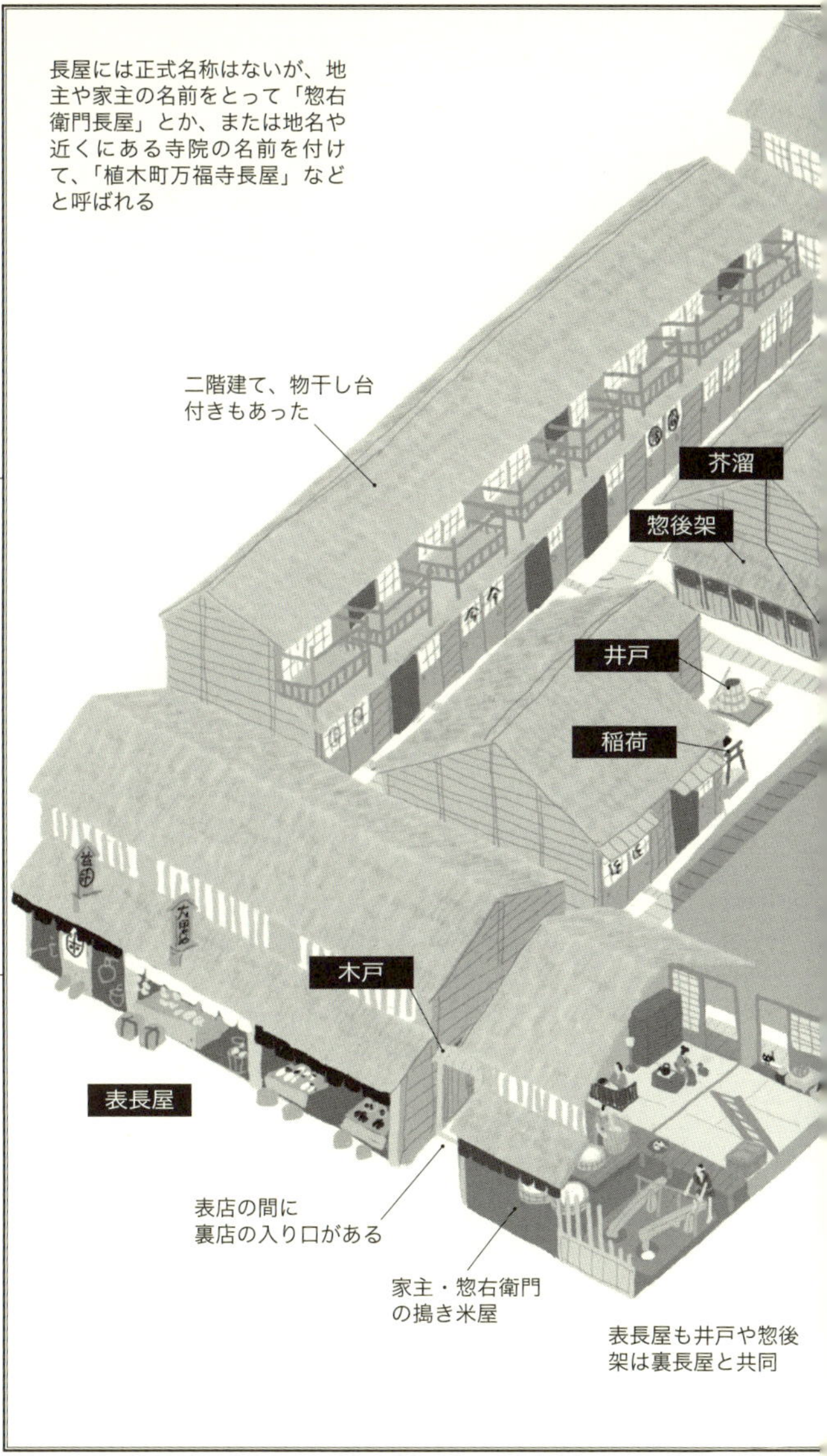
長屋には正式名称はないが、地主や家主の名前をとって「惣右衛門長屋」とか、または地名や近くにある寺院の名前を付けて、「植木町万福寺長屋」などと呼ばれる
二階建て、物干し台付きもあった
芥溜
惣後架
井戸
稲荷
木戸
表長屋
表店の間に裏店の入り口がある
家主・惣右衛門の搗き米屋
表長屋も井戸や惣後架は裏長屋と共同

封じるのは、赤坂・日枝《ひえ》神社と【芝《しば》】・【増上寺《ぞうじょうじ》】でございます。反対の鬼門には神田明神、上野・【寛永寺《かんえいじ》】、浅草・浅草寺《せんそうじ》となっております。

**【裏店】** うらだな

㊀「店《たな》」とは借家のことを申します。一般的に【表店《おもてだな》】三～五軒の間に【木戸《きど》】がありまして、そこから幅六尺（約一・八メートル）の路地が奥へず～っと通っております。いいところでは十二尺ありましたが、たいていは六尺です。京ではこれを「小《こう》路《じ》」と呼びまして、通り抜けできないものを「袋小路」、抜けられるものを「抜け小路」と申しました。路地に面して左右に【裏長屋《うらながや》】が並んでおりまして、これを裏店と申します。アパートではありますが、ここで商売する方もおりますので、木戸の周りには看板がびっしり掛けてありました。木戸は夜八ツ（午前二時頃）に施錠しましたが、昼間は誰が入ってもかまいません。トイレ、井戸も自由に使えました。図は【裏長屋】のコラムをご覧ください。

㊁裏長屋での商売を申します。僅かに品物を並べる商売から、【音《おん》曲《ぎょく》】の師匠、【いちっ子《こ》】や【居職《いじょく》】などなど、路地裏でも様々な商売が商われておりました。

**【裏馴染み】** うらなじみ

【廓《くるわ》】通いで、二度目を「裏」、三度目以降を「馴染み」と申します。裏馴染みは、二度目で馴染みのような間柄になった者を申します。「馴染み金」という祝儀のお金を出すルールになっておりました。

**【瓜実顔】** うりざねがお

瓜の種のように、白くて細面《ほそおもて》の顔形を申します。これに鼻筋が通ってますのが江戸美人の典型ですな。

**【瓜坊】** うりぼう

猪の子供のことを申します。形や大

きさ、模様が瓜に似ているからこう呼ばれます。模様付きのコブタみたいでとっても可愛いもんです。

**【うろうろ船】**うろうろぶね

両国橋周辺の【大川《おおかわ》】をうろうろしまして、【屋形船《やかたぶね》】や【猪牙舟《ちょきぶね》】の客に果物などを売る船でございます。夜は赤い【行灯《あんどん》】を点けて川の上を廻りました。

**【浮気・艶気】**うわき

江戸時代の浮気とは、ズバリ「恋愛」のことを申します。当時、ロマンチックなことは「浮いた気持ち」と考えられ、あまり良しとはされませんでした。では「恋愛は結婚につながらないのか」と、申しますと……、武士や中流以上のご家庭では、基本的につながりませんでした。結婚は親などが決めるお見合いが基本でしたから。しかし、【長屋《ながや》】の住人は、恋愛結婚も普通でございました。

**【上荷をはねる】**うわにをはねる

「上米をはねる」とも申します。

㊀米や荷物の上の方を盗むことでして、転じて↓取り次ぐ代金の一部を盗むことも申します。

㊁他人が揚げた【遊女《ゆうじょ》】と密かに通じること。また、人目を忍んで他人の女と通じることを申します。

**【運上金】**うんじょうきん

商家が幕府に支払います税金のひとつでございます。売上金の何割かを運上（上納）いたしますので、こう呼ばれました。

## 【え】

**【永代橋】**えいたいばし

【大川《おおかわ》】で四番目に架けられました、日本橋と深川を結ぶ橋でございます。元禄十一年（一六九八）に五代・綱吉《つなよし》様の五十歳を祝して幕府が架橋いたしました。

**【永楽通宝】えいらくつうほう**

室町時代に明《みん》国から輸入されたコインでございます。【寛永通宝《かんえいつうほう》】が国内で造られる江戸初期まで使われました。できの悪いものも多くあり、それを【鐚銭《びたせん》】と呼びました。

**【絵看板】えかんばん**

文字ではなく絵や形で示した看板を申します。商い物の姿を看板にしたものや、弓と矢を掲げて【湯屋《ゆや》】とするなど駄洒落系のものまで色々ございました。

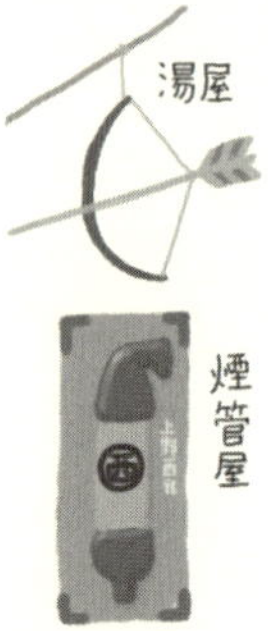


**【駅】えき**

【宿場《しゅくば》】、またはそこにある【問屋場《といやば》】のことを申します。人や荷物の中継地点となりました。

**【易経】えききょう**

儒教の教え、または易学のことを申します。さらにはもっと広く、哲学や万物、不思議な力を解き明かすようなことも申します。

**【江島生島事件】えじまいくしまじけん**

正徳四年(一七一四)に【大奥《おおおく》】女中の江島様が歌舞伎鑑賞後に役者・生島との宴会でお城に帰るのが遅れ、門限を破ってしまったため、両者を含めたくさんの人が処分された事件でございます。

裏には七代・家継《いえつぐ》様の生母・月光《げっこう》院《いん》様と、六代・家宣《いえのぶ》様の【正室《せいしつ》】・天英院《てんえいいん》様の勢力争いがあったとされます。とばっちりを受けた江島様の兄は【斬首《ざんしゅ》】、弟は【重追放《じゅうついほう》】。生島と座元や江島様と付き合いのあった者も【遠島《えんとう》】など、千五百人以上が【連座《れんざ》】で処罰されました。また、山村座は廃座、他の芝居小屋は質素に改築させられ、夕方の舞台も禁止となり、庶民は大迷惑でございました。

**【越中褌】えっちゅうふんどし**

【三尺《さんじゃく》】とも申します。褌の発明品で、一説では戦国時代に細川ガラシャの旦那さん、細川越中守忠興《えっちゅうのかみただおき》が使い始めたそうでございます。長さ一メートルほどの布に紐を付けただけですが、布も節約できて、つけやすく、かさばらずスマートに着こなせるので人気になりました。それ以前は【下帯《したおび》】と呼ばれる褌が主流でございました。同じようなものでも、女性が使いますのは【お馬《うま》】と呼ばれます。お馬から越中褌はできたともいわれます。

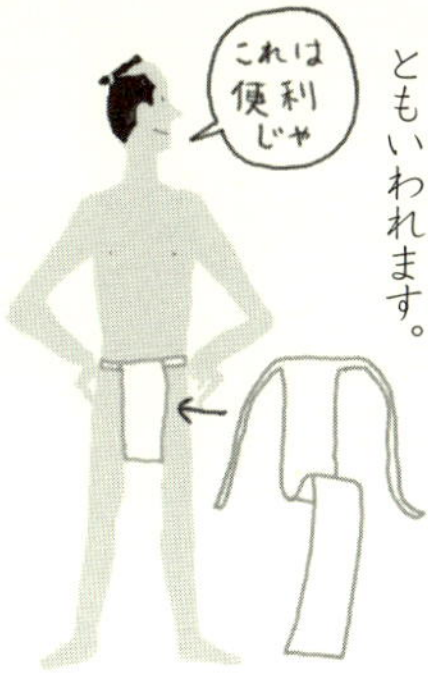


**【江戸田舎】** **えどいなか**
江戸の行政区内ですが、葦原《あしはら》、田園などの郊外を申します。北は浅草、西は本郷《ほんごう》、四谷、南は【芝《しば》】、東は本所《ほんじょ》、深川《ふかがわ》から向こうが江戸田舎でございました。

**【江戸表】** **えどおもて**
「首都東京」的に使います江戸の強調表現です。地方に対して江戸が「国の表」という程度の意味です。

**【江戸笠】** **えどがさ**
「熊谷笠」「三度笠」「飛脚笠」とも呼ばれます。図は【笠《かさ》の色々】のコラムをご覧ください。

**【江戸勤番】** **えどきんばん**
【参勤交代《さんきんこうたい》】で江戸に来て勤める武士のことを申します。江戸初期には一年勤めで、後期には三年に一度、百日～一年の単身赴任となりました。江戸と国元を行き来せず、代々江戸に勤める藩士《はんし》は【定府《じょうふ》】と呼ばれました。

**【江戸芥】** **えどごみ**
主に日本橋の魚市場から出る、魚のアラなどの生ゴミを申します。近隣の農家に売られ、畑の肥やしにリサイクルされました。この肥料のために、江戸は小松菜などの江戸野菜が豊富に安く手に入りました。

**【江戸小紋】** **えどこもん**
当時に「江戸小紋」「京小紋」という言葉はありませんで、ただ「小紋」と呼んでおりました。小紋とは【大《だい》名《みょう》】の【裃《かみしも》】に使われる正式な柄で、本来は家紋のように家ごとに柄が決まっているものでした。それが【町《ちょう》人《にん》】へと広がり流行りました。

**【江戸更紗】** えどさらさ

インド更紗をアレンジしたもので、衣類や【唐紙《からかみ》】に用いられ流行りました。

**【江戸三閻魔】** えどさんえんま

当時の楽しみのひとつが寺社参りでございます。三閻魔は、上野・善養《ぜんよう》寺《じ》(現・巣鴨)、蔵前・華徳院《かとくいん》(現・杉並)、新宿・太宗寺《たいそうじ》を申しまして、地獄の釜の蓋が開きます一月十六日と七月十六日の「閻魔王の斎日」に【閻魔参《えんままい》り】を楽しみました。中でも善養寺の閻魔像は運慶《うんけい》作といわれ、三メートルの大きな像が信仰を集めました。

**【江戸三男】** えどさんおとこ

江戸市民の選んだ、モテ男三人職でございます。男女の人気投票で決められたもので、「火消《ひけし》の頭《かしら》」「力士」【与力《よりき》】を申します。

**【江戸三駕籠】** えどさんかご

江戸の【宿駕籠《やどかご》】の名店を申します。大伝馬町《おおでんま》の「赤岩《あかいわ》」、浅草茅町《かや》の「江《え》戸勘《どかん》」、芝口の「初音屋《はつねや》」です。ここが使えるようになりましたら、【町《ちょう》人《にん》】も一人前でございます。

**【江戸三座】** えどさんざ

幕府は芝居が盛んになると「風紀を乱す」との理由で、強い規制をかけまして、芝居興行を許可制としました。「櫓《やぐら》」を上げることのできる「官許」の芝居小屋はどんどんと少なくなり、最後は中村座・市村座・森田座・山村座だけになりました。これを「江戸四座」と申します。

　しかし、山村座は正徳四年

（一七一四）の【江島生島事件《えじまいくしまじけん》】に巻き込まれて廃座となり、それ以後「江戸三座」となりました。ただ、官許以外にも【宮地芝居《みやじしばい》】という寺社境内や火除け地などで興行される芝居がありました。こちらは蓆《むしろ》掛けの仮小屋で舞台以外に天井のないものでした。

**【江戸三大大火】** えどさんだいたいか

明暦三年（一六五七）の【明暦の大火《めいれきのたいか》】＝【振り袖火事《ふりそでかじ》】、明和九年（一七七二）の【目黒行人坂の大火《めぐろぎょうにんざかのたいか》】、文化三年（一八〇六）の【文化の大火《ぶんかのたいか》】を指します。江戸は火事の多い都市でして、二百六十年の歴史の中で「大火」と呼ばれる火事だけでも、なんと八百七十四回もございました。年に三回以上も起こった計算になります。

**【江戸三大道場】** えどさんだいどうじょう

幕末の頃に有名だった「技の千葉周作」「力の斎藤弥九郎《やくろう》」「位の桃井直《なお》由《よし》」の三剣士の道場のことで、千葉は神田・【北辰一刀流《ほくしんいっとうりゅう》】「玄武館」、斎藤は九段・【神道無念流《しんとうむねんりゅう》】「練兵館」、桃井は京橋・【鏡新明智流《きょうしんめいちりゅう》】「士学館」でございました。

**【江戸三富】** えどさんとみ

谷中・感応寺《かんのうじ》（天王寺）、目黒・滝泉《りゅうせん》寺《じ》（目黒不動）、湯島・湯島天神《ゆしまてんじん》の三箇所で行われます【富《とみ》くじ】のことでございます。

**【江戸詰】** えどづめ

江戸の藩邸に勤める武士のことを申します。

**【江戸払】** えどばらい

江戸市中から追い払われる刑でござ

います。【町奉行《まちぶぎょう》】の管轄内への立ち入りが禁止されますが、それ以外は自由でした。また「江戸十里四方御構《おかまい》」はもっと広く、江戸より十里（約四十キロメートル）四方への居住や商売などでの立ち入りが禁止されました。

**【江戸前】** えどまえ

㊀江戸後期に、食文化が華やいで生まれた言葉です。西沢一鳳《にしざわいっぽう》の『皇都午睡《みやこのひるね》』によりますと「【大川《おおかわ》】より西手、江戸城より東手、つまり下町の地域を江戸前」とあり、当時、江戸前とは江戸湾ではなく下町を指しました。ちなみに、初めて「江戸前」を謳った食べ物は鰻の蒲焼きでございました。

㊁「江戸流」という意味でも使われます。

**【江戸読本】** えどよみほん

江戸後期にブームになった新ジャンルで、中国や日本の歴史に材料を取った【読本《よみほん》】の中でも、特に江戸で作られた作品を申します。作家が絵にも凝り、挿絵と本文の融合性が非常に優れた作品と、高い評価を得ています。【曲亭馬琴《きょくていばきん》】の名作『南総里見八犬伝』などがございます。

**【江戸煩】** えどわずらい

「脚気《かっけ》」のことでございます。江戸では白米を食べます。特に武士は一汁一菜、一汁三菜など質素な食事が多いうえに、白米食とあってビタミンB1が欠乏し、脚気を患いがちでした。五代・綱吉《つなよし》様も患いまして、江戸を離れ、練馬へ養生に行かれました。当時は原因も治療法もわからず、みなさん江戸の風土が病気の原因だと考えておりました。庶民は様々な料理を食べましたので、自然と必要な栄養が取れ、あまり脚気にはなりませんでした。

**【海老責】** えびぜめ

【牢屋敷《ろうやしき》】で行われる【吟味《ぎんみ》】の際の拷問のひとつです。細縄で体を海老のように丸めて縛ります。図は巻頭コラムの【江戸《えど》の社会《しゃかい》と司法《しほう》】をご覧ください。

**【恵方棚】** えほうだな

正月にその年の歳神様《としがみさま》を祀る神棚のことでございます。

**【烏帽子】** えぼし

上流武士の正装用の帽子でございます。正式には「侍烏帽子」と申しまして、紙に漆を塗って作られております。公家の被りますのは「立《たて》烏帽子」「風折《かざおり》烏帽子」と申しまして、立烏帽子は五位以上の位の方が、風折は六位以下の位の方が被るもので、黒紗に漆を塗って作られておりました。

**【衣紋を繕う】** えもんをつくろう

衣紋とは「襟口《えりぐち》」のことでございます。体を使う職人でない限り、着物は襟をピチッと着るのがマナーですが、家にいる時は、ゆったりと着るのが【粋《いき》】ですな。特に夏は暑いですから、襟元をゆったり広く開けて暑さをしのぎます。しかし、お客さんがいらっしゃったり、【棒手振《ぼてふり》】が来て、ちょっと野菜なぞを買おうと外へ出る時は、襟を正します。これを「衣紋を繕う」と申します。

**【エレキテル】**

蘭学者【平賀源内《ひらがげんない》】が復元しました静電気発生機でございます。「病人の痛みから火をとる機械」として発明されました。頭痛、歯痛、【疝痛《せんつう》】など万病に効くとされておりますが……効果のほどは？

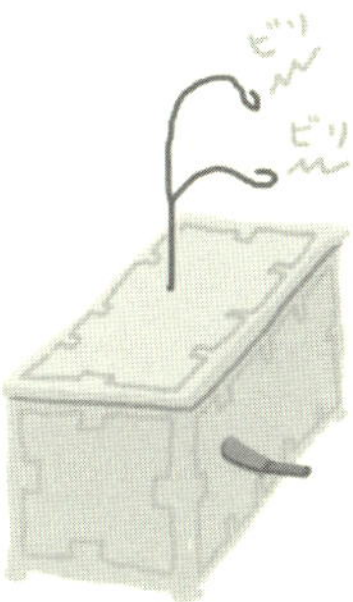


**【縁切榎】** えんきりえのき

中山道《なかせんどう》は板橋の【宿場《しゅくば》】にあります、名所でございます。もともとは榎《えのき》と槻《つき》（欅《けやき》）の木が並んでいましたのを「縁尽き」と洒落まして、榎を拝んだものです。樹皮を煎じたりして飲ませると、悪縁を断ち切ることができるといわれました。

## 江戸のエコ職色々

当時は物を大事にいたしました。と、申しますよりは、修理のしやすい作りで、リサイクルしやすい材料で作られておりました。そのため、捨てるより修理して使う文化、役目が終わったら、次の役に使う文化が発達し、たくさんの修繕やリサイクルに関わる商売がございました。

「空樽買」あきだるかい
酒徳利をお家の家から集めます

「竈師」かまどし
暮れに竈を修理します

【焼継師】やきつぎし
割れた陶器を修理します

「下駄の歯入れ」げたのはいれ
下駄の歯を差し替えます
鼻緒も替えます

「木っ端売」こっぱうり
廃材や木屑を薪として売ります

江戸のエコ職色々 え

石臼の目立を します
「臼の目立」
うすのめたて
路上や掃溜の 紙屑を拾い リサイクルします
鉄屑などを 買い取ります
「屑拾い」
くずひろい
【古金屋】
ふるかねや
古着を買いに 町を廻ります
おねがい します
お屋敷や長屋 のウンチを 肥料にリサイクル
【古手買】
ふるてかい
壊れた傘 を買って リサイクル
「古傘買」
ふるがさかい
【汲み取】
くみとり

**【縁切寺】** えんきりでら

「駆込寺」とも呼ばれます。離縁を求める女性が駆け込むお寺を申しまして、男子禁制の尼寺でございました。ここに駆け込みますと尼さんが仲立ちしてくれまして、離縁に応じない旦那から【離縁状《りえんじょう》】を得ることができました。

縁切寺は妻からの離縁請求を受付け、身柄を保護することが許された公的機関でございます。寺が妻の弁護人として【町役人《ちょうやくにん》】に離縁状を請求すると、町役人にはこれに応じる義務がありました。社会に戻りたくない者は、尼になることもできました。相模国（神奈川県）の東慶寺《とうけいじ》や上野国《こうずけのくに》（群馬県）の満徳寺《まんとくじ》などが有名でした。

**【縁座】** えんざ

御咎《とが》めを受ける本人に加え、親類縁者も罰せられることでございます。当時は「連帯責任」が普通で、家族の犯罪は監督責任のある親や親戚にも及びました。ですから、どうしようもない放蕩《ほうとう》息子などを放置して犯罪を犯されますと、縁座によって親類まで「財産没収の上【遠島《えんとう》】」なんてことになりかねません。

それゆえ、普段から親類縁者が口うるさくいって来ることになり、改心の見込みがなければ勘当《かんどう》して、相続権の断絶と【人別帳《にんべつちょう》】から籍を削除して【久離《きゅうり》】を切りました。また、そこまでしない場合は「勘当帳」に記載され、同等の扱いを受けます。

**【遠島】** えんとう・おんとう・とおしま

刑罰で、「流刑《るけい》」「島流し」のことを申します。追放以上～死罪以下の刑で、過失、過失致死、僧侶で姦淫を犯した者などが、伊豆七島、佐渡、薩摩、五島、天草、隠岐、壱岐などに流されました。江戸からは伊豆七島、佐渡へ送られました。

**【艶本】** えんぽん

「春本《しゅんぽん》」とも申しまして、男女のロマンス小説&挿絵が載った本でございます。「好色本」とも呼ばれまして、だんだんと度の過ぎた卑猥な内容に

なりましたので、享保七年（一七二二）に禁止されました。ですが、書名のみを和らげまして、生き残っておりました。

**【えんま】**

大工の使う「釘抜」のことでございまして、閻魔様の舌抜きになぞらえて、この名が使われます。こんなもので舌を抜くなんて、閻魔様もご【無体《むたい》】なことをなさいます。

**【閻魔参り】** えんままいり

毎年一月十六日と七月十六日に閻魔様をお参りすることでして、江戸には【江戸三閻魔《えどさんえんま》】という名所がありました。この両日は、地獄の釜の蓋が開きまして、グツグツ煮られておりました方々も休息できる「閻魔の斎日」でして、【奉公人《ほうこうにん》】が【藪入《やぶいり》】をいただく日でもあります。大閻魔で有名な上野・善養寺《ぜんようじ》などは、たいそうな賑わいでございました。

**【遠慮】** えんりょ

武士の刑罰のひとつで、【籠居《ろうきょ》】のことでございます。屋敷の門を閉じ、自室で謹慎して昼間は誰にも会わないように命じられました。

## 【お】

**【おあし】**

お金のこと、特に代金に対して使われる言葉でございます。今日では「お金に羽が生えているように」などと申しますが、当時はもう少しゆっくりで、足が生えておりました。羽ですとお手上げですが、足でしたらまだ追いかければ、なんとか捕まえられそうですな。

**【御家物】** おいえもの

歌舞伎の演目で【大名《だいみょう》】や【旗本《はたもと》】の御家騒動を扱ったものを申します。お芝居は庶民にとても人気のあった娯楽で、中でも御家物は特にお客を集めました。

**【御家流】** おいえりゅう

当時の「標準書体」でございまして、幕府【祐筆《ゆうひつ》】の松花堂昭乗《しょうかどうしょうじょう》が公文書のためにデザインした書体でございます。武家社会の公文書は全てこの書体で統一されまして、武士はもちろんのこと、庶民もこの文字を学びました。

当時は、薩摩や会津など、地方によって強烈な方言がありまして、会話が通じないこともしばしばでしたが、手紙ならば同じように理解できました。当然、書物も御家流で書かれております。御家流からさらに変化して歌舞伎の「勘亭流《かんていりゅう》」、【火消《ひけし》】の袢纏《はんてん》などに使われる「力文字」、相撲の番付の「相撲文字」、寄席で使われる「寄席文字」、他に「髭文字」などが生まれまして、日本独自の漢字書体が作られたのでございます。

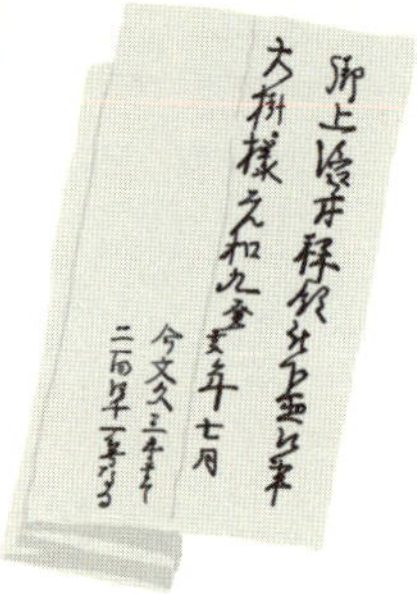

**【追落】** おいおとし

追剥《おいはぎ》、ひったくり、身ぐるみ盗む強盗のことでございます。

**【小磯結】** おいそむすび

女性の帯の結び方のひとつです。小ぶりなお尻の【芸子《げいこ》】の小磯が、結を大きくして着たのが始まりといわれております。図は【帯《おび》の色々】のコラムをご覧ください。

**【置いてけ堀】** おいてけぼり

㈠「本所《ほんじょ》七不思議」と呼ばれます、当時の都市伝説のひとつです。

本所のお堀で釣りをして、夕刻になって帰ろうとしますと「おいてけ〜、おいてけ〜」と薄気味の悪い声がします。そのとたん、金縛りにあったように身動きがとれなくなってしまいます。なんとか逃げ出すと、いっぱいだった魚籠《びく》の中が空っぽだった……というお話です。

㈡仲間に置いて行かれることを申します。

**【お犬】おいぬ**

㈠五代・綱吉《つなよし》様の【生類憐《しょうるいあわ》れみの令《れい》】の時代、犬に「お」を付けて呼んだりいたしました。また、この頃は野良犬が町から姿を消しまして、その代わりに狆《ちん》などペットとしての小型犬が増えました。飼うのは富商や上流武家の奥様方ですので、そんな犬も「お犬」と丁寧に呼ばれました。

㈡【大奥《おおおく》】では、小さな娘の雑用係を申します。

**【追腹】おいばら**

【切腹《せっぷく》】をいたします武士の妻や家臣が、共に自害することを申します。女性の場合は、腹ではなく心臓をひと突きにいたします。「後追腹《あとおいばら》」ともいいます。庶民にはこのような物騒な風習はありませんが、「潔《いさぎよ》さを美とする」風習は徐々に広まってまいりました。

**【御居間】おいま**

武家に勤める裁縫専門の【奉公人《ほうこうにん》】のことでございます。【御物師《おものし》】とも呼ばれます。女性が多く、裁縫の腕の良い者が雇われました。

**【花魁】おいらん**

【吉原《よしわら》】で最高位の【遊女《ゆうじょ》】、【太夫《たゆう》】を申します。見習い遊女の【禿《かむろ》】が「おいらの所の姉さん」と呼んだのが転じて「おいらん」となったなど、語源は諸説ございます。万治元年（一六五八）の吉原細見によりますと、二千人の吉原遊女の中で、花魁は僅か三名でした。

有名な「高尾太夫」は、ひとりではありませんで、代々吉原一番人気の

遊女が襲名する名です。「薄雲太夫」はいつも猫を連れていたので、それに肖《あやか》ろうってんで「招き猫」が作られたといわれております。花魁は江戸中のアイドルでしたので、吉原に通う男性だけでなく、彼女たちの豪華な衣装や髪飾りは、いつも町の娘たちの憧れでした。

**【花魁道中】おいらんどうちゅう**

【花魁《おいらん》】が【揚屋《あげや》】や茶屋の客のもとへ行くパレードでございます。初期の頃は「滑り道中」と呼ばれました。【吉原《よしわら》】には、それを見るためだけにたくさんの客が集まりました。

**【追分】おいわけ**

分かれ道のことを申します。「追分」と名の付く地名は、街道の分岐点にあります。

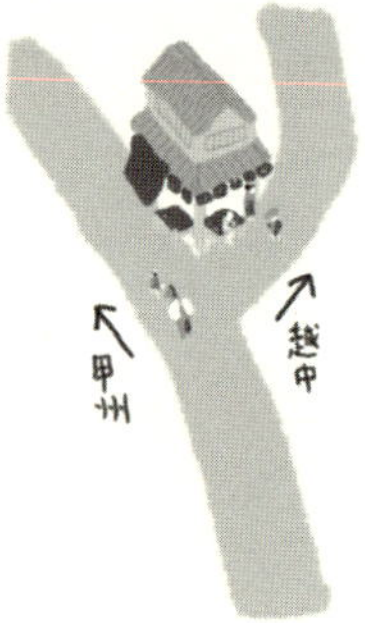


**【逢瀬】おうせ**

愛する男女が逢うことを申します。当時は男女が堂々とデートできませんので、寺社や茶屋、馴染みの商家で密会をいたしました。

**【王代物】おうだいもの**

【人形浄瑠璃《にんぎょうじょうるり》】や歌舞伎の出し物の種類でございます。奈良・平安時代の公家の世界を題材にしたものをこう呼びました。

**【応分過料】おうぶんかりょう**

裕福な者はたくさん、貧乏な者は僅かに、その貧富の差によって決められた罰金刑でございます。

**【お馬】おうま**

女性が使います、生理用の【越中《えっちゅう》褌《ふんどし》】でございます。江戸後期に登場いたしまして、それ以前は【下帯《したおび》】や【畚褌《もっこふんどし》】が使われていました。その他、海綿製のタンポンもありました。

**【逢魔時】おうまがとき**

日没から暮れ六ツにかけての時間でございます。【魑魅魍魎《ちみもうりょう》】が活動を始める時間で、人はそれらとすれ違わないうちに家に帰り、寝支度を始めます……と、ちょっと恐い当時の絵本『今昔画図続百鬼』に描かれております。英語でいいますと「トワイライト・ゾーン」でしょうか。

**【往来切手】おうらいきって**

江戸時代のパスポートでして、自分の国から出るためにはこれが欠かせませんでした。【道中手形《どうちゅうてがた》】「往来手形」は関所ごとに一枚ずつ必要でしたので、諸国を巡る商人は往来切手を使いました。切手には何処の国の某《なにがし》であると記されて、管轄役所の判が押されておりました。【関所《せきしょ》】には印影の記録簿である「印鑑」があり、それと照らし合わせることで真贋《しんがん》を確認いたします。今日のパスポートは日本国籍を証明し「通行と保護を願う」旨が記されておりますが、往来切手には「行き倒れても、知らせは不要」と書かれておりました。「旅先で死んだら、そこで埋葬してもらってかまわぬ」ってことです。

**【往来物】おうらいもの**

【寺子屋《てらこや》】などで使われます教科書のことを申します。往来物とは本来手紙のことで、当時、字を書くといえば手紙ですので、例文を読み書きして、マナーから文字までを学びました。文字は標準書体の【御家流《おいえりゅう》】で書かれており、その種類は実に七千もございました。基本は職業別のもので、これを一冊学べば、その職業に必要な知識と読み書きが覚えられるようにできておりました。【書物問屋《しょもつどいや》】で買う大判のものと、【地本問屋《じほんどいや》】の六寸（約十八センチ）の小本《こほん》がありまして、小本の方が種類が豊富でした。

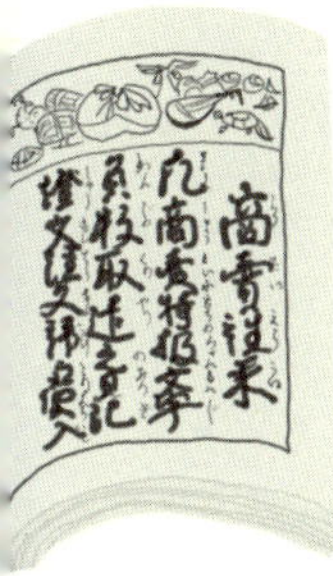


例えば、『商売往来』『職人往来』『問屋往来』『百姓往来』『東海道往来』『鎌倉詣』『衣装文章』『番匠作事文章』などなどで、その他、女子専用の高等教育書は『女四書』『姫鑑』『二十四孝』

など二百種ほどありました。これらは、寺子屋での基礎教育後に家庭や躾け専門の私塾で習うものでして、裕福な家庭の教育で用いました。

**【大団扇】** おおうちわ
【火消《ひけし》】が火の手や火の粉が来ないように使う巨大な団扇です。あたくしとしましては、火を扇ぐのはどうかと思いますが……。

**【大岡越前守忠相】** おおおかえちぜんのかみただすけ
延宝五年～宝暦元年（一六七七～一七五一）。江戸中期、八代・吉宗《よしむね》様に抜擢された【町奉行《まちぶぎょう》】でございます。実在の人物で盗賊捕縛の腕もさることながら、公平で人情のある裁きをしまして、その人柄が庶民に愛されました。【寺社奉行《じしゃぶぎょう》】時代に書いた『大岡忠相日記』により当時の詳細を遺しております。

**【大奥】** おおおく
将軍の【正室《せいしつ》】や【側室《そくしつ》】【女中《じょちゅう》】が暮らす江戸城のエリアでございます。二代・秀忠《ひでただ》様の時代に「大奥法度」が制定され、正式に誕生いたしました。これによって【本丸《ほんまる》】の「表」は幕府の政務を行うエリア。「中奥」は将軍が政務を執るエリア。そして「大奥」は将軍の私邸エリアとして区分されましたが、後に将軍は中奥で生活するようになりました。大奥の正室や側室のところに泊まることを【奥泊《おくどまり》】と申しました。

**【大川】** おおかわ
隅田川《すみだがわ》のことでございます。大川の【江戸前《えどまえ》】のあたり〈浅草から両国〉は特別に「浅草川《あさくさがわ》」「宮戸川《みやとがわ》」とも申しました。

**【大木戸】** おおきど
㈠大きな【町木戸《まちきど》】を申します。
㈡江戸の入り口に設けられた【関所】で、【見附《みつけ》】を呼びます。「赤坂大木戸」「四谷大木戸」や「高輪大木戸」などがございました。江戸初期には門があり、夜になると閉じられ、一般の通行が制限されました。江戸城の外郭門でもあります。

**【大御所】おおごしょ**

㈠ 隠居なさいました身分の高い方の敬称でございます。

㈡ 転じて↓一般にご隠居のこと。さらに、最も権力のある方、偉い方を申します。

**【大芥溜】おおごみだめ**

【長屋《ながや》】のゴミを集める場所のことでございます。長屋の芥溜がいっぱいになりますと、住人がここへ運びました。芥捨賃は町が負担いたします。集められたゴミは芥船《あくたぶね》に積まれまして、芥取人によって肥料になるものと、ならないものに選別されました。

　肥料になるものを肥芥《こやしあくた》と申しまして、農家に買い取られます。残ったゴミは深川・永代島《えいたいじま》へ運ばれ埋め立てに使われました。そこがいっぱいになりますと、越中島《えっちゅうじま》へ運ばれました。このシステム以前は、各々が勝手に川や堀へゴミを棄てるもんですから、場所によっては船が進めないほど汚れておりました。

**【大坂城代】おおさかじょうだい**

大坂城に詰め、大坂から西を監視する幕府の要職でございます。【譜代《ふだい》大名《だいみょう》】の中から任命されました。

**【大坂町奉行】おおさかまちぶぎょう**

幕府が大坂に設置した【奉行所《ぶぎょうしょ》】で、東西のふたつの奉行所がございました。大坂三郷～摂津・河内国を管理した【遠国奉行《おんごくぶぎょう》】のひとつです。

**【大袖】おおそで**

袂《たもと》の袖口を縫っていないものを申します。図は【袖《そで》の色々】のコラムをご覧ください。袖口を縫って小さくしたものを【小袖《こそで》】と申します。

**【太田道灌】** おおたどうかん

永享四年～文明十八年（一四三二～一四八六）。江戸城を築城し、江戸の基礎を築いた戦国武将でございます。才気にあふれた武将で、各地に逸話を残しております。

**【大店】** おおだな

大きな店の意味でございます。大店が並んだ最大の通りは日本橋通りで、その中で最も大きかったのは三井越後屋（現・三越）でした。従業員が千人いたそうですから、一国のお城なみのスタッフでございます。ちなみに、三井越後屋に遅れること百七十九年、西暦一八五二年に世界初のデパートといわれます「ボン・マルシェ」がパリにオープンいたしましたが、従業員は三百人ほどでございました。

**【太田南畝】** おおたなんぽ

寛延二年～文政六年（一七四九～一八二三）。江戸中期～後期に活躍した文豪でございます。幕臣でありながらその知識を生かしまして、洒落本から風刺までこなした天才でございます。蜀山人《しょくさんじん》や山手馬鹿人《やまてばかじん》など様々なペンネームを使います。著書には『万載狂歌集』『徳和歌後万載集』『鯛の味噌津』『道中粋語録』『一話一言』などがございます。

**【大茶屋】** おおちゃや

芝居小屋に隣接して立派な店を構える【芝居茶屋《しばいぢゃや》】でございます。芝居を楽しみに来る方の待ち合わせや幕《まく》間《あい》の食事、芝居後の宴会など、芝居遊びを演出する高級茶屋でございました。もちろん、お金のある方の遊びで、庶民はリーズナブルな【小茶屋《こぢゃや》】を利用しました。それでも、芝居茶屋を使うのはとっても贅沢な遊びでございました。

**【大手門】おおてもん**

江戸城の正門のことを申しまして、諸【大名《だいみょう》】が江戸城に登城する際に使われました。江戸城三十六御門の中で最も重要な門でございます。

**【鷲神社】おおとりじんじゃ**

【吉原《よしわら》】の近くにある神社で、「酉《とり》の市」で有名な開運、商売の神様でございます。「鷲《おおとり》大明神」「田んぼのお酉様」とも呼ばれました。

**【大縄地】おおなわち**

下級武士に与えられた【組屋敷《くみやしき》】のことを申しまして、徒組、小納戸組などの組ごとにまとまって与えられました。身分は低くても【御家人《ごけにん》】であれば百坪以上の土地がありましたので、菜園を作ったり、【長屋《ながや》】を建てて貸したりする武士もおりました。今日でも御徒町や納戸町などの地名が残ります。

**【大野笠】おおのがさ**

上部がなだらかな弧を描いたものを指します。大きなものは雨傘としても使われ、雨の中で帳面を付ける普請役や、庶民の子守り仕事などに使われました。図は【笠《かさ》の色々】のコラムをご覧ください。

**【大番】おおばん**

「番」が就くのは幕府の軍務役で、将軍の親衛隊でございます。大番は【番方《ばんかた》】の中で最も大きな実務組織で、江戸城、大坂城、二条城に一年ごとに交代で勤めました。市中見廻りも行い、不穏な動きがないか常に目を光らせておりました。

**【大番屋】おおばんや**

「調番屋《しらべばんや》」とも呼ばれます、留置場でございます。八丁堀を中心に八つほど設置されまして、町で事件を起こした者が【自身番《じしんばん》】から送られてまいります。大番屋では御役人による聞き取り調査が行われます。ここで「嫌疑あり」と判断されますと、【牢《ろう》屋敷《やしき》】へ送られます。牢屋敷のお取り調べで無罪になる方は僅かだったようですので、事実上の裁判所のようなものでございますね。

**【大引】** おおびけ

【吉原《よしわら》】閉店の時間でございます。お酒や遊びでのどんちゃん騒ぎは終わりで、【遊女《ゆうじょ》】を揚げない方はお帰りの時間です。

**【大曲】** おおまがり

小石川伝法院《こいしかわでんぼういん》あたりの神田川周辺を申します。神田川が大きくカーブしておりまして、このあたりは武家屋敷町ですので、日が落ちますと寂しいところでございました。

**【大向】** おおむこう

㊀ 芝居小屋の二階正面奥の立ち見席のことを申します。常連客が多いので目利きも多く、安い席だといって侮れません。今日の歌舞伎座ですと三階席になります。

㊁ また、その席にいる常連客を申します。

**【大目付】** おおめつけ

【大名《だいみょう》】を管理する役職でございます。「大名目付《だいみょうめつけ》」とも呼ばれました。

**【大門】** おおもん

【吉原《よしわら》】の正面にある門のことを申します。吉原の唯一の門でございまして黒塗りの【冠木門《かぶきもん》】でした。

**【大山詣】** おおやまもうで

相模国（神奈川県）の大山に、六月二十七日〜七月十七日に参拝することを申します。源頼朝《みなもとのよりとも》が信仰した山で、毎年刀を奉納したことから、庶民も大山詣には木刀を奉納いたしました。信仰というよりは、家族や友人グループで行く、三〜四泊のハイキングでした。

**【大牢】** おおろう

【牢屋敷《ろうやしき》】にあります、庶民男性を入れる獄舎を申します。獄舎の中は「牢名主」など、選ばれた十二人の囚人よって管理されておりました。環境はとても悪く、入牢して数日で健康を害する者が多くおりました。

**【お陰参り】おかげまいり**

集団で【伊勢参《いせまい》り】に行くことでございます。江戸中期には、農村でも都市部でも盛んに行われ、多い時には二ヵ月の間に三百五十万人の方が伊勢神宮を参拝いたしました。これにより、旅が余暇のひとつとなってまいりました。

**【御囲い】おかこい**

五代・綱吉《つなよし》様によって発せられた【生類憐《しょうるいあわ》れみの令《れい》】で、中野に作られた野良犬の収容所を申します。江戸中の野犬が集められたために、狂犬病による被害はなくなりました。一方、猫は相変わらず、鼠《ねずみ》駆除のために可愛がられ、江戸は猫の天下となりました。

**【御貸付金】おかしつけきん**

幕府から貸し出されるお金のことを申します。【大名《だいみょう》】の他、裕福な【町《ちょう》人《にん》】や農民が年一割の利子で借りることができました。【札差《ふださし》】が武士に貸すお金の利子は二〜四割ですので、これでも格安でございました。

**【岡引】おかっぴき**

【目明《めあかし》】「手先《てさき》」「御用聞《ごようきき》」「口問《くちとい》」「小《こ》者《もの》」と様々に呼ばれます。【同心《どうしん》】の【奉公人《ほうこうにん》】という立場です。人数だけが【町奉行《まちぶぎょう》】に伝えられ、月に一分一朱（年俸という説もある）の僅かな給金を得ておりました。小さな罪を犯した者や【博徒《ばくと》】、テキ屋の親分などが岡引になり、よそ者やチンピラの犯罪に目を光らせ、【与力《よりき》】や同心に報告しました。役人ではないので、基本的に【十手《じって》】は持ちませんが、同心から貰った岡引の証明書・【手《て》札《ふだ》】を所持しておりました。

「親分」と呼ばれる岡引は、同心から資金を貰って、女房に料理屋などの商売をさせ生活しており、自分は【捕《と》り物《もの》】の人足（子分）を手配したり、情報収集を行いました。中には、調べたネタで店を強請《ゆす》ったり、権力を使って所場代《しょばだい》を取るなど、ヤクザまがいのことも多く、意外に評判が悪い輩《やから》でございました。そのため、度々禁止されました。

**【岡場所】おかばしょ**
【吉原《よしわら》】以外の私娼窟《ししょうくつ》を申しまして、【谷中《やなか》】、根津、深川、築地、品川、新宿、音羽、赤坂など、あちこちにございました。吉原以外では売春業は禁止されておりましたが、初めのうちはあまり厳しい取り締まりはされませんでした。それでも各地の岡場所が繁盛して、吉原の客が減りますと、さすがに幕府も動き始めます。【寛政《かんせい》の改革】【天保《てんぽう》の改革】では徹底的に取り締まられ一度姿を消しました。

**【岡惚れ】おかぼれ**
町筋で、チラリと出会った相手に一目惚れ、どこの誰かは存じませぬが、これが先途の巡り合わせ、どうかお名前だけでも……というような、何の所縁《ゆかり》もない人に惚れてしまうことを申します。当時は男女が気軽にデートできない時代ですから、ひと目見た人に恋をするのは、ちょっと苦しいことで、思い詰めて伏せってしまうなんてお話もよくございました。その点、【長屋《ながや》】住まいの方は気楽でして、恋愛の末にめでたくゴールインなんてこともありました。

**【御構場所】おかまいばしょ**
【江戸払《えどばらい》】など追放刑を受けた者が、立ち入りを禁じられた地域や街道を申します。ですが【旅姿《たびすがた》】でしたら、どこでも行くことができましたので、正確には「生活してはいけない区域」のことを申します。

**【拝み討ち】おがみうち**
体の正面で頭上高く刀を構え、一刀両断にすることを申します。両手を合わせて拝むような姿に見えることから、こう呼ばれます。

**【岡湯】おかゆ**
【湯屋《ゆや》】で浴槽と別に沸かしますお湯で、体を洗ったり、上がり湯に使いました。

【御借上げ】おかりあげ

財政の逼迫《ひっぱく》した【大名《だいみょう》】が、家臣の【知行《ちぎょう》】【俸禄《ほうろく》】を「借りる」と称して、【減俸《げんぽう》】したものでございます。「五十石、二十石御借上げ」と申しますと、収入は五十石でも手取りは三十石ということでございました。特に江戸後期は財政難で、リストラやワークシェア、派遣侍など、現代と変わらぬ労働のやり繰りがされておりました。太っていくのは一部の豪商ばかりで……。

【置炬燵】おきごたつ

掘炬燵でない、普通の炬燵のことでございます。木枠の真ん中に【行火《あんか》】を置きまして布団を掛けます。今日と違うのは天板がないことで、机としては使われておりませんでした。

【沖出】おきだし

廻船による商品、物資の海上輸送のことを申します。

【御切手書】おきってがき

【大奥《おおおく》】の【七つ口《なくち》】で通行人を管理する、【奥女中《おくじょちゅう》】の役職を申します。

【置屋】おきや

【遊女《ゆうじょ》】や【芸子《げいこ》】を抱える店のことを申します。客は遊女や芸子たちを【揚屋《あげや》】に呼んで遊びます。

【御客応答】おきゃくあしらい

【大奥《おおおく》】女中の役職で【旗本《はたもと》】【大名《だいみょう》】からの女性使者を接待する役です。

【お侠】おきゃん

勝ち気な娘のことを申します。「お」を付けないと、やんちゃな男の子のことを申します。

【お行の松】おぎょうのまつ

江戸の名松と謳われました、根岸の時雨岡《しぐれがおか》不動にある松でございます。小岩・善養寺《ぜんようじ》の「影向《ようごう》の松《まつ》」などと並んで、松の名所でございました。

【奥御医師】おくごいし

「お匙《さじ》」とも呼ばれます、将軍、【御《み》

台様《だいさま》】を診る幕府御医師の最高職を申します。

**【奥儒者】** おくじゅしゃ

将軍お抱え儒学者《じゅがくしゃ》でございます。政治の相談や、後継ぎの教育を担当いたしました。

**【奥女中】** おくじょちゅう

江戸城【大奥《おおおく》】や、各地のお城、お屋敷の【奥向《おくむ》き】で働くお【女中《じょちゅう》】のことでございます。「御殿女中《ごてんじょちゅう》」は特に江戸城大奥勤めを申します。江戸の女子《おなご》の憧れの職業でした。

**【奥長屋】** おくながや

武家屋敷の奥にあります【長屋《ながや》】を申します。【足軽長屋《あしがるながや》】もそのひとつで、お屋敷で働く方の社員寮でございますね。

**【阿国歌舞伎】** おくにかぶき

慶長八年（一六〇三）に「阿国」という出雲大社の巫女と称する女役者が京で行った演劇で、歌舞伎の始まりといわれているものでございます。阿国が男役をするという、当時、他に類を見ない斬新な舞台が爆発的な人気を呼びました。

**【奥坊主】** おくぼうず

【坊主衆《ぼうずしゅう》】に同じでして、江戸城【大《おお》奥《おく》】の雑役係でございます。

**【奥向き】** おくむき

城や武家屋敷のプライベート側のことを申します。逆は【表向《おもてむ》き】でございます。

**【奥祐筆】** おくゆうひつ

幕府の重職で【老中《ろうじゅう》】【若年寄《わかどしより》】の秘書でございます。【表祐筆《おもてゆうひつ》】という役もございまして、こちらは書記役として記録を作成いたします。

**【送り拍子木】** おくりひょうしぎ

夜間に【町木戸《まちきど》】を居住者以外が通る時に【木戸番《きどばん》】が打ち鳴らす【拍《ひょう》子木《しぎ》】の合図でございます。次の【木戸《きど》】に通行を知らせる目的で鳴らしまして、通り抜ける場合は、この合図で反対側の木戸番が待機しております。もちろん、ちゃんと通り抜けないと騒ぎになります。

**【桶伏】** おけぶせ

【遊廓《ゆうかく》】での懲《こ》らしめでございます。

代金が払えなかった客や、【遊女《ゆうじょ》】の【間夫《まぶ》】が入れられます晒《さら》し桶です。伏せた大桶に入れられまして、上から石を載せられます。

**【御小姓】** おこしょう

㈠【大奥《おおおく》】で側近の手伝いをする小さな娘の職、雑用係でございます。

㈡【小姓《こしょう》】【小姓組《こしょうぐみ》】を申します。

**【オコリ】**

マラリアのことを申します。高熱が出て、慢性化する場合もあります。

**【御先手組】** おさきてぐみ

幕府【直参《じきさん》】の【足軽《あしがる》】で、先鋒を勤める猛者たちです。世の中が荒くなりますと、ここから【火附盗賊改《ひつけとうぞくあらため》】が組織されました。

**【御作事場】** おさくじば

【大名屋敷《だいみょうやしき》】内の大工などが作業する場所を申します。江戸城では「御《お》作事奉行《さくじぶぎょう》」が管理いたします。

**【おさん・おさんどん】**

㈠【下女《げじょ》】のことでございます。下女とはもっぱら【土間《どま》】【厨《くりや》】で家事を手伝う者を申します。身なりが悪くてもいいので、貧しい家の者でも雇ってもらえました。

㈡転じて→家事のことを申します。

**【御三之間】** おさんのま

【大奥《おおおく》】の雑用係のお【女中《じょちゅう》】職でございます。

**【御師】** おし

伊勢、白山、出羽三山など有名な神社で、地方ごとに参拝、祈祷、宿泊の手助けをする者を申します。

**【押絵師】** おしえし

飾り羽子板などの押絵を作る職人でございます。布と綿を使いまして立体的な絵を表現いたします。

**【御仕置】** おしおき

【町奉行《まちぶぎょう》】の判決のことでございまして、【白洲《しらす》】で【沙汰《さた》】されます【江戸払《えどばらい》】以上の重い刑を申します。

**【御仕置裁許帳】** おしおきさいきょちょう

宝永年間（一七〇四〜一七一一）に、町奉行所がまとめました判例集でございます。【犯科帳《はんかちょう》】と呼ばれるもののひとつといえます。明暦三年〜元禄十二年（一六五七〜一六九九）の【牢帳《ろうちょう》】を分類・編集したものでございます。【沙汰《さた》】をする際に、法の公平性を保つために参考にされました。同じようなものに「御仕置例類集」がありますが、こちらは【老中《ろうじゅう》】が作ったものです。

**【お仕着せ】** おしきせ

㈠盆暮れの二回、【奉公人《ほうこうにん》】が主人からいただきます着物を申します。ユニフォームみたいなもので、屋敷やお店それぞれに反物が決まっておりました。着物はとても高価なものですので、ボーナスのようなありがたさがございます。出入りの職人にも袢纏《はんてん》などを配りました。

㈡また、それを着る身分の者を申します。「お仕着せの小僧《こぞう》」などと申しますと、奉公をしている男の子のことになります。

**【御褥お断り】** おしとねおことわり

三十路《みそじ》を過ぎたら【正室《せいしつ》】や【側室《そくしつ》】が殿と床を共にするのを辞退することを申します。

**【御忍び駕籠】** おしのびかご

将軍の【側室《そくしつ》】や【中臈《ちゅうろう》】【大名《だいみょう》】が御忍びで使う駕籠でして、【陸尺《ろくしゃく》】四人で担ぎます。図は【駕籠《かご》の色々】のコラムをご覧ください。

**【御救小屋】** おすくいごや

庶民救済の仮設住宅でございます。生活困窮者や火事などで焼け出された庶民が願い出て入りました。「御救長屋」とも呼ばれました。簡易で粗末な建物でしたが、食事も支給されました。

災害時にここを利用するには、住んでいた町の【町役人《ちょうやくにん》】による身元の確認が必要でした。ですので、地方から流れてきた【無宿者《むしゅくもの》】や罪を犯して【長屋《ながや》】を追われた者は入れませんでした。管理は町奉行所がいたしました。

**【御救米】おすくいまい**

災害、飢饉の時に幕府が配る庶民救済のための米でございます。

**【御鈴口】おすずぐち**

【大奥《おおおく》】と【中奥《なかおく》】を繋ぐ扉のことでございまして、通常は鍵がかけられております。【公方様《くぼうさま》】が【正室《せいしつ》】や【側室《そくしつ》】のところに行かれます際には、この扉が使われます。

**【おすべらかし】**

公家や巫女、武士の女性が、儀式の際になさいます髪型でございます。

江戸後期に広まりました【鬢《びん》】を強調する流行を取り入れ、鳳凰《ほうおう》の羽のように四角く立てた鬢が特徴です。髷《まげ》は結わずに、長かもじを付け垂らしまして、五箇所を結います。今日でも巫女が用います髪型です。

**【お染久松】おそめひさまつ**

宝永七年（一七一〇）、大坂で起きました【心中《しんじゅう》】事件を元にした【人形《にんぎょう》浄瑠璃《じょうるり》】、歌舞伎の演目です。

　瓦屋橋の油屋の娘・お染と【丁《でっ》稚《ち》】の久松が恋に落ちますが、お互い親の決めた許嫁《いいなずけ》がある身、ふたりの恋は叶うはずもありません。しかし、お染は久松が忘れられないと、彼を追って村まで行ってしまいます。そこで久松の許嫁・お光はふたりの想いを知り、このままでは心中してしまうだろうと身を案じ、自分は髪を下ろして尼となります……。

**【お太鼓医者】おたいこいしゃ**

お医者と申しましても治療はできません。なんせ医学の知識はないもんですから。その代わり、病人の枕元に来まして、手品やら噺やらで笑わせます。

**【小鷹結】おたかむすび**

【女中《じょちゅう》】がいたしました結び方でございます。小鷹が飛び回っているように見えましたので、こう呼ばれました。図は【帯《おび》の色々】のコラムをご覧ください。

**【御達】** おたっし

関係者のみに知らせる幕府の通達を申しまします。庶民にも広く知らせるものは【御触《おふれ》】と申します。

**【お貫盆・お煙草盆】** おたばこぼん

小さな女の子の髪型でございます。髪を左右に分けて、頭の上で煙草盆のつるのように結んだものです。

**【お玉ヶ池】** おたまがいけ

今日の神田岩本町《いわもとちょう》あたりにあった、お玉という娘が身投げをした池でございます。【明暦《めいれき》の大火《たいか》】以前には大きな池がございましたが、復興の際に埋め立てられました。それ以降は儒学者、【墨客《ぼっかく》】、師範代などが多く住み、有名な師匠も多かったことから「お玉ヶ池の先生」とは、それなりの人を指すようになりました。

**【小田原下駄】** おだわらげた

【鯔背《いなせ》】な魚屋が好んで履いた下駄で、水に強い鞣《なめ》し革の【鼻緒《はなお》】で、歯の差し替えもできました。図は【下《げ》駄《た》の色々】のコラムをご覧ください。

**【小田原提灯】** おだわらちょうちん

折りたたみ式の携帯提灯のことです。提灯はみなたためますが、小田原提灯はたたみますと上下の塗輪《ぬりわ》がケースになって、懐に収まるようにできております。図は【提灯《ちょうちん》の色々】のコラムをご覧ください。

**【お茶ぴい】** おちゃっぴい

お転婆で色気がない遊女を「お茶引き」と呼ぶことから、転じて→お転婆娘のこと、お節介で元気のいい少女、おませな娘を申します。

**【御茶壺道中】** おちゃつぼどうちゅう

将軍の飲まれます特別なお茶を宇治から運ぶこと、また、その者たちのことでございます。御茶頭《おちゃがしら》を筆頭に【与力《よりき》】【同心《どうしん》】千名で運びまして、この【道中《どうちゅう》】に出会ったら【大名《だいみょう》】ですら【乗物《のりもの》】を降りて礼をしなければならない作法でございました。ですから、庶民のほうは土下座して顔を上げることもできませんで、大変迷惑なものでもありました。

**【御茶之間】** おちゃのま

【大奥《おおおく》】のお【女中《じょちゅう》】で、【御台様《みだいさま》】のお茶を煎れる係です。いかにも無駄な職ですな。大奥には澱《おり》のように無駄がいっぱい溜まっておりました。

**【乙】** おつ

江戸っ子の好きなことのひとつです。洒落ていて気が利いて、おまけに個性があることを申します。「乙」とは楽器の低い音のことで、響きが良くて味がある音とされました。

**【御使番】** おつかいばん

【大奥《おおおく》】の【御目見得《おめみえ》】以下のお【女中《じょちゅう》】職を申します。奥内の文書、伝言係でございます。

**【御使い姫】** おつかいひめ

「つかわしめ」の訛でございます。神仏の使いの動物のことで、鹿島・春日大社の鹿、八幡の鳩、月山・熊野の八咫烏《やたがらす》、山王の猿、稲荷の狐、摩利支《まりし》天《てん》の猪、文殊の象、虚空蔵の鰻など様々です。

**【押っ取り刀】** おっとりがたな

「急ぎ参上した」様を申します。刀を腰に差す間もなく、手に持って駆けつける状態です。もっぱら、武士が慌てて出向くことを申します。

**【乙りき】** おつりき

個性的で【粋《いき》】なことという意味で使われます。本来は「乙粋《おついき》」で、いいやすく訛ったものといわれます。

**【お手つき】** おてつき

【殿様《とのさま》】がお【女中《じょちゅう》】に手を出すこと

を申します。【正室《せいしつ》】は良家の子女から縁組みされますが、箱入りでお育ちになったので、体が弱かったようです。そのため、当時は広い階級から募集されるお女中が【側室《そくしつ》】となりまして、健康なお世継ぎを産むことが珍しくございませんでした。徳川家十五代でも、正室のお世継ぎは三代・家光《いえみつ》様おひとりでした。

**【お伽草子】おとぎぞうし**

絵入りの短編小説で、【赤本《あかほん》】と同じ子供用の【読本《よみほん》】を申します。赤本には今ではお伽話となりましたお話が多数ございました。『物くさ太郎』『一寸法師』『浦島太郎』などなどです。

**【侠気】おとこぎ**

下町の男の鑑となるような【男伊達《おとこだて》】のことでございます。サバサバしていて、弱きを助け強きを挫《くじ》く心意気で、【鯔背《いなせ》】な【勇《いさ》み肌《はだ》】を申します。また、そんな女性は【お侠《きゃん》】と呼びました。

**【男伊達】おとこだて**

【仁侠《にんきょう》】などと同じでございます。武士の理不尽な行動に毅然と立ち向かい、見て見ぬふりをしないという正義の輩《やから》でございます。

**【落し差】おとしざし**

刀を垂直に近い角度で腰に差すことを申します。このような差し方では、すぐに刀を抜くことができませんので、威嚇する意思のないことも表すものでもでした。また、混雑した場所でも、刀がぶつかったりして邪魔になりませんので、庶民にとっては、大変にマナーのよい差し方でございました。

**【御年寄】おとしより**

【大奥《おおおく》】女中の取締役でございまして、「年寄」はその職位のリーダーを申します。

**【御留流】おとめりゅう**

藩外不出の剣法を申します。その藩

の藩士以外への伝習を禁じ、さらに公開すること、流派を名乗ることも禁止されましたもので、薩摩藩の【示現流《じげんりゅう》】などがございます。一《ひと》太刀《たち》の触れで雌雄が決まる真剣での戦いでは、手が読まれないことは非常に有利でございました。

**【御成街道】** おなりかいどう

上野・【寛永寺《かんえいじ》】前や【芝《しば》】・増上寺《ぞうじょうじ》前の道を申します。将軍が参拝に行く道でございました。

**【鬼の霍乱】** おにのかくらん

普段病気をしない人、またはしなさそうな丈夫な人が病気になることを申します。主に過労や夏バテなどで倒れることでございます。

**【御庭番】** おにわばん

将軍直属の隠密の御用人でございます。江戸城内に住み、職務以外で外部と接することのない諜報《ちょうほう》部員、またはその一族でございます。お話に登場するように、庭師の姿をして将軍から直接庭先で命令を受けたり、報告をしたりいたしました。

**【お歯黒】** おはぐろ

既婚者で子供のいる奥さんが歯に塗ったものでして、【鉄漿《かね》】とも申します。初めの頃は結婚したら（または、結婚適齢期を過ぎたら）、眉を落とし、お歯黒をつけておりましたが、後に子供が生まれてからつけるようになりました。なにせ面倒臭いですし、お歯黒は自分で調合して塗るんですが、その液がめっぽう臭かったらしいです。ちなみに白粉も塗り過ぎると体に悪かったそうですよ。

**【お鉢がまわる】** おはちがまわる

茶懐石でご飯を入れたお櫃《ひつ》が順繰りに回ってくることから、転じて↓自分の順番が来ることを申します。初めは「幸運が巡って来る」というような良い意味でしたが、やがて皮肉を込めて不運な意味で使われるようになりました。

**【御腹様】** おはらさま

将軍の【側室《そくしつ》】で、女の子を産んだ者を申します。男の子を産むと【御部《おへ》屋様《やさま》】と呼ばれました。

## 帯の色々

女性の帯は、江戸初期までは「名護屋帯」という組紐や、男性と同じ幅の平帯を使っていましたが、【時代《じだい》が下《くだ》る】にしたがって、帯幅がどんどん広くなりまして、華やかになりました。

結び方は江戸後期には二百以上と、とてもたくさんございました。武士や商家の妻女はキリリと結び、庶民は楽に結びました。楽に結ぶ理由は、固く結ぶと帯が傷みますし、動きにくいし、何よりもほどくのが面倒くさかったようでございます。逆に、それなりの方は「堅さ」を表すためにも、しっかりと結びました。

また、帯を前で結ぶのは【遊女《ゆうじょ》】だけではございませんで、外出時は前に結んで、帯に手を入れて隠して歩くのが上品という時代もございました。

【小磯結】
おいそむすび

【名護屋帯】
なごやおび

「抱帯」
かかえおび

【小鷹結】
おたかむすび

「下げ下結」
さげしたむすび

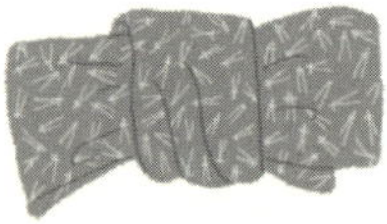
【小万結】
こまんむすび

「高雄結」
たかおむすび

【挟結】
はさみむすび

「挟帯」
はさみおび

「だらり結」
だらりむすび

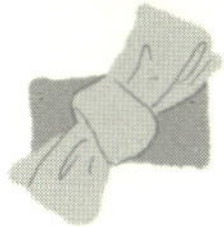
【引結】
ひきむすび

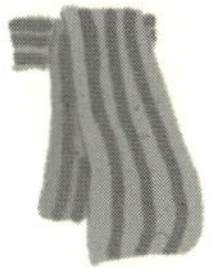
【一つ結】
ひとつむすび

【引っかけ結】
ひっかけむすび

「吉雄帯」
よしおおび

【水木帯】
みずきおび

「文庫結」
ぶんこむすび

**男性の帯結**

【神田結】
かんだむすび

【貝の口】
かいのくち

「一文字結」
いちもんじむすび

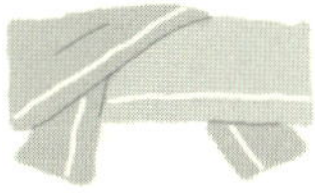
【片ばさみ】
かたばさみ

【双輪】
もろわ

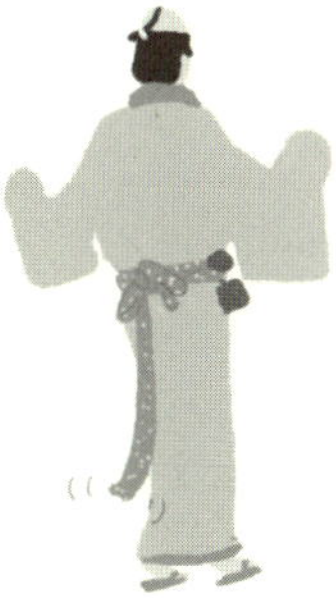
【猫じゃらし結】
ねこじゃらしむすび

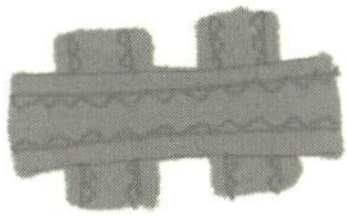
「虚無僧結」
こむそうむすび

**【お引きずり】おひきずり**

【遊女《ゆうじょ》】や【大奥《おおおく》】のお【女中《じょちゅう》】の長い着物を申します。または、これを着る者を指します。着物は高価なものですので、引きずるほど長い着物はセレブの証でもございました。しかし、これを庶民が真似ますと【引《ひ》きずり】と呼ばれまして、単にだらしない女を申します。

**【御火の番】おひのばん**

【大奥《おおおく》】の【御目見得《おめみえ》】以下のお【女《じょ》中《ちゅう》】職でございます。火の元の管理をする仕事をしておりました。

**【お不動さん】おふどうさん**

密教の五大明王の代表である「不動明王」を申します。江戸っ子に人気の怖い顔をした仏像で、今日も目黒、目白にはそれぞれ目黒不動、目白不動があります。

**【御船手】おふなて**

【遠島《えんとう》】に処せられる【科人《とがにん》】を、船で運ぶ役人を申します。霊岸島《れいがんじま》と金杉《かなすぎ》橋《ばし》に御船手番所があり、霊岸島からは永遠島（永遠の遠島）の船が、金杉橋からは特赦までの刑の船が出ました。親族はそれをひっそりと見送りました。

**【御触】おふれ**

お話ではよく高札場に貼り出されておりますが、あれは演出でございます。実際の【触書《ふれがき》】は【老中《ろうじゅう》】や【町《まち》奉行《ぶぎょう》】から出され、【町年寄《まちどしより》】経由で【町役人《ちょうやくにん》】に手渡され、庶民には口頭で伝えられました。ですんで、江戸に籍のある者は「知らなかった」といういい逃れは通用いたしません。しかし、庶民は御触が始終出されるもんですから、【三日法度《みっかはっと》】と軽視して、一回の御触ではなかなか従いませんでした。

**【御部屋様】** **おへやさま**

将軍の【側室《そくしつ》】で、男の子を産んだ者を申します。女の子を産むと【御《お》腹様《はらさま》】と呼ばれます。

**【産子・初子】** **おぼこ**

㈠幼い娘、初《うぶ》な娘のこと。

㈡世間知らずを申します。

**【御神輿が坐る】** **おみこしがすわる**

お客が長居することを申します。「輿《こし》」と「腰」を掛けた洒落でございます。

**【お耳】** **おみみ**

【町奉行《まちぶぎょう》】大岡様によって禁止された【目明《めあかし》】の代わりに働きました、奉行直属の情報屋でございます。目明は【与力《よりき》】や【同心《どうしん》】がそれぞれ使った情報屋でして、その情報をネタに強請《ゆすり》たかりなどをする者が多かったため、行政不信と治安の悪化の元とされ禁止されました。

**【御目見得】** **おめみえ**

「御目見え」とも書きます。将軍や【殿様《とのさま》】に直接会うことを申します。または武士、【奉公人《ほうこうにん》】の位を表す表現でございます。「御目見得以上」「御目見得以下」という表現をいたします。将軍の【直参《じきさん》】の場合、御目見得以上を【旗本《はたもと》】、御目見得以下を【御家人《ごけにん》】と申しました。

**【重敲】** **おもたたき・じゅうたたき**

【牢屋敷《ろうやしき》】の門前で施行された、百回の笞打《むちうち》刑でございます。【敲《たたき》】は五十回の笞打刑で、どちらも庶民男性の刑でした。敲く回数は厳格に守られましたが、痛がると手加減してくれました。図は巻頭コラムの【江《え》戸《ど》の社会《しゃかい》と司法《しほう》】をご覧ください。

**【表】** **おもて**

武家屋敷、お城でいう「表」は、政務を行う公《おおやけ》側のことで【表向《おもてむ》き】と申します。

**【表小姓】** **おもてこしょう**

武家の【表向《おもてむ》き】に勤める【小姓《こしょう》】のことで、【殿様《とのさま》】の側近雑用係兼、ボーイフレンドでございました。

**【表御番医師】** おもてごばんいし

幕府の【表向《おもてむ》き】に仕える武士を診る医師でございます。

**【表店】** おもてだな

通りに面した【長屋《ながや》】を申します。表店は商売の間と住まいの間、それに二階があるのが一般的な造りでございました。【店賃《たなちん》】は月に二分二朱(約六万円)ほどでございました。

**【表使】** おもてづかい

㊀江戸城【大奥《おおおく》】の外交官です。大奥のお買い物に出たり、【表向《おもてむ》き】の御役人に応対したりいたしました。【御殿向《ごてんむき》】と【広敷向《ひろしきむき》】の錠口の管理もいたします。

㊁【大名《だいみょう》】家の表向きの仕事を担当するお【女中《じょちゅう》】を申します。

**【表長屋】** おもてながや

㊀武家屋敷の塀を兼ねたアパートでございます。屋敷に勤める武士のお住まいでして、主に【国侍《くにざむらい》】が江戸に単身赴任した際に使います。

㊁【町人《ちょうにん》】地では、通りに面した建物を申します。ここにある店舗や家を【表店《おもてだな》】と呼びます。

**【表向き】** おもてむき

武家の政務、業務を行う側のことでございます。単に【表《おもて》】とも申します。反対を【奥向《おくむ》き】と申します。

**【表祐筆】** おもてゆうひつ

幕府の書記役として記録を作成する仕事を申します。【奥祐筆《おくゆうひつ》】という職もあり、こちらは【老中《ろうじゅう》】【若年寄《わかどしより》】の秘書役でございました。

**【御物師】** おものし

武士の【奉公人《ほうこうにん》】で、裁縫を専門にする者でございます。【御居間《おいま》】とも呼ばれました。当時、着物はそれぞれの屋敷内で仕立てることが多く、裁縫の技術が高ければ、良いお屋敷に勤めることができました。

**【御役御免】** おやくごめん

㈠役職を辞め【小普請組《こぶしんぐみ》】など、仕事のない部署へ移動することを申します。

㈡リストラのことを申します。

**【女形】** おやま・おんながた

女役をする男役者のことでございます。楽屋が中二階にあったので「中二階」とも申します。

**【折紙】** おりかみ

書や絵、骨董、刀剣などの鑑定書でして、鑑定を許された方によって書かれました。真贋《しんがん》の保証があるものを「折紙付き」と申します。

**【折紙免状】** おりかみめんじょう

武道の伝授リストのことを申します。紙を上下に折りまして、習得した技を書き込んでいくものでした。

**【折助】** おりすけ

武家に勤めます使用人で武士ではない、【中間《ちゅうげん》】や「小者《こもの》」【下男《げなん》】のことを申します。代々その家に勤める者から、時々によって雇われる者など、様々でございます。

**【折助根性】** おりすけこんじょう

主人が見ていないとすぐに怠けることを申します。

**【折助膳】** おりすけぜん

【折助《おりすけ》】が使います【箱膳《はこぜん》】のことを申します。箸や食器が収められた【膳箱《ぜんばこ》】で食事をしまして、沢庵などで、食べながら食器も洗い、そのまま箱にしまって片づけました。

**【御留守居寄合】** おるすいよりあい

諸藩の【留守居役《るすいやく》】が集まる交流会でございます。公私にわたる情報や根回しなどが行われました。豪華な食事を伴う一種のパーティーでして、【留守居茶屋《るすいちゃや》】と呼ばれる専門の高級料亭で毎日のように行われました。いやはや贅沢三昧でございますなぁ。

**【音曲】** おんぎょく

今日の音楽のことでございます。芝居などの伴奏に使われます曲がヒットいたしました。また、【遊廓《ゆうかく》】での遊びでも、舞と音曲は重要なものでございます。

**【遠国奉行】** おんごくぶぎょう

幕府が江戸以外の主要な直轄領《ちょっかつりょう》に置きました奉行のことでございます。奈良、京、大坂、駿府、長崎、佐渡などに置かれ、【旗本《はたもと》】が就きました。

**【温石】** おんじゃく

固めた塩や軽石、瓦を熱して布に包んで使う懐炉《かいろ》でございます。炭を使う懐炉は元禄時代（一六八八～一七〇四）に発明されましたが、庶民はもっぱら温石を使っておりました。

**【女歌舞伎】** おんなかぶき

【遊女《ゆうじょ》】が演じる初期の歌舞伎のことを申します。江戸初期に風紀上の理由で幕府に禁止されました。

**【女髪結】** おんなかみゆい

庶民の女性に人気なのが女髪結でございました。もともと女性は「結《ゆい》床《どこ》」に行かず、家内や隣近所で互いに結い合っておりましたが、プロの女髪結に結ってもらいますと見違えるほど美しく仕上がりますので、お洒落心に火が点きました。一回、三十～五十文と安いうえに、流行の髪型を次々に生んで、さらに人気が高まりました。だんだんと華美になりまして、江戸後期に幾度か禁止されましたが、あまり減りませんでした。

**【女手形】** おんなてがた

女性の【道中《どうちゅう》手《て》形《がた》】でございます。【入鉄砲《いりでっぽう》と出女《でおんな》】と申しまして、【大《だい》名《みょう》】の奥方様が江戸から脱走するのを警戒したため、女性は厳しく【吟《ぎん》味《み》】されました。

**【隠密同心】** おんみつどうしん

【町奉行《まちぶぎょう》】直属の【同心《どうしん》】を申しまして、秘密捜査をする者でございます。捜査専門でして【捕《と》り物《もの》】には参加いたしません。盗賊団に潜入したり、薦被《こもかぶ》りと呼ばれるホームレスに変装したりするのは、【目明《めあかし》】や【岡《おかっ》引《ぴき》】が行いました。

# 【か】

**【櫂】** かい

船を漕ぎ、舵を取る道具でございます。漕ぎ方は【艪《ろ》】と同じですが、西洋のオールやパドルと同じように使え、これ一本で船を旋回させたり、寄せたりもできます。小船に使われます、小型の艪とお考えください。

**【改易】** かいえき

武士の処罰のひとつで、御家断絶、【知行《ちぎょう》】を没収されることを申します。【大名《だいみょう》】家が改易されることは、ひとつの県が潰されるに等しく、たくさんの人が失業いたしました。江戸前期にやり過ぎて、【浪人《ろうにん》】たちが不平分子となり治安が悪化したため、その後は減りました。

**【介錯】** かいしゃく

㈠【切腹《せっぷく》】の際に切腹人の首を斬りとどめを刺すことを申します。

㈡手伝うことも申します。

**【介錯人】** かいしゃくにん

【切腹《せっぷく》】の際に首を斬る御役目を申します。切腹人の信頼のおける者がするのが通例でした。しくじりますと、大変酷たらしいことになるため、一刀両断にしなければならず、剣の技と共に強い精神力が必要な役でございました。また、【斬首《ざんしゅ》】刑の執行人は「首斬役」で介錯人《かいしゃくにん》ではありません。

**【会所】** かいしょ

【町役人《ちょうやくにん》】の集会所や金銀、米問屋の取引所のことを申します。

**【廻船問屋】** かいせんどいや

【船問屋《ふなどいや》】に同じです。荷物を船で送りたい商人を廻船に取り次ぐ商売でございます。自身で船を所有してはおりません。「回船問屋」「回漕問屋」とも書きます。

**【貝の口】** かいのくち

角帯《かくおび》の結び方として、最もポピュラーなものでございます。結の形が貝が管（口）を出しているように見えます。武士は袴を着けますので【片《かた》ばさみ】や「一文字結」などをいたしました。男性だけでなく女性も用います。図は【帯《おび》の色々】のコラムをご覧ください。

**【臥煙】** がえん

【定火消《じょうびけし》】の【火消人足《ひけしにんそく》】のことを申します。冬でも半被《はっぴ》に褌《ふんどし》一丁《いっちょう》を【粋《いき》】に着こなし、体中に刺青を入れている者も多くおりました。【伝《でん》法《ぼう》】な男が多くて、庶民の男の子の憧れの職でございましたが、普段から気が荒く喧嘩っ早くていけません。火消屋敷に待機する時には、一本の丸太を枕に十五人ほどが眠りました。火事が起こりますと、「不寝《ね》番《ばん》」が木槌で丸太をガ〜ンと叩きましたそうで、いやはや手荒い連中でございますな。

**【歌学方】** かがくかた

将軍や諸【大名《だいみょう》】に和歌を指導する国学者でございます。

**【加賀鳶】** かがとび

加賀藩・前田家のお抱え【火消《ひけし》】のことでして、【大名火消《だいみょうびけし》】の中では格段の活躍をいたしました。

**【掻立】** かきたて

【行灯《あんどん》】の【灯心《とうしん》】を押さえます芯押《しんおし》でございます。鶴の姿などをしていて、それが行灯の【灯袋《ひぶくろ》】映りって風流なものでした。芯には藺《い》草などが使われ、燃えてしまうので、定期的にずらさないといけません。そんな時はちょいと持ち上げて、押してやります。実用と美と遊びを兼ね備えた江戸のデザインでございます。

**【鈎縄】** かぎなわ

㈠鈎の付いた捕縛用の縄《なわ》でございます。鈎を犯人の着物などにかけて、紐を体にグルグル巻きにしますと、縛らなくても敵の動きを封じ込めることができます。

㈡忍者が使うものは、鈎が錨《いかり》のように三〜四爪ございました。

**【書き本】** かきほん

手書きで写本された本を申します。ご禁制(出版禁止)の本など、印刷することができないものを、手書きで写しまして、密かに販売いたしました。これも値打ちが上がりまして、良い商売になりました。

**【書役】** かきやく

【町役人《ちょうやくにん》】などの書記のことを申します。

**【膈噎】** かくいつ

食道癌、食道閉塞のような重症の食道の病を申します。

**【神楽】** かぐら

神社で舞う歌舞のことでございます。「御《み》神楽」は天皇家の舞のこと、「里神楽」は民間の奉納舞を申します。女神・巫女が【幣《みてぐら》】か鈴を持って舞い踊ります。

**【神楽面】** かぐらおもて

【神楽《かぐら》】に使われるお面のことを申します。

**【霍乱】** かくらん

嘔吐《おうと》を含むような眩暈《めまい》のことでございます。気分が悪く立っていることができません。疲労、日射病、白血病、急性胃腸炎、更年期障害など原因は様々ございます。

**【掛馬】** かけうま

荷物を馬の両側に掛けて運ぶことです。詳しくは【馬子《まご》】の項をご覧ください。また、その荷物の上に人を

## 欠落と人情

お店《たな》の【奉公人《ほうこうにん》】で最も【欠落《かけおち》】の多いのは【年季奉公《ねんきぼうこう》】に来て一、二年の頃といわれます。こないだまで親元でキャッキャ遊んでいた子供が、恐い先輩に囲まれ、厳しい躾で毎日朝から晩まで働き詰めですからしかたありません。お使いに出され、店の品物や金子《きんす》を持ったまま家出……。

奉公人が帰らないと、店は総出で捜し廻ります。事件に巻き込まれていては大変ですし、【同心《どうしん》】に見つかりますと敲《たたき》にされます。それに、同じ経験をしていますから、気持ちは痛いほどわかるんでございます。町の人も、欠落の【丁稚《でっち》】や【下女《げじょ》】を見つけますと、説得して店に連れ帰ります。「この子に道案内をしてもらっておりまして、遅くなって申し訳ない」などと、みえみえの口上《こうじょう》を付けましてね。

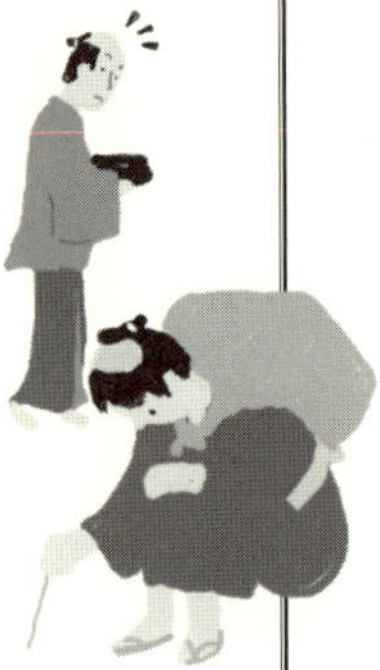

店では頭から叱ったりしません。飯を食わせまして、何もいわずに寝かせます。そうすると、夜中になって泣きますな。「嘘をついておりました」と。さんざん泣いたところで、先輩が諭《さと》します。そこで、お店じゃ全部わかってのことだったと「情の深さ」を知るわけでございます。そして翌日、番頭《ばんとう》さんのところへ先輩と共に詫びを入れに行きます。この時にはもう、「この人たちのために一生懸命奉公しよう」と心は決まっております。番頭も幼い顔が一段大人びたのを確認しまして、この時初めてきつく叱り、出直しとあいなるわけでございます。

江戸の人が人情深かったのは、この心具合に長《た》けていたわけではなく、みなさん限界まで辛抱してよく働くからでございます。怠けたブカブカの心には、どんな人情もバカバカしくて、都合のいいものにしか映りませんから。

乗せて運ぶのを【乗掛《のりかけ》】と申します。

**【掛売】** かけうり

代金を月末や【五節句《ごせっく》】にまとめていただきます商売の方法でございます。ツケとも申します。

**【欠落】** かけおち

当時、欠落と申しますと、【奉公人《ほうこうにん》】がお店から逃げることでございました。都市以外では農民が【領地《りょうち》】から逃げることを申します。

**【掛下髷】** かけおろしまげ

【島田髷《しまだまげ》】を後ろに下ろし【元結《もとゆい》】で結んだ髪型でございます。

**【掛乞】** かけごい

江戸時代は【掛売《かけうり》】というツケが多く、年に五回【五節句《ごせっく》】に集金をいたしました。これを掛乞と申します。特に師走の集金は一年の総ざらえでして、取る方も取られる方もシビアでございました。

**【駆込寺】** かけこみでら

【縁切寺《えんきりでら》】に同じでございます。

**【掛け小屋】** かけごや

木枠に蓆《むしろ》掛《が》けの簡易の芝居小屋や、出店のことでございます。

**【掛茶屋】** かけちゃや

葦簀《よしず》をまわす程度の簡易な露天の茶屋のことでございます。【大川《おおかわ》】の花見の土手など名所にありました。【吉原《よしわら》】周辺にありますのは【遊女《ゆうじょ》】の紹介所でございます。

**【陰通夜】** かげつや

遺体のない通夜のことでして、通常の通夜と同じように行われます。渡し船が沈没したり、災害に遭ったなど、遺体が見つからない場合に行われました。

**【陰間茶屋】** かげまちゃや

男娼を置きました茶屋でございまして、江戸初期からございました。もともとは「陰間」と呼ばれる歌舞伎役者の卵が働く店で、十二歳～二十前の男の子が【男色《だんしょく》】や女性相手に商売しておりました。大人になりますと、独立して【奥女中《おくじょちゅう》】や妻女相

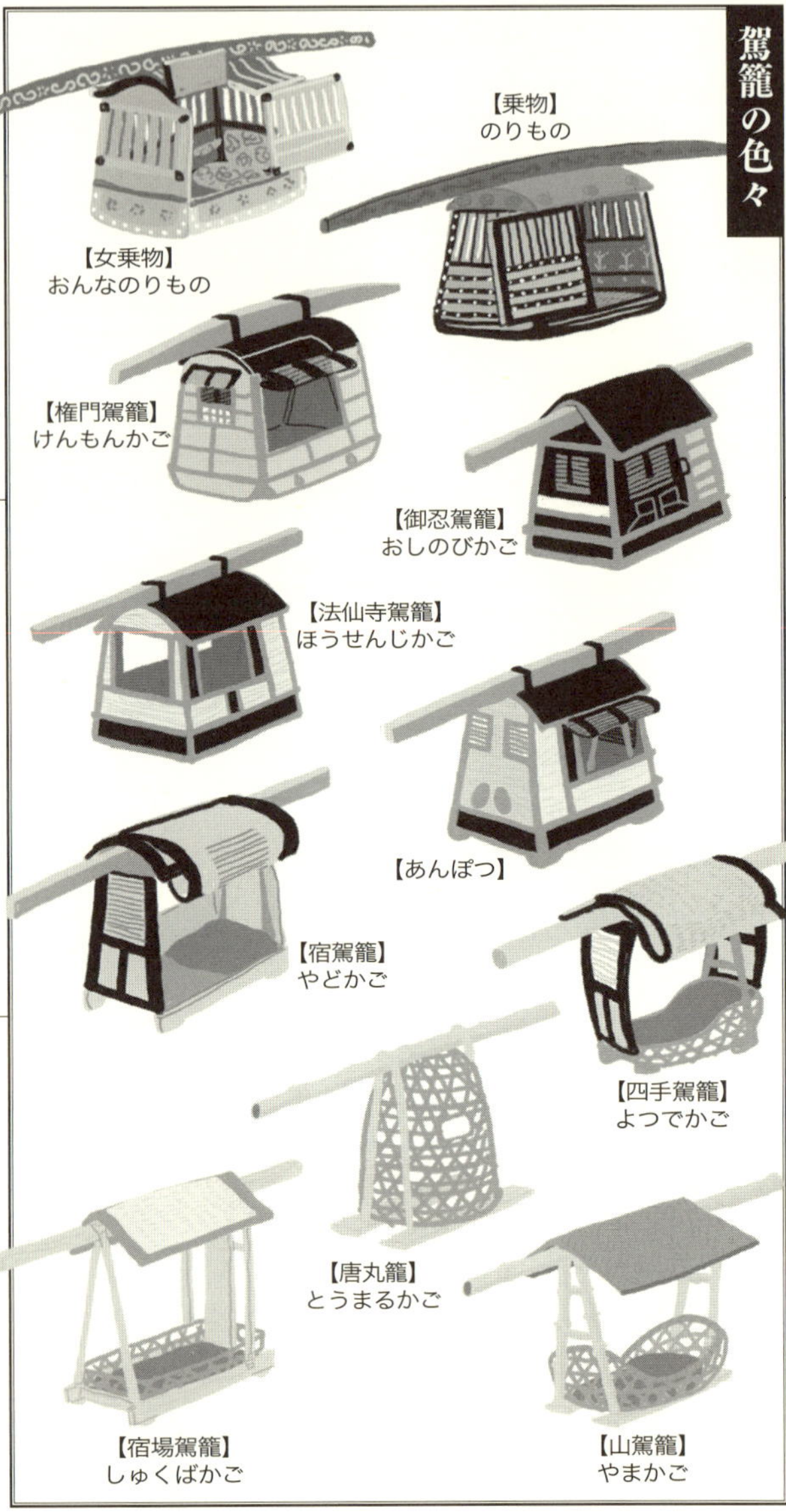
駕籠の色々
【女乗物】
おんなのりもの
【乗物】
のりもの
【権門駕籠】
けんもんかご
【御忍駕籠】
おしのびかご
【法仙寺駕籠】
ほうせんじかご
【あんぽつ】
【宿駕籠】
やどかご
【四手駕籠】
よつでかご
【唐丸籠】
とうまるかご
【宿場駕籠】
しゅくばかご
【山駕籠】
やまかご

手に出張サービスを行っておりました。中には【請出《うけだ》】されて、男妾として暮らす者もおりました。

**【掛屋】**かけや

江戸の【札差《ふださし》】に同じでございます。諸国で【大名《だいみょう》】など武士に年貢米を担保にして、高利で金を貸す金融業者を申します。

**【水主・水手】**かこ

船を漕ぐ水夫のことを申します。

**【駕籠舁き】**かごかき

駕籠を担ぐ人足を申します。江戸中期には市中だけでも千八百挺の【町《まち》駕籠《かご》】がございましたので、駕籠舁きもたくさんおりました。位の高い武家の【乗物《のりもの》】を担ぐのは、駕籠舁きではなく【陸尺《ろくしゃく》】と呼びます。

**【笠】**かさ

高温多湿多雨の日本の気候にはなくてはならない日用品でございます。帽子であり、日傘であり、雨傘であり、覆面でもあり、色々と便利なものでございました。材料、地方などにより、色々な名前、形があり、筍《たけのこ》の皮や藁《わら》、藺《い》草、剥板《へぎいた》など様々な材料が使われました。夏場は笠の内側に青葉を入れますと涼しく使えました。

**【瘡】**かさ

病の「かさ」は梅毒のことでございます。外国から持ち込まれ日本中に広まりまして、江戸末期には【岡場《おかば》所《しょ》】の【遊女《ゆうじょ》】の八割が感染していたという記述もございます。売春が盛んな一方で治療がほとんどされなかったのが原因です。梅毒に感染いたしますと、不妊や流産の危険が高くなり、子供が産めなくなります。そのため、子孫を残すことが重要な武士や裕福な家系では、男女とも若者の貞操観念がさらに厳しくなりました。【瘡毒《そうどく》】とも申します。

**【錺り職人】**かざりしょくにん

金属細工の職人で、寺社の錺金具か

ら、刀の鍔《つば》、簪《かんざし》まで作り、今日でもその作品は高く評価されております。

**【河岸】** かし

船着き場のことを申しまして、船が着くんで、そこに市が立ち、賑やかな場所でございます。「魚河岸」は漁師の船着き場ですので、魚の市が立ち、【鯔背《いなせ》】な連中が威勢よく働いておりました。

**【火事装束】** かじしょうぞく

「火消装束」とも申しまして【火消《ひけし》】の【出立《いでたち》】です。【大名火消《だいみょうびけし》】や【定《じょう》火消《びけし》】のお頭は、【大名《だいみょう》】や【旗本《はたもと》】でございますので「火事兜《かじかぶと》」に「革《かわ》袢纏《ばんてん》」など、【殿様《とのさま》】らしいものを着用いたしました。【町火消《まちびけし》】は【町《ちょう》

人《にん》】ですので、そんな贅沢はできませんで、主流は【刺し子《さしこ》】の袢纏《はんてん》でした。頭にも刺し子で作りました【猫頭巾《ねこずきん》】を被ります。町火消の袢纏は七分丈と長めにできております。これが【粋《いき》】なんですな。そして帯紐は後ろでなくて前で結びます。帯をロープとして使うために、すぐに外せる必要があったのでございます。

**【貸し徳利】かしどっくり**

酒屋がお客に貸し出す、リユース徳利のことでございます。店名や絵の描かれた徳利でして、出前のお皿のように後で店の小僧が回収いたしました。【通徳利《かよいとっくり》】「貧乏徳利」とも申します。

**【貸本目録】かしほんもくろく**

【貸本屋《かしほんや》】が作りました、書籍目録でございまして、これも立派な売り物でございました。多いものでは千冊以上が掲載されております。お客様に配るのは【見立番付《みたてばんづけ》】などのペラもの（一枚もの）でございまして、番付には新刊や人気の書籍が紹介されておりました。

**【貸本屋】かしほんや**

本のレンタル屋兼訪問販売業です。本を貸すのが商売ですが、最新刊の営業をしたり、お客さんのお望みの本を探し出したり、はたまた出版したり、本に関する様々な商いをいたしました。天保の頃（一八三〇～一八四四）には、江戸に八百軒もの貸本屋がございました。

**【鹿島大社】かしまたいしゃ**

紀元前六六〇年に常陸国（茨城県）に創建された、由緒正しい神社でございます。ここから鹿に乗った神様が、奈良・春日大社へ行ったとされます。武道の神様でもあり徳川家も大事にしておりました。江戸では地震を起こす大鯰《おおなまず》を抑える神様として信仰されておりました。

**【貸元】** かしもと

【博打《ばくち》】の元金を貸す、【賭場《とば》】の【金主《きんしゅ》】のことでございます。

**【片影のある時分】** かたかげのあるじぶん

早朝のこと。朝陽が低いところにあり、影がまだ長い時刻のことです。

**【敵持ち】** かたきもち

【仇討《あだう》ち】に狙われている者のことでございます。追う方は、【武士《ぶし》の習《なら》い】として本人の好むと好まざるとに関わらず、仇討ちを果たさなければ、御家取り潰しになりますので、敵を一生かけて追いました。

**【片口】** かたくち

注ぎ口の付いた鉢や桶を申します。食事や宴席では冷酒をつぐ道具として使われます。燗を付けたものは【チロリ】や銚子でつぎました。お酒だけではなく、お醤油や酢などを壺に注ぐのにも使いました。

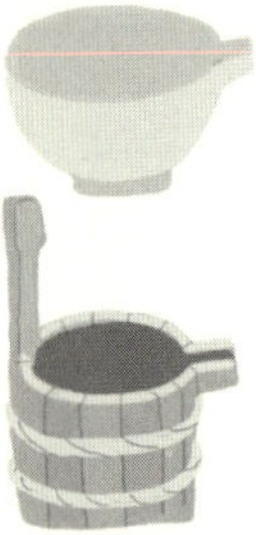

**【片手髷・片外し】** かたてまげ・かたはずし

女性の髪型で【笄髷《こうがいまげ》】のひとつでございます。【奥女中《おくじょちゅう》】や武家の奥様の髪型でして、上品なスタイルとして人気がありました。

**【刀鍛冶】** かたなかじ

鍛冶屋の中でも神聖な職とされました。刀を作る鍛冶でございます。

**【片ばさみ】** かたばさみ

男性の帯結びで、結ぶのが楽ちんでほどけにくい結び方でして、武士がくつろぐ時に好みました。また、帯が短くても結べますので、【浪人《ろうにん》】が【着流《きなが》し】で使いました。「浪人結」とも呼ばれます。図は【帯《おび》の色々】のコラムをご覧ください。

**【帷子】かたびら**

もともとは袖のない着物のことですが、江戸時代には【単衣《ひとえ》】の着物のことも申します。浴衣《ゆかた》は「湯帷子」が元の名でございます。

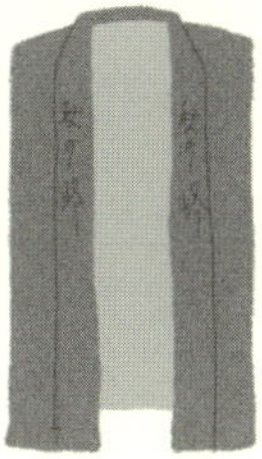

**【片山病】かたやまびょう**

備後国《びんごのくに》〈広島県〉の風土病でして、日本住血吸虫病のことです。患いますと、お腹が膨れて死亡する怖い病気でございました。

**【語り物】かたりもの**

【浄瑠璃《じょうるり》】や【浪花節《なにわぶし》】のような語りがメインの【音曲《おんぎょく》】を申します。反対は【唄物《うたもの》】と申します。

**【徒・徒士】かち**

戦国時代は、徒歩で戦う「歩兵」を申しました。

㊀幕府の徒は、江戸城の警備員でございます。「徒組」は江戸城の玄関に詰め、将軍がお出かけの時に先導をいたします、今日の白バイ隊のような役割でした。ひと組三十人ほどの構成で、最大二十組までありました。諸【大名《だいみょう》】や【旗本《はたもと》】の徒とは身分が異なるため、「御徒」と呼ばれ区別されました。

㊁それぞれの武士に仕える徒は、主人の供をする侍のことを申します。【供連《ともつれ》】は主人の位によって異なりまして、家格が上がるほどに人数が増えました。貧乏な旗本はフルタイムで抱えることはできませんので、正式な外出や登城の日など必要な時だけ雇いました。パートタイムの徒は「渡徒《わたりかち》」と申します。

**【徒同心】かちどうしん**

【徒《かち》】【足軽《あしがる》】のことでございます。

**【徒目付】かちめつけ**

【目付《めつけ》】の部下でございます。事務

や江戸城の玄関の管理をいたしました。また、「隠密目付」として地方の調査などもいたしました。

**【家中紊乱】** かちゅうぶんらん

藩内の風紀や秩序が乱れることを申します。

**【勝手方】** かってがた

財務担当の【勘定奉行《かんじょうぶぎょう》】のこを申します。直轄領《ちょっかつりょう》での訴訟や事件を扱いますのは【公事方《くじがた》】と申します。

**【勝山髷】** かつやままげ

【遊女《ゆうじょ》】の勝山がしていた髪型で、江戸前期から中期に大ブームになりました。髷《まげ》を前に丸めてまとめるものです。後には「後古丸髷《ごこまるまげ》」とも呼ばれ、既婚女性の定番の髪型のひとつとなりました。輪の大きさや形、【鬢《びん》】のボリュームなどは時代によって様々に変わります。図は【髪型《かみがた》の色々】をご覧ください。

**【糧飯】** かてめし

麦、あわ、ひえ、きびなどの雑穀に大根などの野菜を混ぜたご飯です。元禄の頃（一六八八〜一七〇四）に江戸市中で白米が常食となる以前、庶民によく食べられていました。江戸以外ではずっと、庶民の主食でございました。

**【合点】** がてん・がってん

「合点承知」の略でございまして、納得したことを申します。「ひとりがてん」はひとりで考えて勝手に納得することを申します。

**【瓦灯】** がとう

陶製のミニ【行灯《あんどん》】でございます。倒しても火事になりにくく、安価でしたので【長屋《ながや》】では好まれました。

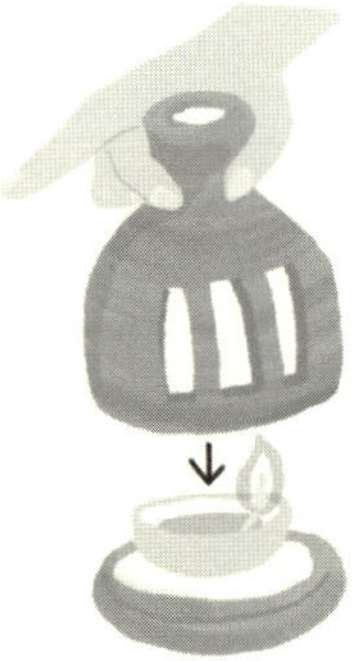

**【角屋敷】** かどやしき

町の角にある家を申します。角地は価値が高く、角屋敷に住むことは【町人《ちょうにん》】の社会的地位を表すものでもございました。

【拐かす・勾引かす】かどわかす

誘拐のことでございます。騙したり、無理矢理に駕籠に乗せたりして連れ去ります。

【鼎の軽重を問う】かなえのけいちょうをとう

鼎とは権威の象徴のことをいいます。統治者としての力量を疑うことを申します。武士の役職における面目が立たないことでございます。

【鉄漿】かね

【お歯黒《はぐろ》】に同じでございます。

【金公事】かねくじ

金銭関係の訴訟、借金の揉めごとの訴えを申します。

【金飛脚】かねびきゃく

現金輸送の【飛脚《ひきゃく》】を申します。たまにお金を持って逃げてしまう者もおりました。

【狩野派】かのうは

幕府の御用絵師の一派で、江戸時代最も有名な絵画の流派でございます。「狩野光信」「狩野孝信」の兄弟を筆頭に、たくさんの門弟を抱えておりました。

【株】かぶ

㊀ 事業の許可・権利を申します。過当競争を防ぐために、事業者数が規制される場合、株がないと新規参入ができません。当時は【札差《ふださし》】から【髪結《かみゆい》】まで、多くの商売が「株制」でございまして、幕府が業界の膨張を制御しておりました。株を得ますにはそれなりのお金と、税金の支払い義務が生じます。

㊁ 転じて→得意技のこと。「お株を奪う」とは、本家の得意技を奪うことを申します。

【傾き者】かぶきもの

傾《かぶ》くとは、傾《かたむ》いていることで、ふざけているという意味がございまして、遊び人、派手な服装をした者のことを申します。歌舞伎は「傾《かぶ》き」からできた言葉です。

**【冠木門】** かぶきもん

武家屋敷に用いられました門で、簡素ですが丈夫な作りでございます。

**【株っ嚙り】** かぶっかじり

他人のお株を嚙ること、転じて→人まねのことを申します。

**【株仲間】** かぶなかま

それぞれの業種の株主で作ります業界団体でございます。今日は独占禁止法で禁止されておりますが、当時も禁止された時期がありました。【享保《きょうほう》の改革《かいかく》】で【重商主義《じゅうしょうしゅぎ》】となり組織化が公に認められたことで、急速に発展いたしました。その結果、独占商売の特権や価格操作、格差増大などの悪影響が出たために、【天保《てんぽう》の改革《かいかく》】で解散させられます。が、株制度がある限り業界で株を自主管理しますから、自ずと組織機能は残りました。

**【竈師】** かまどし

暮れになりますとやって来て、【へっつい】や釜を塗り直して修繕する商売を申します。

**【鎌髭】** かまひげ

【中間《ちゅうげん》】や【町奴《まちやっこ》】が好んだ髭でございます。形式化されておりまして、付け髭や書き髭などもございました。

**【～守】** かみ

伊勢守や下総守など、国名に付けられる「守」は、元はその地域の統治者を示しましたが、江戸時代には、

㈠【国持大名《くにもちだいみょう》】が名乗るもの。

㈡統治とは無関係で、官位として授かったもの。

㈢過去に先祖が「統治に関係した家

柄」の方が名乗るもの。

　という三種類がございました。そのため、【浪人《ろうにん》】でも「〜守」と自称する者がおります。正式な場で「守」を用いる場合には、朝廷か幕府に賜った官位でなければなりません。

**【紙子・紙衣】** かみこ・かみころも

麻の和紙で作りました着物を申します。木綿や絹に比べて軽くて丈夫で、保温性に優れておりましたので、僧侶や武士に好まれました。特に【道中《どうちゅう》】において、針と糸がなくても修繕できる便利さが人気を呼びました。松尾芭蕉もこれを愛用しておりました。綿の着物と同じように、安いモノから高いモノまでありまして、「紙子＝安物」ではございません。

　ただし、普段は絹を召されます公家や武士の場合は、「紙子を普段にお召しになる」ことは【零落《れいらく》】を意味する場合もございます。ちなみに、【紙布《しふ》】とは紙縒糸《こよりいと》を用いました織物のことでございます。

**【神さび】** かみさび・かむさび

㊀古くなったものが神格化することを申します。道具は百年使うと魂を宿すことができると考えられておりました。

㊁神々《こうごう》しい様を申します。

**【裃】** かみしも

武士の正装のことでして、肩衣《かたぎぬ》と袴を着用いたします。「上下」とも書き、「上下勤《かみしもづとめ》」「上下役」は裃の着用が義務づけられた位を申します。今日ではどんなに着物が大ブームになっても復活しそうにない大仰な着物ですが、当時はスーツのようなものですので、諸役での外出には欠かせませんでした。

「継《つぎ》裃」は肩衣と袴の色が違うもので、【御目見得《おめみえ》】以上の武士が着用を許されました。つまり、上下色違いの裃の方が偉いのでございます。

## 髪型の色々

髪型は、同じ名称のものでも、身分や時代、地方、個人の好みによって変化いたします。なにしろ、今日のようにカタログ写真で「これが○○○だ！」なんて確定しておりません。違いは見た目ではなく、結い方〈男性は剃り方も〉にあります。

**【身分による違い】**

同じ結い方でも、身分によって雰囲気に違いがございました。武家は威厳と落ち着きをもった雰囲気に結い上げ、庶民は動きやすく、控えめだけど【粋《いき》】に結います。

男性の髪型では、武士は【髱《たぼ》】を引っ詰めて、【鬢《びん》】は自然に、庶民は髱をゆったりと膨らまし、鬢は剃って形を整えます。

女性では、武家は高くピシッと、庶民は低めに、【奉公人《ほうこうにん》】は特に質素に、控えめに見えるように結いました。

**【時代による変化】**

江戸初期までは、女性は髪を結わず下げておりました。平和が続き、身だしなみにも時間を割けるようになりますと、より身動きしやすいように髪を上げるようになりました。下げ髪は着物を汚しますので、上げておいた方が都合がよいものです。

女性の髪型の基本には【笄髷《こうがいまげ》】【勝山髷《かつやままげ》】【兵庫髷《ひょうごまげ》】【島田髷《しまだまげ》】の四種類がございます。一方、男性は戦国時代の【髻髪《もとどりがみ》】から、【月代《さかやき》】を用いた髷《まげ》が定着していきました。女性ほどの大きな違いはございませんが、髷の形に凝りました。

**【地方による変化】**

江戸では華美になるたびに禁令が出されますので、「華美より【乙《おつ》】」が好まれます。

最もゴージャスな【花魁《おいらん》】の髪型にもそれが見られまして、上方の【太夫《たゆう》】は金細工や珊瑚など様々な装飾がされましたが、江戸の【花魁《おいらん》】は派手さよりも彫りや意味に凝りました。

# 女性の髪型

【勝山髷】
かつやままげ

【島田髷】
しまだまげ

【笄髷】
こうがいまげ

【兵庫髷】
ひょうごまげ

【丸髷】
まるまげ

【銀杏返】
いちょうがえし

★その他の髪型
解説、図はそれぞれの項をご覧ください。
【おすべらかし】
【鴎髱】かもめづと
【切髪】きりかみ
【五体付髷】ごたいつけまげ
【小万島田】
こまん・おまんしまだ
【下髪】さげがみ
【志の字】しのじ
【高島田】たかしまだ
【立兵庫】たてひょうご
【玉結び】たまむすび
【茶筅髪】ちゃせんがみ
【つぶいち】
【潰し島田】つぶししまだ
【箱島田】はこしまだ
【結綿】ゆいわた
【横兵庫】よこひょうご
【両手髷】りょうてまげ

# 男性の髪型

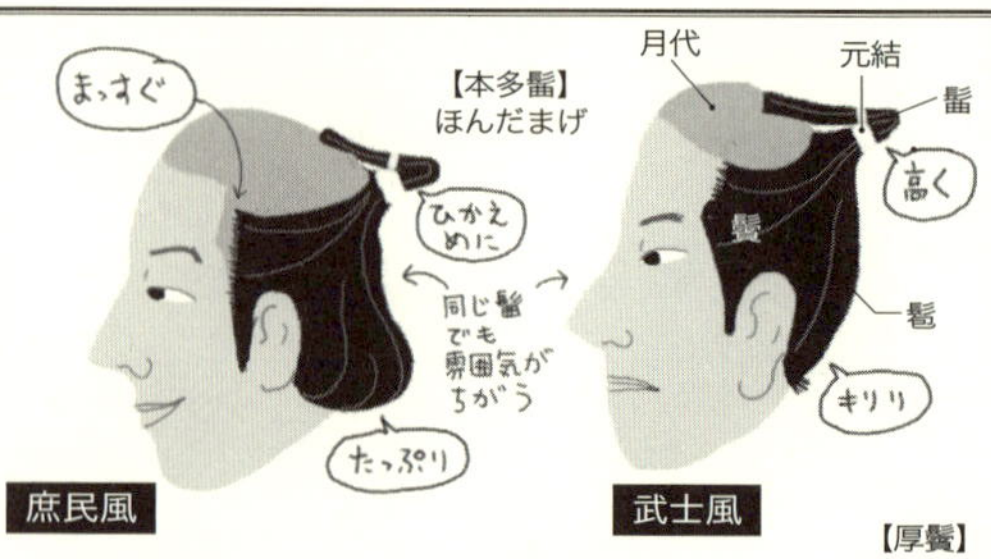

【本多髷】
ほんだまげ

【小銀杏】
こいちょう

【銀杏髷】
いちょうまげ
【厚鬢】
あつびん

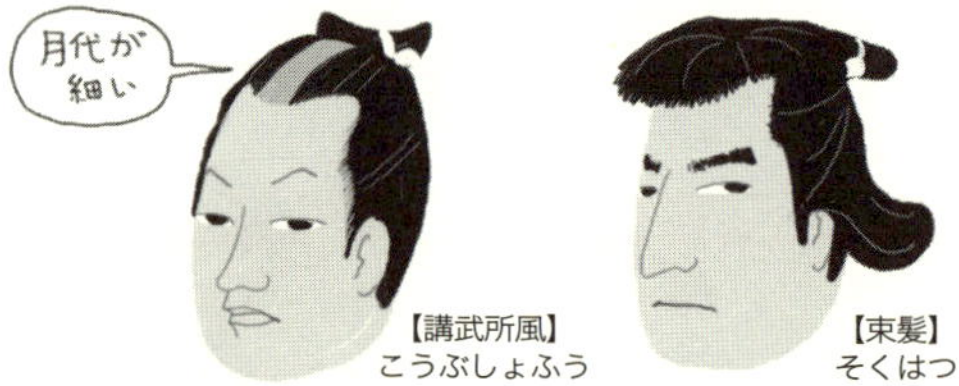

【講武所風】
こうぶしょふう
【束髪】
そくはつ

★その他の髪型
解説、図はそれぞれの項をご覧ください。
【糸鬢頭】いとびんあたま
【五分下本多】ごぶしたほんだ
【斬切頭：散切頭】ざんぎりあたま
【儒者髷】じゅしゃまげ
【角前髪】すみまえがみ
【総髪】そうはつ
【辰松風髷】たつまつふうまげ
【茶筅髪】ちゃせんがみ
【どんずり】
【撫付】なでつけ
【文金風髷】ぶんきんふうまげ
【豆本多】まめほんだ
【疫病本多】やくびょうほんだ
【野郎髷】やろうまげ
【若衆髷】わかしゅうまげ

「丁髷」
ちょんまげ

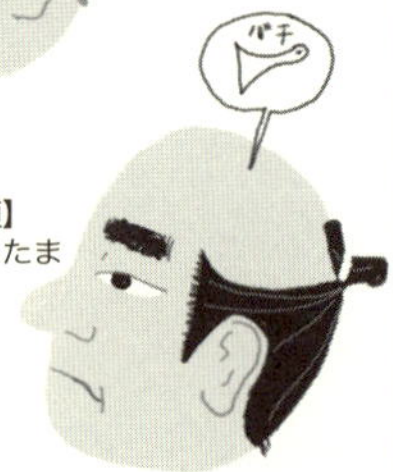

【撥鬢頭】
ばちびんあたま

## 子供の髪型

★その他の髪型
解説、図はそれぞれの項をご覧ください。
【お貰盆・お煙草盆】
おたばこぼん
【切髪】 きりかみ
【切禿】 きりかむろ
【角大師】 つのたいし
【奴頭】 やっこあたま
【奴島田】 やっこしまだ

**【上屋敷】** かみやしき

【大名《だいみょう》】【旗本《はたもと》】の【殿様《とのさま》】や奥方が住む江戸屋敷のことでございます。江戸城近辺に建てられました。

**【髪結】** かみゆい

理容師さん、美容師さんのことを申します。江戸っ子は身だしなみにうるさく、【髪結床《かみゆいどこ》】は【湯屋《ゆや》】と同じくらい繁盛いたしまして、男性庶民の社交場でした。女性には出張で結ってくれる【女髪結《おんなかみゆい》】が人気でした。【床山《とこやま》】は相撲や役者のヘアメイクさんのことを申します。

**【髪結床】** かみゆいどこ

縮めて「結床」とも申します。主に庶民の男性が通う床屋さんです。人

気の結床は浅草にありまして、そこで「二日前に結ってもらった感」で仕上げてもらうのが、【粋《いき》】でした。武士や【大店《おおだな》】の商人は、主に【廻《まわ》り髪結《がみゆい》】を使いました。【髪結《かみゆい》】は幕府に許可をもらって開業いたしまして、税金を払わねばなりませんでしたが、実際には【火消人足《ひけしにんそく》】として働くことで免除されておりました。また、町の情報が集まりますので【目《め》明《あかし》】として働き、密かに情報収集する者もおりました。

**【髪結の亭主】かみゆいのていしゅ**

【女髪結《おんなかみゆい》】は人気商売でしたから、【髪結《かみゆい》】の亭主は女房の稼ぎで暮らしていけました。転じて→女房に食わせてもらう夫を申します。

**【禿】かむろ**

七～十二歳の【遊女《ゆうじょ》】の卵で【花魁《おいらん》】などの身の回りの世話をするのが仕事でございます。雑用以外にも、手紙の書き方や作法、礼・無礼に心の綾など、手練手管の技を習います。「引っ込み禿」は【太夫《たゆう》】候補の娘で、特別な教育をして育てる禿のことです。「坊主禿」は男の子の禿のことを申します。

**【鴨居】かもい**

戸口や襖《ふすま》などの上部の横木を申します。下側を【敷居《しきい》】と申します。

**【かもじ】**

ウイッグのこと、付け毛のことを申します。

**【髢屋】かもじや**

付け毛、鬘《かつら》を売るお店でございます。女性が日本髪を結うのに足して使いました。鬘は役者用でした。材料は抜け毛でして、家々を廻って集めて来たものを使いました。

**【鴎髱】** かもめづと

【髱《たぼ》】の長く反った髪型でございます。より細いものを「鶺鴒髱《せきれいづと》」と呼びます。元禄～安永の頃（一六八八～一七八一）に、女性や【若衆《わかしゅう》】の間で流行りました。鴎も鶺鴒も鳥でして、髱が鳥の尾羽のように長いのが特徴です。中には【髱差《たぼさし》】という型が入れられております。

**【蚊帳】** かや

麻で作られた高級なものから、綿で作られた安価なもの、さらに和紙で作られたものがございました。和紙で作られたものは「紙帳《しちょう》」と申します。風通しが悪いんで、「外は虫（蚊）、中は蒸し蒸し」……なんて申しまして、居心地のいいものではありませんでした。しかし、夏は蚊帳に冬には防寒具にと、なかなか使い道のある道具でした。ちなみに、布団も安いものは紙製でございました。中身は藁《わら》だったりして！　当時の布団というのは、江戸ではもっぱら敷き布団を申しまして、掛け布団は【夜具《やぐ》】と申しました。

**【蚊遣り】** かやり

これは、蚊取り線香みたいなものですね。殺虫成分のある蚊取り線香は明治以降のものでございまして、当時は大鋸屑《おがくず》や落ち葉、藁《わら》などを燻《いぶ》しまして、もうもうと煙をたてて蚊を寄せ付けない（人も大変煙いのですが）ものでした。しかし、挿絵のような「蚊遣り豚」は江戸時代からの伝統でございます。大きさは三十センチくらいありまして、かなり大ぶりです。

【通帳】かよいちょう

商人が腰に下げて使います通帳でございます。お得意様を廻りまして、取引を書き込みました。ですんで通帳には【矢立《やたて》】が付きもので、一緒に腰に差して行きます。

【通徳利】かよいとっくり

酒屋がお客さんに貸す、屋号やマークの入った徳利を申します。

【唐臼】からうす

【踏臼《ふみうす》】とも申します。玄米を搗《つ》いて精米する臼でございまして、【搗《つ》き米屋《ごめや》】など米を小売する店に置かれておりました。

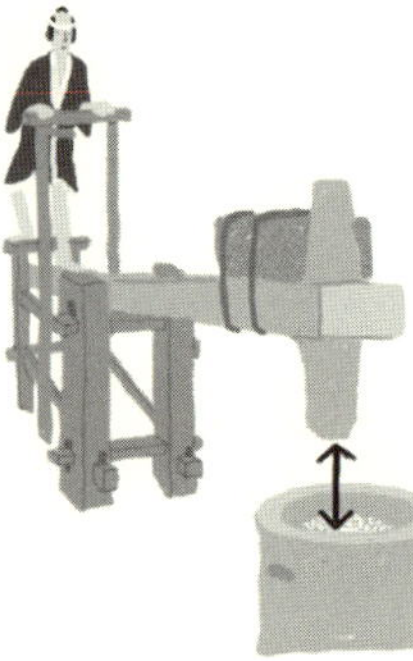

【唐傘】からかさ

もともとは「カラクリ傘」と申しまして、閉じることができる仕組みのものをいいました。【蛇目傘《じゃのめがさ》】は蛇目の柄が付いたものです。【番傘《ばんがさ》】は蛇目よりも大きく、紋や屋号、番号などが書かれたものを申します。

【唐傘小僧】からかさこぞう

【唐傘《からかさ》】の妖怪でございます。古い傘の【九十九神《つくもがみ》】でして、夜中に家の周りを飛び跳ねまして、人に会うとべーっと舌を出します。ひとつ目で一本足に下駄履きのこともありますが、二本足のこともあります。

**【唐紙】** からかみ

襖《ふすま》などに貼られます、柄をプリントした和紙のことでございます。「京唐紙」は【版《はん》木《ぎ》】といわれる木版式で、中国伝来のものなど伝統的な柄が主流です。「江戸唐紙」は【渋型《しぶがた》】と呼ばれる型紙を使用した細密な柄が特徴でして、インドやタイなど様々なお国の柄をアレンジし、多色で華やかなプリントをしました。

**【からくり】**

㈠「からくり」とは仕掛けのことでして、今日でいうなら「自動」という意味でございます。

㈡縁日で「からくり」と申しますと、レンズで覗く紙芝居のことを申します。箱の正面に覗きレンズが並んでおりまして、それを覗くと親父が口上を述べて、絵が次々に変わります。お話は映画みたいなものですな。【八百屋《やおや》お七《しち》】や【お染久松《そめひさまつ》】などでございました。

**【烏金】** からすがね

朝借りて、夕または翌朝に返す小口の事業資金のことです。烏が早朝に町に来て、夕方には帰って行くのに掛けてこの名前で呼ばれます。もっぱら貧しい庶民が借りまして、【貸《かし》元《もと》】はたいていはヤクザでございました。朝方に千文借りますと、利息を三分ほど引かれ九百七十文を受け取ります。それを持って市場や【問《とい》屋《や》】で商品を仕入れて商売をいたします。【棒《ぼ》手《て》振《ふり》】なら、だいたい倍の千八百文くらい稼ぎます。で、夕方には千文を返済します。これで一日八百文の儲けです。これくらい稼げますと、比較的楽な暮らしができますが、毎日こんなに売れるとは限りません。しくじると借金になりまして、あっという間に利息が膨れ上がってしまいます。

**【唐破風】** からはふ

格式のある屋根の形でございます。お城や神社仏閣によく使われます。「唐」が付くので中国の建築様式のように思えますが、実は日本独自のデザインでございます。

**【唐櫃】** からひつ

足の付いた櫃のことを申しまして、【蒔絵《まきえ》】など豪華な装飾が施された高級な箱です。

**【空身】** からみ

手ぶらで、御供もいないことを申します。

**【搦手】** からめて

㊀捕り手、捕縛者のこと。㊁お城の裏門、裏側から攻める者のことでございます。㊂転じて→敵の弱点や隙のある部分のことを申します。

**【唐門】** からもん

【唐破風《からはふ》】屋根を載せた門でございます。

**【狩衣】** かりぎぬ

高位の武士の正装でございます。五位以上は織柄物で、下位の者は無地で【布衣《ほい》】と呼ばれました。

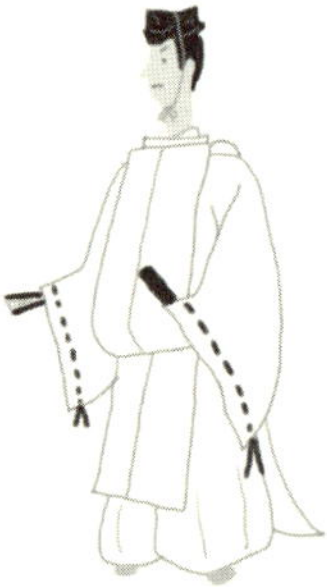

**【過料】** かりょう

罰金刑のことでございます。「軽過料」は三～十貫文（七万五千～二十五万円）、「重過料」は十～二十貫文（二十五万〜五十万円）でした。

**【軽尻】かるじり**

【道中《どうちゅう》】などで馬に乗って旅することを申します。詳しくは【馬子《まご》】の項をご覧ください。

**【家禄】かろく**

武士が相続する【禄《ろく》】を申します。家に付けられる「基本給」のようなものでございます。経費も含まれますので、家禄によって、だいたいできる職が決まっております。家禄に見合わない大役に抜擢されますと禄不足となりますので、【役料《やくりょう》】が家禄にプラスされまして、昇進いたしました。しかし、家禄を増やしてしまいますと、役に就いていなくても、永遠に高い給料を払い続けねばなりません。そのため【享保《きょうほう》の改革《かいかく》】で【足高《たしだか》制《せい》】が導入され、家禄自体は増やさない制度に変わりました。

**【川越人足】かわごしにんそく**

川渡しを商売にしている者のことでございます。

**【川留】かわどめ**

川越を禁止することです。東海道の大井川では水深二尺五寸（約七十五センチ）以下を「常水《じょうすい》」と申しまして、川を渡ることができました。しかし、一尺（約三十センチ）水が増えますと馬の渡りが止められ、水深が四尺五寸（約百三十五センチ）になると川留になりました。梅雨になりますとよく川留となりまして、往来する人々は宿で川が開かれるのを待つしかありませんでし

| 川越の値段 | |
|---|---|
| 肩車 | 川札一〜二枚 |
| 平輦台（ひとり乗り） | 川札六枚 |
| 平輦台（ふたり乗り） | 川札八枚 |
| 半高欄輦台（半てすり二本棒） | 川札八枚 |
| 中高欄輦台（四方てすり二本棒） | 川札三十六枚 |
| 大高欄輦台（四方てすり四本棒） | 川札五十二枚 |
| 川札一枚の値段は川の深さと幅で決まる | |
| 股通（水深が股まで） | 四十八文 |
| 帯下通（下帯の下） | 五十二文 |
| 帯上通（下帯の上） | 六十八文 |
| 乳通（乳下まで） | 七十八文 |
| 脇通（脇の下まで） | 九十四文 |

た。最長は二十八日も待たされたそうですから、宿賃や食事代だけでも大変なものでして、非常に不経済でした。このため、江戸中期になりますと、橋を架けることも検討されました。しかし、【川越人足《かわごしにんそく》】が失業するという地元の反対で叶いませんでした。ちなみに、【飛脚《ひきゃく》】など急ぐ旅の場合は、川越のない中山道で行きました。

**【川並】** かわなみ

川や木場で働く筏《いかだ》師を申します。材木は筏を組んで秩父などから荒川を下って運んできました。

**【川番所】** かわばんしょ

東海道の大井川など、橋のない大きな川に設置された【関所《せきしょ》】でございます。川を渡る者は、ここで通行の【吟味《ぎんみ》】を受け、【川札《かわふだ》】を購入して川を渡ります。人足には川札を渡すだけで、直接お金は払わなくていい仕組みになっております。「川会《かわかい》所《しょ》」とも申します。

**【革袢纏】** かわばんてん

【大名火消《だいみょうびけし》】や【定火消《じょうびけし》】の使う袢纏でして、燃えにくい鞣《なめ》し革でできておりました。

**【川札】** かわふだ

旅人が【川越人足《かわごしにんそく》】に渡す札でございます。川越の料金を支払った証でして、人足は後でこれを【札場《ふだば》】に持って行き、お金に換えました。

このようなことをしたのは、川越人足が旅人の足下を見て、渡し料を法外に吊り上げ、苦情が絶えなかったからです。川札制では、旅人は川越人足と交渉する必要がなくなります。しかし、川の中で客を脅して高額な【酒手《さかて》】を要求したりいたしました。なにせ当時は泳ぎができる方は少なかったものですから、「あ〜なんか酒が入らないと調子悪くて、転びそうだぁ」なんて脅されますと、生きた心地はしません。

**【瓦版】** かわらばん

一枚の紙に刷られた情報誌を申します。四季折々の名物や観光案内から、病気や防犯、防災の告知、ゴシップなど様々なものがございました。【読売《よみうり》】が町で売り歩く様が、お話によく登場しますが、都市の庶民にとっては最も早くニュースを知る情報源でした。

**【寛永寺】かんえいじ**

上野にある、江戸城の【鬼門《きもん》】封じのお寺でございます。上野東照宮もあり、徳川家の菩提寺でもあります。南の【芝《しば》】・増上寺《ぞうじょうじ》と並んで、江戸の二大寺院でございました。

上野の山全体が寛永寺の境内でして、【不忍池《しのばずのいけ》】は寺の庭園になります。広大な庭園は、寺を開いた天海上人が、二代・秀忠《ひでただ》様の命を受け、江戸の人々の【物見遊山《ものみゆさん》】の場となるようにと、京を模して造ったものです。

**【寛永通宝】かんえいつうほう**

庶民が主に使用したのがこの「銭」でございます。銭といえば「寛永通宝」で、一文銭は寛永十三年（一六三六）に発行され、四文銭は明和五年（一七六八）に発行されました。四文銭の登場で商品の多くが、四文、八文、十二文、十六文、と四文銭で割り切れる額が多くなりました。材料はもともとは銅でしたが、鉄や真鍮でも作られました。そのため価値が下落し、幕末には一万文で一両にまで価値が落ちました。一般的には、四千文＝一両＝十万円と換算するのが最もシンプルでございます。

**【寛永の三筆】かんえいのさんぴつ**

琳派の本阿弥光悦《ほんあみこうえつ》、近衛《このえ》流の近衛信尹《のぶただ》、そして幕府【祐筆《ゆうひつ》】の松花堂《しょうかどう》昭乗《しょうじょう》の三名を申しまして、いずれの書も実用的な美しさを称えられました。特に昭乗は幕府祐筆に取り立てられ、公用文字の基本書体【御家《おいえ》流《りゅう》】を作りました。武士から庶民まで、読み書きはこれを習うことで、書物や【高札《こうさつ》】を読むことができるようになりました。

**【棺桶】かんおけ**

死者を入れ埋葬する桶でございます。今日のように横たわる形ではなく、体育坐りで入れられました。江戸中期頃まで土葬が多く、蓋が腐ると土が落ちるため、棺桶の上には【土饅頭《どまんじゅう》】という土盛りがされました。

## 【貫級刀】かんきゅうとう

【与力《よりき》】などが持ちます馬具のひとつでございます。走り疲れた馬の足から鬱血を抜き、疲労をとるために使う小刀を申します。「馬針《ばしん》」とも申します。柄と刃が一体の諸刃《もろは》でございまして、手裏剣としても使われます。【小柄《こづか》】同様に【太刀《たち》】の鞘《さや》に装備して携帯いたしました。

## 【雁首】がんくび

【煙管《きせる》】の頭のことを申します。当時はたいていの人が煙草を吸っておりましたので、「まぁ、いっぷく」という挨拶が日常でございました。そのため、何人か集まっていることを「雁首揃える」と申します。

## 【簪】かんざし

広くは髪飾り全般を指しますが、中でも松葉のようにふた股になった髪飾りを申します。多く見かけますのは、先が耳かきのようになったもので「吉丁《きっちょう》」。それに玉飾りの付いたものを「玉簪」と申します。贅沢を禁じられました際に、「耳かきでございます」と惚《とぼ》けるためにこのデザインが好まれました。しかし、これは古くからあったものでして、実際に耳をかくのにも使われました。後には形だけとなり、デザイン化されてゆきました。

飾りがゆらゆら揺れますのを「びらびら簪」と申します。【遊女《ゆうじょ》】や裕福な娘さんだけが使いました。江戸で好まれましたのは「江戸銀簪」でございます。銀製で珊瑚なども使われ様々にデザインが施されたものです。また、江戸後期になりますと、真鍮《しんちゅう》の簪は【野暮《やぼ》】だといわれ、江戸っ子には好まれませんでした。武士の妻女には「銀平」と呼ばれます、平状の飾りに紋の入ったものが好まれました。

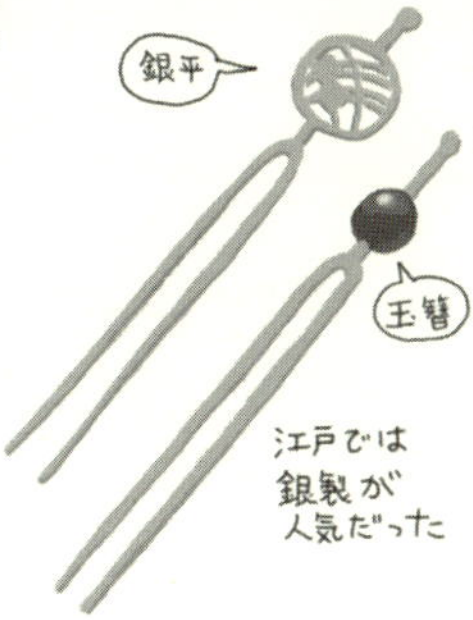


**【間者】**かんじゃ
回し者、スパイのことを申します。

**【勘定吟味役】**かんじょうぎんみやく
幕府の役職で、幕府御用金の監査役でございました。

**【勘定奉行】**かんじょうぶぎょう
幕府の財政と直轄領《ちょっかつりょう》を管理する重職でございます。通常四名が【旗《はた》本《もと》】から選任されました。直轄領《ちょっかつりょう》での【沙汰《さた》】を扱う【公事方《くじがた》】と、財務担当の【勝手方《かってがた》】がございました。

**【閑職】**かんしょく
位と【俸禄《ほうろく》】はあっても、やることがほとんどない役職を申します。【旗《はた》奉行《ぶぎょう》】や「鑓奉行《やりぶぎょう》」など【五節句《ごせっく》】にしかお呼びのかからない職もございました。日常に仕事のない【寄合《よりあい》】【小普請組《こぶしんぐみ》】は自宅待機でして、「小普請金」を納めるのが仕事です。暇で暇でしょうがないので、趣味に興ずるか、内職や武芸の師匠といったサイドビジネスをしておりました。人余りでしたので、望む者は意外にもあっさり武士を辞めることができました。一方、寄合に編入された無職の【大名《だいみょう》】は、お金があるので、毎日のように他の寄合メンバーと会合と称する宴会三昧をしておりました。今日でも「寄合」といえば、会議というよりは、単なる飲み会だったりするのはこの伝統でしょうか。

**【奸臣】**かんしん
企みごとをする家臣を申します。信用のおけない家臣という意味でも使われます。

**【寛政の改革】**かんせいのかいかく
十一代・家斉《いえなり》様の時代、【老中《ろうじゅう》】・松平定信が主導して行った改革でございます。【享保《きょうほう》の改革《かいかく》】【天保《てんぽう》の改《かい》革《かく》】と併せて「三大改革」と呼ばれます。天明の大飢饉や【田沼時代《たぬまじだい》】の汚職、拝金主義の反省をもって行われました。諸藩に飢饉に備えて米の備蓄を義務づける「囲米」、飢饉のために農地を棄てて都市に来た農民たちを村へ返す【旧里帰農令《きゅうりきのうれい》】。【旗本《はたもと》】【御家人《ごけにん》】の【札差《ふださし》】からの借金のうち、六年以上前のものを破棄させる【棄捐令《きえんれい》】。【人足寄場《にんそくよせば》】の設置。【株仲間《かぶなかま》】の解散、【七分積金《しちぶつみきん》】、朱子学のみを幕府公認とする寛政異学《かんせいいがく》の禁《きん》などが行われました。

**【神田祭り】かんだまつり**

「江戸三大祭り」のひとつで、江戸っ子のヒーロー「平将門《たいらのまさかど》」を祀った神田神社のお祭りでございます。【山《さん》王祭《のうまつ》り】と並んで、江戸を上げてのお祭りでして、町の出費が莫大なため、後には隔年開催となりました。

**【神田結】かんだむすび**

男性の帯結びで、職人や【奉公人《ほうこうにん》】が好みました【貝《かい》の口《くち》】の変形でして、キリッとした結び方でございます。多少の動きでは緩みませんし、短くなった帯でも締められます。質素で控えめでもあります。図は【帯《おび》の色々】のコラムをご覧ください。

**【龕灯】がんどう**

江戸時代の懐中電灯のようなものでございます。夜の【捕《と》り物《もの》】では重要な道具ですな。どんな風に傾けても、蝋燭《ろうそく》が垂直を維持して、火が消えない仕掛けがされております。初めは【曲《まげ》げわっぱ】で作られておりましたが、江戸後期には金属製となりました。

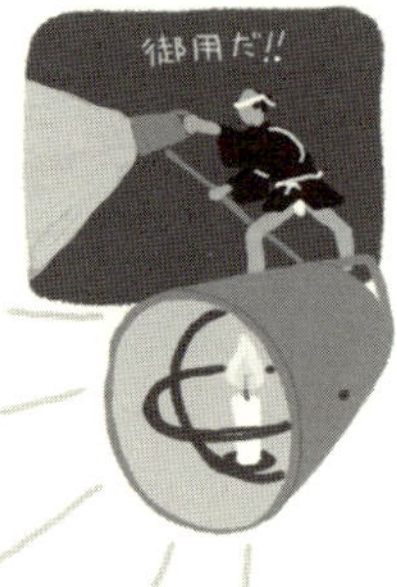


**【閂差】かんぬきさし**

刀をほぼ水平に腰に差すことを申します。いつでも抜ける臨戦態勢の差し方ですが、市内ではとにかく邪魔ですので、挑発的な差し方でもありました。わざと他人に当てて難癖をつける輩《やから》もおります。混雑する場所では好まれません。

**【関八州】** かんはっしゅう

当時の関東を申します。武蔵国、相模国、上総国《かずさのくに》、下総国《しもうさのくに》、安房国《あわのくに》、上野《こうずけ》国《のくに》、下野国《しもつけのくに》、常陸国《むつのくに》を指し、初代・家《いえ》康《やす》公が得た【領地《りょうち》】を申します。

**【奸物】** かんぶつ

邪《よこしま》な心をもつ者を申します。悪知恵が働き心を許せない者、裏のある者でございます。

**【貫目改所】** かんめあらためしょ

街道の【宿場《しゅくば》】町にあります、荷物の計量所でございます。馬や【強力《ごうりき》】が運ぶ荷物には重量制限がありましたので、こちらで改められました。

## 【き】

**【棄捐令】** きえんれい

【寛政《かんせい》の改革《かいかく》】で行われました、【旗《はた》本《もと》】【御家人《ごけにん》】が【札差《ふださし》】から借りている借金のうち、六年以上経過したものをチャラにして、それ以後の借金の利息を十八%から六%にするという法律でございます。幕府だけでなく、加賀藩、佐賀藩、松江藩でも行われました。その一方で、貸し渋りが起きないように札差へ資金二万両を貸し下げ、経営悪化を補填いたしました。

**【奇応丸】** きおうがん

市販薬で気付、腹痛、女性の【癪《しゃく》】、疳《かん》の虫の薬でございます。

**【規矩】** きく

手本や規則のこと、型にはまった決まりごとを申します。規はコンパスの意で、矩は物差《ものさし》の意味でございます。

**【着尺物】** きじゃくもの

着物用の反物のことを申します。一

反の反物から【単衣《ひとえ》】の着物が無駄なく作り出されます。

**【規定】きじょう**

約束のことでございます。

**【起請文】きしょうもん**

「相思相愛」の証文を申します。熊野神社の「牛玉宝印《ごおうほういん》」という烏《からす》形の印を刷った紙に、「何某《なにがし》様に惚れております」と書きまして、印の烏の目を塗り潰します。【遊女《ゆうじょ》】からの起請文ですと、塗り潰すはずの目が塗られていなかったり、時間が経つと文字が消える細工がされていたりしたそうです。が、なにぶんにも「恋愛遊び」でございますから、そのあたりはご愛敬です。

**【煙管】きせる**

当時のパイプでございます。火皿、【雁首《がんくび》】【羅宇《らお》】「吸口」でできております。金属を打ち出して一体で作ったものを「延煙管《のべぎせる》」といいまして高級なものでした。鉄や真鍮の安物を「鉈豆煙管《なたまめぎせる》」、家の中で使う五十センチ〜一メートルの長いものを「長煙管」「喧嘩煙管」と申します。

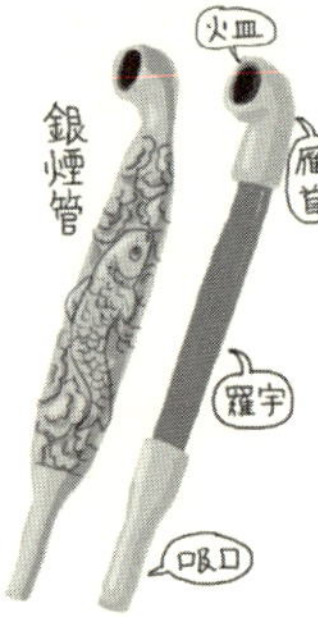


**【義太夫】きだゆう**

【人形浄瑠璃《にんぎょうじょうるり》】で語られます【音《おん》曲《ぎょく》】でございます。

**【木賃宿】きちんやど**

最低ランクの宿でして、素泊まり専門、風呂なしです。料金は、竈《かまど》や井戸の使用料、薪《たきぎ》代として表示されました。また、薪を持参すると宿代を半額にする法律がございまして、貧しい旅人を保護しておりました。

**【狐憑】きつねつき**

動物のような奇行をいたします狂症を申します。狐の祟りともいわれます。「犬神」とも呼ばれ、これらの奇行は遺伝するとも考えられ、その家系を指す場合もございます。「狐憑」「犬神」の家系ではそれぞれ「豆狐」「豆犬」を信仰することがあります。

**【木連格子】**きつれこうし

【連子窓《れんじまど》】に同じでございます。

**【木戸】**きど

㊀【裏長屋《うらながや》】に入ります路地口に設けられました板戸を申します。「長屋木戸《ながやきど》」とも申します。【長屋《ながや》】の住民が月番制で管理をいたしました。

明け六ツ（日の出前）に引き戸を外しまして、暮れ六ツ（日没後）に戸をはめ、深夜には施錠されました。

㊁【町木戸《まちきど》】と呼ばれ、町ごとに設けられた扉を申します。管理は木戸の横に住む【木戸番《きどばん》】が行い、明け六ツ（日の出前）に開かれ、夜四ツ（午後十時頃）には閉められました。木戸番の向かいには【自身番《じしんばん》】がございまして、ここには「見廻り同心《みまわりどうしん》」が定期的に廻って来ます。

江戸は、街道の入り口などの見附《みつけ》門《もん》、町ごとの町木戸、長屋ごとの長屋木戸とに割られ、自治管理されて治安が良く保たれておりました。ちなみに、忍者や【鼠小僧《ねずみこぞう》】が屋根を行きますのは、通りを逃げますと木戸に阻まれるからでございます。

**【木戸送り】**きどおくり

住人以外の通行人を、木戸から木戸へ送り出すことを申します。夜間に住人以外が【町木戸《まちきど》】を通る時には【木戸番《きどばん》】が【拍子木《ひょうしぎ》】を鳴らして、出口の木戸番に通行人が入ったことを知らせます。余計に時間がかかりますと咎められますし、目的以外の場所には行けません。【拍子木《ひょうしぎ》】が鳴りますと、誰かが【木戸《きど》】をくぐったことが町中に伝わります。

　また、自分で歩けない酔っぱらいや病気のよそ者は、木戸番が抱えて、反対の木戸外へ送り出しました。身元の知れない者を留め置きますと、町の責任になるばかりか厳しく罰せられたからです。

**【木戸番】きどばん**

町に雇われた【町木戸《まちきど》】の番人を申します。【番太郎《ばんたろう》】とも呼ばれます。夜四ツ〈午後十時頃〉から明け六ツ〈日の出前〉まで【木戸《きど》】を閉じ、通行の管理をしたり、大事件の時は封鎖したりいたしました。しかし夜の通行を禁じたわけではなく、町内の者や、医者、産婆はいつでも開けてもらえましたし、行き先が明確であれば誰でも通してもらえました。

　木戸番は「商い番小屋」と申しまして、昼間に【番小屋《ばんごや》】で駄菓子や日用品を売る者もおりました。番小屋の向かいには自身番があって、【町《ちょう》役人《やくにん》】が交代で詰めて、町役場兼交番のような機能を果たしております。町木戸周辺は町の治安維持の要でもございました。

**【着流し】きながし**

男性の着物の着方で、袴、羽織を着けないものを申します。武士は外出時には必ず袴を着けましたので、特に袴を省いた姿を申しました。一方、庶民は袴を着けませんので、羽織を着ない姿を申しました。

**【衣傘】きぬがさ**

布覆いが付いた大きな日傘のことでございます。高僧や公家が外出する時に使います。「絹傘」「華蓋」とも書きます。

**【衣笠】きぬがさ**

縁に布覆いが付いた【笠《かさ》】でござい

ます。主にご婦人に使われました。

**【砧】** きぬた

木綿の生地を肌心地よくするために叩く道具でございます。この作業を「砧打ち」と申します。上手に叩かれた着物は、絹のような風合いと光沢があり、肌触りもよく暖かいものでした。

**【黄八丈】** きはちじょう

八丈島特産の絹織物でして、黄色と黒や鳶《とび》色の格子、縞模様が特徴です。【人形浄瑠璃《にんぎょうじょうるり》】『恋娘昔八丈』で衣装に使われ、当時人気になりました。お【女中《じょちゅう》】などが着ますのは、同じ柄で作られました綿織物でした。

**【黄表紙】** きびょうし

安永（一七七二～一七八一）以降に登場した大人向けの絵本のことで、書き下ろしの風刺喜劇などの小説を絵と共に掲載したものでございます。黄色い表紙を付けたことから黄表紙と呼ばれます。

**【木俣】** きまた

時代劇で、魚河岸の連中や【中間《ちゅうげん》】がはく白い猿股のことでございますが、当時は使われておりませんでした。【尻《しり》っ端折《ぱしょり》】をする連中は褌に尻が自慢なんで、見せるのが本当ですので。しかし、テレビや映画では見てくれが悪いんではくことになっております。

**【肝煎】** きもいり

㊀世話をすること、世話人を申します。

㊁奉公先や【遊女《ゆうじょ》】を斡旋すること、それをする人を申します。

㊂【町年寄《まちどしより》】の下で町を管理いたします、【町役人《ちょうやくにん》】の責任者でございます。代々信頼のある家や、町村の権利を与えられた家が担います。一～数十町を割り当て管理しておりまして、町触《まちぶれ》の伝達、家屋敷の売買に関わる証人、人別改め、防火、【火消《ひけし》

人足《にんそく》】の管理を行いました。

**【肝煎宿】** きもいりやど

奉公先の斡旋屋、【口入れ屋《くちいれや》】でして、奉公先が決まるまで泊まれるようになっておりました。身元の保証もいたします。

**【鬼門】** きもん

陰陽道で北東方向のことを申します。鬼が出入りする方向とされまして、江戸城の鬼門は上野・【寛永寺《かんえいじ》】で封じています。

**【逆罪】** ぎゃくざい

主や親殺しの罪を申します。当時の社会は「主従関係」が根幹でしたので、「弑逆《しぎゃく》の大罪」ともいわれ、これを揺るがす逆罪は特に厳しく裁かれ、死罪の最高刑である【鋸挽《のこぎりびき》】となりました。

**【伽羅】** きゃら

ベトナムから輸入した香木のことでございます。高貴な女性や【花魁《おいらん》】が、香を焚いて着物に移し、香水代わりに使いました。抱き寄せますと、これぞ伽羅の香りがいたしまして、天女という心持ちにさせてくれます。庶民の女性たちも、袖や懐に「香袋・匂袋」を忍ばせておりました。

**【給金取り】** きゅうきんとり

【俸禄《ほうろく》】を米ではなくお金で受け取る武家を申します。

**【鳩首】** きゅうしゅ

人が集まって相談する様を、鳩が集まる様に掛けて申します。

**【給地】** きゅうち

将軍から【御家人《ごけにん》】が【領地《りょうち》】を拝領すること。またはその領地のことを申します。

**【九尾の狐】** きゅうびのきつね

九本の尾を持つ狐の妖怪でございます。「九尾狐《きゅうびこ》」「オサキ」とも申します。何万年も生きた狐で、平安が訪れる吉兆として現れます、有難い妖怪ですな。

**【旧里帰農令】** きゅうりきのうれい

【寛政《かんせい》の改革《かいかく》】で実行された政策のひとつです。飢饉《ききん》などで農村から江戸に流れてきた難民の多くが【無《む》宿者《しゅくもの》】となって通りにあふれたため、資金を与え帰農させた政策です。

**【久離・旧離を切る】** きゅうりをきる

「久離」は親子の縁のことでございます。正式に親子の縁を切り、責任を免れることを申します。【町役《ちょうやく》人《にん》】に届け【町奉行《まちぶぎょう》】に申請され【人《にん》別帳《べっちょう》】から外してもらいます。これで親は放蕩《ほうとう》息子が何かやらかしても、【縁座《えんざ》】で裁かれることはありませんでした。外された者は【無宿《むしゅく》者《もの》】となります。【勘当《かんどう》】と同義ですが、勘当の場合には人別帳から外さずに「勘当帳」に記載されるだけのこともございました。

**【御意】** ぎょい

【殿様《とのさま》】の意思や命令など、逆らえない考えをいう時に使われます。「御意にございます」は、ごもっともの意味です。

**【狂歌】** きょうか

五・七・五・七・七で構成した、風刺、滑稽歌のことを申します。現代の川柳のような和歌のことだとお考えください。古い和歌をパロったりするので、ある程度教養がないと笑えません。市川團十郎、朱楽菅江《あけらかんこう》、【大田南《おおたなん》畝《ぽ》】、唐衣橘洲《からころもきっしゅう》などが有名で、【遊《ゆう》廓《かく》】遊びの中から生まれた文学でございます。

**【侠客】** きょうかく

【博打《ばくち》】うち、遊び人でも強きを挫《くじ》き弱きを助ける【仁侠《にんきょう》】のことを申します。【町奴《まちやっこ》】、ヤクザとほぼ同義でございます。

**【凶刃】** きょうじん

殺人鬼など、犯罪としての人殺しを目的に抜かれた刀を申します。

**【鏡新明智流】** きょうしんめいちりゅう

桃井直由《なおよし》の流派でございます。二刀、【居合《いあい》】を操りまして【江戸三大道《えどさんだいどう》場《じょう》】と呼ばれるほどに人気をとり、多くの剣士を輩出しました。その姿勢の美しさでも有名でございます。

**【京都所司代】** きょうとしょしだい

幕府の要職で【帝《みかど》】の周辺を監視いたしました。

**【京都町奉行】** きょうとまちぶぎょう

幕府が置いた【遠国奉行《おんごくぶぎょう》】のひとつでございます。【京都所司代《きょうとしょしだい》】の指揮下で【寺社奉行《じしゃぶぎょう》】【勘定奉行《かんじょうぶぎょう》】【町《まち》奉行《ぶぎょう》】の三役を兼ねております。【奉行所《ぶぎょうしょ》】は、大坂と同じく東西にふたつ設置されまして、配下には【与力《よりき》】【同心《どうしん》】七十人がおりました。

**【享保の改革】** きょうほうのかいかく

享保元年～延享二年（一七一六～一七四五）に、八代・吉宗《よしむね》様と【老《ろう》中《じゅう》】・水野忠之を中心に行われた幕政改革でございます。【年貢《ねんぐ》】を五公五民にするなどの増税に農民は苦しめられましたが、江戸の改革で最も成功したものと評価されております。【生類憐《しょうるいあわ》れみの令《れい》】の廃止、【目安箱《めやすばこ》】の設置、新田開発、【足高制《たしだかせい》】、相対済令《あいたいすましれい》、商品作物の推奨、【町代《まちだい》】の廃止、【名主《なぬし》】の減員、売春・賭博・【心中《しんじゅう》】など風俗取締強化、出版規制、などなどが行われました。

**【曲亭馬琴】** きょくていばきん

明和四年～嘉永元年（一七六七～一八四八）。【読本《よみほん》】作家。代表作には『南総里見八犬伝』『傾城水滸伝』などがございます。

**【清元】** きよもと

三味線ひとつで語り唄います【浄瑠《じょうる》璃《り》】の一種でございます。「清元のお師匠《ししょう》さん」なんてのがよくお話に

出てきます。たいていは【長屋《ながや》】で商売をしてまして、品のある大人の女性です。【遊女《ゆうじょ》】上がりの方が多くございます。【立居《たちい》振舞《ふるまい》】がどことなく艶やかで、教え方も上手ですので、繁盛いたしました。

**【魚油】** ぎょゆ

鰯《いわし》の油を申します。【菜種油《なたねゆ》】より安く、【行灯《あんどん》】用に庶民によく使われました。燃やすと魚臭いのが玉にキズでございます。

**【虚労】** きょろう

疲労や病気などによる体力の衰え、腹痛を申します。

**【切髪】** きりかみ

㊀肩のあたりで切った少女のおかっぱ頭のことで、「切禿《きりかむろ》」とも申します。

㊁女性の髪型のひとつで、武家の未亡人がいたしました。「髪を下ろす」といわれる髪型で、先を切り揃え、髷《まげ》を結わずに後ろに下げます。

㊂未亡人の意味でも使われます。

**【切銀】** きりぎん

銀貨は額面ではなく【称量《しょうりょう》貨幣《かへい》】と申します、目方で量って使うものでございました。これを切銀と申します。種類には【丁銀《ちょうぎん》】【豆板銀《まめいたぎん》】などがあります。

**【切支丹】** きりしたん

キリスト教徒のことでございます。

**【斬捨御免】** きりすてごめん

武士の特権でございます。無礼を受けた場合に相手を【無礼討《ぶれいう》ち】にする権利を申します。武士は名誉を重んじますので、侮辱を放置しますと、逆に本人が罰せられました。

ただし、他藩の領民を斬ることは、その藩への宣戦布告とも見なされるため、江戸では【旗本《はたもと》】【御家人《ごけにん》】以外は事実上行使できませんでした。

そのため他藩の藩士は、面倒が起きないように極力庶民と同じ場に行かないようにしておりました。

しかし、旗本、御家人であれば簡単に行使できるかというと、そんなことはありませんで、斬ったら速やかに【奉行所《ぶぎょうしょ》】に届け、刀を預けて謹慎して詮議を待ちました。そして、多くの場合、よほどの事情がない限り、殺人を避けられなかった責任を問われることになりました。

**【斬捨てにする】** きりすてにする

武士のマナーとして、斬り倒した相手が武士の場合は、とどめを刺さなければなりませんが、それを斬ったまま放置することを申します。庶民を斬った場合には、斬捨てにしても作法に触れませんが、【刃傷《にんじょう》】沙汰《ざた》ですので【奉行所《ぶぎょうしょ》】に届け、取り調べを受けなければなりません。簡単に【斬捨御免《きりすてごめん》】というだけで済むのではございません。

**【切賃】** きりちん

【打銭《うちせん》】とも申しまして、両替の手数料のことです。一両を二分にくずすと二十文ほど、銭に両替する場合は八～十二文取られました。【蕎麦《そば》】一杯十六文ですから、これは良い商売でございますなぁ。

**【切貫】** きりぬき

お屋敷などに設けられた抜け道のことです。【地主《じぬし》】が御上の許可を受けて作る路地で、人通りをよくしまして、地域を活性化させます。

**【切米】** きりまい

㊀【旗本《はたもと》】や【御家人《ごけにん》】の【蔵米取《くらまいと》り】に出される俸禄米を、春、夏、冬の年三回に分けてもらうこと。

㊁または、最後に支給される冬の俸禄米のことを申します。

米の種類には上米、中上米、中米、中次米がございまして、位によって給付される米が異なりました。

**【切米手形】** きりまいてがた

【切米《きりまい》】の俵高を書いた受け取り証書です。一俵は三～四斗と作られた地方によってばらつきがあるので、百俵で三十五石と計算されました。

## 【切り前髪】きりまえがみ

女性の髪型のひとつでございます。前髪を結わず、短く切りっぱなして【鯔背《いなせ》銀杏《いちょう》】のように立てて散らすものを申しまして、乱れた身なりのひとつでした。江戸後期には「切り前髪に洗い髪」という、髷《まげ》を結わない髪型としても流行いたしました。【水茶屋《みずぢゃや》】ではこうした【伝法《でんぼう》】な女子《おなご》が看板娘として座っているだけで、繁盛したそうでございます。

## 【切餅】きりもち

【両替商《りょうがえしょう》】が幕府に納めます【冥加《みょうが》金《きん》】のために、一分銀百枚をひとまとめにした包銀《つつみぎん》の愛称でございます。その姿がのし餅を切った様に似ておりましたので、両替商の間でこう呼ばれました。

この呼び方が一般に広まり、小ぶりの【包金《つつみきん》】も切餅と呼ぶようになったようで、時代劇などでは小判五十枚の包金を指すことがあります。封は【金座《きんざ》・銀座《ぎんざ》】、両替商で行われ、封印の信用で流通させます。使用の際に開いて確かめることはありませんでした。図は巻頭コラムの【江戸《えど》の通貨《つうか》】をご覧ください。

## 【金打】きんうち・きんちょう

武士の「指切りげんまん」のようなもので、鍔《つば》や刀の刃を打ち合わせてする誓いでございます。女性は鏡など金属のものを打ち合わせまして誓いを立てます。

## 【金唐革】きんからかわ

金泥《きんでい》で模様を付けた鞣《なめ》し革のことを申します。国内でも作られておりましたが、多くは輸入品で大変高級なものでございました。

## 【金看板】きんかんばん

金箔を使った看板のことで、御上の許可がなければ掲げられない、いわば幕府のお墨付きの看板でございます。「御免の金看板」とも申しまして、商人にとってはステータスでした。

**【金々めかす】**きんきんめかす
全身を流行で飾ることを申します。【粋《いき》】なものではありませんで、ちょっと【野暮《やぼ》】な様を申します。

**【金座・銀座】**きんざ・ぎんざ
小判や【丁銀《ちょうぎん》】などを造る場所を申します。造幣局のようなもので、とても厳しい管理がされておりました。

**【金座方】**きんざかた
「金奉行」とも申します。【勘定奉《かんじょうぶ》行《ぎょう》】の配下で金銀銭を管轄いたします御役目でございます。

**【禁色】**きんじき
定められた者だけが使うことのできる色を申します。なかでも黄櫨染《こうろぜん》という鈍い黄色は【帝《みかど》】以外は使うことが許されない「絶対禁色」でございました。将軍は葡萄色《えびいろ》を着用し、それを禁色といたしました。

**【金主】**きんしゅ
幕府や藩の事業にお金を貸す商人でございます。単に武士にお金を貸す商人を指すこともございます。

**【近所火消】**きんじょびけし
【大名屋敷《だいみょうやしき》】の自家消防団でございます。「各自火消」とも申します。

**【金創】**きんそう
刀や槍などで受けた刃物の傷を申します。体の正面の傷は名誉傷で背中は逃げ傷とされました。

**【金玉火鉢】**きんたまひばち
小振りなもので、跨いで着物の中を暖めるものでございます。「股火《またひ》鉢《ばち》」とも申します。

**【巾着切】**きんちゃくきり
スリのことを申します。巾着を刃物で切り、中の金銭などを盗みました。

**【吟味】**ぎんみ
取り調べのことを申します。【牢屋敷《ろうやしき》】では容疑者を吟味し、【奉行所《ぶぎょうしょ》】では調書を吟味いたします。

# 【く】

**【潜り戸】** くぐりど

門や戸の脇にある、くぐって入る小さなドアのことを申します。お屋敷では日常に使うものでして、正門の大戸は【殿様《とのさま》】か位の高い使者の出入り時のみに使われました。【町《まち》木戸《きど》】では、夜間に大戸を閉ざした後に潜り戸が使われました。

**【括袴】** くくりばかま

公家、神主、山伏などが使いました。裾を紐で括って絞るタイプの袴でございます。図は【袴《はかま》の色々】のコラムをご覧ください。

**【括り枕】** くくりまくら

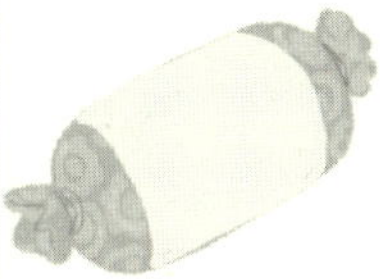

江戸時代の枕と申しますと、一般的に木製の台の付いた【箱枕《はこまくら》】を想像しますが、元禄の頃（一六八八～一七〇四）までは、括り枕が主流でした。長方形の袋の中に綿やそばがら、茶がらなどを入れました、単純な丸い枕でございます。

**【公家侍】** くげざむらい

公家に仕えるお侍でございます。【月代《さかやき》】を剃らず【儒者髷《じゅしゃまげ》】を結い、着物も【直垂《ひたたれ》】という公家風の装いをしておりました。

**【草双紙】** くさぞうし

江戸中期に流行りました絵入り小説を申します。【赤本《あかほん》】【黒本《くろほん》】【青本《あおほん》】【黄表紙《きびょうし》】とは表紙の色のことを申しまして、扱う内容が異なりました。

**【鎖帷子】** くさりかたびら

鎖でできた【帷子《かたびら》】でございます。

真っ向から斬られますと、刃は通りませんが骨折はいたしますので、完全防御ではございません。

**【櫛】**くし

櫛には用途によって様々なものがございました。「横櫛」と申しますのは、普通の櫛のことでございます。「縦櫛」と申しますのは、フォークのような形をしたものでして、【髪結《かみゆい》】が使いました。材料は柘植《つげ》、鼈甲《べっこう》、象牙、

銀などでございました。柘植の櫛は髪に憑《つ》いた霊や念を落とすとされ、迷信好きの江戸っ子に好まれました。運の悪さも柘植櫛ですけばおさらばでございます。

**【公事】**くじ

民事訴訟のことを申します。「本公事」は権利関係、【金公事《かねくじ》】は金銭、「仲間公事」は投資、利益の配分に関わる訴訟を申します。

**【公事方】**くじがた

幕府の直轄領《ちょっかつりょう》での【沙汰《さた》】を扱う【勘定奉行《かんじょうぶぎょう》】のことでございます。財務担当は【勝手方《かってがた》】と呼ばれます。

**【公事方御定書】**くじがたおさだめがき

八代・吉宗《よしむね》様が寛保二年（一七四二）に定めた幕府の基本法典でございます。上巻は法令が書かれ、下巻は「御定書百箇条《おさだめがきひゃっかじょう》」と呼ばれました。簡単に申しますと「六法全書」と「判例集」のセットです。

**【公事宿】**くじやど

幕府直轄領《ちょっかつりょう》の農民が【公事《くじ》】のために江戸に滞在する際に使用します安宿でございます。【馬喰町《ばくろちょう》】にございまして、近隣には安い飯屋などもありました。

**【薬食】**くすりぐい

「肉食」のことを申します。意外にも肉は昔から食べられておりまして、鳥や猪、鹿、犬などが滋養のために好まれました。江戸後期には、猪

や鹿肉を食べさせる【ももんじ屋《や》】「薬食屋」という肉料理屋が繁盛しまして、江戸のあちこちにございました。鉄板焼きや鍋の値段は五十〜二百文ほどと、少々値が張りました。特に冬には精が付くとして好まれました。慶応二年（一八六六）になりますと「牛鍋屋」が登場し、牛肉も食べるようになります。

**【屑屋】くずや**
紙くずを引き取る商売でございます。【反故紙《ほごがみ》】や懐紙など、良い紙くずは塵紙と交換してくれます。

**【九寸五分】くすんごぶ**
長さ九寸五分（約二十八・五センチ）の短刀のことを申します。【匕首《あいくち》】あるいは「鎧通《よろいとおし》」とも申します。

**【具足】ぐそく**
㊀身の回りの品全般のことを申します。
㊁甲冑《かっちゅう》などの戦争に使う防具。
㊂同行する家来のことを指す場合もございます。

**【下り諸白】くだりもろはく**
伊丹や灘などの上方のお酒をいいまして、「下り酒」とも申します。上等品として好まれました。

**【口入れ屋】くちいれや**
奉公先を斡旋する商売でして、今日で申しますと派遣会社のようなものでございます。悪〜い口入れ屋はヤクザがやっておりまして、約束と違う場所や給金で働かされたりします。【肝煎宿《きもいりやど》】「慶庵《けいあん》」とも申します。

**【口書爪印】くちがきつめいん**
容疑者が調書に拇印《ぼいん》を押すことを申します。判決が【沙汰《さた》】される前に行われますが、拷問の調書だったりしますので、真否はいかほどか。

**【口留番所】くちどめばんしょ**
小さな【関所《せきしょ》】のことでございます。幕府が主に関東、中部地方に三十三箇所設置いたしました。

**【口取り】くちとり**
武士の乗る馬の口を取って、誘導する役を申します。

**【蛇・虵】くちなわ**
㊀蛇のこと。

㊁激しい剣法の修行をした者にできる刀の握り胼胝《だこ》のことを申します。

**【口幅ったい】** くちはばったい

生意気な物いい、身のほど知らずな物いいを申します。

**【口寄せ】** くちよせ

【いちっ子《こ》】がいたします「降霊占い」のことを申しまして、【裏店《うらだな》】で商売したり、出向いて行います。口寄せは、もっぱら女性の娯楽でした。いちっ子を呼びますと、長屋中の女連中が、我も、我もと占います。料金は一案、数文と安く、内容は前世の恋がどうの、先祖から好かれているから安心しろだの、旦那が熱を上げている女にはじきにフラれるなど、たわいないことでございます。

**【口を糊する】** くちをのりする

厳しい生活を送っていることを申します。「糊」とはお粥のことです。

**【国替】** くにがえ

【大名《だいみょう》】の転勤のことでございます。江戸前期にはよく行われ、【譜代大名《ふだいだいみょう》】に地理的、経済的要衝を管理させました。中期以降は主に役職により移動いたしました。江戸以前には、【領地《りょうち》】は「所有」するものという概念がございましたので、国替によって、領地を管理することで【俸禄《ほうろく》】を幕府からもらう「職務」としての概念に変えていく試みもありました。【所替《ところがえ》】【転封《てんぽう》】「移封」とも申します。

**【国侍】** くにざむらい

国元に勤めるお侍のことでございます。江戸や京では、「田舎侍」という軽視の意味でも使われました。逆に都市に勤めるお侍を【都侍《みやこざむらい》・京侍《みやこざむらい》】と呼びます。

**【国詰】** くにづめ

藩の【領地《りょうち》】で勤める武士のことを申します。反対に江戸屋敷で勤めることを【江戸詰《えどづめ》】と申します。

**【国持大名】** くにもちだいみょう

前田、島津、毛利など、国と呼ばれる広い【領地《りょうち》】を持った【大名《だいみょう》】、国主を申します。または、それと同等の格を申します。

**【国目付】** くにめつけ

【使番《つかいばん》】に同じでございます。遠国を監視する幕府の役職を申します。

**【首斬浅右衛門】** くびきりあさえもん

【山田浅右衛門《やまだあさえもん》】の渾名《あだな》です。処刑の首斬役《くびきりやく》で、遺体を使った【試し斬《ためぎ》り】も行っておりました。

**【公方様】** くぼうさま

征夷大将軍のことを申します。

**【組頭】** くみがしら

ヤクザの組ではなく【小姓組《こしょうぐみ》】や、【町火消《まちびけし》】の責任者のことでございます。

**【汲み取】** くみとり

【掃除屋《そうじや》】とも呼ばれます。トイレのウンチを買い取る者を申します。ウンチは「下肥《しもごえ》」と呼ばれまして、江戸近郊の農家が畑の肥料として使いました。

下肥の値段は、住人の栄養状態の良し悪しによって、上、中、下と分かれておりました。【長屋《ながや》】の【総後架《そうこうか》】ですと、年に八～二十両（八十～二百万円）になったそうですから、たいしたものです。トイレで使った紙も捨てずに溜めて、屑屋《くずや》が引き取ってリサイクルしました。

**【組物】** くみもの

建物の柱と梁《はり》を繋げる「斗《ます》」や「肘《ひじ》」の構造を申します。寺社や屋敷、城などの建造物に用いられます。

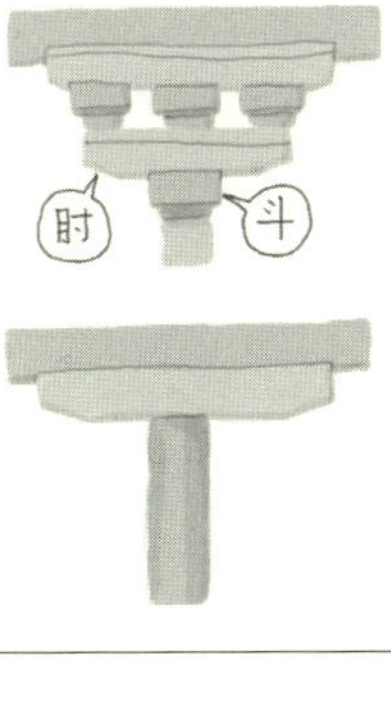


**【組屋敷】** くみやしき

【大縄地《おおなわち》】の項をご覧ください。

**【雲霧仁左衛門】** くもきりにざえもん

六百人もの手下を率いておりました、享保（一七一六～一七三六）の大盗賊でございます。

**【雲助】** くもすけ

駕籠や荷物運びの人足の別称です。「蜘蛛助」とも書きます。がに股で歩く様が蜘蛛に似ていたからといわれます。江戸初期には【無頼漢《ぶらいかん》】など「もぐり」の人足をいいましたが、やがて一般化しました。しかし、【乗物《のりもの》】や【宿駕籠《やどかご》】を担ぐ者は雲助とは呼びません。

**【蔵提灯】** くらちょうちん

蔵の中や寺社のお堂で使います【提《ちょう》灯《ちん》】を申します。重化《じゅうけ》（台）も【灯《ひ》袋《ぶくろ》】も金属でできておりまして、万が一、倒れても燃えないようになっておりました。図は【提灯《ちょうちん》の色々】のコラムをご覧ください。

**【蔵米取り】** くらまいとり

【旗本《はたもと》】【御家人《ごけにん》】で俸禄米を「俵」表示でいただく武家を申します。【切《きり》米《まい》】と呼ばれ、一年の【俸禄《ほうろく》】を春に四分の一、夏に四分の一、冬に二分の一いただきました。一石は十斗ですが、江戸に集まる俵には三斗詰めと四斗詰めがありますので、百俵で三十五石として計算しました。

**【蔵屋敷】** くらやしき

【大名《だいみょう》】の倉庫でございます。

**【蔵宿師】** くらやどし

武士と【札差《ふださし》】を仲介する者です。いわゆる金貸しの仲介で、【阿漕《あこぎ》】な者が多かったために取り締まりにあいました。

**【庫裡・庫裏】** くり

お寺の住職が住む建物や台所のことを申します。本堂と別になっておりまして、雑務棟として使われたりもいたします。

**【厨】** くりや

厨房、台所のことでございます。お城や寺院、お屋敷にございます、大きな台所を申します。

**【厨人】** くりやびと

料理人など【厨《くりや》】で働く者のことを申します。「厨女《くりやめ》」は厨房で働く女性のことでございます。

**【厨船】** くりやぶね

船遊びに付く料理専門の小舟のことでございます。

**【車屋】**くるまや
【大八車《だいはちぐるま》】を曳く人足のことを申します。明治以降は「人力車」を曳く人足も指しますが、江戸時代にはございません。「車力《しゃりき》」「車曳《くるまひき》」「車師《くるまし》」「車人足《くるまにんそく》」などとも申します。

**【廓・郭・曲輪】**くるわ
もともとは城などを囲う石や土の囲い、堀の意味でございます。しかし、当時は主に【遊廓《ゆうかく》】を申しました。

**【廓沙汰】**くるわざた
【吉原《よしわら》】で評判になることです。

**【黒書院】**くろしょいん
城の事務室でして、日常、【殿様《とのさま》】と家臣の謁見などに使われました。江戸城の黒書院は、なんと百九十畳もありました。

**【黒本】**くろほん
【草双紙《くさぞうし》】の一種で、【青本《あおほん》】とほぼ同じでございます。延享～寛延の頃（一七四四～一七五一）に流行りまして、富川吟雪《ぎんせつ》の作品が有名です。

**【郡代】**ぐんだい
【勘定奉行《かんじょうぶぎょう》】の下で、十万石以上の幕府直轄領《ちょっかつりょう》の管理をする現場職を申します。中でも関東郡代、美濃郡代、飛騨郡代、西国郡代を「四郡代」と呼びました。

**【軍役】**ぐんやく
【家禄《かろく》】によって負う、兵員確保の義務でございます。例えば百石【扶持《ぶち》】のお侍は、いざという時には、最低ふたりの部下を連れて【殿様《とのさま》】のところへ参上しなければなりませんでした。石高に応じて、人数や役目が決められております。軍事に限らず、公共工事などの【普請《ふしん》】や【参勤交代《さんきんこうたい》】なども軍役のひとつでした。

# 【け】

**【芸子】げいこ**

女性の【芸者《げいしゃ》】のことでございます。お座敷で、舞や歌、遊びを披露し宴席を盛り上げるのがお仕事でございます。上方では「芸妓《げいこ》」と書きます。ちなみに、明治になってからは、芸妓を「げいぎ」とも呼ぶようになりました。【深川芸者《ふかがわげいしゃ》】だけは、羽織を着て、男風の話し方をしましたので、男性名の「芸者」が使われます。

**【卦医者】けいしゃ**

占いで治療をいたします呪術医のことでございます。当時、医者は国家資格ではなかったので、知識さえあれば、開業できました。だもんで、藪《やぶ》医者なんてのはザラで、もっとスゴイのは【お太鼓医者《たいこいしゃ》】と申しまして、病人をおだてて笑わせる専門の医者もおりました。

**【芸者】げいしゃ**

江戸初期はもっぱら【太鼓持《たいこもち》】など座敷を盛り上げる男性を指しました。女性は【芸子《げいこ》】と呼ぶのが一般的でございます。

**【黥首】げいしゅ**

【墨刑《ぼっけい》】のことを申します。

**【刑場】けいじょう**

死刑場のことでして、千住・【小塚《こづかっ》原《ぱら》】、板橋、品川・【鈴ケ森《すずがもり》】が三大刑場と呼ばれまして、それぞれ江戸の入り口にありました。刑が各街道沿いで執行されたのは、「江戸で悪いことをするとこうなるぞ！」という脅しの意味がございました。しかし、死刑を見物しに行くことは禁じられておりました。

**【計数貨幣】けいすうかへい**

今日のお札やコイン同様に、額面で流通される貨幣でございます。これに対して材料の純度・目方で流通させるものを【称量貨幣《しょうりょうかへい》】と申します。

**【傾城】けいせい**

㊀「傾国《けいこく》」ともいい、国を傾けてしま

うほど魅力のある女性のことを申しまして、主に【花魁《おいらん》】を指します。「傾城町」は遊女町のことです。
㊁男傾城は【男色《だんしょく》】を売る者、または女性相手の美男の娼夫、情夫を申しました。

**【軽追放】けいついほう**
追放刑のひとつです。田畑・住居没収のうえ、武士の場合は居住国、犯罪国、江戸十里四方、京、大坂、東海道筋、日光道へ入ることを禁じました。庶民では居住国、犯罪国、江戸十里四方に入ることを禁じました。

**【警動】けいどう**
町奉行所の【同心《どうしん》】によります「手入れ」を申します。【捕《と》り物《もの》】は主に同心の仕事でございました。

**【毛切石】けきりいし**
【湯屋《ゆや》】に置かれます、むだ毛の処理をするための石でして、毛を石で挟んで切りました。

**【蹴転】けころ**
江戸中期に上野から下谷周辺にいた私娼を申します。

**【袈裟懸けに斬る】けさがけにきる**
相手の肩から胸にかけて一刀で斬ることを申します。斬られれば、鎖骨、大胸筋が断たれますので、もう刀を振ることはできませんし、失血性ショックで死亡いたします。とにかく、日本刀というのは恐ろしいものでございました。

**【下盞】げさん**
これ以上の酒はいただかないと、盃を置くこと、伏せることを申します。「盞」は盃のことです。

**【下手人】げしにん**
㊀殺人犯を申します。

㈡庶民の死刑で最も軽い【斬首《ざんしゅ》】刑のこと、または斬首刑になる者を申します。

**【消し札】** けしふだ

【纏《まとい》】を立てた屋根や軒下に【町火《まちび》消《けし》】が貼る組名を書いたお札でございまして、【火消《ひけし》】にとっては何よりも栄誉でございました。

**【芥子坊主】** けしぼうず

小さな子供の髪型です。頭のてっぺんだけ残して剃り上げた髪型で、芥子の実に似ているので、この名で呼ばれました。「子連れ狼」の大五郎の髪型ですが、前髪を剃ったり、両脇を子犬の耳の様に残したりと様々です。ちなみに三～四歳の女子も同じ髪型をいたしました。「すずしろ」「お芥子」とも申します。図は【髪型《かみがた》の色々】のコラムをご覧ください。

**【下城】** げじょう

今日で申します退社のことで、一日のお勤めを終えました武士が、お城から帰宅することを申します。

**【下段の構】** げだんのかまえ

防御の構えでございます。剣を低く構えるため、他の構えより不利となりますので、相手の侮りを誘い、その後の術策を匂わせます。図は【太刀と剣術《けんじゅつ》】のコラムをご覧ください。

**【下知】** げち・げじ

将軍、【殿様《とのさま》】が命令を下すこと、またはその命令を申します。

**【闕所】** けっしょ

財産没収の刑でございます。追放や【遠島《えんとう》】の閏刑《じゅんけい》として、家屋敷、田畑、家財などを没収しました。一時的な差し押さえの場合もありますが、通常は競売にかけました。

**【血判】** けっぱん

自分の指先を切り、その血で押す印のことを申します。【誓紙《せいし》】という証文に、堅い誓いの証として押されました。

**【血判状】** けっぱんじょう

【血判《けっぱん》】で誓った証文のことを申します。

**【下男・下女】** げなん・げじょ

武家屋敷や商家などで働く身分の低

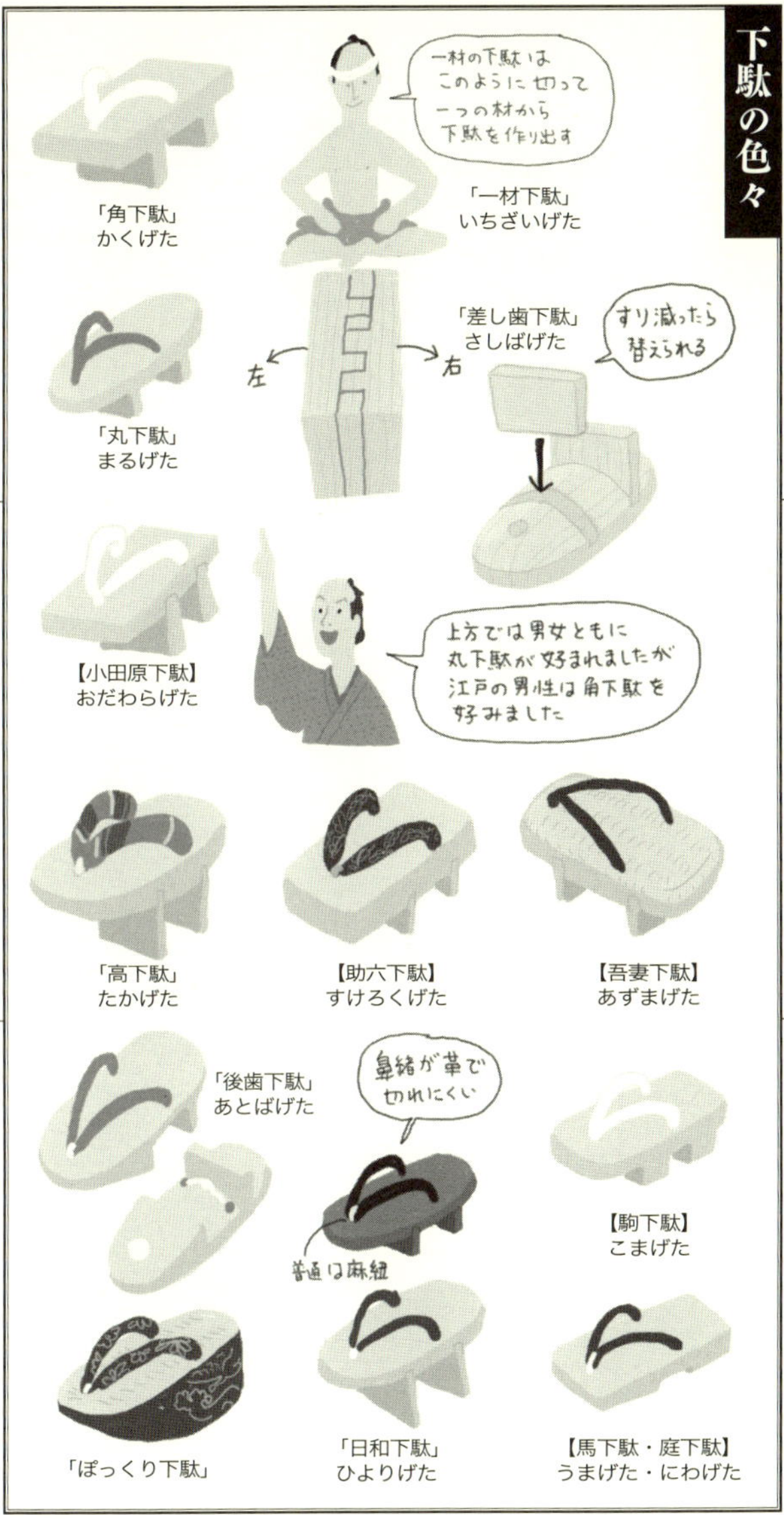

下駄の色々
「角下駄」
かくげた
一材の下駄は
このように切って
一つの材から
下駄を作り出す
「一材下駄」
いちざいげた
左
右
「丸下駄」
まるげた
「差し歯下駄」
さしばげた
すり減ったら
替えられる
【小田原下駄】
おだわらげた
上方では男女ともに
丸下駄が好まれましたが
江戸の男性は角下駄を
好みました
「高下駄」
たかげた
【助六下駄】
すけろくげた
【吾妻下駄】
あずまげた
「後歯下駄」
あとばげた
鼻緒が革で
切れにくい
普通は麻紐
【駒下駄】
こまげた
「ぽっくり下駄」
「日和下駄」
ひよりげた
【馬下駄・庭下駄】
うまげた・にわげた

い【奉公人《ほうこうにん》】を申します。家の周りや【土間《どま》】での雑用、清掃などをする者です。「したおとこ」とも呼びます。

**【下馬所】げばしょ**

江戸城正門【大手門《おおてもん》】の前などにある「下馬」と書かれた場所を申します。登城時間には、たくさんの武士が御供を連れてやってまいりますので、大変混雑いたしました。そこで下馬所では【座配《ざはい》】【六尺手廻《ろくしゃくてまわり》】が交通整理をいたします。五百石未満の【旗本《はたもと》】は、ここから歩いて城に向かいました。通行できる御供は位によって制限されましたので、門をくぐれない御供や【陸尺《ろくしゃく》】などは、下馬所にある【腰掛《こしかけ》】という建物で主人の帰りを待ちました。

【大名《だいみょう》】や五百石以上の旗本は、これより先の大手三之門の「下乗橋」で【乗物《のりもの》】を降ります。さらに奥の「中之門」では【御三家《ごさんけ》】も降り、【本《ほん》丸《まる》】御殿玄関からは【供連《ともづれ》】は許されませんでした。また、下馬所は他の御門前にも必ずありました。

**【下馬評】げばひょう**

【下馬所《げばしょ》】付近で待たされる御供たちによる、【大名《だいみょう》】や【旗本《はたもと》】の評価、噂のことを申します。少しは内情を知った関係者による噂ですから、信憑性もございまして、庶民のゴシップ心をワクワクさせました。

**【外法下駄・下宝下駄】げほうげた**

江戸中期に歌舞伎役者の間で流行りました漆塗りの下駄でございます。角が丸く、歯が低いので下り坂でも履き心地がよかったそうです。この下駄が塗下駄の始まりといわれております。

**【煙食】けむりぐい**

坑夫が患いました病でございます。ほとんどの坑夫が二十七歳程度で発症し、やがて死亡しました。坑内で使います松明《たいまつ》や蝋燭《ろうそく》の油煙が原因とされます。夫に早くに先立たれた妻は「鉱山後家《こうざんごけ》」と呼ばれました。

**【検校】けんぎょう**

男性盲人の高官位の方を申します。検校の総元締である「総録《そうろく》」から千両（一億円）で買う地位でございます。総録は「総検校」とも申します。男性盲人の官位には、下から「衆分《しゅうぶん》」【座頭《ざとう》】【勾当《こうとう》】「検校」があり、それぞれの位で、また細かく分かれております。これらの官位がなければ、按摩《あんま》や琵琶、金貸しなどの仕事はできませんでした。また、検校は、仕事の管理だけでなく、男性盲人の犯罪も裁きました。女性の盲人は【瞽女《ごぜ》】が管理いたしました。

**【検使】けんし**

【奉行所《ぶぎょうしょ》】の現場検証を行う御役人を申します。【牢屋敷《ろうやしき》】や町奉行所には、【徒目付《かちめつけ》】【小人目付《こびとめつけ》】が派遣され、【吟味《ぎんみ》】から【沙汰《さた》】に至るまで、不正のないように監視しました。

**【源氏塀】げんじべい**

木製の塀で、数寄屋などに用いられました。

**【見台】けんだい**

【音曲《おんぎょく》】の譜面台。または、本を立てて読むための台を申します。

**【検断】けんだん**

【町役人《ちょうやくにん》】のことを申します。町の民政を行い、町内の問題や揉めごとの仲裁もいたします。犯罪の場合は【自身番《じしんばん》】に留め置きまして、ここで町役人が取り調べます。【奉行所《ぶぎょうしょ》】に上げるべきと判断されますと、【同心《どうしん》】に相談して告訴となります。

**【剣突】けんつく**

邪険《じゃけん》な態度を申します。「剣突を喰わせる」＝邪険な態度で対応することでございます。

**【玄蕃桶】げんばおけ**

【火消《ひけし》】道具のひとつで、【龍吐水《りゅうどすい》】に水を運ぶためのふたり担ぎの桶を申します。【火消人足《ひけしにんそく》】が近くの【井《い》戸《ど》】や水路から水を運ぶのに使いました。「玄蕃」とは発明した人の名でございます。

**【元服】げんぷく**

㈠男の子の成人式のことでございます。十一～十七歳で行うものでもっぱら十五歳で行われました。武家や名家では「烏帽子名《えぼしな》」と申します大人の名前に変わります。

㈡結婚した女性が、眉剃り、【お歯《は》黒《ぐろ》】をすることを申します。「半元服」は略式の意味で、子供ができるまでは眉剃り、お歯黒をしない方法です。

**【減俸】げんぽう**

武士の刑罰のひとつで、【俸禄《ほうろく》】を減らされることでございます。

**【現米取り】げんまいとり**

㈠俸禄をいただく形式のひとつでございます。米の種類の玄米ではなく現金と同じ意味で、現物の米を受領する方法を申します。

㈡【与力《よりき》】や【同心《どうしん》】のことを指す場合もございます。

**【権門駕籠】けんもんかご**

武士が【殿様《とのさま》】の用事で、正式に出かける際に使用します、小ぶりの【乗物《のりもの》】でございます。木枠に和紙を貼ったもので、障子戸が付いております。図は【駕籠《かご》の色々】のコラムをご覧ください。

**【元禄笠】げんろくがさ**

平安時代から上流階級の女性が好んで被りました。江戸時代以前、または京では、単に【菅笠《すげがさ》】とも呼ばれました。図は【笠《かさ》の色々】のコラムをご覧ください。

**【元禄袖】げんろくそで**

袖の丸みの大きなもので、元禄時代（一六八八～一七〇四）に流行りました。昭和に作られました袖の短い「元禄袖」とは異なります。図は【袖《そで》の色々】のコラムをご覧ください。

## 【こ】

**【鯉口を切る】こいぐちをきる**
刀の鞘《さや》の口金を「鯉口」と申します。口金は下を向けただけで刀が鞘から落ちないように、しっかりと刀をくわえております。そのため、戦う際には、事前に鍔《つば》を親指で押し出して、刀を素早く抜ける状態にいたします。この動作を「鯉口を切る」と申します。西部劇で申しますと、ピストルの「撃鉄を起こす」と同意でございましょう。「抜くぞ」という威嚇にも使います。

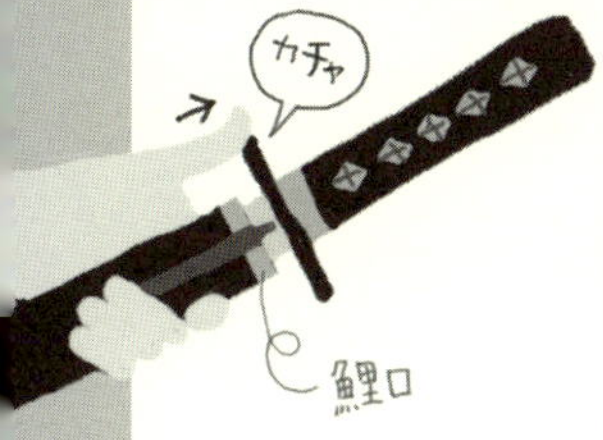


**【御医師】ごいし**
幕府お抱えの医者の総称でございます。【奥御医師《おくごいし》】【表御番医師《おもてごばんいし》】「小《こ》普請医師《ぶしんいし》」「養生所医師」など様々な医者がおりました。

**【小石川養生所】こいしかわようじょうしょ**
【養生所《ようじょうしょ》】の項をご覧ください。

**【小銀杏】こいちょう**
武士の【銀杏髷《いちょうまげ》】に対し、庶民は「小銀杏」を好みました。全体に小ぶりで控えめな銀杏髷でございまして、正面から僅かに見える程度に切り揃えたものを申します。もともと【同心《どうしん》】が好んでいたしまして、庶民にも広まりました。図は【髪型《かみがた》の色々】のコラムをご覧ください。

**【蝗害】こうがい**
蝗《いなご》の大量発生で農作物が食い荒らされる被害のことを申します。

**【笄】こうがい**
㊀ 女性が髪を結う道具で、髪を巻き上げるのに使う【簪《かんざし》】の一種です。様々な装飾、デザインがあり、中には小刀が仕込まれているものもございます。
㊁ 男性の持つ笄は【太刀《たち》】の鞘《さや》に携

帯している小刀を申します。名前が同じなのは、髪飾りの笄も、もともとは同じ護身用の武器兼ペーパーナイフとして使う道具だったからです。

笄の柄は耳かきになっています。ちなみに、太刀の鞘《さや》の反対側には【小柄《こづか》】という小刀を備えておりました。

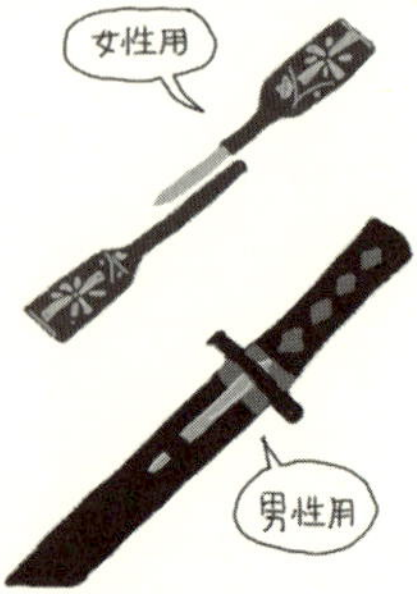


**【笄髷】こうがいまげ**

【笄《こうがい》】を使って髪を巻き上げた髪型でございます。宮中や【大奥《おおおく》】のお【女中《じょちゅう》】が始めたものが一般に広まったといわれております。

上流階級での正式な髪型は、下げ髪ですので、大奥女中の基本も下げ髪でした。しかし、普段は動きづらいので、笄でくるくるっと、まとめ上げたのがこの髪型の始まりでございます。笄を抜きますと、ハラリと元に戻ります。これ以外の髪型は【遊《ゆう》女《じょ》】から流行ったもので、そちらはアゲアゲ系、モード系とでも申しましょうか。図は【髪型《かみがた》の色々】のコラムをご覧ください。

**【合巻】ごうかん**

江戸後期に流行りました書籍のスタイルで、何巻かあるものを一冊に合わせたものでして、【草双紙《くさぞうし》】の一種を申します。

**【公儀】こうぎ**

㊀ 秩序が保たれた公の事柄のことを申します。幕府の権力下にあるものを「大公儀」、各藩の権力下にあるものを「小公儀」と申しました。

㊁ 権力側の幕府、役所、藩の意でも使われます。

**【公儀御用】こうぎごよう**

公共の仕事のことを申します。幕府命令の公共事業や維持管理の仕事などがあります。公の御用ですから、誰もが円滑な遂行に協力しなければなりませんでした。

**【公儀者】** こうぎしゃ

社交家のことでございます。

**【公儀立て】** こうぎだて

物事を公にすること、わざわざ表沙汰にすることを申します。

**【高家】** こうけ

【帝《みかど》】や公家の接待、儀式を担当する幕府の役職でして、それなりの家柄の者が就きました。吉良上野介《こうずけのすけ》もこの職にあり、浅野内匠頭《たくみのかみ》を指導しておりました。

**【郷校】** ごうこう

藩や代官所が経営します、地方の【寺子屋《てらこや》】でございます。庶民に初等教育を行っておりました。全ての農民が読み書きを習えたわけではございませんが、農民だからといって勉学が不要とされたわけでもございません。特に算術読み書きは【年貢《ねんぐ》】の支払いと管理に重要でしたので、習得が推奨されました。家柄のよい者、勉強をしたい者が通い、学費はもっぱら無料でした。学業優秀な者は御役人に取り立てられることもございました。

**【高札】** こうさつ

庶民に知らせる「法令」などを布告することを申します。高札場は日本橋の袂や各【宿場《しゅくば》】などにございました。「正徳の高札」については、「はじめに」の【江戸《えど》の間思考《ましこう》】をご参照ください。

**【好色】** こうしょく

当時は「自由奔放なことが好き」という意味でございました。そして、ファッションや様々な遊び、マナー、全てにセンス良く、恋も上手な人のことを申します。ですから、「好色」というのは【粋《いき》】な人の最高の褒め言葉でもありました。

**【荒神様】こうじんさま**

「竃《かまど》」の神様でございまして、台所や竃、【へっつい】の上の梁や柱にお祀りします。【荒神様《あらがみさま》】とも呼ばれます。

**【庚申待ち】こうしんまち**

道教の伝えで、「庚申の夜に眠ると、人の中に住む「三虫《さんちゅう》・三尸《さんし》」が神様のところへ行き、日頃の行いを報告する」といわれます。行いが悪いと寿命を縮められてしまいますので、庚申の日は眠らずに夜を明かし、三虫が神様に告げ口しないようにいたします。その夜明かしの宴会を「庚申待ち」と申します。

**【高僧頭巾】こうそうずきん**

一般の【頭巾《ずきん》】ですが、僧侶の使うものに似ておりましたので、こう呼ばれます。「御高僧頭巾《おこそうずきん》」とも【袖頭《そでず》巾《きん》】とも呼びます。図は【頭巾《ずきん》の色々】のコラムをご覧ください。

**【小唄】こうた**

【端唄《はうた》】とも申します。【音曲《おんぎょく》】のひとつで、三味線歌のことを申します。撥《ばち》を使わずつま弾きして歌う短い曲です。手習いにはピッタリでございまして、若いお師匠さんなぞが【長屋《ながや》】で開業しますと、付近の男連中が【湯屋《ゆや》】へ行き、髪も結い直してサッパリした格好で詰めかけたものでございます。

音曲のお師匠さんになる方は、お【女中《じょちゅう》】上がりか【遊女《ゆうじょ》】上がりの女性が多く、お洒落で色気もあって、その上に教養もございますので、そりゃもうモテますな。

**【勾当】こうとう**

男性盲人の官位のひとつです。官位は下から「衆分《しゅうぶん》」【座頭《ざとう》】「勾当」

【検校《けんぎょう》】となっており、それぞれお金で買います。官位がなければ按摩や琵琶などの商売はできないことになっておりました。総取締役は京の公家・【土御門家《つちみかどけ》】でございました。

**【香時計】こうどけい**

【常香盤《じょうこうばん》】のことでございます。灰の上に細い筋を付け、そこに粉末香を入れて端から燃やし、その燃えた長さで時間を計ります。お寺ではこれを仏様にお供えして、絶えず香を焚いておりましたので、時間を計る道具としても使われました。もちろん誤差はありましたが、そんな小さなことは誰も気にしやしません。【遊女《ゆうじょ》】は線香を使って接待時間を計りました。

**【黄白】こうはく**

金銀のお金のことを申します。

**【業腹】ごうはら**

いまいましいこと。癪《しゃく》に触ることを申します。

**【講武所風】こうぶしょふう**

細い【月代《さかやき》】の髪型を申します。江戸末期に若い武士の間で流行りました。前髪を残したまま、細く中剃りしたのを「野郎髷《やろうまげ》」とも呼びます。図は【髪型《かみがた》の色々】のコラムをご覧ください。

**【蝙蝠袢纏】こうもりばんてん**

「弁慶縞《べんけいじま》」というチェック柄の袢纏《はんてん》で、商人が【道中《どうちゅう》】着に使いました。

**【行李】こうり**

竹で編んだ蓋付きの篭でございまして、【道中《どうちゅう》】用の鞄から、収納用のトランクまで様々に作られました。【振分行李《ふりわけごうり》】はふたつの小ぶりの行李を紐で結び、肩にかけられるようにしたもので旅に使いました。

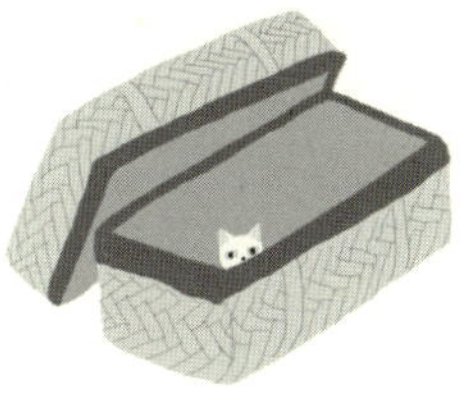

**【強力】ごうりき**

力仕事を専門にする者で、主に荷物運びの人足を申します。【道中《どうちゅう》】での荷物運びは、【背負子《しょいこ》】や駕籠を使いまして、五貫目（約十九キロ）までが七十五文で【宿場《しゅくば》】間を運びました。公用の場合は幕府が運び賃を負担します。

**【肥溜】こえだめ**

【下肥《しもごえ》】を熟成させる、地面に掘った穴を申します。表面が固くなると、周囲と区別が付かず、遊んでいる子供がよく落ちました。当時は糞尿もリサイクルされ、江戸に【汲《く》み取《と》】がやって来て、買って行きました。そのため、日本の都市は世界で最も衛生的な町で御座いました。同じ頃のヨーロッパでは、窓から道に投げ捨てたり、公共便所の糞尿を汲み出して、近くの沼や川などに捨てておりました。そのため人口が増えると環境が悪化し、伝染病が蔓延することがたびたび起こりました。

**【五右衛門風呂】ごえもんぶろ**

主に上方で使われた風呂で、江戸近辺では【旅籠《はたご》】などで用いられました。鉄底を熱して湯を焚き、入る時は浮き蓋に乗って沈めて浸かります。人が出ると蓋が自然と浮き、保温されるという仕組みでした。

**【小女】こおんな**

少女の【女中《じょちゅう》】のことを申します。【膝《ひざ》切《き》り】という短い着物に【前垂《まえだれ》】姿で、髪型は【桃割《ももわれ》】でした。

**【五箇所引き廻し】ごかしょひきまわし**

【引《ひ》き廻《まわ》し】の項をご参照ください。

**【五行の構】ごぎょうのかまえ**

剣術の【上段《じょうだん》】【中段《ちゅうだん》】【下段《げだん》】【八相《はっそう》】【脇《わき》】という、五種類の基本的な構えを申します。図は【太刀と剣術】のコラムをご覧ください。

**【極印】ごくいん**

【金座《きんざ》・銀座《ぎんざ》】で作った金貨、銀貨に押します検印でございます。また、盗難防止のために銀貨などに押す、商家の紋章印を申します。蔵へ納める前に押されました。

**【黒檀】こくたん**
熱帯産の高級木材で、黒く緻密なため細工物に珍重されました。

**【石町時の鐘】こくちょうときのかね**
日本橋にあります、初期の江戸標準時を知らせる鐘でございます。

**【獄門】ごくもん**
【斬首《ざんしゅ》】刑の後に、首を晒される刑でございます。晒し場は街道沿いにありまして、江戸に来る者に「悪いことするとこうなるぞ」と脅しをかけておりました。晒される期間は三日でした。一緒に「捨札《すてふだ》」という罪状を書いた木札が立てられました。

**【御家人】ごけにん**
幕府・将軍直属の家臣で、【御目見《おめみ》得《え》】以下の武家を申します。

**【御家人株】ごけにんかぶ**
【御家人《ごけにん》】の身分権利のことでございます。本来は相続するもので、売り買いはできませんが、裕福な【町《ちょう》人《にん》】や農民によって持参金＋養子縁組という手段で売買が行われました。持参金は、【与力《よりき》】＝千両、【徒《かち》】＝五百両、【同心《どうしん》】＝二百両くらいが相場でした。武家の生活が逼迫する江戸中期頃から行われるようになりました。一方、【旗本《はたもと》】の養子縁組は厳しく規制されておりましたので、旗本株を買うのは犯罪でした。

**【沽券地】こけんち**
【町人《ちょうにん》】が売買できる土地のことを申します。「沽券」とは、土地売買証文のことでして、【町奉行《まちぶぎょう》】に届け「沽券図」に所有者や面積が記入されました。

**【小腰を折る】こごしをおる**
「小腰」とは腰のことでして、お辞儀をするという意味でございます。また、女性の裳《も》（袴に似た服。公家、巫女が着ける）の左右に付いている細紐のことも小腰と申します。

**【小侍】こざむらい**
武家に雇われている少年のこと、または見習い侍を申しまして、「侍」といっても、雑務をする【奉公人《ほうこうにん》】扱いでした。

【御三卿】ごさんきょう

田安徳川家、一橋徳川家、清水徳川家を申します。八代・吉宗《よしむね》様以後に作られた家柄でございまして、【御三《ごさん》家《け》】に将軍お世継ぎの適任者がない場合には、この御三卿の中から選ばれることになっておりました。それぞれ、江戸城・田安門、一橋門、清水門に屋敷を構えました。

【御三家】ごさんけ

初代・家康《いえやす》公の九、十、十一番目のご子息の家系で、尾張徳川家、紀伊徳川家、水戸徳川家の三家を申します。【公方様《くぼうさま》】にお世継ぎがない場合には、この御三家から将軍が迎えられます。【上屋敷《かみやしき》】はたいそうご立派でして、尾張上屋敷跡は今日の市ケ谷・防衛省。紀伊上屋敷跡は四谷・迎賓館。水戸上屋敷跡は水道橋の東京ドームと小石川後楽園になっております。

【腰板障子】こしいたしょうじ

戸口の板戸で、上半分が障子になったものを申します。「腰高《こしだか》障子」とも申します。江戸では【長屋《ながや》】に限らず、【町屋《まちや》】の戸口のほとんどが腰板障子でございました。

【腰掛】こしかけ

江戸城【大手門《おおてもん》】の【下馬所《げばしょ》】前の橋にある、【大名《だいみょう》】の従者が供待《ともまち》をするための控え所です。身分の低い御供はお城へ入れませんから、主人を送った後、帰りをここで待ちました。

【腰刀】こしがたな

江戸城内での正装の時などに、身分の高い方が腰に差します小刀《しょうとう》、【匕《あい》首《くち》】を申します。

【腰切袢纏】こしきりばんてん

職人が着る腰までの丈の袢纏《はんてん》を申します。職人は腰切袢纏に褌姿がトレードマークでございます。店の屋号や柄の入りました【お仕着《しき》せ】の袢纏をいただいている者は、そりゃあ名誉なことでございました。後に、紺木綿の股引《ももひき》と【腹掛《はらがけ》】を着けるようになりました。腹掛には「どんぶり」というポケットが付いております。

【腰巾着】こしぎんちゃく

㊀帯に下げる小物入れを申します。

㊁人の後をくっついて廻る者のことを申します。特に子分でも手下でもなく、おこぼれをもらおうとついて廻る調子のいい者を指します。

【腰付け馬】こしつけうま

芝居、踊り、飴売の馬の作り物を申します。腰に付けまして、手綱を揺すりながら演じました。

【腰巻】こしまき

㊀上流婦人や【大奥《おおおく》】の【上臈《じょうろう》】【中臈《ちゅうろう》】、【遊廓《ゆうかく》】の【太夫《たゆう》】などが羽織る打掛《うちかけ》を腰下に巻いて羽織ることを申します。

㊁着物の下に着けます、腰に巻く赤い下着でございます。【湯文字《ゆもじ》】とも呼ばれます。

【腰元】こしもと

㊀高貴な人に仕えて身の回りの雑用をする侍女《じじょ》のことを申します。

㊁【吉原《よしわら》】では【帳場《ちょうば》】の女性を指します。

【御赦免】ごしゃめん

無罪放免のことを申します。

【小十人組・扈従人組】こじゅうにんぐみ

【若年寄《わかどしより》】配下の将軍警備隊を申しまして、将軍の外出時に先頭で警備を務めました。【組頭《くみがしら》】を筆頭に二十人でひと組となりまして、総じて十組ほどございました。

【御儒者】ごじゅしゃ

幕府の儒教学者のことを申します。

朱子学派儒学者・林羅山を始祖とする【林家《りんけ》】によって世襲されております。羅山が上野・【不忍池《しのばずのいけ》】に建てた家塾が湯島に移され、【湯島聖《ゆしませい》堂《どう》】（昌平坂学問所《しょうへいざかがくもんじょ》）として改まったのを機に、三代目の鳳岡《ほうこう》が「大学頭《だいがくのかみ》」に任じられました。以来、林家が代々就くようになりました。

**【小姓】** こしょう

公家、幕府、武士、寺院にて、主人の近くで雑用をする係でございます。武家屋敷の【表向《おもてむ》き】に勤務する者を【表小姓《おもてこしょう》】、【奥向《おくむ》き】で勤務する者を「奥小姓《おくこしょう》」と申します。

子供の意もありますが、役職では子供とは限らず、子供の小姓は【稚《ち》児小姓《ごこしょう》】と呼ばれました。稚児小姓として育った者を「小姓上がり・小姓立ち」と申しまして、【殿様《とのさま》】の側で働いたことから、人脈のある人物として遇されました。

**【小姓組】** こしょうぐみ

【若年寄《わかどしより》】配下の江戸城【本丸《ほんまる》】の警備チームです。【組頭《くみがしら》】を筆頭に約五十人で構成されたチームが六〜十組ございました。

**【御所様】** ごしょさま

公家や由緒正しい家の当主の敬称でございます。引退した当主は【大御《おおご》所様《しょさま》】と呼ばれました。

**【鐺・小尻】** こじり

㊀刀の鞘尻《さやじり》のことを申します。

㊁建物では屋根の下の垂木の先でございます。

**【鐺返し】** こじりがえし

相手の【鐺《こじり》】を持ち上げ、刀を抜けなくする方法でございます。

**【鐺が詰まる】** こじりがつまる

鞘《さや》の中に何かが入って詰まってしまうと、刀が抜き差しならぬ状態になることから、転じて→借金がかさんだりして、にっちもさっちも行かなくなることを申します。

**【鐺咎め】** こじりとがめ

㊀武士同士がすれ違う時に、【鐺《こじり》】が触れたと揉めることを申します。「鐺あて」「鞘《さや》当て」「鞘咎め」とも申します。

㊁つまらないことで揉めることを申します。

**【ご新造】** ごしんぞう

㊀武家の新婚の奥さんのことを申します。新造とは新しい家のことで御座いまして「新家の奥様」という意味です。また、位の低い武士や【町人《ちょうにん》】は、いくつになってもよその奥さんを「ご新造」と呼びます。【長《なが》屋《や》】の庶民では、かかぁ天下の女房を旦那より位が高いという意味で使ったりいたします。

㊁新人の【遊女《ゆうじょ》】や【花魁《おいらん》】のお付きを「新造」と呼ぶこともあります。

**【瞽女】** ごぜ

盲目の三味線弾きの女性のことでございます。一年中、村々を遊行いたしました。管理は【検校《けんぎょう》】ではなく、「座元《ざもと》」と呼ばれる年配の瞽女でございます。各地方にそれぞれ座元がおりました。

**【五節句】** ごせっく

㊀季節の折り目でございまして、様々なことの区切りに用いられました。商売ではツケの集金日でもございます。上巳《じょうし》の節句・三月三日。端午《たんご》の節句・五月五日。七夕《たなばた》の節句・七月七日または十七日。重陽《ちょうよう》の節句・九月九日に加え、師走・十二月末日の年五回でございました。

㊁【大名《だいみょう》】【旗本《はたもと》】が正装し、将軍に【御目見得《おめみえ》】する大切な祝日でございました。この場合は師走ではなく一月七日の「若葉の節会《せちえ》」の五節句でございます。

**【小袖】** こそで

日常用の袖が小さい着物のことでございます。もともとは肌着の作りでしたが、江戸時代には普段着として発展いたしました。対して「大袖・広袖」は袂《たもと》の袖口を縫っていないものを申します。図は【袖《そで》の色々】のコラムをご覧ください。

**【小袖幕】こそでまく**

上野の花見で流行りました、花見の幕に【小袖《こそで》】を使うことを申します。女性たちがこの日のために誂えた自慢の小袖を宴席の幕代わりに紐にかけまして、自慢いたしました。

**【御代参】ごだいさん**

【御台様《みだいさま》】の代理で【奥女中《おくじょちゅう》】がお墓参りに行くことを申します。

**【五体付髷】ごたいつけまげ**

【束髪《そくはつ》】を【烏帽子《えぼし》】のよう高く結んだ髪型を申します。

**【小太刀】こだち**

【脇差《わきざし》】や【匕首《あいくち》】などの小さな刀の総称。またはそれを使った剣法を申します。

**【小玉銀】こだまきん**

【豆板銀《まめいたぎん》】に同じでございます。

**【小茶屋】こちゃや**

庶民向けの【芝居茶屋《しばいぢゃや》】でして、芝居小屋の近くに店を持ち、芝居客を接待いたしました。店を持たずに【出《で》方《かた》】だけで商売した者もございます。

**【御注進】ごちゅうしん**

㊀書面に記して上に申し上げることでございます。もともとは調べた地域の事件や情報を書き記し、【帝《みかど》】に報告することを申しました。

㊁転じて→庶民が噂やニュースを大げさに知らせる場合の表現として使われます。

**【小柄】こづか**

【太刀《たち》】の鞘《さや》の内側に装備されています小刀を申します。普段は木を削って楊枝を作ったり、封を切ったりするのに使いますが、手裏剣として使用できるものもありました。

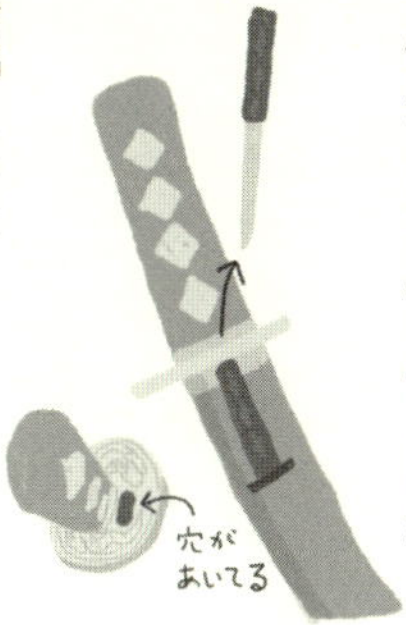


**【小塚原】こづかっぱら**

千住の【刑場《けいじょう》】のことでございます。浅草元鳥越、今戸橋、そして千住へと、江戸が広がるつど、外へ外へ移動いたしました。今日では刑場の跡地として、回向院《えこういん》（延命寺）の大きな地蔵が南千住の駅近くで電車の中から見えます。

**【滑稽本】こっけいぼん**

人々の性癖を抽象した小説でございまして、文化、文政の頃（一八〇四〜一八三〇）に流行りました。

**【木っ端売】こっぱうり**

「木っ端」とは木の切れ端のことで、建材の屑や廃材、流木などを薪として売る商売でございます。

**【小粒銀】こつぶぎん**

【豆板銀《まめいたぎん》】のことを申します。詳細は巻頭の【江戸《えど》の通貨《つうか》】のコラムをご覧ください。

**【骨法】こっぽう**

武芸のコツ、肝《きも》の意味でございます。「骨法を飲み込む」とはコツを飲み込んだ達人のことを申します。

**【業報人】ごっぽうにん**

「悪者め！」という罵倒語でございます。「業報」とは悪行の報いを受ける者を申します。

**【御殿下がり】ごてんさがり**

【大奥《おおおく》】や【旗本《はたもと》】【大名《だいみょう》】の屋敷に奉公し、勤め上げた娘のことを申します。奥勤めは江戸の娘のステータスでございますから、御殿下がりは最高の職歴でした。名家からの嫁入り話も引く手数多《あまた》でございました。

**【御殿向】ごてんむき**

㊀江戸城の【奥向き《おくむき》】のこと。【大《おお》奥《おく》】のエリアのことを申します。
㊁または、大奥用という意でも使われます。

**【言霊】**ことだま

呪力のある言葉を申します。そもそも日本は言霊を重要視する国でございます。高貴な方を「〜みこと」と呼びますのは、その方が特別な詔《みことのり》〈呪文〉を持っている＝神と話ができることを意味します。言葉ひとつひとつに魂が宿るということが基本にありますので、和歌や俳句がことさら崇高なものとされます。

**【小半】**こなから

二合半のことを申します。二合半の【チロリ】や徳利のこともいいます。

**【五人組】**ごにんぐみ

江戸の市中では、大家が作ります自治組織を申します。【月番《つきばん》】で【自身《じしん》番《ばん》】に詰めまして、町の管理業務をいたします。

**【御法度】**ごはっと

禁令のことです。公に、または慣例として禁止されている物事です。

**【御藩】**ごはん

【大名《だいみょう》】の家臣の意味でございます。

**【小半時】**こはんとき

一刻の四分の一。今日で申しますと、だいたい三十分のことでございます。【四半時《しはんとき》】とも申します。

**【木挽職人】**こびきしょくにん

木場の製材所や建築現場で、鋸をひく職人のことでございます。丸太から角材や板を切り出したりする仕事で、トレードマークは大きな鋸です。

**【ご秘蔵】**ごひぞう

㈠ 愛人のことでございまして、【大《おお》店《だな》】のお【妾《めかけ》】さんをこう呼びます。【花魁《おいらん》】など【遊女《ゆうじょ》】を【請出《うけだし》】まして本家とは別にお得意様の接待を任せたりいたしました。お客様も有名な花魁に会えるとあって、それは大喜びでございます。やがてそれが料亭へと発展するものもございました。

㈡ 大事にしている目下の者を申します。

**【古筆見】**こひつみ

書画の鑑定家を申します。昔の書に

は署名がなかったために、幕府が鑑定を依頼したのが始まりといわれております。古筆見の付けた鑑定を「極《きわめ》」といい、その書を「極付《きわめつき》」と申しました。しかし、作者の確定は正確なものではなく、むしろ優れた書画の認定に近いものでした。

**【小人】こびと**

江戸城内の玄関の警備や、雑務をする従者のチームを申します。【中《ちゅう》間《げん》】の下の地位で武士ではございません。

**【小人目付】こびとめつけ**

【徒目付《かちめつけ》】の部下で【御目見得《おめみえ》】以下の武士を管理する役職でございます。また、諸侯のお城などを隠密調査して、違反がないかなどもチェックしたり、【検使《けんし》】として、町奉行所や【牢屋敷《ろうやしき》】などへも勤めました。

**【呉服之間】ごふくのま**

【大奥《おおおく》】の着物を仕立てたり、管理するお【女中《じょちゅう》】の職を申します。

**【呉服屋】ごふくや**

呉服屋といえば「越後屋」「高島屋」「白木屋」「大丸」など、今日も豪商のお店が名を連ねます。絹織物を主に扱いまして、庶民にはとんと縁のないお店でございます。ちなみに、木綿の反物を扱うのは【太物屋《ふとものや》】でございます。こちらは中流の方々がよくお使いになりまして、庶民はもっぱら古着屋で買いました。

**【五分下本多】ごぶしたほんだ**

髷《まげ》を低いところで結いまして、控えめにしたものでございます。サッパリした髪型でございます。

**【小普請組】こぶしんぐみ**

役のない三千石未満の【御家人《ごけにん》】が配属される組でございます。仕事がないので、花菖蒲や朝顔、金魚などの品種改良をしたり、釣りをしたり、茶の湯や書画を嗜む方が多くおりました。【俸禄《ほうろく》】の少ない方は【寺子屋《てらこや》】

や彫り師、作家、内職などのサイドビジネスで食べておりました。

**【小普請奉行】** こぶしんぶぎょう

【作事奉行《さくじぶぎょう》】が管轄しない建物などの管理をする役職を申します。ちなみに、「小普請方」は小普請奉行の配下でして、【小普請組《こぶしんぐみ》】とは違って仕事がございます。

**【駒】** こま

馬のことを申します。当時の馬は背中までの高さが百四十センチ程度と小ぶりでした。時代劇や映画の撮影には、それよりも大きなサラブレッドが多く使われます。そのため「当時の馬は小さくてこんな迫力はなかった」という方もありますが、そんなことはありません。なにせ武士の平均身長は百五十五センチ程度と小さかったので、人と馬の比率は変わりませんから、迫力も同じです。馬は武士にとって重要な移動手段ですので、江戸のあちこちに【馬場《ばば》】があり、乗馬の練習をしておりました。

また、当時の農家では馬はあまり農耕に使わず、もっぱら荷物運びの現金稼ぎと「馬肥《まっこ》」と申します肥料を取るために飼っておりました。

**【木舞壁】** こまいかべ

【長屋《ながや》】の壁の作りを申します。竹を編んだ上に泥を塗った土壁のことでございます。

**【駒下駄】** こまげた

【馬下駄《うまげた》】から進化いたしました普段使いの下駄でございます。歯が厚いので、道を荒らさないのが人気の秘密でございます。江戸では軽い桐が好まれまして、天気のいい日にはより良い音を響かせました。図は【下駄《げた》の色々】のコラムをご覧ください。

**【小股】** こまた

「小股」とは「大股で歩く」の反対で「小股で歩く」歩様を申しまして、

シャキシャキと歩く女性の姿を申します。

**【護摩の灰】** ごまのはい

【道中《どうちゅう》】で旅人を騙す詐欺、泥棒のことでございます。

**【駒結】** こまむすび

羽織紐や浴衣の帯など様々な用途で使われます、最もポピュラーな結び方で、「固結び」とも申します。

**【小間物】** こもの

【荒物《あらもの》】とも呼ばれます。【笄《こうがい》】【簪《かんざし》】【櫛《くし》】【元結《もとゆい》】「紅」「紅入」「紙入」「煙草入」などをいいます。日本橋小間物町にお店が多く集まっておりました。店でも売りますが、お得意様には、お宅に【手代《てだい》】が伺いまして、商品をお見せして売りました。

**【高麗屋】** こまや

朝鮮などからの舶来品を扱う店でございます。

**【小万島田】** こまんしまだ・おまんしまだ

武家の【奉公人《ほうこうにん》】を中心に人気があった髪型でございまして、【高島《たかしま》田《だ》】の髷《まげ》を控えめにしたものでございます。「小万《こまん》」は芝居に登場します女伊達（じゃじゃ馬娘）の名でして、「女奴髪《おんなやっこあたま》」とも呼ばれます。ちょっと勝ち気な女性を演出いたします。

**【小万結】** こまんむすび

女性の帯結びのひとつで、【関《せき》の小《こ》万《まん》】がした結び方でございます。髪型と共に向う気の強い娘さんに流行りました。図は【帯《おび》の色々】のコラムをご覧ください。

**【芥溜】** ごみため

「掃溜《はきだめ》」とも申します。【長屋《ながや》】には芥溜が必ずありました。紙くずは【屑屋《くずや》】が持って行き、野菜屑は肥料などに農家が持って行きました。残ったゴミがいっぱいになりますと、【大芥溜《おおごみだめ》】に運び出し、最後は埋め立て処理されました。

**【虚無僧】** こむそう

「半分だけ」お坊さんとなった禅宗の身分でございます。藍色か灰色の着物に袈裟《けさ》をかけ、草鞋《わらじ》か五枚重の【雪駄《せった》】を履きます。「天蓋《てんがい》」と申します顔を隠す大きな【笠《かさ》】を被り、尺八を吹いて托鉢をいたします。刑を逃れるために虚無僧となった武士が多く、そのために江戸後期になりますと、町に虚無僧の姿をした【無《ぶ》頼漢《らいかん》】が増えました。

**【五目の師匠】** ごもくのししょう

【小唄《こうた》】【長唄《ながうた》】三味線、舞など、様々な稽古をしてくれる総合芸のお師匠《っしょ》さんのことでございます。

**【五匁銀】** ごもんめぎん

「硯箱《すずりばこ》」とも呼ばれました銀貨を申します。【丁銀《ちょうぎん》】と同価値で、明和二年（一七六五）に【老中《ろうじゅう》】・田沼意次《たぬまおきつぐ》が、金銀レートを一両＝六十匁（十万円）に固定する目的で発行しましたが失敗に終わりました。

**【御用金】** ごようきん

幕府が【御用商人《ごようしょうにん》】から借りるお金でございます。二十～三十年の長期国債みたいなものですが、倒幕により回収できませんでした。しかし、同情は無用でございます。かねてからものすごい高利商売をしておりましたので、もともと無理な借金でございました。

**【御用商人】** ごようしょうにん

幕府や【大名《だいみょう》】家に出入りした商人のことを申します。日用品からお祝い物まで、様々な買い物を、御用商人が受注しました。それも高利で。さらに【札差《ふださし》】は武士の俸禄米を担保に高利で金を貸し、あっという間に一財を築きました。あまりに欲張り過ぎまして、逆に【御用金《ごようきん》】の貸付を要求され、自分の貸した金で高い買い物を続けさせるような事態になりました。

**【御用達商人】ごようたししょうにん**

【御用商人《ごようしょうにん》】と「達」の一字が異なりまして、こちらは【寛政《かんせい》の改革《かいかく》】で作られました、幕府御用達の「経済ブレーン」でございます。江戸本店の豪商店主十人が選ばれまして、勘定《かんじょう》所《どころ》と共に物価の安定、幕府資金の調達などにあたりました。

**【暦】こよみ・れき**

カレンダーのことでございます。当時の暦は【太陰太陽暦《たいいんたいようれき》】と申しまして、月の動きと太陽の動き、そして節季を使って一年を作っていました。名前は太陽から全てを割り出しているように連想させますが、実際は「月の満ち欠けの周期」をひと月としております。ですから一ヵ月を「月」という単位で数えます。そして一日は太陽の周期で数えるので、単位は「日」と数えます。今日と当時の日にち感覚で最も異なる点は、曜日がないことです。ですんで、一週間ごとに休日が来ることもなく、当然休んだりしません。季節の感覚は「立春」や「秋分」などの【二十四《にじゅうし》節気《せっき》】でつかんでおりました。

**【御領】ごりょう**

幕府直轄領《ちょっかつりょう》のことを申します。明治に入ってからは「天領」と呼ばれました。

**【五両一】ごりょういち**

高利貸のことを申します。五両（五十万円）を借りると月に一分《ぶ》の利息を取ることからこう呼ばれます。商人や武家、庶民でも薬代の支払いなどのために大口の借金をし、泥沼にはまっていきました。

**【衣棚】ころもだな**

【湯屋《ゆや》】のロッカーを申します。

**【声色】こわいろ**

「声真似」のことでございますが、主に【道楽《どうらく》】で歌舞伎などの一場面、台詞を真似ることを申します。「ここで会ったが百年目……」など、決め台詞を演じました。

**【蠱惑性】** こわくせい

人を魅了する性質を申します。「蠱《こ》惑魔《わくま》」は人を引きつける魔性のことでございます。名刀といわれる刀の中には、持つと人を斬りたくなるものがございます。そのような人を変えてしまうほどの魅力を申します。

**【権現】** ごんげん

㈠もともと日本の神には姿はございませんでしたが、仏教を取り入れるために「本地垂迹《ほんちすいじゃく》」という説を解き、「日本の神は仏の化身だ」とし、姿を現した神のことを申します。【天照大神《あまてらすおおみかみ》】は大日如来が姿を変えて現れたというのが一例です。

㈡初代・家康《いえやす》公は死後、【日光東照宮《にっこうとうしょうぐう》】に祀られましたので、死後の家康公を「権現様」と呼びます。

**【権現造り】** ごんげんづくり

神社の建築様式のひとつでございます。本殿と参拝殿が分かれたものを申します。

**【こんこんさん】**

向島の「三囲《みめぐり》神社」のお稲荷さんのことを申します。ニッコリ笑った狐の石像が江戸庶民に愛されました。また、三囲神社は、三井家の神社としても、隅田川七福神巡りの一社としても有名でございます。

**【金比羅さん】** こんぴらさん

金刀比羅宮《ことひらぐう》、琴平神社のことを申します。十二神将の宮毘羅《くびら》大将を祀った神社で、四国讃岐の海運の神様でございます。虎ノ門の「金比羅さん」は、讃岐藩邸内の神社でして、一般開放されます縁日には、付近に市が立ちまして、それは賑やかでございました。江戸っ子には福の神として愛されました。

## 【さ】

**【細作】** さいさく

まわし者、スパイのことを申します。

**【在府】** ざいふ

江戸にいることを申します。

菜屋

**【菜屋】** さいや

煮物などの総菜を作り売りした店でございます。【天秤棒《てんびんぼう》】で担いで家々に売り歩く者もおりました。

**【逆さ屏風】** さかさびょうぶ

死人の枕元に立てる屏風《びょうぶ》を申しまして、天地逆さに用います。

**【酒手】** さかて

【駕籠《かご》舁き】【川越人足《かわごえにんそく》】などが、客から貰うチップでございます。

**【月代】** さかやき

男性がおでこから頭頂部にかけて剃りを入れることを申します。大きく剃るのが流行ったり、逆に細く剃るのが流行ったりと、時代・地域・職業で色々なスタイルがございます。

**【先笄】** さきこうがい

「さっこ」とも呼ばれます。【島田《しまだ》髷《まげ》】の髷《まげ》先を【笄《こうがい》】で巻いた髪型でございまして、【奥女中《おくじょちゅう》】のヘアスタイルとして生まれました。後には上方の妻女に人気となりました。

**【先棒】** さきぼう

【駕籠《かご》】や【長持《ながもち》】を前側で担ぐ者を申します。後ろ側で担ぐ者を【後《あと》棒《ぼう》】といいまして、ふたり合わせて「相棒《あいぼう》」と申します。

**【作事奉行】** さくじぶぎょう

施設管理をする役職でございます。「作事方」は作事奉行の配下におります。また、江戸市中の水道も管理いたしました。

**【石榴口】** ざくろぐち

【湯屋《ゆや》】の浴槽のある部屋の入り口を申しまして、湯気を溜めるために入り口が低い破風形や鳥居形など趣向を凝らした造りになっておりました。これは湯屋が社寺の「施浴《せよく》」から始まったことにちなんでおります。浴槽に浸かる方はここを屈んでくぐります。命名の由来は、石榴が鏡を磨くのに使われましたので「鏡」と「屈み」を洒落たとか、石榴の実の口が細くなっている様から、など諸説ございます。

**【下髪】** さげがみ

武家の奥さんが、お休みの日など、寛ぐ時に結いました。

**【ささ】**

女性言葉でして、「お酒」のことでございます。

**【簓竹】** ささらだけ

【牢屋敷《ろうやしき》】での拷問に使います、先を割った竹刀《しない》でございます。しかし、実際には使われず、当時の芝居の小道具だという説もございます。

**【差裏差表】** さしうらさしおもて

刀の裏と表のことを申します。刀を腰に差した時に内側にくる面が「差裏」、その反対側が「差表」でございます。

**【差し金・指金・指矩】** さしがね・さしかね

㊀ 大工道具の「曲尺《かねじゃく》」のことで、L字形の物差《ものさし》でございます。

㈡ 芝居で使う人形の操り棒、あるいは歌舞伎の黒衣《くろこ》が蝶や小鳥などを付けて陰で操った竹竿のことを申します。

㈢ 転じて→陰でそそのかし人を操ることを申します。

**【座敷童】** さしきわらし

旧家に住む子供の姿をした妖怪でございます。夜中に枕をいたずらしたりしますが、それ以上の悪さはいたしません。その家の守り神でもあり、いなくなると家が衰えるそうでございます。

**【差口】** さしぐち

【岡引《おかっぴき》】や【下引《したっぴき》】からの情報提供のことを申します。

**【刺し子】** さしこ

重ねた木綿生地を糸で細かく縫い合わせ、丈夫な生地を作る方法を申します。長袢纏《ながばんてん》に刺し子をしたものは、【火消《ひけし》】が着ました。今日でも武道の着物などに使用されます。

**【刺子袢纏】** さしこばんてん

重ねた布に細かく糸をいれまして【刺《さ》し子《こ》】にした袢纏《はんてん》でございます。丈夫ですので、職人が好んで使いました。また、水をたっぷり吸いますので、【火消《ひけし》】も用いました。

**【差込】** さしこみ

㈠ 胸や腹の激しい痛み【癪《しゃく》】を申します。

㈡ 他用で走る【飛脚《ひきゃく》】に便乗して手紙や荷を運ばせることを申します。

**【刺し違える】** さしちがえる

自分の身を捨てて相手を刺すことで、捨て身の意味がございます。

**【差控】** さしひかえ

【籠居《ろうきょ》】に同じでございまして、停職謹慎のことを申します。

**【指物師】** さしものし

「指物大工」「箱大工」とも呼ばれます、家具職人を申します。板材を指合わせ〈組み合わせ〉て、箱や箪笥《たんす》、【長持《ながもち》】、机などを作りました。

**【差料】**さしりょう

お侍が腰に差した【大小《だいしょう》】のことを申します。太刀を本差《ほんざし》、小刀を【脇差《わきざし》】と申しまして、大小ふたつの刀を装備することが【武家諸法度《ぶけしょはっと》】により定められておりました。

**【刺又】**さすまた

㈠【火消《ひけし》】が使います刺又は長さが二丈（約六メートル）ある大きな道具でして、これを家の柱に掛けて押したり、梁の下から突き上げたりして、大勢で建物を倒し、延焼を防止しました。今日の消防署の地図記号は刺又がデザインされております。

㈡【捕り物《とりもの》】や警備で使われます刺又は相手の足や腕、首を押さえる武器でございます。同じような道具にT字型の【突棒《つくぼう》】がございます。

**【沙汰】**さた

㈠処置、指令、判決を申します。

㈡行いや評判のこともいいます。

**【察斗詰】**さっとづめ

【町奉行《まちぶぎょう》】や【火附盗賊改《ひつけとうぞくあらため》】が拷問にかけても自白しない者に下すものです。【老中《ろうじゅう》】の裁許を仰ぎ死刑とされました。

**【座頭】**ざとう

「座頭市」でお馴染みの座頭は、盲人の四官のひとつで、久我《くが》家を通して朝廷から買う位でございます。座頭は「彦市」や「政市」など「市」を付けた名を用いました。

**【座頭金】**ざとうがね

【座頭《ざとう》】は按摩、琵琶の他、金貸しもいたしました。座頭金は幕府が認めた特別に高い金利の貸し金のことで、取り立てに嫌がらせをしたため、ずいぶんと嫌われました。

**【佐渡奉行】**さどぶぎょう

幕府が置いた【遠国奉行《おんごくぶぎょう》】のひとつ

で、佐渡金山の管理をする奉行です。後期には異国船の警戒にもあたりました。配下は【与力《よりき》】【同心《どうしん》】百人でございます。

**【佐渡渡り】さどわたり**

佐渡への【遠島《えんとう》】を申します。金山での労働刑で、再犯者や【無宿者《むしゅくもの》】が主に送られました。

**【差配】さはい**

「差配」とは指図することや、面倒を見ることを申します。「差配人」と申しますと、【長屋《ながや》】の住人を差配する大家さんのことです。詳しくは【家守《やもり》】の項をご覧ください。

**【座配】さはい**

【下馬所《げばしょ》】の管理人、「大座配」「中座配」のことでして、江戸城に上がる武士の【乗物《のりもの》】や馬、御供の整理をいたしました。座配は庶民ですが、登城を滞りなく行うように幕府から命を受けておりますので、たとえ【大名《だいみょう》】であっても、下馬所では彼らの指図に従いました。なにせ彼らがいなければ、朝の江戸城は登城する人々でごった返し、揉めごとが起きかねませんから。実際に下馬所を走り廻って指図するのは【六尺手廻《ろくしゃくてまわり》】という配下でございます。

**【白湯】さゆ**

ただのお湯のことでございます。今日ではお茶を飲む器を「湯飲み」と申しますが、当時、下級武士や庶民は湯飲みで本当にお湯を飲んでおりました。と申しますのも、お茶は安いものでも百グラムで八十文(二千円)もいたしましたので。

**【晒し者】さらしもの**

日本橋の南詰の「晒し場」で、刑罰を記した「捨て札」と共に晒される処罰を申します。【鋸挽《のこぎりびき》】では二日、【心中《しんじゅう》】未遂や「姦通《かんつう》」では三日間晒されました。

**【皿屋敷】** さらやしき

江戸は「番町皿屋敷」、姫路は「播州皿屋敷」、その他各地に残ります怪談でございます。家宝の皿を割ったと主人に咎められ、手打ちにされたり、自ら井戸に飛び込んだりしまして、無念のために成仏できません。のちのち井戸から現れまして「一枚、二枚……」と皿を数えます。

**【猿轡】** さるぐつわ

声を出せないように、口を【手拭《てぬぐい》】などで縛ることを申します。

**【算勘の才】** さんかんのさい

数学、勘定の才能を申します。江戸中期以降、武士の次男、三男にとって算勘の才があることは、新規の【召出《めしだし》】を得る数少ないチャンスでございました。地方では、武士に限らず農民でも、算勘に優れれば御役人に雇い上げられました。

**【算木】** さんぎ

占いで使う木製の棒を申します。

**【斬切頭・散切頭】** さんぎりあたま

髷《まげ》を落とした頭を申します。特に決まったスタイルではなく、髷でないという意味です。また、【勘当《かんどう》】され、【人別帳《にんべつちょう》】から除外された【無宿人《むしゅくにん》】や【非人《ひにん》】とされた者は、髷を結うことを禁じられておりましたので、散切頭をしておりました。

**【参勤交代】** さんきんこうたい

【大名《だいみょう》】が国元と江戸に毎年交互に住まうことを申します。離れた国へは、船を使えば手っ取り早いのですが、【軍役《ぐんやく》】に従った家来を引き連れて、街道を進まなければなりませんでした。ただし、四国や九州など、必ず海を渡らなければならない大名は、瀬戸内海に限り海路を行くことができました。

江戸後期には往復頻度が三年に一度百日〜一年の江戸滞在に変わり、負担が減りました。

**【斬罪】** さんざい

武士の【斬首《ざんしゅ》】刑のことでございます。【切腹《せっぷく》】をさせないというのは「武士にあらず」という意味もありましたので、大変不名誉なことです。

**【三下】** さんした

「三下奴」「三下野郎」とも申します。【博徒《ばくと》】の下っ端でちんぴらのことをいいます。

**【三社】** さんじゃ

浅草寺《せんそうじ》にある神社を申します。浅草寺の本尊である観音様を川から引き上げた漁師の兄弟を祀る神社でございます。お寺には、お寺を守る神様として神社がよく置かれます。「三社さん」のお祭りを「三社祭《さんじゃまつ》り」と申しまして、【神田祭《かんだまつ》り】【山王祭《さんのうまつ》り】と並んで、「江戸三大祭り」のひとつでございます。

**【三尺】** さんじゃく

㊀袢纏《はんてん》や寝間着などに使う、短く細い帯紐「三尺帯」のことを申します。角帯に似ておりますが、幅は半分くらいで、長さが三尺〈約九十センチ〉と短いんですな。今日では旅館などの浴衣によく使われております。

㊁【越中褌《えっちゅうふんどし》】も布の長さが三尺でしたので、こう呼ばれます。

**【斬首】** ざんしゅ

【打首《うちくび》】のことを申します。斬首刑には、【下手人《げしにん》】【死罪《しざい》】【獄門《ごくもん》】などがありました。

【三助】さんすけ

【湯屋《ゆや》】におります「垢《あか》すり人《にん》」のことでございます。【糠袋《ぬかぶくろ》】で体をこすり、軽くマッサージなどをして、最後はパンパン！と景気よく背中を叩いて、垢と悪運を落としてくれます。一人前になるには、なんと十年もかかるという職人仕事で御座いました。正月とお盆と年に二回ある「貰湯《もらいゆ》」と申します日は、銭湯の入場料全てを収入にできました。

【三寸】さんずん

㈠舌先三寸で商売をする「露天商《ろてんしょう》」「的屋《てきや》」【香具師《やし》】のことを申します。

㈡または、その気にさせるだけで銭を巻き上げる【遊女《ゆうじょ》】、後家さんの商売を申します。助平をカモにするやり口で、床まで三寸のところで止められておしまい。しかし、文句をいいますと、かえって【野暮《やぼ》】とされて恥をかきます。

【桟俵】さんだわら

米俵に使われます、藁《わら》で作られた丸い蓋のことを申します。「桟俵帽子」「桟俵法師《さんだらぼっち》」とも呼びます。

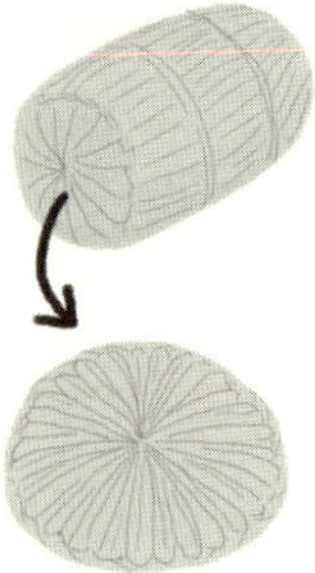

【山東京伝】さんとうきょうでん

宝暦十一年～文化十三年（一七六一～一八一六）。当時人気の戯作者《げさくしゃ》で、北尾政演《きたおまさのぶ》という名で浮世絵も描いておりました。恋に焦がれる若者を描いた【黄表紙《きびょうし》】『江戸生艶気蒲焼《えどうまれうわきのかばやき》』、【洒落本《しゃれぼん》】『通言総籬《つうげんそうまがき》』、【読本《よみほん》】『桜《さくら》姫全伝《ひめぜんでん》 曙《あけぼの》 草紙《そうし》』などが有名です。山東京山《さんとうきょうざん》は弟です。

【三都講】さんとこう

【旅籠《はたご》】の組合のひとつで【浪花講《なにわこう》】と同じでございます。

【三度飛脚】さんどびきゃく

江戸・京・大坂の三都を結ぶ【町《まち》

飛脚《びきゃく》】のことでございます。この飛脚が被った【笠《かさ》】を「三度笠《さんどがさ》」と申しました。「定飛脚《じょうびきゃく》」は江戸の呼び名でして、京は「順慶飛脚《じゅんけいびきゃく》」、大坂は「三度飛脚」と申しました。その他に、大坂城から月三回走らせます、公儀の飛脚も三度飛脚と呼びました。

**【山王祭り】**さんのうまつり

毎年六月十五日に行われました日枝《ひえ》神社のお祭りでございます。将軍も楽しむ「天下祭り」でして、江戸中が沸き立ちました。町々から四十五の山車《だし》、屋台が出ます。【長屋《ながや》】の庶民もこの日はよその町に負けちゃいけないと、揃いの半被《はっぴ》や豪華な山車、屋台に趣向を凝らして、祭りに繰り出しました。ただし、経費は庶民ではなく、【町人《ちょうにん》】の負担でした。ですから、庶民は面白がってじゃんじゃんお金を使いました。あんまりお金がかかるんで、ついに山王祭りと【神《かん》田祭《だまつ》り】は一年交代で行うことになりました。

毎年「山王祭りにつき、喧嘩口論するべからず」とお触れが出ますが、なにしろこの祭りは【無礼講《ぶれいこう》】ですから、血気盛んな男衆にとっちゃあ、喧嘩の日でもございます。普段の鬱憤を晴らそうと【足軽《あしがる》】【中間《ちゅうげん》】を挑発して大喧嘩があちこちで起こりました。

**【三白】**さんぱく

江戸っ子の舌の好みを申します。「白米」「豆腐」「大根」の三つの白い食べ物の味にうるさくて、欠かせないものでした。これに「鯛」と「白魚」を加えて「五白」なんてのも申します。

**【三番勤】**さんばんづとめ

三日に一日だけの勤務。ワークシェアでございます。月に十日ほどしか仕事がないので、暇な時間を趣味や内職に費やしました。武士ができる趣味は釣り、茶道、華道など。内職は刀の刃研ぎ、【髪結《かみゆい》】、武具修繕、傘張、【提灯《ちょうちん》】作りなどの手内職、小鳥や金魚の養殖、菜園、武道指南、【寺《てら》子屋《こや》】の師匠などなどでございます。

**【さんぴん】**

㊀【三番勤《さんばんづとめ》】や【小普請組《こぶしんぐみ》】など「三両一人【扶持《ぶち》】」のお侍のことで、今日に換算しますと、年収が三十万円と米六十キロ〈または三両一分で三十二万五千円〉」ってところでございます。

㊁「三一」と書いて「さんぴん」と読みまして、【博打《ばくち》】でサイコロの目が、三と一の【丁《ちょう》】のことです。四・一は「しっぴん」、五・一は「くっぴんと申します。

**【三奉行】さんぶぎょう**

【寺社奉行《じしゃぶぎょう》】【町奉行《まちぶぎょう》】【勘定奉行《かんじょうぶぎょう》】のことを申します。

**【三方荒神】さんぽうこうじん**

【道中《どうちゅう》】で、子供ふたり、大人ひとりを馬に乗せて運ぶ方法を申します。その他は【馬子《まご》】の項をご参照ください。

**【三廻同心】さんまわりどうしん**

【定廻同心《じょうまわりどうしん》】【臨時廻同心】【隠密同《おんみつどう》心《しん》】の三つの【同心《どうしん》】を申します。

**【山門】さんもん**

寺院の正面門のことでございます。「三門」とも書きます。寺院は寺そのものが修行の山とされておりますので、山でなくてもこう呼ばれます。

**【三役】さんやく**

幕府の役職で武士を監視する【大目《おおめ》付《つけ》】【目付《めつけ》】【奏者番《そうしゃばん》】を申します。

# 【し】

**【紫雲膏】**しうんこう

市販されておりました火傷、腫れ物の薬でございます。

**【地黄丸】**じおうがん

強壮剤として有名なものでございます。『好色一代男』にも登場し、主人公が山ほど買い集めます。

**【地女】**じおんな

【遊女《ゆうじょ》】に対して、素人の女性のことでございます。【粋《いき》】な方々にとっては、話しても、手紙を書かせても、歩かせても【野暮《やぼ》】だと論外視されておりました。

**【四官】**しかん

公家、武士、僧侶などの階級社会を構成する四階級のことを申します。

**【仕官】**しかん

「官に仕える」という意味で、武士が主君に仕えることをいいます。

**【仕儀】**しぎ

「ことの成り行き」という意味でございます。

**【敷居】**しきい

戸口や襖《ふすま》などの建具の下にあります。レールや横木のことを申します。入り口の敷居は、家と外の「結界」も表します大事な場所です。通る時は踏まずに跨ぐのが礼儀でして、「敷居を踏む」とはその家への敵意を示します。「敷居が高い」は何らかの理由があって家に行きづらい様を申します。敷居の反対、上にある横木は【鴨居《かもい》】といいます。また、【木戸《きど》】や門の敷居は【閾《しきみ》】と呼びます。

**【式神】**しきがみ

陰陽師《おんみょうじ》が使役する鬼神のことで「識神《しきじん》」とも申します。人の善行や悪行を見定める役目を担っております。お話では、紙人形《かみひとがた》を用いて鬼神を呼び出したりします。

**【敷金】**しききん

㈠「結納金」のことでございます。結納金は一割を仲人に払いまして、残りは旦那に預けますが、あくまでもお嫁さんのお金ですので、もしも離縁なんてことになりましたら、そっくりそのまま返さなくちゃいけません。一般的な商家に嫁ぐのには百両くらいが相場でございました。

㈡保証金、手打ち金のことで【問屋《といや》】などが取引先に払います。

**【直参】**じきさん

㈠徳川家直属の家臣を申します。

㈡【旗本《はたもと》】【御家人《ごけにん》】の総称で、【知《ち》行《ぎょう》】一万石未満の武士を指します。一方、徳川家は【大名《だいみょう》】や旗本、御家人の家臣のことを【陪臣《ばいしん》】と呼びます。

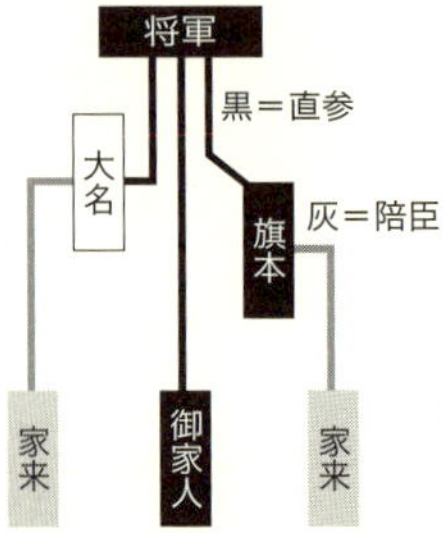

同じ身分でも直参の方が格が上

**【式亭三馬】**しきていさんば

安永五年〜文政五年（一七七六〜一八二二）。寛政六年（一七九四）に十九歳でデビューいたしました、江戸後期の戯作者《げさくしゃ》でございます。【草双紙《くさぞうし》】【滑稽本《こっけいぼん》】を多く手がけました人気作家でして、特に江戸弁文体を開発したことで有名です。

**【閾】**しきみ

門や【木戸《きど》】の【敷居《しきい》】を申します。敷居と同じく、踏まずに跨ぐのがマナーでございます。

**【四脚門】**しきゃくもん

㊀ 親柱の前後に四脚の補助柱を付けた門でして、格のある家や、神仏習合寺院によく使われます。「四足門」「よつあし」とも申します。

㊁ 豪華な造りであることから「四脚門の家」とは、それなりの家格の家という意味でも使われます。

**【示現流】**じげんりゅう

薩摩剣士・東郷重位《しげたか》の流派のことです。幕末に薩摩のお侍が暴れ回りました際に知られるようになったもので、それまでは薩摩藩の【御留流《おとめりゅう》】として門外不出でした。最初のひと太刀に全てを込める実践剣法でございます。「人斬り半次郎」などが使いました。

**【扱帯】**しごきおび

当時、上級武家や裕福な商家の奥さんは、家の中では長い着物を【お引《ひ》きずり】で召されておりました。そのため外出時には着物の裾をたくし上げる必要がありました。この「おはしょり」をするためなどに使われたのが扱帯でございます。

**【仕事師】** しごとし

「火事師」とも書きまして【火消《ひけし》】のことを申します。彼らの本業は【鳶《とび》】ですが、火消の月給は三百～三千文ほどと安いんで、溝浚《どぶさら》いから、正月、祭りの町飾りまで、町内の雑用はなんでもやりました。また、なんでもやらせないと、機嫌を損ねます。駄賃も並では働きませんし、祝いごとには揃ってやって来まして、祝儀をはずまないとブーブーいうんで困った輩《やから》でもあります。「町抱え」「店《たな》抱え」など火消以外の手当を貰って生活しておりました。

**【錏頭巾】** しころずきん

武士の【頭巾《ずきん》】でして、【丸頭巾《まるずきん》】に錏《しころ》という垂れが付いたものです。【火消《ひけし》】が使います【猫頭巾《ねこずきん》】や「刺し子頭巾」もこの仲間です。図は【頭巾《ずきん》の色々】のコラムをご覧ください。

**【死罪】** しざい

庶民の【斬首《ざんしゅ》】刑のひとつでございます。【下手人《げしにん》】より重く、【獄門《ごくもん》】より軽い刑で、遺体は【試《ため》し斬《ぎ》り】に使われてしまいます。死刑のほとんどは庶民の刑でした。と申しますのも、武士は【切腹《せっぷく》】をし、自分のけじめは自分で付けますので。ただし、武士の風上にも置けないとされますと、武士として死ぬことは許されず、斬首となります。

**【地子】** じし

家持ちの商人など【町人《ちょうにん》】に課される宅地税のことでして、銭で支払うことから「地子銭」とも申します。地子は間口《まぐち》に応じて課税されますの

で、【町屋《まちや》】は節税のために間口を狭くして、奥行きを長く建てられました。ちなみに、農民が納める小作料は「加地子《かじし》」と申します。

### 【肉置きがいい】ししおきがいい

女性のスタイルを誉める言葉でございます。太からず、痩せ過ぎず、ちょうどいいふっくら具合を申します。

### 【寺社奉行】じしゃぶぎょう

全国の寺社の管理をする奉行職のことを申します。寺院は歴史上たびたび権力を握り武力蜂起《ほうき》しているので、厳しく監視されました。

門前町を含め寺社の敷地内で起きたことは寺社奉行の管轄だったため、犯罪者が寺や門前町に逃げ込むと、【町奉行《まちぶぎょう》】の追手は無断で捜査、捕縛ができませんでした。そのため逃亡の策に使われることが頻発しましたので、後に門前町の管轄は町奉行に移管されました。寺社奉行所には奉行の【上屋敷《かみやしき》】が使われました。

### 【自身番】じしんばん

【番屋《ばんや》】とも申します。町境、メイン通りの四辻に設けられました町の自警所で、【町木戸《まちきど》】の左側に用意されました交番です。ここには、昼夜【町役人《ちょうやくにん》】が詰めまして、町内の事件事故、道路管理などの交番業務や庶民の各種届出の管理など町役場業務をいたしました。そして、定期的に【定廻同心《じょうまわりどうしん》】が立ち寄り、重大事件がないか確認いたしました。室内は三畳の座敷と、奥に三畳の板の間がある小さな造りでございます。板の間は留置場として使われます。戸口には【提灯《ちょうちん》】や【刺又《さすまた》】【突棒《つくぼう》】【袖絡《そでがらみ》】などの三道具《みつどうぐ》(【捕《と》り物《もの》】用具)が置かれておりまして、屋根には【枠火《わくひ》の見《み》】、表には【辻行灯《つじあんどん》】が立つものもございました。

**【士族】しぞく**

武士のことでございますが、明治維新後の名称で、江戸時代には【士分《しぶん》】と申しました。

**【時代が下る】じだいがくだる**

「時代が進むと」という意味でございます。特に年号が示されない場合は江戸中期〜後期を申します。

**【下帯】したおび**

褌《ふんどし》のことでして、六尺（約一・八メートル）の布を用いました。紐が付いたものは【越中褌《えっちゅうふんどし》】と呼ばれます。こちらは布が半分の三尺でしたので経済的で、なおかつ着物の下でかさばらない利点がありました。

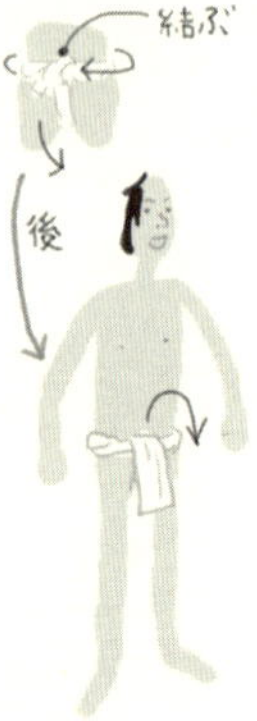


**【下金屋】したがねや**

㊀古金属の買い取り業者を申します。子供たちは小遣い稼ぎに釘などを拾っては、売りに行きました。

㊁【金座《きんざ》・銀座《ぎんざ》】では、貨幣の材料になる地金を地方から買い集め、売る商売を申しました。

**【下引】したっぴき**

【岡引《おかっぴき》】の情報屋で庶民の密告屋を申します。小さな罪を犯した者や、遊び人から足を洗った者が、密かになりました。岡引は【与力《よりき》】や【同心《どうしん》】の奉公人という立場で、幕府から僅かながらの給金をいただきましたが、下引は完全な陰の存在で、給金はもちろん身分を明かすこともありませんでした。

**【下部屋】したべや**

江戸城に登城した御役人が、身なりを整えるための部屋でございます。【老中《ろうじゅう》】や【若年寄《わかどしより》】などの偉い方には個室がありました。

**【七分積金】しちぶつみきん**

【寛政《かんせい》の改革《かいかく》】で【町人《ちょうにん》】に命じられた、共済積立金でございます。【地主《ぬし》】【町役人《ちょうやくにん》】に町の経費を節減させまして、それによって生まれた余剰金の三割で、地代・【店賃《たなちん》】の引き下げをさせ、残りの七割と幕府からの資金一万両を加えたものを基金として、災害時の共済金とさせました。これは正しく運用されまして、十七回、「臨時御救《りんじおすくい》」として米や金銭が庶民救済にあてられました。明治維新の時には百七十万両もの積立金があり、東京市へ引き継がれました。

**【市中引き廻し】** しちゅうひきまわし

【科人《とがにん》】を馬に乗せ、罪状と刑を市中に触れ廻ることを申します。詳しくは【引《ひ》き廻《まわ》し】の項をご覧ください。

**【七里飛脚】** しちりびきゃく

【大名飛脚《だいみょうびきゃく》】のひとつで、尾張、紀伊徳川家が設置した【飛脚《ひきゃく》】でございます。江戸に続く街道の七里ごとに飛脚小屋を用意しまして、「七里衆」と呼ばれます【十手《じって》】持ちが派手な伊達羽織を着て飛脚の前を歩き、藩の公用の書状や荷物を運びました。ところが飛脚小屋は【賭場《とば》】になるは、七里衆は【宿場《しゅくば》】にたかるわで、たいそう評判が悪い輩《やから》でした。

**【十徳羽織】** じっとくばおり

儒学者・医師・絵師などが正装用に使いました、黒色の絽や紗などで作られた羽織で、腰から下にドレープを入れたものでございます。

**【十手】** じって・じゅって

各奉行及び町奉行所の【与力《よりき》】【同心《どうしん》】、【八州廻《はっしゅうまわり》】の持つ武器兼身分証明書のようなものでした。【町方《まちかた》】には朱色の房が付いたものが御上から与えられ、八州廻のものには紫か浅葱色《あさぎいろ》の房が付いておりました。【勘定奉行《かんじょうぶぎょう》】は紺、【寺社奉行《じしゃぶぎょう》】は白房を用いました。

【岡引《おかっぴき》】など武士以外の者に御上が十手を与えることはありませんが、与力や同心が与えたり、私物として持つ者がございました。それには房は付きません。

**【十返舎一九】** じっぺんしゃいっく

明和二年～天保二年（一七六五～一八三一）。江戸後期の人気作家でございます。【同心《どうしん》】の嫡男として生まれましたが、三十八歳で【滑稽《こっけい》本《ぼん》】のシリーズ『東海道中膝栗毛』を刊行したところ、大人気となり、本格的に作家の道に入りました。【洒落《しゃれ》本《ぼん》】から教科書までなんでも執筆いたしました。

**【実母散】** じっぼさん

産前産後の妊婦のための市販薬でございます。

**【紙垂・四手】** して

注連縄《しめなわ》の紙飾りで、「結界《けっかい》」を示します。この内側には禊《みそぎ》をした者しか入れませんので注意が必要です。

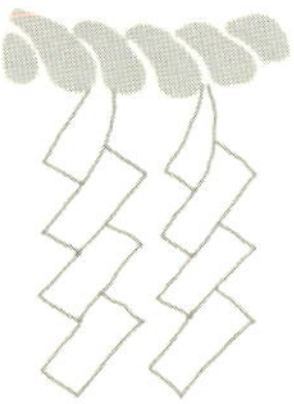

**【仕手方】** してかた

㊀能の主役を担当する役者を申します。

㊁大工など、配下の職人のことを申します。

**【地主】** じぬし

当時、土地の所有権はその地を治める将軍、【大名《だいみょう》】などのものでございましたが、【町人地《ちょうにんち》】だけは【町《ちょう》人《にん》】の私有が認められておりました。土地の権利を持った者を地主と申しまして、【町年寄《まちどしより》】から職人の親方、【大店《おおだな》】の主などがおりました。また、武士も、武家屋敷の空いた土地を使って不動産収入を得る場合は地主と呼ばれます。

**【鎬】** しのぎ

刀の刃と背との間にある高くなった部分で、【名所《などころ》】とも呼びます。「鎬

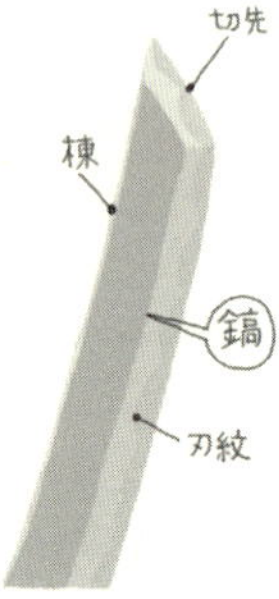

を削る」とは、その鎬が削り落ちるほどに斬り合う様から、激しく争うことを申します。

**【志の字】** しのじ

江戸中期に登場した髪型で、主に武家奉公のお【女中《じょちゅう》】に好まれました。また、落ち着いた髪型として四十代以降の女性もよくしました。「島田崩し」とも呼ばれます。

**【不忍池】** しのばずのいけ

上野・【寛永寺《かんえいじ》】の庭園にあります池を申します。ここには【出合茶屋《であいぢゃや》】がたくさんございまして、男女の密会の場として人気がありました。【蓮池《はすいけ》】とも呼ばれます。

**【芝】** しば

新橋の南側、高輪までの地域を申します。高輪には【大木戸《おおきど》】があり、その向こうは江戸市外となりました。

**【芝居茶屋】** しばいちゃや

芝居を楽しむ際に利用する茶屋を申します。【大茶屋《おおぢゃや》】【小茶屋《こぢゃや》】と二種類がございました。

**【四半時】** しはんとき

一刻の四分の一を申します。当時の時間感覚の最小単位で、定時法では三十分、不定時法では、季節によって二十七分〜四十分くらいでした。

**【鴟尾】** しび

「沓形《くつがた》」とも呼ばれます。鯱《しゃちほこ》の元となった鴟《みみずく》の尾をかたどった装飾瓦でございます。

**【紙布】** しふ

【紙子《かみこ》】と異なり、紙糸を横糸に用いました織物のことを申します。縦糸に綿や麻を使うものと、全て紙で織る【諸紙布《もろしふ》】がございます。

**【渋型】** しぶがた

「渋型紙」のことでございます。柿渋を塗った強い和紙で、模様を刷る型紙として使われます。今日でも当時のものが残るほど丈夫です。

**【渋皮の剥けたいい女】** しぶかわのむけたいいおんな

㊀肌がつるつるの【垢抜《あかぬ》けした】女性のことでございます。

㊁二十五歳を過ぎた女性を申します。

**【士分】** しぶん

武士の身分を申します。同じ武士にも「上士」「中士」「下士」とあり、身分がはっきり分かれておりました。

**【自分成敗】** じぶんせいばい

主人が自己判断で、部下、【奉公人《ほうこうにん》】を【斬罪《ざんざい》】にすることでございます。古くは武士の権利として認められておりましたが、江戸時代になりますと、勝手な死刑は禁止されました。

**【地本問屋】** じほんどいや

「子供の読本」【草双紙《くさぞうし》】「錦絵」などの娯楽書籍を扱います本屋です。【書物問屋《しょもつどいや》】と異なり、時代の流行に乗った、好きな本が出版できました。「好色本」や「心中物」が大ブームになり、それぞれ禁止されるのですが、タイトルだけで、中身の検閲まではされませんでした。同じように、【春画《しゅんが》】も一枚もので売ることは禁じられても、挟み込み(グラビアみたいなものですね)や、挿絵までは検閲されませんでした。

**【島田髷】** しまだまげ

江戸前期に男髷から発生した、女性の髪型の基本形のひとつです。ここから様々な髪型がうまれました。基本の髪型には他に、【兵庫髷《ひょうごまげ》】【勝山《かつやま》髷《まげ》】【笄髷《こうがいまげ》】があります。図は【髪型《かみがた》の色々】のコラムをご覧ください。

**【四万六千日】** しまんろくせんにち

「四万六千日参り」のことでござい

ます。毎年七月十日の観音様の縁日に行われる行事で、この日にお参りすると一回で四万六千日分になるというので賑わいました。略して「六千日」とも申します。

**【鎮火】しめり**

火事が治まったことを申します。「喧嘩の終わり」にも使う方がいます。

**【仕舞屋】しもうたや・しもたや**

お店ごとの隠居を申します。十分に稼いだら、家やお店を売り払って、その金を貸すか商売に出資して、金利で暮らします。庶民が憧れる老後の過ごし方でございました。

**【下田奉行】しもだぶぎょう**

幕府が置いた【遠国奉行《おんごくぶぎょう》】のひとつで、江戸湾に入る船舶を監視いたしました。当初は伊豆下田に置かれておりましたが、享保五年（一七二〇）に横須賀の浦賀に移され【浦賀奉行《うらがぶぎょう》】となりました。その後、外国船の来港年には下田奉行が臨時で復活し、浦賀と下田の両奉行が共存する時期もございました。

幕末期には外国との交渉の窓口となり激動の時代を迎えます。配下は【与力《よりき》】【同心《どうしん》】六十人で、主に会津藩士が務めました。

**【下屋敷】しもやしき**

隠居した【殿様《とのさま》】や、【部屋住《へやずみ》】の武士などが住みました控屋敷です。また、火事で【上屋敷《かみやしき》】が燃えてしまった時には本邸として使われました。江戸中心は毎年のようにどこかで大火事がありましたので、【中屋敷《なかやしき》】や下屋敷などの別邸を四谷、駒込《こまごめ》、下《した》谷《や》、本所《ほんじょ》などに用意しておりました。

武士に限らず、【大店《おおだな》】の主も別邸や隠居所を江戸中心から少し離れた場所に建てました。

**【四文屋】しもんや**

屋台の飯屋でございます。ニシンやクワイ、スルメの煮付けを売っていて、どれも四文で食べられました。今日でいう百円ショップのファーストフード版ですな。当時はみなさん小腹が減るとちょっと摘むという習慣がありましたので、外食はおおいに流行りました。

**【癪】** しゃく

原因は色々ですが、胸の痛み、ヒステリー、更年期障害などを申します。胸の痛みは「胸病《むなやみ》」とも申します。心臓や肺などの疾患によるものも含まれるようです。また、ヒステリーでも、頭にカーっと来るものではなく、胸がいっぱいになって爆発するようなものを癪と申しました。

**【借銭乞】** しゃくせんごい

借金を願いに来る者のこと……のように思われますが、実際は逆で、借金取りのことを申します。【通帳《かよいちょう》】などツケの帳面を持ちまして、お得意様のもとへ【手代《てだい》】などが伺ってお金をいただきます。

**【尺時計】** しゃくどけい

針が回転するのではなく、上から下へ下がってゆくタイプの時計でございます。目盛りの位置を調節することで、季節に合わせることができました。

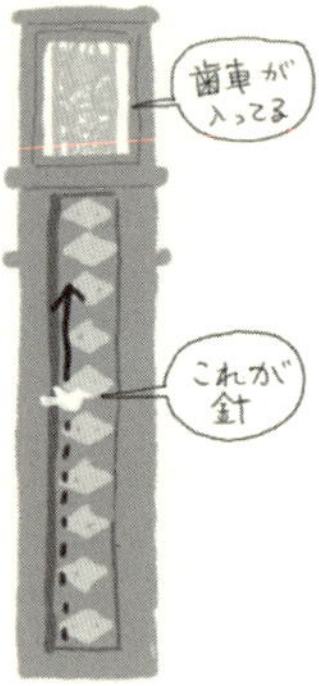


**【蛇骨長屋】** じゃこつながや

江戸の貧民長屋のひとつでございます。ここに住んでいる者はそうとう生活の苦しい人々でした。

**【奢侈】** しゃし

贅沢のことで、身分不相応に華美にすることを申します。幾度となく「奢侈禁止令」が出されました。

**【鯱張る】** しゃっちょこばる

屋根の上の鯱《しゃちほこ》のようにいかめしい様を、緊張や怒りなどで体をこわばらせている様を申します。

**【蛇目傘】** じゃのめがさ

【唐傘《からかさ》】の項をご覧ください。

**【洒落本】** しゃれぼん

江戸中期に江戸で発達した小説でございます。【黄表紙《きびょうし》】と異なり文章主体の書籍を申します。「遊里文学」とも呼ばれます。

**【囚獄】** しゅうごく

牢獄のことを申しまして、小伝馬町の【牢屋敷《ろうやしき》】のことです。また、牢屋奉行のことも指します。

**【重商主義】** じゅうしょうしゅぎ

【享保《きょうほう》の改革《かいかく》】で行われた商業優先主義を申します。【株仲間《かぶなかま》】、貿易など様々な商業の仕組みを許しましたが、一方で貧富の格差と賄賂政治の蔓延を招きました。

**【重追放】** じゅうついほう

追放刑のひとつでございます。財産没収に加え、武士は、犯罪地・住国と関八州・京付近・東海道街道筋などの立ち入りを禁じられました。庶民は、犯罪地・住国・江戸十里四方に住むことを禁じられました。

**【主取】** しゅうどり

【浪人《ろうにん》】が【仕官《しかん》】先を見つけることを申します。

**【十人目付】** じゅうにんめつけ

【目付《めつけ》】に同じでございます。

**【十能】** じゅうのう

炭や灰を扱う小さなシャベル、鉄箸、片手鍋などを申します。

**【十文字結】** じゅうもんじむすび

袴紐などの結い方でございまして、正装時によく用いられます。この他に、「一文字結」「結切《むすびきり》」などがございます。図は【袴《はかま》の色々】のコラムをご覧ください。

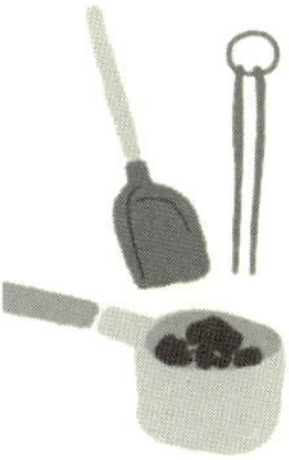

十能いろいろ

**【儒学】** じゅがく

儒教とは紀元前に発祥した中国哲学で、孔子を祖とするものでございます。五常〈仁、義、礼、智、信〉と五倫〈父子、君臣、夫婦、長幼、朋友〉関係を中心とするもので、これが当時の気質、特にストイックさ、男尊女卑傾向に影響いたしました。

**【宿駅・宿場】** しゅくえき・しゅくば

古くから日本各地に張り巡らされた街道に、一定距離で置かれた「駅」と呼ばれる中継施設を申します。江戸時代に再整備され、京〜江戸を結ぶ東海道には五十三宿が置かれました。宿場には公用の施設、【本陣《ほんじん》】「宿屋」【問屋場《といやば》】【馬宿《うまやど》】と、庶民の施設【旅籠《はたご》】などが並びました。宿場の重要な役目は、人や荷物を中継することです。この業務を行うのが問屋場で、ここで人足や馬を替えて、リレー形式で人や物を運ぶことを「駅伝《えきでん》」と申します。

**【宿場駕籠】** しゅくばかご

【道中《どうちゅう》駕籠《かご》】のことでございます。【宿場《しゅくば》】から宿場の間で営業する、安普請の駕籠を申します。「宿駕籠」と書いて「しゅくかご」と呼ばれることもあります。同じ字でも「やどかご」と呼ぶのは、高級な【町駕籠《まちかご》】のことです。また、山道を行くものは【山駕籠《やまかご》】と申します。図は【駕籠《かご》】の色々のコラムをご覧ください。

**【宿役人】** しゅくやくにん

街道の【宿場《しゅくば》】と【問屋場《といやば》】を管理する御役人のことを申します。武士ではなく、その土地の【名主《なぬし》】など、有力者二、三名が交代であたりました。宿役人の多くは【本陣《ほんじん》】の家長でもありました。

**【修験道】** しゅげんどう

神道山岳信仰と日本仏教の山岳修行のこと、またはその修行者のことを申します。神道の修験者は信仰の山に籠もり、天災や病から家族や庶民を守るための身代わり修行をいたします。修行を終えた山伏は神社などに「別当《べっとう》」として配属されまして、人々の相談にのり、祈祷をいたしました。西は熊野、東は出羽三山が修

験道の二大聖地でございます。江戸近郊では、大山、高尾山、丹沢などに修行の山があります。

**【儒者髷】じゅしゃまげ**

【月代《さかやき》】を剃らずに、髷《まげ》を結ったり、または束ねただけの髪型を申します。儒学者や医者、【文人墨客《ぶんじんぼっかく》】、剣客などが好んでいたしました。【総《そう》髪《はつ》】とも申します。

**【呪詛】じゅそ・しゅそ**

神仏に呪いの祈願をすることを申します。

**【出府】しゅっぷ**

地方から江戸に向かうことです。

**【出奔】しゅっぽん**

主人に断りなく藩や家から失踪することでございます。【逐電《ちくてん》】と似ておりますが、逐電は「すっ飛んで逃げる」意味で使われます。

**【衆道】しゅどう**

「若衆道」の略で【男色《だんしょく》】のことです。生粋のゲイの道、生き方を申します。

**【襦袢】じゅばん**

着物と肌着の間に着ます下着のことでございます。実はこの言葉は日本語ではありませんで、ポルトガル語から来ております。【粋《いき》】な旦那は洒落た柄のをお召しになります。肌着は「肌襦袢」と申しまして真っ白なものを申します。

**【首尾の松】しゅびのまつ**

【大川《おおかわ》】の浅草・蔵前にあった松のことでございます。ここは交通の要衝でありましたので、松が交通の目印にされました。もともと【逢瀬《おうせ》】の場所として使われたので、「首尾を果たす松」と洒落て験《げん》を担《かつ》ぎ、ここの舟を使い【吉原《よしわら》】に行くのが流行りました。

**【入牢証文】じゅろうしょうもん**

「にゅうろう」ではなく「じゅろう」と読みます。【牢屋敷《ろうやしき》】に入れる許可証でございます。これが得られることは、事実上犯罪が決定したも同じでございました。逆に、捕らえても入牢証文がなければ牢屋敷に入れることができず、厳しい【吟味《ぎんみ》】もできませんでした。

**【春画】しゅんが**

【枕絵《まくらえ》】【笑《わら》い絵《え》】ともいいまして、ザクッと申しますとエロ本のことでございます。当時、男女の営みは繁栄の証でしたので、春画は「裕福であること」「お洒落であること」「美しいこと」が大事でした。

　春画は着物と一緒にしまっておくと、着物が増えるといわれ、「濡れ場」に掛けて、火災除けのおまじないとしても使われました。また、上流階級では、お嫁入り前の性教育としても使われたそうでございます。

**【巡見使】じゅんけんし**

幕府が派遣する諸国の監視員でございます。「御領巡見使」は幕府直轄《ちょっかつ》領《りょう》を監察しまして、「諸国巡見使」は【大名《だいみょう》】の【領地《りょうち》】を監察いたします。共に政治が上手く行われているかを調査する役目でございました。

**【背負子】しょいこ**

荷を担ぐ道具でございます。藁《わら》で編んだものや木枠のものがございまして、藁製のものは背中の当たりもソフトで冬に暖かいものでした。農民や荷物運び人足の【強力《ごうりき》】などが使います。

**【書院】しょいん**

書斎のことを申します。お城や武家屋敷などにあります執務室でございます。

**【書院紙】しょいんし**

美濃和紙のひとつで、丈夫で採光性に優れておりますので、障子紙として普及いたしました。手紙を包むのにも使われました。

**【書院番】しょいんばん**

江戸城【本丸《ほんまる》】に勤務する将軍の親衛隊で、警護、儀式を行ったチームでございます。【若年寄《わかどしより》】配下で十組ございまして、ひと組は【番頭《ばんがしら》】から【同心《どうしん》】まで約八十人で構成されておりました。

**【上意】じょうい**

将軍や【大名《だいみょう》】の命令を申しまして、【御意《ぎょい》】よりも明確で絶対的なものを申します。「上意下達《じょういかたつ》」とは、上の命令や意向を下の者に徹底させることを申します。

**【床几】しょうぎ**

和椅子のことを申します。折りたたみ式のものやベンチ、茶屋の【緋《ひ》毛氈《もうせん》】を敷い

た大きなものなどがございます。

**【貞享暦】じょうきょうれき**

貞享元年（一六八四）に渋川春海《はるみ》が開発した【暦《こよみ》】でございます。それまでの八百二十三年間は「宣明暦《せんみょうれき》」が使われておりましたが、すでに二日もずれが生じておりました。朝廷や幕府は大事な行事の日に日蝕が重なることを忌み嫌いましたので、正確な暦は欠かせませんでした。

幕府は渋川家を【天文方《てんもんかた》】に任命て、江戸に観測所を置き暦を作り、全国に配布するように改革されました。それまで暦を作っていた【土御《つちみ》門家《かどけ》】は、天文方が作った暦を検分し暦注《れきちゅう》を入れる役目に変わりました。

また、これ以前まで、暦の届かなかった地方では、てんでんバラバラのものを使用しておりました。

**【定斎売】じょうさいうり**

「定斎」は暑気払《しょきばら》いの煎薬でして、庶民は夏の伝染病を恐れたため、安い定斎はよく売れました。青貝をちりばめた薬箱を担ぎ、引き出しをカッタンカッタン鳴らしながら元気よく売り歩く夏の風物詩でございます。

定斉売は薬が効くのを宣伝するために、どんなに暑くても【笠《かさ》】を被らずに歩きました。

**【上使】** じょうし

将軍や【大名《だいみょう》】の命令、【上意《じょうい》】を伝える使者でございます。

**【上州長脇差】** じょうしゅうながどす

「木枯し紋次郎」が腰に差していたのがこれで、上州の武士が好みました長い【脇差《わきざし》】のことで、二尺五寸（約七十五センチ）くらいのものを申します。脇差は一～二尺（約三十～六十センチ）くらいが普通でした。【太刀《たち》】は武士でないと帯刀できませんが、脇差は誰でも持つことができました。

**【上段の構】** じょうだんのかまえ

刀を頭の上で構える方法でございます。「天の構」「火の構」とも申します。胴が大きく空きますので、敵を呼び込む構えでもございます。図は【太刀《たち》と剣術《けんじゅつ》】のコラムをご覧ください。

**【商売が堅くなる】** しょうばいがかたくなる

商売の動きが悪くなることを申します。「手堅い商売」とは逆の意味で使います。

**【定火消】** じょうびけし

【明暦《めいれき》の大火《たいか》】の翌年、万治元年（一六五八）に四代将軍・家綱《いえつな》様が【大名火消《だいみょうびけし》】だけでは江戸は守れないと、新たに設置されましたのが定火消でございます。四人の【旗本《はたもと》】に命じまして、麹町、市ヶ谷、飯田橋、お茶ノ水の武家屋敷町に「火消屋敷」を設置し、【火消《ひけし》】が常時待機するという消防署でした。ひとつの火消屋敷には【与力《よりき》】【同心《どうしん》】以下【火《ひ》消人足《けしにんそく》】が総勢百四十名ほど在籍しておりました。さらに、宝永元年（一七〇四）には十組に増やされました。武士ですので、火消装束は大名火消と同じです。

**【定府】** じょうふ

江戸藩邸に定住いたしました【藩士《はんし》】のことを申します。【江戸勤番《えどきんばん》】と異なり、代々江戸に住む武士として、地方藩士の憧れでもありました。

**【昌平坂学問所】** しょうへいざかがくもんじょ

神田湯島の【湯島聖堂《ゆしませいどう》】と【林家《りんけ》】の私学を、寛政九年（一七九七）に幕府の最高学府として改設した【儒学《じゅがく》】の学問所でございます。

**【小便樽】** しょうべんだる

京では小便も農家に売りましたので、屋敷の前などに公衆便所代わりに小便樽を置き、公衆便所として男女共に使いました。江戸にはなく、溝などにしていました。門の脇や外壁に後架《こうか》を設置する武家屋敷もありました。屋敷を訪れる客の【供連《ともづれ》】は門前でずっと主を待つため、トイレが必要だったからです。

**【定廻同心】** じょうまわりどうしん

【町奉行《まちぶぎょう》】配下の【同心《どうしん》】の職を申します。非番の日でも町に目を光らせていたと申しますが、管理地からの賄賂や所場代の回収なんかもして、評判の悪い者もございました。

【供揃《ともぞろえ》】には小者《こもの》や【中間《ちゅうげん》】など四～五人を連れて、町々の【自身番《じしんばん》】を巡回いたしました。

**【定紋】** じょうもん

家紋のことを申します。

**【定宿】** じょうやど

武士や商人が贔屓《ひいき》にする【旅籠《はたご》】を申します。各藩、店で長い付き合いがあり、旅先で様々な便宜を図ってくれます。藩の定宿は都での情報収集の基地でもありました。

**【常夜灯】** じょうやとう

㊀街道の道標、海運の灯台として灯されました石灯籠を申します。今日の街灯のように、道を照らすほどの光量はございません。また、【辻灯籠《つじどうろう》】を呼ぶこともございます。

㊁神社の参道に並びます石灯を申します。

【上覧】じょうらん

将軍や【殿様《とのさま》】が、お祭り、舞台などをご覧になることを申します。

【称量貨幣】しょうりょうかへい

重さを量って使う通貨、【切銀《きりぎん》】のことを申します。

【浄瑠璃】じょうるり

三味線に合わせて語る色々な種類の【音曲《おんぎょく》】でございます。【竹本義太夫《たけもとぎだゆう》】が【義太夫《ぎだゆう》】節を創始してから【人形浄瑠璃《にんぎょうじょうるり》】が大変人気を博し、浄瑠璃といえば義太夫節をいうようにさえなりました。

【上臈】じょうろう

【大奥《おおおく》】の重職のひとつで、【御台様《みだいさま》】の側近となる位にいる者を申します。大奥女中の役職の中では最高位でございました。正式には「上臈御年寄」と申します。

【食傷】しょくしょう

㈠食中毒や食べ過ぎ、飲み過ぎのことでございます。当時の人々は、細菌による食傷を防ぐため、夏は熱い煮物や焼き物を食べました。その他、魚貝の毒は、民間伝承や【瓦版《かわらばん》】、書物での警告によって予防されておりました。

㈡同じものばかり食べ続けて、飽きるという意もございます。転じて物事に飽きることを申します。

【庶出】しょしゅつ

【妾《めかけ》】からの出生を申します。【妾《めかけ》腹《ばら》】に同じです。正妻が生んだ子は嫡出《ちゃくしゅつ》と申します。

【所帯気質】しょたいかたぎ

何事も家庭本位で考える女性のことを申します。この反対は「所帯不知《しょたいしらず》」でございます。

【女中】じょちゅう

武家や商家に奉公する女性、またはその役職を申します。西洋のように低い身分に限らず、幅広い職種でございます。最上位は【大奥《おおおく》】女中で、江戸城に勤めるのは、今日なら省庁勤めのようなものでございました。

【女中奉公】じょちゅうぼうこう

武家や商家に女性が奉公することを申します。庶民の娘にとって、女中

## 生類憐れみの令

五代・綱吉《つなよし》様が貞享四年（一六八七）頃から発布いたしました、いくつかの生命愛護条例の総称です。

　この令が出された当初、庶民はいつものごとく【三日法度《みっかはっと》】と軽く見て、あまり守りませんでした。しかし、綱吉様は本気でしたので、やがて「犬目付《いぬめつけ》」に監視させ、報奨金まで付けて、厳しく取締まるようになりました。この賞金を目当てに【目明《めかし》】が告げ口したり、罠にはめたりといった事件が起こり、「頬に止まった蚊を殺した」と、【重敲《おもたたき》き】になったお侍など、理不尽な話が様々出てまいります。

　しかし、この令は決して「【お犬《いぬ》】様第一主義」のものではありませんでした。実際に、入間（埼玉）や下総（千葉）で野犬の群れが住民を襲う事件が起きた時には、幕府は鉄砲隊を出して駆除しております。

　また、初めに出されたのは「病気や怪我で倒れた馬を道端に棄ててはいけない」というもので、この保護の対象は全ての動物＝人間も含んでおりました。おかげで、今まで見捨てられていた捨て子や、病気・怪我人も保護する義務ができましたので、これは人権の上を行く「生命権」を認める画期的な法律であったのです。これによって強い者のみが生き残る戦国気風に、慈悲という新たなモラルが導入され、江戸らしい気風が生まれてまいります。

　さらに、野犬のほとんどが【犬屋敷《いぬやしき》】に収容されましたので、人々が襲われたり、狂犬病が流行ることがなくなるなど、大変な利益がございました。

　しかし、この令は全国的な効力はなく、ほぼ江戸だけの話でございました。

奉公に行くことは学校に行くのと等しく、十歳頃から奉公することでマナーや読み書き、茶、花などの教養を得られました。【寺子屋《てらこや》】が普及いたしますと、学業に優れる者が、有名で格式の高い武家や商家に奉公に上がれるようになりました。

**【書箱】しょばこ**

庶民の通う【寺子屋《てらこや》】で、机として多く使われたものです。箱の中には教科書などがしまえ、机より安くて丈夫でございました。

**【書物問屋】しょもつどいや**

「算術」【暦《こよみ》】「歴史」「漢詩」「道徳」など、真面目な本を出版いたします本屋のことでございます。内容は幕府が厳しく検閲《けんえつ》いたしました。検閲に通りませんと出版はできません。しかし、「ご禁制の本」の中には印刷せずに手書きで書き写され、かえって高値になったものもあります。

他に、庶民向けの本を扱う【地本《じほん》問屋《どいや》】というのもありました。こちらは検閲は受けません。いずれも商売するには株が必要ですが、両方の株を持っている本屋もありました。

**【書役】しょやく・かきやく**

書記のことでして、文章の草案を作ったりもいたしました。農村では、【郡代《ぐんだい》】【代官《だいかん》】、奉行の配下で、直轄領《ちょっかつりょう》で働く【手代《てだい》】を申しました。

都市では、【自身番《じしんばん》】や【町会所《まちかいしょ》】に詰め、【町年寄《まちどしより》】や【町名主《まちなぬし》】の書記として働く者を申します。

**【女郎】じょろう**

㈠身分のある女性。または女性の敬称でございます。

㈡お話では【遊女《ゆうじょ》】を指すことが多いようです。「女郎上がり」は遊女をやめた女性のことを申しました。遊女は奴隷ではございませんので、実家の受け取った借金の返済が終わるか、いい人ができて借金を払ってくれれば、いつでも自由になれました。女郎上がりで商家の婦人や、芸のお師匠《っしょ》さんになっても、後ろ指をさされることはございません。

**【白魚祭り】しらうおまつり**

佃島《つくだじま》の漁師による住吉神社でのお祭りでございます。一月から始まる白魚漁に合わせて、年始めの網打ち式を行いました。佃島の漁師は白魚漁の特権を与えられていたため、重要な行事でした。

**【白河夜船】しらかわよふね**

㈠ぐっすり居眠りして寝ぼけることを申します。

㈡見てもいないものを見たといったり、知ったかぶりをすることを申します。

**【白木の位牌】しらきのいはい**

新仏《にいぼとけ》を祭壇に祀る際に用る位牌です。四十九日が経ち成仏し、忌明けしましたら、塗りの本位牌に魂入れをして仏壇にお祀りします。

**【白鞘】しらざや**

白木の鞘、柄《つか》を申します。

**【白洲・白州】しらす**

「白砂」と書くこともあります。【奉《ぶ》行所《ぎょうしょ》】の法廷でございまして、身分の低い武家や庶民が座りました。それ以上の者や僧侶、医者などは、砂利の上でなく座敷や縁側で裁きを受けました。図は巻頭コラムの【江戸《えど》の社会《しゃかい》と司法《しほう》】をご覧ください。

**【白歯】しらは**

【お歯黒《はぐろ》】をしていないということで、未婚女性のことを申します。

**【尻っ端折】しりっぱしょり**

袢纏《はんてん》や着物の尻をまくって、動きやすくすることを申します。職人や【棒手振《ぼてふり》】【中間《ちゅうげん》】がよくしました。また、慌てた様も申します。

**【印袢纏】しるしばんてん**

屋号や町名など、マークやロゴの入った袢纏《はんてん》のことを申します。お店のご主人が作りまして、盆暮れに【奉公人《ほうこうにん》】や出入りの職人などに配りました。

**【白酒】しろざけ**

お酒ですが、子供の飲み物でもありました。鎌倉河岸の豊島屋が売り出し、甘味として大ブームになりまして、桃の節句にはお客が詰めかけ、行列ができたそうでございます。町には「白酒売」がまいりまして、ガラスの徳利に入れてくれるのが美しく、子供たちが好んで買いました。

**【白書院】しろしょいん**

【大名《だいみょう》】や【旗本《はたもと》】が将軍に謁見する部屋でございます。将軍は半分下ろされた御簾《みす》の向こう側に着座いたしました。

**【しろそこひ】**

白内障のことでございます。

**【白無垢鉄火】しろむくてっか**

表向きは温厚に装っていますが、実は【無頼漢《ぶらいかん》】を申します。「羽織破落戸《はおりごろつき》」とも申します。

**【城持大名】しろもちだいみょう**

城を持って【領地《りょうち》】を管理している【大名《だいみょう》】を申します。城ではなく陣屋を持つ大名を【陣屋大名《じんやだいみょう》】と呼びます。

**【しわん坊】しわんぼう**

けちん坊、しみったれのことを申します。

**【心学】しんがく**

享保十五年（一七三〇）、四十五歳の時に、石田梅岩《ばいがん》は京・御池で講席を設け、商人の心得を説きました。その思想はざっくりと、「商売は決して卑しいものでなく世に欠かせないものだからこそ倹約・勤勉・正直が重要」でございます。その講義を編纂し、代表作『都鄙問答《とひもんどう》』を出版しました。男女問わず【町人《ちょうにん》】の間で広まりました。

【真陰柳生流】しんかげやぎゅうりゅう

石舟斎《せきしゅうさい》柳生宗厳《むねよし》の流派でございまして、「真陰流」「柳生流」とも申します。子、宗矩《むねのり》が初代・家康《いえやす》公に徳川家兵法師範として仕えまして、幕府の主流となりました。

【陣笠】じんがさ

これは他の【笠《かさ》】と異なり、戦いのための笠でございます。【足軽《あしがる》】や【中《ちゅう》間《げん》】の陣笠は、竹の骨組みに和紙や革を貼り、表面に漆を塗ったものもございます。

農民・漁師が合戦に借り出された際に、【殿様《とのさま》】から与えられたもので、家紋が入っておるものはとても大事にされました。江戸時代には、足軽、中間が消火の時に被ったので「火消陣笠」とも呼ばれます。

身分のある武士は、前を折り曲げた漆塗りの笠を使います。

【人気】じんき

【遊女《ゆうじょ》】仲間の気風《きふう》、人情のことでございます。

【心形刀流】しんぎょうとうりゅう

伊庭秀明《いばひであき》による流派で【江戸三大道《えどさんだいどう》場《じょう》】に並ぶ人気でございました。一刀、二刀、【居合《いあい》】、小薙刀《こなぎなた》を操ります。

【心中】しんじゅう

㈠心の証を立てること、恋愛の義理を立てることを申します。

㈡「心中立《しんじゅうだ》て」のことを申します。今日では共に自殺することだけを心中と呼びますが、当時は色々な証の方法、段階がございました。軽い方から、「断髪」「爪剥《つめは》がし」「刺青」「指切」【相対死《あいたいじに》】となります。

【爺端折】じんじんばしょり・じんじばしょり

男性が着物の裾の中ほどを帯に挟んで、後ろをはしょることを申します。動きやすくするためのもので、【棒手振《ぼてふり》】や年配の者がよくいたしました。

**【身代】しんだい**

㊀一般に財産と暮らし向きのことを申します。

㊁特に武士の身分のことを指す場合もございます。

**【神道無念流】しんとうむねんりゅう**

福井嘉平が創始した「無念流」の流派で、「力の剣法」とも呼ばれる一撃必殺の剣が特徴でございます。江戸後期、斎藤弥九郎が俎橋《まないたばし》近くに開設した「練兵館」は【江戸三大道場】《えどさんだいどうじょう》のひとつに数えられます。門弟には桂小五郎など長州藩士が多く名を連ねました。

**【新番】しんばん**

江戸城中で将軍の警護をする御役目でございます。【番頭】《ばんがしら》以下二十一人で、四～八組ございました。

**【新道】しんみち**

新しく通した道、または【町屋】《まちや》や【長屋】《ながや》の間に設けられた道（小路）のことを申します。道ができますと【表店】《おもてだな》が増やせますので、賑わいますし、【店賃】《たなちん》も多く取れました。

**【進物切手】しんもつきって**

江戸時代の「お米券」みたいなものでございます。酒、寿司、鰻、鰹節、煙草、灯油など色々なものをお店が発行しておりました。贈り物としてよく使われました。

**【陣屋】じんや**

城ではない国屋敷を申しまして、三万石以下の城を持たない【領主】《りょうしゅ》が国に作った、行政用の屋敷でございます。このため、城を持たない【大名】《だいみょう》を「陣屋大名」とも呼びます。また、直轄領《ちょっかつりょう》や藩領の代官所、長崎奉行所や函館奉行所などの支配所も陣屋と呼びました。

# 【す】

**【水天宮】** すいてんぐう

今日、日本橋蛎殻町《かきがらちょう》にあります安産、水運の神様です。もともとは三田の久留米藩主・有馬家のお屋敷内の社でしたが、江戸の交通は水運に頼ったことから、庶民にも大事にされまして、その人気に応えて一般開放したものです。これを喜んだ庶民から、「情け有馬の水天宮」なんてもてはやされました。安産祈願の【鈴《すず》の緒《お》】（岩田帯）や水難・火事除けの「河童のお面」などが有名です。

**【透塀】** すかしへい

【連子窓《れんじまど》】や格子窓の付いた、中の様子が見える塀でございます。神社仏閣に多く用いられました。

**【素金】** すがね

無担保で貸し借りする金銭を申します。

**【数寄者】** すきしゃ

女性に目がない色好みを「好き者」と申しますが、数寄者は【道楽《どうらく》】が高じて「好き」の度を越した人のことでございます。

**【数寄屋坊主】** すきやぼうず

【坊主衆《ぼうずしゅう》】の一役で、江戸城での茶道係でございます。戦国時代から茶道は武士の嗜みとされました。

**【頭巾】** ずきん

㊀顔と頭を覆うマスクでございます。武士や富商などが、顔を見られたくない外出の際に使いました。当時は髪型で身分がおおよそわかりますので、頭も隠しました。

㊁通人《つうじん》がお洒落のひとつとして、首に巻いて使ったりもいたします。

㊂防寒具として用いました。風呂敷など一枚の布で頭巾はできますので、寒い時はさっと巻いて使いました。風の強い日には埃も舞いますの

## 頭巾の色々

【頭巾《ずきん》】は主に防寒と埃避けに用いました。特別なものがなくても、手拭や風呂敷などをさっと巻いて頭巾にします。時代によっては使用が禁止されたこともございます。

【高僧頭巾・袖頭巾】こうそうずきん・そでずきん

【宗十郎頭巾】そうじゅうろうずきん

【錏（錣）頭巾】しころずきん

【大明頭巾】だいみんずきん

【大黒頭巾・丸頭巾】だいこくずきん・まるずきん

【竹田頭巾】たけだずきん

【道帽】どうぼう

【長範頭巾】ちょうはんずきん

【屋敷頭巾】やしきずきん

【苧屑頭巾】ほくそずきん

【投頭巾・角頭巾】とうずきん・かくずきん

【与作頭巾】よさくずきん

【猫頭巾】ねこずきん

【角頭巾】すみずきん

で、髪が汚れるのを防ぐこともできました。図は【頭巾《ずきん》の色々】のコラムをご覧ください。

**【直刃】すぐは**

刀の刃の模様（刃紋）が、【鎬《しのぎ》】と平行して真っ直ぐに通ったものを申します。

**【菅笠】すげがさ**

菅で編んだ【笠《かさ》】のことです。菅はカヤツリソウの仲間で、ススキのように茎の長い草です。主に【角笠《つのがさ》】【大野笠《おおのがさ》】【江戸笠《えどがさ》】の菅製のものをいいますが、【編笠《あみがさ》】の総称の意で使うこともございます。図は【笠《かさ》の色々】のコラムをご覧ください。

**【助郷】すけごう**

【宿場《しゅくば》】周辺の村々で【宿駅《しゅくえき》】に人馬の応援を出すことを申します。

**【助太刀】すけだち**

㈠武士の風習でございまして、【仇《あだ》討《う》ち】や【果《は》たし合《あ》い】に加勢することを申します。このような現場に遭遇した武士は、たとえ行きずりでも、義をもって加勢することが習わしとして認められております。そのため、人を殺《あや》めても罰せられません。ただし喧嘩の助太刀は認められませんので、加われば当事者と共に処罰されます。また、庶民は助太刀できませんので、決闘までの下準備に協力するのが一般的です。

㈡【刃傷《にんじょう》】沙汰《ざた》以外でも、義をもって加勢すること、またはその人を申します。

**【助六】すけろく**

歌舞伎十八番「助六所縁江戸桜《ゆかりのえどざくら》」に登場する【男伊達《おとこだて》】の主人公を申します。代々、市川團十郎が演じて人気を博しました。。

**【助六下駄】すけろくげた**

歌舞伎の【助六《すけろく》】が履いた下駄でございまして、若い男衆に流行りました。厚い台に小さな歯が付いたもので、その「ぶっきらぼう」な感じが【粋《いき》】でございました。図は【下駄《げた》の色々】のコラムをご覧ください。

**【筋目】すじめ**

㈠条理、道理のことを申します。法だけでなく、慣例や自然にあるべき姿などに従うことを申します。

㈡家系のことを申します。武家の婚姻ではことさら家系が重視されました。ただし、血縁を重視しているわけではございません。優秀な者は高位の家に養子に迎えられ、家と遺志を継ぐことがよくございました。十三代・家定《いえさだ》様の【御台様《みだいさま》】である篤姫《あつひめ》様も、島津の分家から→本家・島津家→公家・近衛家と家系をグレードアップさせて将軍家へ嫁ぎました。

**【鈴ヶ森】すずがもり**

品川にありました【刑場《けいじょう》】のことでございます。「一本松獄門場」とも申します。刑場は街道に面して作られ「晒し場」も兼ねておりまして、罪人が刑の前に何日か晒されました。

**【鈴の緒】すずのお**

神社の賽銭箱の上にあります鈴に付いています五色《ごしき》の帯紐のことでございます。

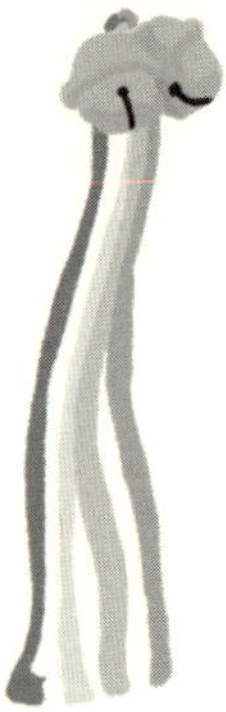

**【すっとこどっこい】**

「すっとこ」は「裸男」という意味でございます。「どっこい」は「どこへ行く」という意味で、「裸でどこ行くんだ?」という、馬鹿、慌て者、礼儀知らずを申します。が、下町言葉ですんで、基本的には勢いでして、口可笑しいだけで、深意なぞあまりなく使います。

**【素っ破】すっぱ**

忍者のことを申します。「素っ破抜く」は忍者が素早く刀を抜くこと、転じて→意表を突く行動、情報を持ち出すことを申します。

**【捨鐘】すてがね**

【時《とき》の鐘《かね》】の予鈴でございます。本

鐘の前に三回鳴らされました。人々に「これから時を知らせますよ～」という知らせと、江戸の各地に十五箇所以上ある鐘を、同時に鳴らすための合図でもありました。

**【捨扶持】** すてぶち

生活保護のために払われる【禄《ろく》】で、役に立たない者に払うという意味でこういわれます。怪我や病気でもう働けない方や、次男坊以下に家長が支払うものを申します。

**【捨文】** すてぶみ

匿名の手紙でございます。当時は家々にポストがありませんので、手紙は必ずその家の者に、差出人と宛名を口上して手渡しました。捨文は門前などに黙って置いていくものを申しました。

**【角頭巾】** すみずきん

高僧や幕府医者、【検校《けんぎょう》】などが使いました【頭巾《ずきん》】を申しまして、柄の派手な贅沢なものでございます。図は【頭巾《ずきん》の色々】のコラムをご覧ください。

**【角前髪】** すみまえがみ

武士の【元服《げんぷく》】前の男の子の髪型のひとつです。額を四角に剃ったことからこの名で呼ばれました。

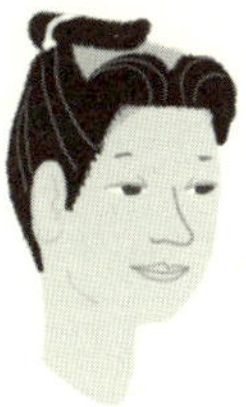

**【寸善尺魔】** すんぜんしゃくま

世の中良いことが少なく、悪いことがいっぱいだということでございます。

**【寸胴の花活】** ずんどのはないけ

竹を切っただけの簡単な花瓶のことを申します。

## 【せ】

**【誓願寺長屋】** せいがんじながや

江戸の貧民長屋のひとつで、浅草・誓願寺の門前にございました。

**【誓紙】** せいし

㈠ 誓いの証文のことを申します。

㈡【廓《くるわ》】遊びでは、お互いの愛が永遠であることを誓うものでして、【遊女《ゆうじょ》】の【手管《てくだ》】のひとつではございますが、本気で恋をすることもございました。遊女は【年季明《ねんきあ》け】も考えているので、願わくば玉の輿にのって【大店《おおだな》】の女房か、お店のひとつでも持ってみたいと考えておりました。そのためには、いい人と約束を取り付けておかねばなりません。

**【正室】** せいしつ

【殿様《とのさま》】の奥さん、正妻のことを申します。二番目の奥さんや、お【妾《めかけ》】さんは【側室《そくしつ》】と呼びます。

**【青黛】** せいたい

「【本多髷《ほんだまげ》】に青黛」と申しまして、鷺《さぎ》の足のように細い髷《まげ》に【月代《さかやき》】を青く塗った、役者のようなヘアスタイルをいいます。幕末の遊び人に流行りました。この水色の顔料を「青黛」と申します。他に眉墨《まゆずみ》に使ったり、役者の化粧にも使われます。

**【関所】** せきしょ

街道の通行を監視する場所でございます。普通は【通行手形《つうこうてがた》】などがないと通れません。ただし【伊勢参《いせまい》り】や【善光寺参《ぜんこうじまい》り】では不要でした。

幕府が設置した関所は全国五十三箇所ありました。諸国の関所は国境《くにざかい》に設置され、通過する商品の税徴収も行われました。主な関所は、東海道の箱根関・新居《あらい》関・鈴鹿関、中山道の碓氷《うすい》関・福島関、甲州街道の小仏関、日光街道の栗橋関などでございます。

**【関の小万】** せきのこまん

亡き母の遺言を守って、父の敵《かたき》を討った娘のお話でございます。父は久留米の剣術指南役でありましたが、口喧嘩の末に同僚に斬られてしまいます。母は身重の体で敵の後を追いましたが、鈴鹿の関宿で行き倒れ、小万を産んで亡くなってしまいます。母の無念を聞いた【旅籠《はたご》】の主人は小万を養女として育てるのでございます。母の遺志を継いだ小万は、十五歳から三年間、敵のいる亀山市内の道場に通い剣の腕を磨き、天明三年（一七八三）八月に見事【仇討《あだう》ち】を果たします。

娘がひとりで仇討ちに成功することは珍しく、人々の大きな関心を呼び、同名の【遊女《ゆうじょ》】のお話と織り交ぜられて歌舞伎となり、大人気になりました。【お侠《きゃん》】な娘たちの間で小万の髪型や帯結びが流行りました。

**【関の山】せきのやま**

伊勢国（三重県）の関から八坂神社の祇園祭りに出された山（山車《だし》）が、それ以上豪華にしようがないほど立派であったことから、転じて↓精一杯、成し得る限界という意味で使います。

**【責問】せきもん**

「牢問《だし》」とも申します。【笞打《むちうち》】【石抱《いしだ》き】【海老責《えびぜめ》】の三種がございました。これらは【町奉行《まちぶぎょう》】の一存で行われまして、それでも自白しない場合は拷問蔵での【吊責《つるしぜめ》】が待っております。ただし、吊責にかけられるのは十分な証拠がある重罪人に限られ、それには【老中《ろうじゅう》】の許可も必要でした。

**【石琳】せきりん**

尿路結石のことを申します。お小水の時に激痛が走りますんで、女性への悪さの罰だともいわれました。

**【女衒】ぜげん**

【遊女《ゆうじょ》】にする女性を買い集める業者を申します。「衒」は売るという意味でして「女郎買《じょろうがい》」とも呼ばれます。地方の貧しい家から、十代の器量の良い娘を買ったり、騙したり、さらには誘拐して集めてまいります。幕府は人買《ひとかい》を禁止しておりましたので、寛政四年（一七九二）に禁止令を出しまして、女衒は【遊廓《ゆうかく》】内に住み、【名主《なぬし》】の管理下で遊女の勧誘をするように規制をいたしましたが、あまり効果はありませんでした。当時、【吉原《よしわら》】近辺には十五軒ほどの女衒組織があり、中でも谷中《やなか》の近江屋三八はあくどいことで有名でした。

**【舌疽】ぜっそ**

舌癌のことを申します。

**【雪駄】せった**

【竹皮草履《たけかわぞうり》】の裏に革の底を貼ったものを申します。雪の上でも水が染みませんし、グンと丈夫になったものでして、千利休が考案したといわれております。もちろん、草履《ぞうり》よりも高価ですから、履いている方もそれなりの方でございます。

**【雪隠】せっちん**

トイレのことを申します。上方では「せんち」と読みました。「後架《こうか》」【手《ちょう》水場《ずば》】「厠《かわや》」とも申します。江戸の【長屋《ながや》】にあります共同トイレは【惣《そう》後架《こうか》】、上方では「惣雪隠」と呼ばれます。

**【刹那】せつな**

一瞬のこと。それも、指を鳴らす一瞬の間に六十五刹那あるってんですから、すっごぉおおく短い一瞬を申します。

**【切腹】せっぷく**

㊀武士の死刑として行われる場合は、【大名《だいみょう》】家または縁者に身柄を預けられ、執行の日を待つこととなります。当日は畳を引き上げた座敷、あるいは庭に畳を二畳ほど敷きまして、その上に布団や布が広げられました。切腹人は白装束となり着座し、小刀または【匕首《あいくち》】を手に取り自害いたしました。刃を刺して前傾しますと【介錯人《かいしゃくにん》】が首を斬ります。

㊁切腹を申し渡されなくても、職務上の失態や罰を申し渡された場合に

は、己と家の名誉を守るために切腹しました。それにより家族や部下の立場が安堵されることがありました。

【銭座】ぜにざ
銭を造る場所を申します。幕府直営ではなく、幕府管理の民間事業として運営されておりました。

【銭緡】ぜにさし
銭を束ねる紐、または、束ねたものを申します。【一貫緡《いっかんざし》】【百文緡《ひゃくもんざし》】などと呼ばれます。

【銭取り橋】ぜにとりばし
民間の【普請《ふしん》】で架けた橋で、費用を賄うために「橋銭《はしせん》」と呼ばれます通行料を取る橋のことを申します。江戸では【永代橋《えいたいばし》】や【吾妻橋《あずまばし》】がそうでございました。

【銭箱】ぜにばこ
売り上げの銭を入れておきます鍵付きの箱でございます。蓋に小さな穴があいております貯金箱のような構造でした。閉店後に開いて勘定いたしました。

【銭枡】ぜにます
金貨、銀貨を早く正確に勘定するためのアイデア品でございます。【大《おお》店《だな》】には必需品の道具で、数える銭によって、形が異なります。ザラザラっと銭を入れまして、まんべんなくならします。余ったものを除くと、一分《ぶ》が八十枚で二十両、二朱なら十両が正確に早く数えられました。

【銭丸袖】ぜにまるそで
「角袖《かくそで》」の袂《たもと》が少しだけ丸いものを申します。四文銭（二十七ミリ）で模《かたど》ったことから、こう呼ばれます。図は【袖《そで》の色々】のコラムをご覧ください。

**【疝気】** せんき

胸から下の胴の痛みをいいます。原因は様々で、癌、胃潰瘍、ヘルニア、寄生虫などがあったと考えられます。

**【善光寺参り】** ぜんこうじまいり

信濃国（長野県）にございます、半島伝来の日本最古の仏像を本尊といたしますお寺でございます。男女の区別、宗派の区別を問わず極楽浄土へ導く寺として、特に女性に大変な人気がありまして、お参りも盛んでございました。今日の本堂は五代・綱吉《つなよし》様によって宝永四年（一七〇七）に完成したものです。

**【千石船】** せんごくぶね

大型の輸送船を申します。江戸へ荷物を運ぶ【樽廻船《たるかいせん》】や【菱垣廻船《ひがきかいせん》】も千石船のひとつでございます。

**【前栽売】** せんざいうり

【外商い《そとあきない》】の八百屋を申します。竹籠に季節の野菜、瓜、茄子、カボチャ、小松菜などを入れ、担いで売り歩きました。値段は三、四文くらいでございました。また、【棒手振《ぼてふり》】の食材はだいたい三〜十六文くらいの値段で、豆腐、納豆や魚介類なども商いました。

**【疝癪】** せんしゃく

腹から胸の痛みでございます。

**【扇子腹】** せんすばら

「扇腹《おうぎばら》」とも申します。江戸中期になって行われるようになりました、【切腹《せっぷく》】の形式のひとつでございます。切腹を申し渡されても、自分で腹を切れない者が、短刀に見立てた扇子を手に取り、それを合図に【介錯人《かいしゃくにん》】が首を斬り落とします。

**【疝痛】** せんつう

腹痛のことでして、「あだばら」とも申します。

**【膳箱】** ぜんばこ

食事に必要な食器と箸がひと通り収められた箱でございます。庶民や商人の普段の食卓として広く使われておりました。これで食事をすることを【箱膳《はこぜん》】とも申します。蓋に食器を並べて膳として使いまして、食べ終わりましたら、沢庵と湯でさっと食器を洗って飲み干し、中にしまいます。たいていは一汁一菜ですので沢庵で洗えば、十分に綺麗になりました。食器は三日に一度くらいしか洗いませんでしたが、布できちんと拭いて大切にしました。【折助膳《おりすけぜん》】とも呼ばれます。

**【千部振舞】** せんぶぶるまい

ベストセラーのことでございます。当時の書籍は決して安い物ではございませんでしたので、千部売れたら快挙でございました。

**【千両箱】** せんりょうばこ

㈠ 手持ちの金庫でございます。佐渡金山から運ばれます千両箱には実際に千両〈一億円〉が入れられまして、船に載せる時は、万が一、船が転覆しても回収できるように浮きも付けられたそうでございます。

㈡ 実際に千両入るかどうかに関係なく、ガッチリした作りで鍵のかけられるものを、みな千両箱と呼びましたので、二千両サイズも、五千両サイズもありました。この他に「万両箱」もございましたが、こちらは重くて持ち運びには向きません。

ちなみに、小判で千両入れますと、重さは二十キロちょっとになったそうでございます。

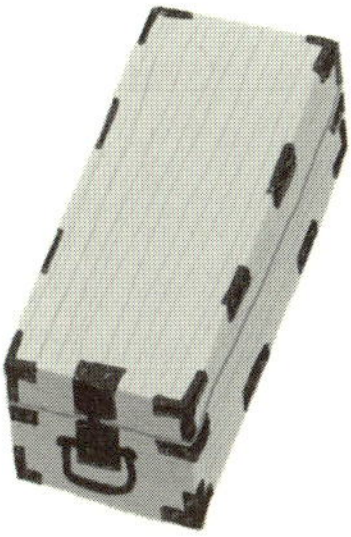

**【千両役者】** せんりょうやくしゃ

㈠ 一年のギャラが千両クラスの人気役者のことでございます。

㈡ 実際のギャラとは関係なく、人気

の高い役者のことも申します。
役者のギャラは、上は千両、下は百文と色々でして、百文役者はたいていが日雇いでございました。ただし、千両役者といえども、自分の衣装や付き人の経費は自分持ちですので、それだけでやっていけるほど楽な立場ではありませんでした。

# 【そ】

**【僧形】** そうぎょう
僧侶の姿、身なりを申します。逆に、一般の者の身なりを【俗形《ぞくぎょう》】と申しました。

**【笽】** そうけ
台所でよく使われます竹製の笊《ざる》でございます。取っ手がある卵形をした笊でして普通の笊より使い勝手がいいので、台所では野菜や穀類などを洗うのに重宝します。大きなものは、【普請《ふしん》】に使われました。

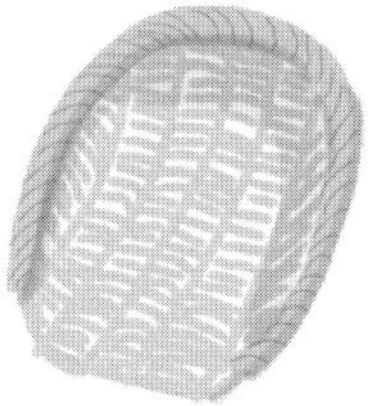

**【惣後架】** そうこうか
【長屋《ながや》】の共同トイレのことでございます。遠回しに【手水場《ちょうずば》】とも申します。一方、上方では「惣雪隠《そうせんち》」と呼ばれました。惣後架の戸は半分の高さしかなかったので、使用中ですと頭が見えました。上方では、扉は上までございました。
匂いますので、惣後架に近い部屋は家賃もお得でした。

**【雑色】** ぞうしき

京の【町役人《ちょうやくにん》】でして、【京都所司代《きょうとしょしだい》】の配下で、警護やお触れの仕事にあたりました。

**【掃除屋】** そうじや

【汲《く》み取《と》り】「肥取り」のことを申します。屋敷や【長屋《ながや》】の【惣後架《そうこうか》】から、糞尿を柄杓《ひしゃく》ですくって肥樽に入れ、【天秤棒《てんびんぼう》】で担いで運び出します。当然ながら相当匂います。「肥取りは 抜き身のように 怖がらせ」などと川柳に読まれ、掃除屋が来た時のみなさんの様子が想像できて笑えますな。「抜き身」とは抜いた刀のことでございます。

**【奏者番】** そうしゃばん

武家の礼式を管理する幕府の役職で、【三役《さんやく》】のひとつとされる重職を申します。が、二十~三十人もおりましたので、重職といっても名誉職のようなものでございます。

**【宗十郎頭巾】** そうじゅうろうずきん

男性用の【頭巾《ずきん》】でして、イカ形の飾り布が付きました、黒【縮緬《ちりめん》】の一枚布を巻いて被ります。今日では「烏賊《いか》頭巾」とも、「鞍馬天狗」が愛用いたしましたので「鞍馬頭巾」とも呼ばれますが、当時はそのような名はありませんでした。「宗十郎」は歌舞伎役者の名前でございます。図は【頭巾《ずきん》の色々】のコラムをご覧ください。

**【瘡毒】** そうどく

【かさ】とも申しまして、梅毒のことで、室町時代に欧羅巴《ヨーロッパ》から持ち込まれました性病でございます。売春が盛んでしたので、あっという間に日本中に広まりました。当時は治療法がないばかりか、感染しますと妊娠しにくくなるので、【遊女《ゆうじょ》】には歓迎されたくらいです。しかし、放っておけば病が進行し、鼻が崩れたりして、最後は脳に毒がまわって死に至ります。

**【総髪】** そうはつ

【月代《さかやき》】を剃らずに全体を伸ばした髪を申します。もっぱら【儒者髷《じゅしゃまげ》】などを指します。

**【俗形】** ぞくぎょう

僧侶でない者の姿のことでございます。【僧形《そうぎょう》】に対して、一般の者の身なりのことを申します。

**【側室】** そくしつ

【殿様《とのさま》】の二番目以降の妻を申します。

**【束脩】** そくしゅう

【寺子屋《てらこや》】の入門、つまり【寺入《てらいり》】の時に持って行きます挨拶の品でございます。金二朱ほどを包む場合もあれば、お酒や扇子、同級生への菓子など、色々ございました。裕福なご家庭では、机も持って寺入いたしました。

**【束髪】** そくはつ

【月代《さかやき》】を剃らずに伸ばした髪型で、役者がいたしました。【浪人頭《ろうにんあたま》】に似ておりますが、こちらは髪型として手入れされたものでございます。また、【総髪《そうはつ》】のことをいう人もあります。図は【髪型《かみがた》の色々】のコラムをご覧ください。

**【そこもと】**

そこ、という意もございますが、【足《そっ》下《か》】と同じ意味でして、武士が主に同輩を丁寧に呼ぶ際に使います。「そなた」というニュアンスです。自分のことは【身共《みども》】といいます。

**【足下】** そっか

武士が使います同輩を呼ぶ敬称でして、「貴殿」というようなニュアンスがございます。また、手紙の宛名の左下に添えて敬意を表す「脇付」としても用いられます。

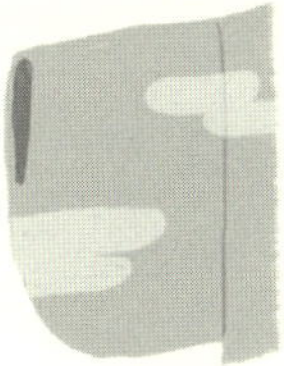

【元禄袖】
げんろくそで

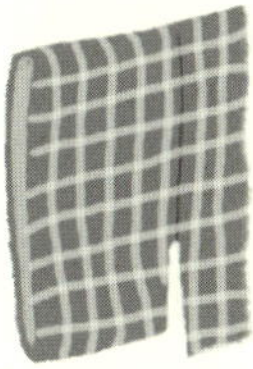

【大袖・広袖】
おおそで・ひろそで

【角袖】
かくそで

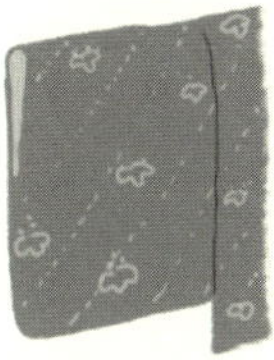

【銭丸袖】
ぜにまるそで

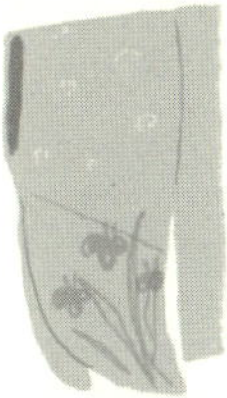

【そぎ袖】
そぎそで

【小袖】
こそで

【鉄砲袖】
てっぽうそで

【筒袖】
つつそで

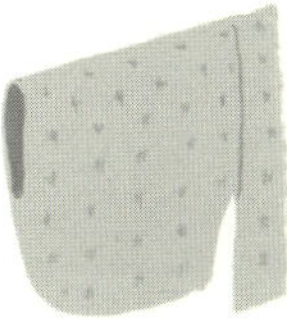

【袂袖】
たもとそで

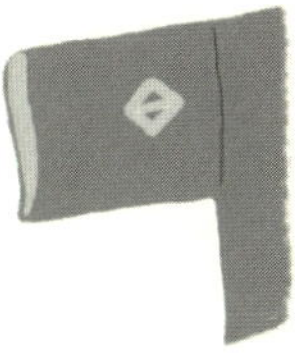

【平袖】
ひらそで

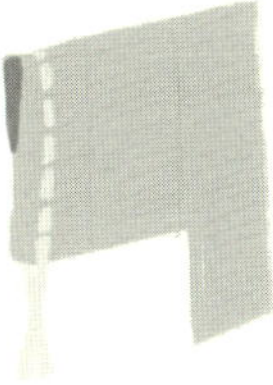

【括袖】
くくりそで

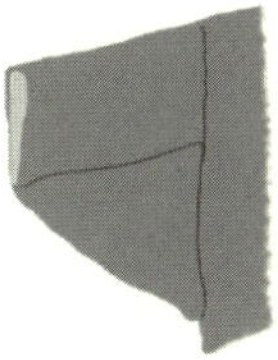

【巻袖】
まきそで

**【袖絡】** そでがらみ

悪魔のしっぽを八本まとめたようなトゲトゲの武器でございます。【捕《と》り物《もの》】や警備の際に使いまして、着物の袖や裾に絡め、相手の動きを止めるのに用いました。【刺又《さすまた》】【突棒《つくぼう》】と合わせて「三道具《みつどうぐ》」と申します。

**【袖頭巾】** そでずきん

【小袖《こそで》】の形に似ておりましたのでこう呼ばれます。【高僧頭巾《こうそうずきん》】に同じでございます。

**【外商い】** そとあきない

【棒手振《ぼてふり》】や【立《た》ち売《うり》】、屋台など、店を持たずに外へ出てする商売でございます。【辻商い《つじあきない》】【出商人《であきんど》】とも申します。

**【卒塔婆】** そとば

墓に立てられる先端を塔の形にした木の板でございます。【梵字《ぼんじ》】、経文、戒名などを墨書きして、供養のためにお墓に立てます。

**【外八文字】** そとはちもんじ

【吉原《よしわら》】の【花魁《おいらん》】の歩き方でございます。外側へ足をまわして歩きまして、「江戸風」とも申します。

**【蕎麦】** そば

江戸の初期は上方と同じように饂飩《うどん》が主流でしたが、甲州や信州から旨い蕎麦粉と蕎麦職人がたくさんやって来ましたし、なんたってサッパリしてるもんですから、饂飩より江戸の人々に好まれました。また、米のように相場で激しく値上がりしたりしませんので、庶民の強い味方でございました。

**【蕎麦がき】** そばがき

初期に流行った【蕎麦《そば》】の食べ方です。練った蕎麦粉をかき寄せて茹で、汁に入れたものでした。もちっとした食感と、豊かな蕎麦の香りが楽しめる食べ物でございます。

**【蕎麦切り】そばきり**

麺状になった【蕎麦《そば》】の先駆けを申します。ささっと食べられるんで人気になり、かけ蕎麦屋が繁盛いたしました。メニューは「あられ」という貝柱をのせたものや、あぶったもみ海苔をかけた「花巻」、蒲鉾や椎茸などの具をのせた「しっぽく」が流行りました。蕎麦一杯は六～二十四文くらいでした。

ざる蕎麦にはネギの薬味が付きものですが、これは冷たいものをあまり食べない当時の方が、食当たりを恐れて添えたものです。ネギを神職の「禰宜《ねぎ》」に掛けまして、毒を追い払おうっていう洒落です。

**【側衆】そばしゅう**

将軍の側近役のひとつでございました。【旗本《はたもと》】から選ばれまして、【小姓《こしょう》】、小納戸《こなんど》、【奥儒者《おくじゅしゃ》】【奥御医師《おくごいし》】などの管理をいたしました。

**【側用人】そばようにん**

【老中《ろうじゅう》】に準ずる幕府の要職で、将軍の側近として将軍の命令を老中などに伝えます。たいていは【譜代大名《ふだいだいみょう》】から選ばれますが、【小姓《こしょう》】から昇進してこの位に就くこともございました。

**【算盤箪笥】そろばんだんす**

【大店《おおだな》】で使います算盤ケースです。算盤ひとつひとつが引き出しになっていて、使い終わったらキッチリしまえるようになっています。

**【損像】そんぞう**

「尊像《そんぞう》」のパロディーで、拝んでも御利益のない仏像や人物を申します。

**【存念】ぞんねん**

いつも心で思っていて頭から離れないこと、または恨み、不満のある心の内を申します。

## 太陰太陽暦

太陰太陽暦《たいいんたいようれき》とは、一般に「旧暦」と呼ばれます【暦《こよみ》】のこと、「太陰暦」と「太陽暦」を合わせたものを申します。

月が地球の周りを廻る周期、つまり「月の満ち欠け」で一年を計る暦を太陰暦と呼びます。ただし、月の周期は約二九・五日と割り切れず中途半端ですので、「大の月＝三十日」「小の月＝二十九日」を混ぜて使うことで、調整いたしました。

一方、地球が太陽の周りを廻る周期〈約三百六十五日〉で一年を計る暦を太陽暦と申します。

| 旧暦の月の名称 | |
|---|---|
| 一月 | 睦月（むつき） |
| 二月 | 如月（きさらぎ） |
| 三月 | 弥生（やよい） |
| 四月 | 卯月（うづき） |
| 五月 | 皐月（さつき） |
| 六月 | 水無月（みなづき） |
| 七月 | 文月（ふみづき） |
| 八月 | 葉月（はづき） |
| 九月 | 長月（ながつき） |
| 十月 | 神無月（かんなづき） |
| 十一月 | 霜月（しもつき） |
| 十二月 | 師走（しわす） |

太陰暦の一年は約三百五十四日ですんで、太陽暦との間に十一日ほどの差が出ます。そこで、だいたい三年に一度、「閏月《うるうづき》」を入れまして、一年が十三カ月の年を作って調整しておりました。閏月を何月にするかという決定は、京・【土御門家《つちみかどけ》】や、幕府の【天文方《てんもんかた》】が算出して決定しました。十二ヶ月と十三ヶ月の年があると不便そうですが、毎年特定の日を知る必要のある行事などには、月に左右されない【二十四節季《にじゅうしせっき》】を使いました。

当時の時や日の数え方の基本は、一日は「太陽を見て知り」、ひと月は「月を見て知る」のでございます。時計や暦がなくても、太陽や月を見てわかりますので意外に便利なものでした。

# 【た】

**【代官】** だいかん

㊀【勘定奉行《かんじょうぶぎょう》】の下で、五万石程度の幕府直轄領《ちょっかつりょう》を管理する役職を申します。

㊁諸【大名《だいみょう》】が【年貢《ねんぐ》】の徴収を行わせる役職でございます。十万石以上の【領地《りょうち》】で年貢・租税を取り立てる御役人は【郡代《ぐんだい》】と申します。

**【太公望】** たいこうぼう

中国の故事から「釣師《つりし》」のことを申します。釣りは武士の嗜《たしな》みのひとつで、精神修養になるとされる……暇潰しでございました。釣ったのはもっぱら鮒《ふな》でして、このために「江戸竿」という贅《ぜい》をこらした竿が作られました。鮒なぞ釣らずに、鰻などを獲ればお金になったのですが、武士は表向き釣った魚は食べないことになっておりました。

**太鼓の色々**

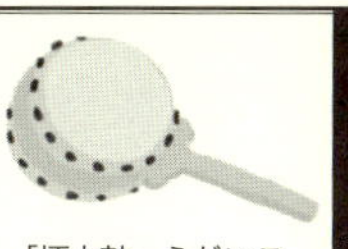
「柄太鼓」えだいこ

「団扇太鼓」うちわだいこ

「陣太鼓」じんだいこ

「櫓太鼓」やぐらだいこ

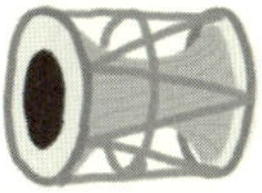
「締太鼓」しめだいこ

**【大黒講】** だいこくこう

㊀大黒天を信仰する大商人の集まりでございます。

㊁【大名《だいみょう》】にお金を貸す【町人《ちょうにん》】の寄合を申しました。

**【大黒頭巾・丸頭巾】** だいこくずきん・まるずきん

大黒さんの被るような、饅頭形の【頭巾《ずきん》】でございます。【焙烙頭巾《ほうろくずきん》】とも呼ばれます。ご隠居さんなどお年寄りが主に被ります。図は【頭巾《ずきん》の色々】のコラムをご覧ください。

**【太鼓持】** たいこもち

㈠【遊女《ゆうじょ》】の芸事を補佐する【芸者《げいしゃ》】のことを申します。初めは、芸者といいますと男芸者を指しまして、太鼓を叩いたり、お世辞をいったり、噺をしたりして、酒宴を盛り上げる役でした。その他、遊女との仲を取りもつこともございました。【幇間《ほうかん》】【末社《まっしゃ》】とも呼ばれます。

㈡転じて→お調子者のことを申します。

**【大小】** だいしょう

【太刀《たち》】と【脇差《わきざし》】の二本のことでございます。江戸時代になりまして、武士は「大小二本差し」と定められました。一方、武士以外は太刀を持ち歩くことが禁止されました。九寸五分（約二十九センチ）未満の長さの脇差は、護身用として届け出をすれば誰でも持てました。「大小をたばさむ者」は二本の刀を腰に着けることで、武士を指します。

**【大身】** たいしん

高位の【旗本《はたもと》】のことを申しまして、【家禄《かろく》】【知行《ちぎょう》】三千石以上を呼びます。同じ旗本でも、上は九千五百石、下は二百石と【禄《ろく》】に大きな差がありますので、区別されました。

**【大尽・大臣】** だいじん

【遊廓《ゆうかく》】では、豪遊する人、金払いのいい人のことを申します。また、あえて「大尽」なんぞと呼びかけまして、客を持ち上げるのにも使われました。

**【だいだらぼっち】**

巨人でございます。各地に様々な伝説がありまして、一夜で山や湖を作ったりいたします。

**【大典侍】**だいてんじ

【典侍《ないしのすけ》】の最高位で、【帝《みかど》】に仕える女官のことを申します。

**【帯刀】**たいとう

㊀刀を腰に差すことを申します。

㊁または、それを許された者のことも申します。当時は普段に刀を持ち歩ける身分が決まっておりました。武士以外では、功労者や地域の管理を行う者など、役のある者は幕府や藩から正式に帯刀を許されました。ですんで【町人《ちょうにん》】でも農民でも「帯刀を許された者」といえば、立派な方を意味します。旅の時などは誰でも帯刀を許されましたが、これは含みません。

**【大道裂き】**だいどうさき

屋台で裂いて売る、安い鰻屋のことでございます。なにせ鰻は高級品ですから、【長屋《ながや》】の連中がやっと口にできるのは、こちらでございます。鰻は【江戸前《えどまえ》】でして、【大川《おおかわ》】や堀でも獲れますので、子供たちのいい駄賃稼ぎになりました。

**【大棟梁】**だいとうりょう

幕府お抱えの宮大工の長を申します。甲良《こうら》家、鶴家、平内《へいのうち》家、辻内家の四家が江戸城や各御門などの主な幕府施設の建築を手がけました。中でも甲良豊後守宗廣《こうらぶんごのかみむねひろ》は、戦国時代から初代・家康《いえやす》公に仕え、数々の邸宅や城を築き、江戸では愛宕神社、増上寺【山門《さんもん》】、【日光東照宮《にっこうとうしょうぐう》】など幕府守護の寺社を多く手がけました。

**【大納言】**だいなごん

将軍のお世継ぎが【元服《げんぷく》】でなる官職。元服前は「若君様」で元服すると大納言様と呼ばれました。

**【大八車】**だいはちぐるま

荷車のことでございます。「八人の代わりになる」ので「代八」と呼ばれたのが始まりだそうです。人が押し引きいたしまして、この人足を【車《るま》屋《や》】と申します。しかし、江戸の町中は勝手に通れません。大八車は大荷物を運びますんで、轍《わだち》ができて道が傷みますから嫌われました。道は町々で【町人《ちょうにん》】がお金を出し合って管理しておりますので、大八車を使うには町の許可が必要でした。許可を受けた車には焼き印が押されます。大八車が嫌がられたもうひとつの原因は交通事故です。なにせブレーキなんかありませんので、無理もございません。事故を起こした車屋は、追放刑にされました。

**【大福帳】**だいふくちょう

商家の帳簿でございます。年々足していきますので、商売の安定した店では、まるでブロックのようになってしまいます。主に【帳場《ちょうば》】の責任者が店の売り上げ、お得意様の掛け金などを記録管理いたしました。

**【大麻】**たいま

伊勢の【御師《おし》】が【伊勢暦《いせごよみ》】と一緒に配りました御札です。

**【大名】**だいみょう

一万石以上の【知行《ちぎょう》】を与えられた諸侯を申します。関ヶ原の合戦以前から徳川方の大名は【譜代大名《ふだいだいみょう》】、以後は【外様大名《とざまだいみょう》】と呼ばれ、城を持っている大名は【城持大名《しろもちだいみょう》】、城を持たないのは「陣屋大名」などと呼ばれます。

　大名の所得は知行内の田圃《たんぼ》の面積によって「〜石《ごく》」という単位で示されますが、実際に【年貢《ねんぐ》】として得られますのは、石高の三十五%くらいでございました。

**【大名貸し】**だいみょうがし

㈠ 都市の豪商が藩主に貸す大口の借金のことを申します。

㈡転じて→貸した方が潰れるんじゃないかと思われるような金の貸し方、または貸し倒れ覚悟の【人情貸《にんじょうが》し】などを申します。

**【大名行列】** だいみょうぎょうれつ

【参勤交代《さんきんこうたい》】などで江戸と諸国を旅する【大名《だいみょう》】の一行のことを申します。人数は時期によっても異なりますが、一万石の大名で六十名、二十万石以上だと三百名以上の大行列となりました。大名行列は決められた街道を陸路で行かなければなりませんが、中国、四国、九州の大名は瀬戸内海を船で行くことができました。

**【大名飛脚】** だいみょうびきゃく

各藩が設置しました、江戸藩邸と国元を結ぶ【飛脚《ひきゃく》】でございます。飛脚は【中間《ちゅうげん》】【足軽《あしがる》】から選ばれました。江戸中期になりますと【町飛脚《まちびきゃく》】が登場して次第になくなりました。

**【大名火消】** だいみょうびけし

十六の【大名屋敷《だいみょうやしき》】に設置された、藩邸や江戸城、幕府施設の消防にあたった【火消《ひけし》】を申します。寛永二十年(一六四三)に組織されたもので、所管によって「所所火消」「方角火消」「三町火消」などがございました。服装のデザインは【町火消《まちびけし》】に比べて地味でしたが、頭は【大名《だいみょう》】でございますから、貫禄のある「火事兜」に陣羽織という【出立《いでたち》】です。赤穂義士が討ち入りの夜にしていた格好がこれです。

**【大名屋敷】** だいみょうやしき

【大名《だいみょう》】が幕府から拝領しましたお屋敷を申します。「江戸藩邸」とも呼ばれまして、【上屋敷《かみやしき》】【中屋敷《なかやしき》】【下屋敷《しもやしき》】などがございます。敷地は大きなものは十万坪。小さいものでも二千五百坪もございました。

**【大明頭巾】** だいみんずきん

歌舞伎の【女形《おやま》】・中村富士郎が使い流行りました、【縮緬《ちりめん》】の防寒頭巾でございます。図は【頭巾《ずきん》】の色々のコラムをご覧ください。

**【逮夜】** たいや

葬儀や忌日《いみび》の前夜のことを申します。故人が成仏できるように家族や縁者で祈りを捧げます。「逮夜経」はこの日に行う読経のことを申します。「逮夜参り」は逮夜に行われる法要を申しまして、僧侶が檀家の家を訪れて読経いたします。

**【内裏・禁裏】** だいり

【帝《みかど》】の住まわれる御殿のことを申します。また、「お内裏様」と申しますのは、帝の尊称でございます。京・二条城の警備職を「内裏大番《おおばん》」、宮廷の上級女官を「内裏上臈《じょうろう》」、「内裏女郎《じょろう》」と申します。

**【内裏普請】** だいりぶしん

のんびりしてテキパキ働かず、なかなか進まない工事を申します。

**【大老】** たいろう

幕府御役人の形式上の最重職でございます。四代・家綱《いえつな》様の時代に「下馬将軍」と呼ばれた酒井忠清《ただきよ》や、十四代・家茂《いえもち》様の時代に【安政《あんせい》の大《たい》獄《ごく》】を行った井伊直弼《なおすけ》が有名です。どちらも将軍の権力をフルに使いまして、威権を振るいました。

**【高下駄】** たかげた

「板前下駄」ともいわれまして、主に水を使う仕事場で使われました。一般の男性は、歯の長い下駄を日頃履くのは【野暮《やぼ》】といわれましたが、雨の日には足が濡れにくいので、これを使いました。図は【下駄《げた》の色々】のコラムをご覧ください。

**【高島田】** たかしまだ

江戸後期に流行りました【島田髷《しまだまげ》】の根《ね》を頭頂部に近い位置に取るスタイルです。庶民には【潰《つぶ》し島田《しまだ》】が人気でしたが、武家の女性は高く堂々とした、こちらを好みました。

**【高瀬舟】** たかせぶね

流れの速い瀬で水が入らないように、舳先《へさき》が高く反りあがった川舟を申します。利根川ではたいそう大きなものが使われましたが、普通は小舟でございます。下りは流れに乗って行きますが、上りは綱を掛け岸から人力か馬力で引きました。

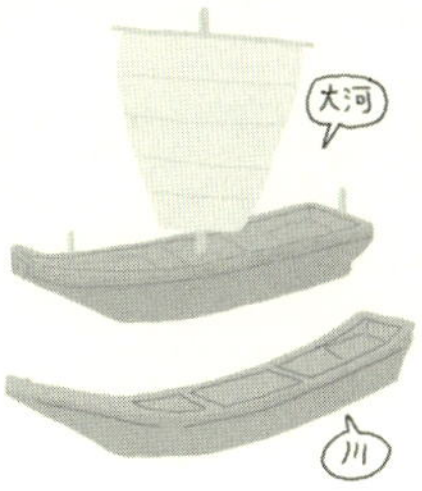


**【高積見廻り】たかづみみまわり**

【町奉行《まちぶぎょう》】配下の【与力《よりき》】一騎、【同心《どうしん》】二名で、高積みされた荷物を見廻る御役目でございました。【大八車《だいはちぐるま》】に積み過ぎていないか、通りを邪魔していないか、放火の種にならないかも見張りました。

**【高張提灯】たかはりちょうちん**

大型の【提灯《ちょうちん》】を長い竿の先に付けまして、あたりを広く照らすものでございます。武家屋敷の門前には球形のものが用いられ、球形は【町人《ちょうにん》】の使用が禁じられました。門前の他、婚礼、葬儀、火事の時にも使われました。図は【提灯《ちょうちん》の色々】のコラムをご覧ください。

**【高股】たかまた**

「高股立《たかももだち》」とも申します。武士が立会《たちあい》や力仕事の時に、袴の裾をはしょって、動きやすくすることを申します。高股を取り、襷《たすき》を掛けるというスタイルが一般的でございました。図は【袴《はかま》の色々】のコラムをご覧ください。

**【箍屋】たがや**

桶や樽を修理してくれる職人です。箍が外れただけでなく、底が抜けたり、割れたりしたものも、箍屋に頼めば元通りに直してくれました。

**【抱き主】**

【遊女《ゆうじょ》】の雇い主を申します。【吉原《よしわら》】以外でも【岡場所《おかばしょ》】や【色茶屋《いろぢゃや》】の主を申します。

**【抱き守】** だきもり

赤ちゃんをだっこして世話をする乳母を申します。

**【托鉢笠・網代笠】** たくはつがさ・あじろがさ

僧侶が托鉢の時に被る【笠《かさ》】でございます。薄く削った竹や檜《ひのき》を編んで作られます。図は【笠《かさ》の色々】のコラムをご覧ください。

**【竹皮草履】** たけかわぞうり

竹の皮で編んだ草履《ぞうり》でございます。竹皮は子供の草履によく使われましたが、趣がいいので通人も好んで履きました。

**【田下駄】** たげた

田圃《たんぼ》を歩くための下駄でございます。昔の田圃は今日よりも柔らかくて深かいものでした。「台かんじき」ともいわれます。

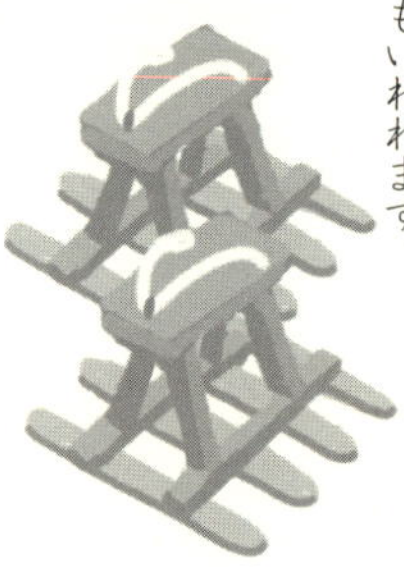

**【竹田頭巾】** たけだずきん

【吉原《よしわら》】で生まれました、顔を隠すための【頭巾《ずきん》】です。「亀屋頭巾」とも申しました。図は【頭巾《ずきん》の色々】のコラムをご覧ください。

**【竹町の渡し】** たけちょうのわたし

「駒形の渡し」とも呼び、【吾妻橋《あずまばし》】が架けられるまで、浅草〜本所《ほんじょ》間を結んだ渡し船を申します。

**【竹光】** たけみつ

竹を削って作った偽刀でございます。銀色に塗ったものは「金貝《かながい》」とも呼びます。貧しいお侍が、【太刀《たち》】を売ってしまったり、手入れをサボって錆びさせたり、重たいので……など様々な理由で真剣の代わりに持つものです。また、鈍い刀を嘲って呼ぶこともあります。

**【竹本義太夫】** たけもとぎだゆう

慶安四年〜正徳四年（一六五一〜一七一四）。【義太夫《ぎだゆう》】節の創始者でございます。貞享元年（一六八四）に大坂・道頓堀に竹本座を開設いたしました。【近松門左衛門《ちかまつもんざえもん》】と組み、多くの傑作を生み出しました。

**【竹屋の渡し】** たけやのわたし

【吉原《よしわら》】に近い浅草の【待乳山《まっちやま》】と向島を結んだ渡しで、昭和の初めまで行き来していました。

**【足高制】** たしだかせい

八代・吉宗《よしむね》様の時代、【享保《きょうほう》の改革《かいかく》】で導入された給与制度でございます。【家禄《かろく》】に見合わない大役に抜擢されますと、人手や経費がかさみ、【禄《ろく》】不足となりますので、これを補うもので、役に就いている間だけプラスされる制度でした。それまでは【役料《やくりょう》】として家禄にプラスしておりましたが、家禄を増やしてしまいますと、役を辞めた後もず〜っとその家に高い給料を払い続けねばなりませんので、改革されました。

**【方便】** たずき

「嘘も方便《ほうべん》」などと申します。物事を始める手がかり、生活の手段を申します。

**【誰哉行灯】** たそやあんどん

【吉原《よしわら》】の茶屋の店先などにありました、小さい屋根形の【辻行灯《つじあんどん》】です。

**【三和土】** たたき

【土間《どま》】に同じ。家の中の土床のことでございます。土に塩や石灰を混ぜて叩き固めてあります。

**【踏鞴】** たたら

鋳物を作る時に使います大きな吹子《ふいご》を申します。「踏鞴を踏む」とは、勢い余って的を外し、空足を踏む様をいいます。

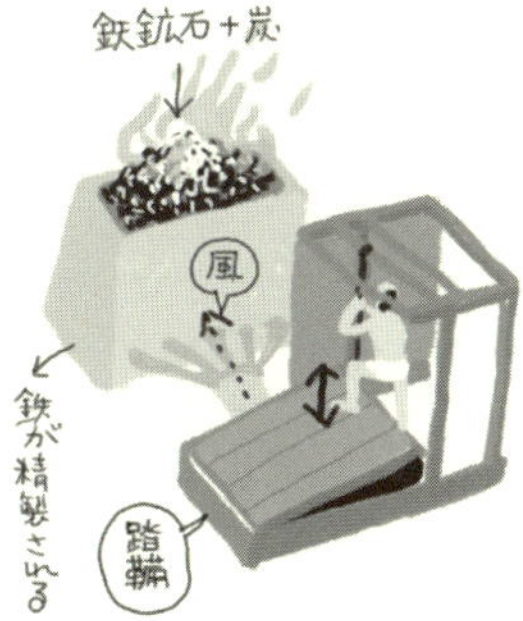


**【太刀】** たち

「断つ」の意味で、武器としての刃物のことでございます。一般に長い刀を申しまして【脇差《わきざし》】などの短いも

太刀の各部名称
切先
鎬
棟・峰
目釘
柄
刃紋
（刃の模様）
刃先
笄
小柄
鍔
鐺
鞘
鯉口
栗形
下緒
【上段の構】
じょうだんのかまえ
高股
【下段の構】
げだんのかまえ
【脇構】
わきがまえ
【八双の構】
はっそう
のかまえ
【青眼：正眼の構】
せいがん
のかまえ
【受け流し】
うけながし
【一文字】
いちもんじ

のを【小太刀《こだち》】と呼びます。「大刀」も「たち」と読みますが、こちらは室町時代以前の、反りのない真っ直ぐな刀を指します。

**【立居振舞】たちいふるまい**

立ち上がることから座ることまでの日常の所作《しょさ》、身のこなしを申します。立居振舞を見るとその人のことが色々とわかるものです。

**【立ち売】たちうり**

通りで商品を持ちながら売ったり、路面に茣蓙《ござ》などを敷いて品物を並べ売る【外商い《そとあきない》】を申します。

**【立役】たちやく**

役者のうちで、【女形《おやま》】に対して男役のことを申します。

**【方便】たつき**

【方便《たずき》】に同じです。生活の糧とする仕事、生計のことを申します。

**【立付袴】たっつけばかま**

【伊賀袴《いがばかま》】に同じでございます。忍者の着るような、裾を脚絆《きゃはん》のように絞った袴を申します。図は【袴《はかま》の色々】のコラムをご覧ください。

**【辰松風髷】たつまつふうまげ**

【文金風髷《ぶんきんふうまげ》】の髷《まげ》を短く切りまして、頭から離したスタイルです。

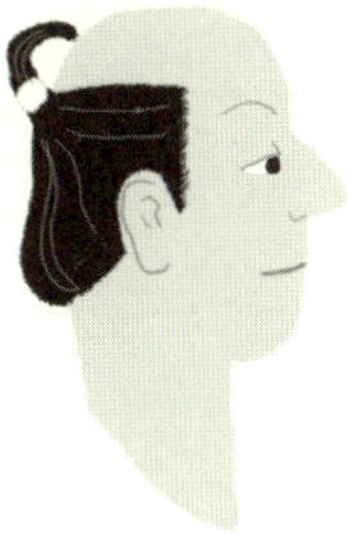

**【辰巳芸者】たつみげいしゃ**

【深川芸者《ふかがわげいしゃ》】のことを申します。深川は江戸の【辰巳《たつみ》の方角《ほうがく》】にあります。

**【巽・辰巳の方角】たつみのほうがく**

辰と巳の間「南東」を申します。

**【立場】たてば**

【辻駕籠《つじかご》】がお客を待つ場所、今日のタクシー乗り場のようなものです。

**【立場茶屋】たてばちゃや**

【宿場《しゅくば》】と宿場の間に設けられました、休息所でございます。お茶や餅の他、食事もできました。

**【達引・立引】たてひき**

意地の張り合いのことを申します。特に、義理を立て合うことを申します。「ここは私が払う」「いやいやうちが！」「いや、それは困ります！」みたいなことです。江戸では三回以上の押し引きは【野暮《やぼ》】でした。

**【立兵庫】たてひょうご**
【吉原《よしわら》】の【花魁《おいらん》】の髪型として有名でございます。鳥の羽のように大きく盛った髪は、【かもじ】です。

**【伊達者】だてもの**
男らしく、お洒落なことを申します。【粋《いき》】と比べますと、伊達の方がよりパワフルで男らしいイメージです。

**【立役者】たてやくしゃ**
㊀「立者《たてもの》」とも申しまして、芝居の主人公でございます。
㊁転じて→中心人物、重要な役割を果たす者を申します。

**【畳紙】たとう**
着物などを包みます、十字型をした包み紙を申します。用途によって様々な種類があり、漆を塗った丈夫なものもございました。

**【炭団】たどん**
屑炭を練り固めて団子状にした炭を申します。普通の炭より安く火持ちもよいものでございました。

**【店請】たなうけ**
【長屋《ながや》】などの借家に住むにあたり【店子《たなこ》】の身元保証人になること、その保証人のことを申します。真面目な者なら、前の住まいの大家や奉公先の主人、出入りの店の主人がなってくれました。

**【棚卸し】たなおろし**
「他人の棚卸しをする」は人の悪口をいうことでございまして、あれこれと欠点を論《あげつら》うことを申します。

**【店子】たなこ**
【長屋《ながや》】などに住む、借家人のことを申します。

**【店立】たなだて**
【地主《じぬし》】や大家が【店子《たなこ》】を追い出すことを申します。怠けて家賃を払わないとか、【博打《ばくち》】や酒に浸っているとか、甲斐性のない者や犯罪を犯しそうな者が、店立にあいました。

**【店賃】たなちん**

家賃のことです。【裏店《うらだな》】は月三百～五百文で、日払いもできました。

**【田沼時代】たぬまじだい**

明和四年～天明六年（一七六七～一七八六）、十代・家治《いえはる》様の【老中《ろうじゅう》】・田沼意次《おきつぐ》が幕政を主導していた時代のことを申します。幕政立て直しのために、商業を重視した改革をいたしました。専売制や【株仲間《かぶなかま》】を推奨し、新しい貨幣を造ったり、長崎を開港し、蘭学を推奨するなど自由な時代でありました。が一方で、浅間山の大噴火や【天明《てんめい》の大飢饉《だいききん》】に見舞われ、一揆が起こったり、格差が広がり豪商が生まれ、「賄賂政治」が横行いたしました。田沼様は中級の藩士から異例の出世をして、老中まで登り詰めましたが、家治様の死去により罷免《ひめん》されました。

**【煙草盆】たばこぼん**

当時の喫煙率はとても高く、ほとんどの大人が吸っておりました。庶民はお客が来ましたら、お茶よりも「まぁ一服」ってんで煙草盆を出したものです。盆には小さな炭火の入った【火入《ひい》れ】と、【灰吹《はいふ》き】という煙草の灰を捨てる容器がのっておりました。【長屋《ながや》】では、お盆の上に陶器の火入れと、竹を切っただけの灰吹きが置いてあるというスタイルでございました。

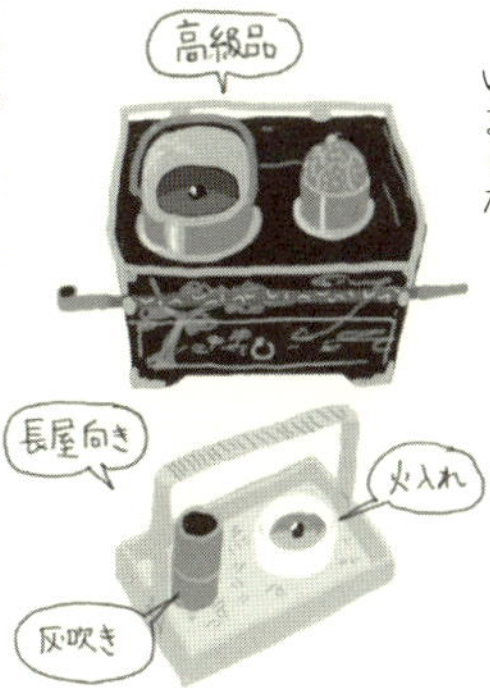


**【旅姿】たびすがた**

「旅装束《たびしょうぞく》」とも申します。旅向きの服装のことでございます。【笠《かさ》】に【手甲脚絆《てっこうきゃはん》】、合羽《かっぱ》、【道中脇差《どうちゅうわきざし》】、草《わら》鞋《じ》などを身に付けまして、荷物は【振分行李《ふりわけごうり》】などに入れて肩にかけます。女性は杖を持って、【手拭《てぬぐい》】を被りまして、荷物は御供が持つのが普通でした。女性はひとり旅ができないので、必ず御供がいるものです。また、今日のように着替なんてのは持って行けません。ほとんど着たきり雀《すずめ》で旅をいたします。ですから女性は、三、四枚着物を重ね着して行きました。

庶民の旅は【伊勢参《いせまい》り】か【大山《おおやま》詣《もうで》】が有名でして、決められた街道を決められた【宿場《しゅくば》】に泊まって旅をいたします。

武士は【野袴《のばかま》】か【立付袴《たっつけばかま》】に羽織、【笠《かさ》】を身に付け、刀には【柄袋《つかぶくろ》】を被せまして、荷物は【中間《ちゅうげん》】に持たせるか【継送《つぎおくり》】にいたします。携行品は【内飼《うちか》い】に入れて背負います。武士は【道中《どうちゅう》】でも両手は常に空けておくものでした。

**【旅用七つ道具】** たびようななつどうぐ

【道中《どうちゅう》】の必需品を申します。七つ道具は、【小田原提灯《おだわらぢょうちん》】に、煙草入、【矢立《やたて》】、道中案内本、旅の記録をする手帳、銭を入れる【早道《はやみち》】、【印籠《いんろう》】などが一般的でした。

**【髱】** たぼ

頭の後ろの髪を申します。江戸以前、女性は髪を束ねて後ろに下ろしておりましたが、長い髪は着物を汚しますし、仕事に不便でございました。そこで、上にまとめまして、男性風に髷《まげ》を結うのが好まれるようになりました。

**【髱差】** たぼさし

【鴎髱《かもめづと》】など、【髱《たぼ》】の反りあがった髪型を作るために使う「張り型」でございます。鯨のひげや黒い紙などで作られました。

**【卵に目鼻を付けた】** たまごにめはなをつけた

上方では丸顔が好まれましたが、江戸では細面が美人の条件でございました。卵に目鼻を付けたように色白で可愛らしいという意味で、美少女の褒め言葉です。大人になりますと【瓜実顔《うりざねがお》】が美人とされます。

**【玉の緒】** たまのお

魂と体を繋ぐ臍《へそ》の緒を申しまして、これが切れると……。転じて→「命」のことを申します。

**【玉結び】** たまむすび

女性の髪型のひとつでございます。束ねた髪の中程で結びまして、【元《もと》結《ゆい》】と【簪《かんざし》】で留めたスタイルを申します。

**【溜間・溜之間】** たまりのま

江戸城【本丸《ほんまる》】の【黒書院《くろしょいん》】に付属する部屋でございまして、【譜代大《ふだいだい》名《みょう》】の中でも【老中《ろうじゅう》】クラスの方が控える、格式の高い【詰所《つめしょ》】でございます。この部屋を利用する【大名《だいみょう》】を「溜詰《たまりづめ》」と申します。

**【試し斬り】** ためしぎり

【大名《だいみょう》】や【旗本《はたもと》】が名のある刀工に作らせた刀の切れ味を試すことを申します。正式なものは【牢屋敷《ろうやしき》】で【斬首《ざんしゅ》】刑の後の遺体を使用して行われました。これを「御様御用《おためしごよう》」と呼びます。主に【山田朝右衛門《やまだあさえもん》】が鑑定を兼ねて行いました。正式でないものは【辻斬《つじぎ》り】で行われました。

**【袂袖】** たもとそで

着物の袖口の下側を縫い閉じまして、袂を作った袖を申します。今日の着物はほとんどが袂袖でございます。袖口が小さいものを「小袖」、大きいもの、または閉じないものを「大袖」「広袖」と申します。図は【袖《そで》の色々】のコラムをご覧ください。

**【太夫】** たゆう

㈠「たいふ」から来た名で、能、歌舞伎、【浄瑠璃《じょうるり》】の役者や語り手、三味線弾きなどが芸名や敬称として用います。

㈡【遊女《ゆうじょ》】の最高位の位を申します。

㈢神主、伊勢の【御師《おし》】の称号にも用います。

**【便り屋】** たよりや

江戸市内の郵便物を運びます【飛脚《ひきゃく》】でございます。安政元年（一八五四）から始まりました。飾りを付けた【担箱《にないばこ》】を担ぎまして、市内を廻りました。

**【陀羅尼助】** だらにすけ

市販の整腸剤でして、黒くてたいへん苦いものです。同じような成分で調合したものに「お百草」がありました。

**【だらり結】** だらりむすび

女性の帯結びのひとつで、祇園の【芸子《げいこ》】が普段着に使った結い方が始まりでございます。大きく結んで両端をだらりと垂らします。図は【帯《おび》の色々】のコラムをご覧ください。

**【樽廻船】** たるかいせん

「酒樽廻船」「樽船」とも呼ばれます。大坂から江戸に荷物を送ります定期便船のひとつで、もともと【菱垣廻船《ひがきかいせん》】を利用していた酒問屋たちが、享保十五年（一七三〇）に「樽廻《たるかい》船問屋《せんどいや》」を結成し、独自に運航させたものです。酒を専門に運び、余裕があれば他の商品も運びました。積み込み作業が迅速だったため、菱垣廻船より早く江戸に到着しました。

**【樽ころ】** たるころ

「軽子《かるこ》」とも呼ばれます、【樽廻船《たるかいせん》】などで働く樽運び人足のことです。

**【樽拾い】** たるひろい

酒屋の小僧さんのことでございま

す。お得意さんから、空き樽や【通《かよい》徳利《とっくり》】を回収して廻ります。本来はお客が返しに来るものですが、相手が酔っぱらいのことが多いので、ほっといては戻って来ませんからね。ついでに「おかわりは要りませんか?」なんて御用も聞いて廻ります。

**【田分け】**たわけ

農家が田圃《たんぼ》を分けることを申します。子供たちに相続させる度に分割してしまいますと、田圃が小さくなって、次第に農業が成り立たなくなってしまいます。転じて→愚か者の意味で使われます。

**【俵物】**たわらもの

唐船貿易で輸出されました、俵に詰めた「乾き物」のことです。煎海鼠《いりこ》、干鮑《ほしあわび》、鱶鰭《ふかひれ》が「俵物三品」と呼ばれる高級食材でした。

**【男色】**だんしょく

ホモセクシャルのことで、男性と男性の恋愛のことを申します。当時【切支丹《きりしたん》】の国では犯罪でしたが、日本では半ば公然と男同士睦まじくしておりました。レズビアンは「ト一《といち》ハ一《はいち》」や「小倉庵《おぐらあん》」と申しました。

武将の男色はつとに有名でございまして、仙台藩主・伊達政宗が恋人の【小姓《こしょう》】・只野作十郎に宛てた手紙などが残されております。また、美少年は小姓として幼い頃から武家や寺院に奉公に上がりまして、主人の側で【衆道《しゅどう》】に染まります。蘭学者・【平賀源内《ひらがげんない》】も小姓上がりで、生粋の男色でございました。

**【丹前風】**たんぜんふう

江戸初期に流行りました【町奴《まちやっこ》】や【旗本奴《はたもとやっこ》】の派手な服装を申します。当時大人気となりました、【湯女《ゆな》】の勝山がいた【湯屋《ゆや》】が松平丹後守の【上屋敷《かみやしき》】前にあったことから、その湯屋が「丹前」と呼ばれるようになり、そこへ通う者たちという意味が始まりといわれております。

【檀那寺】だんなでら

庶民が登録されているお寺を申します。【切支丹《きりしたん》】防止のために町の庶民も、農民も、誰もが地域の寺の檀家とされ、切支丹でない証明をしてもらう必要がありました。そのため、宗派はあまり関係ありませんでした。また、旅に出るには、【町役人《ちょうやくにん》】以外にも檀那寺から【通行手形《つうこうてがた》】を出してもらえました。

【だんびら】

幅の広い【太刀《たち》】のことを申します。重く打撃力がございます。

## 【ち】

【近松門左衛門】ちかまつもんざえもん

承応二年～享保九年（一六五三～一七二四）。江戸前期に活躍しました上方の歌舞伎、【浄瑠璃《じょうるり》】の作者でございます。浄瑠璃を百作以上書きまして、『出世景清《しゅっせかげきよ》』『曽根崎心中《そねざきしんじゅう》』『心中天網島《しんじゅうてんのあみじま》』などが有名です。

【知行】ちぎょう

【旗本《はたもと》】が将軍から【領地《りょうち》】を受け取り、治めることを申します。また、知行する領地を「知行所」と呼びます。

【知行取り】ちぎょうとり

自分の【領地《りょうち》】での【年貢《ねんぐ》】を主な収入とする【旗本《はたもと》】のことで、「地方取《じかたと》り」とも申します。「知行五百石」は、五百石収穫できる領地の意味でございます。年貢は「四公六民」といわれますが、実際の税収は【知行《ちぎょう》】の三十五％ほどでして、お米を直接幕府からいただく【蔵米取《くらまいと》り】の五百俵と同じくらいとなります。飢饉などで収穫が減った場合は、幕府が補填してくれました。

**【逐電】** ちくてん・ちくでん

雷のごとく素早く行動することを申します。【出奔《しゅっぽん》】や失踪に同じでございますが、盗賊や【下手人《げしにん》】が、【討手《うって》】が来るより先にとんずらする様子によく使われます。

**【稚児小姓】** ちごこしょう

公家や武家、寺院などに仕える幼い【小姓《こしょう》】の中でも、とりわけ美少年で、主人の寵愛《ちょうあい》を受け【衆道《しゅどう》】に入った者を申します。

**【稚児の剣法】** ちごのけんぽう

【小太刀《こだち》】の武術のことで、いくら習得しても【太刀《たち》】にはかなわないと考えられたのでこう呼ばれました。ただし、家屋内や集団を相手にする場合は、短く軽いことが有利になりました。もっぱら、護身術としての武術でございます。

**【稚児髷】** ちごまげ

幼い子供の髪型で、頭の上で髷《まげ》をふたつの輪にするスタイルでございます。図は【髪型《かみがた》の色々】のコラムをご覧ください。

**【致仕】** ちし

【致禄《ちろく》】に同じ。官職を辞めることを申します。

**【蟄居】** ちっきょ

公家や武士の謹慎刑罰のひとつでございます。【沙汰《さた》】までの拘置としてよく使われましたが、最長は「永蟄居」と申しまして、永遠に部屋から出られないというものでございます。そのため寺に預けられ仏門に入り、お堂に一生籠もって修行をする者もおりました。

**【血糊】** ちのり

㊀血液には脂肪分が含まれるため、糊のようにべとつきますので、それを申します。その粘性は「刀で三人を斬ると、もう斬れなくなるほど」といわれます。

㊁または、べっとりと付いた血液のことも申します。

**【魑魅魍魎】** ちみもうりょう

山の精霊、川の精霊のことでございまして、森の中に現れます妖怪やらなんだかわからないものを申します。神だったり、死者を食べる魔物といわれたり、なんだかわからないからこそ、恐ろしいのでしょう。

**【ちゃきちゃき】**

もともとは「嫡嫡」と書きまして、「生粋の」という意味でございます。

**【茶汲み女】**ちゃくみおんな

健全なお店では、看板娘がアイドルのように有名になりまして、彼女たちとちょっと話すためだけに、せっせと若い男衆が通ったりいたしました。また、茶汲みとは名ばかりで、売春のために働く者もおりました。

**【茶筅髪】**ちゃせんがみ

昔風の束ねた髪型のことで、江戸初期にはまだ多くいらっしゃいました。束ねた髪の先を茶筅のように広げたスタイルでございます。武士や馬丁などに好まれました。女性の場合は【島田髷《しまだまげ》】の髷を散らしましたもので、若い後家さんの髪型でございました。

**【茶運び人形】**ちゃはこびにんぎょう

細川半蔵というからくり師の作りました、からくり人形でございます。淹れたお茶をお客に届けて、飲み終わりましたら湯飲みを持って帰ります。全て、ぜんまいと木製歯車で動いております。

**【茶船】**ちゃぶね

十石積みの川船を申します。「屋形茶船」は、屋根の付いた大ぶりの川遊び用の船でございます。

**【茶飯】**ちゃめし

初めの頃は「利休飯」など、お茶で炊いたご飯を申しましたが、後には醤油と酒で味付けして炊いたご飯も申

しまして、「茶飯売」が籠に入れて売り歩きました。

**【茶屋辻】** ちゃやつじ

上流武家の妻女のみが着ることのできます、夏の正装用の麻生地でございます。藍染めで山水や雲取、草花などの総模様が施されております。

**【中気・中風】** ちゅうき・ちゅうぶう

脳卒中など脳の疾患から生じる病のことでございます。【類中《るいちゅう》】【風病《ふうびょう》】とも申します。

**【中間】** ちゅうげん

もともとは、戦国時代にお侍になりたい農民などが、【陣笠《じんがさ》】ひとつで武将に付き従ったもので、最下位の兵卒を申しました。江戸時代では【足《あし》軽《がる》】と「小者《こもの》」の中間という、曖昧で微妙な地位で、身分は武士ではなく【奉公人《ほうこうにん》】という扱いでした。ですので、刀も【脇差《わきざし》】のみを持ちます。主にお城や屋敷の門番、付人として働きました。尻切袢纏《しりきりばんてん》に【尻《しり》っ端折《ぱしょり》】をしまして、素足に草履《ぞうり》という【出立《いでたち》】です。【奴《やっこ》】も中間でございます。

**【中間法師】** ちゅうげんぼうし

雑用をする身分の低い僧のことでございます。

**【中間目付】** ちゅうげんめつけ

幕府要職の【目付《めつけ》】の部下で、【中《ちゅう》間《げん》】の管理、監視をいたします武士の役職を申します。

**【中間狼藉】** ちゅうげんろうぜき

揉めごとの途中で、仲裁人の制止を無視して暴力を振るうことを申します。

**【中段の構】** ちゅうだんのかまえ

「正眼の構」「青眼《せいがん》の構」ともいいます。剣先を相手の喉や瞳に向けまして、上段とは異なり、入る間をふさぎます。「人の構」「水の構」とも申します。最も精神集中しやすいもので、多く使われる構でございます。

図は【太刀《たち》と剣術《けんじゅつ》】のコラムをご覧ください。

**【中追放】** ちゅうついほう

刑罰のひとつです。田畑、家屋敷を没収し、犯罪地、住居地、武蔵、山城、摂津、和泉《いずみ》、大和、肥前、下野《しもつけ》、甲斐、駿河と、東海道、木曽路、日光道の各街道に入ることを禁じました。しかし『旅姿《たびすがた》』ならば入れました。

**【中臈】** ちゅうろう

将軍や【御台様《みだいさま》】の身の回りの世話をする【奥女中《おくじょちゅう》】を申します。将軍のお眼鏡に叶いまして【側室《そくしつ》】になる者もおりました。

**【丁】** ちょう

サイコロ【博打《ばくち》】などで用いられまして、偶数の目のことを申します。奇数は「半端」ですので【半《はん》】と申します。

**【蝶足膳】** ちょうあしぜん

格式のある家や料亭で使われます、食事用の膳でございます。

**【丁銀】** ちょうぎん

四十匁《もんめ》ほどの銀の延板《のべいた》でございまして、【称量貨幣《しょうりょうかへい》】として使われました。巻頭コラムの【江戸《えど》の通貨《つうか》】をご覧ください。

**【長者】** ちょうじゃ

地域の有力者、または徳のある人のことを申します。ですんで、長者さんと呼ばれる方は単なる富豪ではなく、村の統率者、今日でいう村長のような身分でもあります。【名主《なぬし》】と同じでございます。

**【諜者】** ちょうじゃ

ここそこ探りを入れる者、密偵・スパイのことを申します。

**【重畳】** ちょうじょう

とっても好都合なこと、満足度百二十%のことを申します。

**【手水場】** ちょうずば

㊀トイレの横にあります、手洗い場のことを申します。

㈡今日では「お手洗い」といいますが、当時はトイレのことを遠回しに手水場と呼んでおりました。

**【柱石】ちゅうせき**

大黒柱、組織や家の重要な役処であることを申します。主人が家臣を褒める時などに使われます。

**【町代】ちょうだい**

㈠江戸、大坂の【町役人《ちょうやくにん》】の職種のひとつでございます。【町年寄《まちどしより》】【町名主《まちなぬし》】の秘書のような仕事を、【自身番《じしんばん》】【町会所《まちかいしょ》】で行いました。【書役《かきやく》】とも呼ばれます。

㈡京では町代《まちだい》と呼びまして、町名主や町役人の長でした。幕府の役人にも重要視されました。

**【町内預け】ちょうないあずけ**

町内の揉めごとや事故は、基本的に町内で片付けました。これを町内預けと申します。仲裁をするのは【町役人《ちょうやくにん》】【五人組《ごにんぐみ》】でした。そこで問題が大きいと判断されますと、【同心《どうしん》】の判断をあおぎます。

**【町人】ちょうにん**

狭義での町人は、【表店《おもてだな》】以上の商売をして、税を納め、町の運営に関わる者、家を申します。つまり、【裏店《うらだな》】で慎ましく暮らす人々は含まれませんので、今日の「都民」と同じ意味ではありません。

**【町人地】ちょうにんち**

【町人《ちょうにん》】による所有、売買を許された土地でございます。江戸の八割は武家地・寺社地でした。残りの二割のうちでも、売買が許されていたのは【沽券地《こけんち》】と「草創地」の二種類だけでした。土地を所有しますと、税など様々な負担が課せられました。

**【帳場】ちょうば**

店主や番頭《ばんとう》、手代頭など、お店を実質的に取り仕切る者が座る場所を申します。【奉公人《ほうこうにん》】にとって、ここに座ることは憧れでございました。

**【帳場格子】** ちょうばごうし

【帳場《ちょうば》】の象徴でございます。商家の店主、番頭《ばんとう》、手代頭が帳面を付ける帳場を囲う格子のことを申しまして、上方では「結界」と呼びました。

**【長範頭巾】** ちょうはんずきん

能装束として使われれました、垂れの付いた饅頭形の【頭巾《ずきん》】でございます。大道芸人や【辻商い《つじあきない》】でも使われました。図は【頭巾《ずきん》の色々】のコラムをご覧ください。

**【鳥目】** ちょうもく

銭の真ん中にあいてます四角い穴のことでございます。「お鳥目」なんて申しますのは、お金のことでございます。

**【帳屋】** ちょうや

帳面を売るお店でして、店先に青竹を立てております。新しい帳面を買う時に【大福帳《だいふくちょう》】や「売帳」といった表書きをしてもらいます。

**【町役】** ちょうやく

【町役人《ちょうやくにん》】の略でございます。

**【町役人】** ちょうやくにん

日常。町の自治を行います【町人《ちょうにん》】でございます。庶民のことは庶民で管理するのが基本でございまして、それで治まらない場合には、【同心《どうしん》】や【奉行所《ぶぎょうしょ》】に問題を上げまして【沙汰《さた》】を請いました。町役人には【町年寄《まちどしより》】【町名主《まちなぬし》】【月行司《つきぎょうじ》】【書役《かきやく》】などがあります。家持《いえもち》や【地主《じぬし》】【家主《やぬし》】それに【大店《おおだな》】の主人が協力して、町を管理いたしました。正式に申します町人とは、町役人の家族や商家など、税金を納めて町の自治に関わっている者を申しまして、【裏長屋《うらながや》】に住むような庶民は含まれません。

**【猪牙舟】** ちょきぶね

細身で足の速い川舟でございまして、江戸ではタクシー感覚で使われ

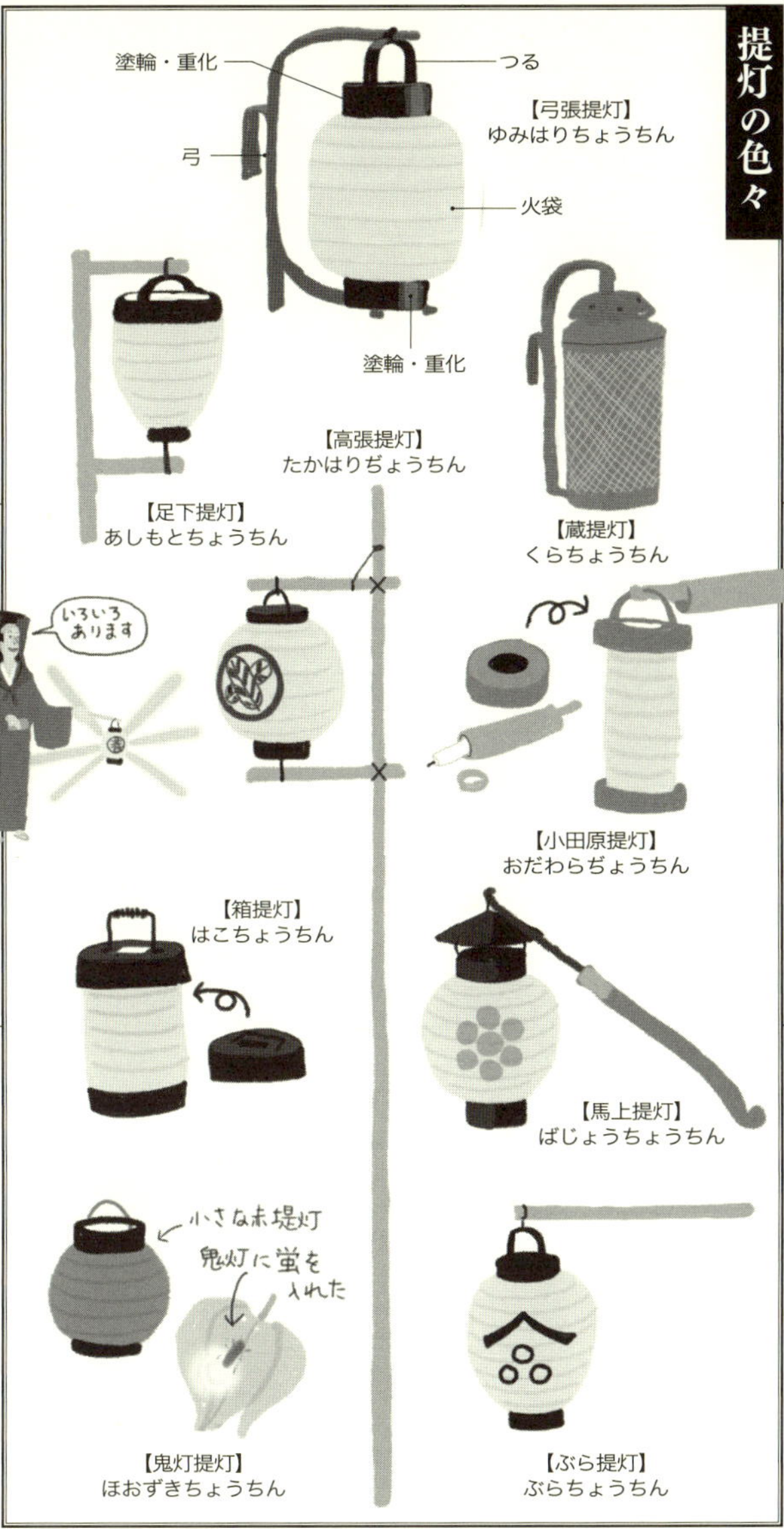
提灯の色々
塗輪・重化
つる
【弓張提灯】
ゆみはりちょうちん
弓
火袋
塗輪・重化
【足下提灯】
あしもとちょうちん
【高張提灯】
たかはりぢょうちん
【蔵提灯】
くらちょうちん
いろいろ
あります
【小田原提灯】
おだわらぢょうちん
【箱提灯】
はこちょうちん
【馬上提灯】
ばじょうちょうちん
小さな赤提灯
鬼灯に蛍を
入れた
【鬼灯提灯】
ほおずきちょうちん
【ぶら提灯】
ぶらちょうちん

ておりました。【船宿《ふなやど》】から乗りまして、帰りも迎えに来てくれます。

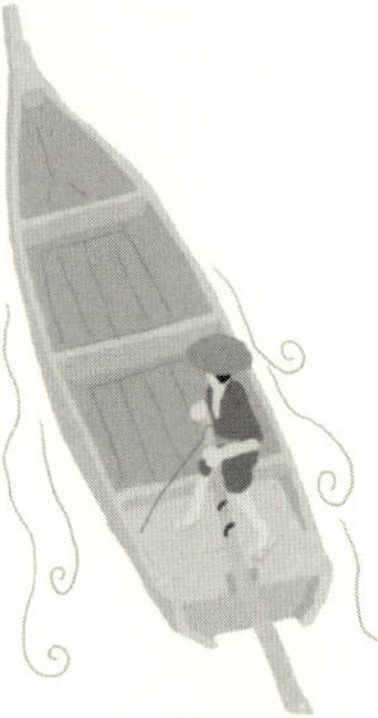

**【猪口才】ちょこざい**
「ちょこっとした才」という意味で、さしでがましく、小生意気なことを申します。

**【塵芥】ちりあくた**
埃やゴミのことで、転じて↓価値のないもの、取るに足らないものを申します。

**【縮緬】ちりめん**
表面に「しぼ」と申します凸凹を作った生地です。呉服（もちろん高級品）や風呂敷などに使いまして、庶民は襟や袋物などにちょこっと使って楽しみました。

**【致禄】ちろく**
【俸禄《ほうろく》】を返すこと、または官職を辞して隠居することを申します。武士が使う場合は、武士を辞めるという意がございます。

**【チロリ】**
酒に燗を付ける、銅製のポットを申します。お店では【銅壺《どうこ》】と申します竈《かまど》に専用の穴がありまして、そこで温めます。家では火鉢の隅にチロリを立てる袴を置きまして温めます。江戸末期に、熱燗用の徳利が出るまで広く使われました。

**【ちんたな】**
【店賃《たなちん》】のことでございます。【長《なが》屋《や》】住まいの者がおどけて使う逆さ言葉です。

**【賃餅】ちんもち**
お正月頃に【搗《つ》き米屋《ごめや》】さんに餅米を持って行き搗《つ》いてもらうお餅や、お菓子屋さんで売っているお餅を申しました。名の由来は諸説ございますが、自分で搗かずに賃金を払って搗いてもらうことから、賃餅と呼ばれるそうです。お正月の行事なのに手を抜いているという自嘲の意味もあるのでしょう。

## 【つ】

**【築地塀】ついじべい**

土をつき固めて作りました丈夫な塀で、高位の家柄にのみ許されました。今日でも京都御所や寺院などで見られます。

**【通言】つうげん**

業界用語のことを申します。幕末には、今日のように業界用語を日常に使うのが流行りました。

**【通行手形】つうこうてがた**

【道中手形《どうちゅうてがた》】「往来手形」「関所手形」とも申します。旅をするために使う「旅行証明書」でございます。

武士は主人や藩から、庶民は【町《まち》名主《なぬし》】【五人組《ごにんぐみ》】【町役人《ちょうやくにん》】【檀那寺《だんなでら》】から、身分と旅の目的を書いた手形を【関所《せきしょ》】を通過する回数分貰いました。グループ旅行の場合は、個々にでなくグループ単位で発行されました。

似たものに【往来切手《おうらいきって》】がございます。手形は関所に提出するもので一カ月期限・一回限りの証明書でしたが、切手はパスポートのように見せることで通行できました。そのため、諸国を巡る商人などは往来切手を利用しました。

**【使番】つかいばん**

㈠【若年寄《わかどしより》】に属し、【国目付《くにめつけ》】、諸国巡検使として遠国の監視をいたしました。

㈡【御使番《おつかいばん》】のことを申します。

**【柄袋】つかぶくろ**

刀の柄に被せるカバーのことでござ

います。雨の日や【道中《どうちゅう》】で使います。

**【付馬】つきうま**

【吉原《よしわら》】の勘定の徴収方法のひとつでございます。遊んだはいいけど料金を払えない時に、お客を馬で家まで送って行きまして、【馬子《まご》】か若い衆に徴収させました。

**【継送】つぎおくり**

もともとは幕府公用の旅の荷物を【伝馬《てんま》】で「宿継《しゅくつぎ》」にしたものをいい、人や荷物、手紙などを【宿場《しゅくば》】～宿場をリレーで送る急行便でございます。宿場ごとに馬や駕籠、【飛脚《ひきゃく》】を替えて行きますので、早く目的地に着けます。寛永十五年（一六三八）には、東海道の各宿場に馬と【馬子《まご》】百組を常に用意するように決められました。公用の者は【伝馬朱印状《てんましゅいんじょう》】を持ちまして、それを見せると無料で利用できました。

**【月囲い】つきがこい**

【妾《めかけ》】商売のひとつで、月契約で旦那を持つことを申します。または、妾を囲うことを申します。旦那が通って来ることも、旦那の家へ通うこともありました。武士の場合は外泊が禁じられておりましたので、家へ呼ぶか同居するのが普通です。

**【月行司】つきぎょうじ**

【問屋《といや》】仲間、【株仲間《かぶなかま》】、町寄合などで、月交代で事務や管理を担当する当番のことでございます。「月行《がちぎょう》事《じ》」とも申します。

**【搗き米屋・舂き米屋】つきごめや**

【挽《ひ》き米屋《ごめや》】とも申します。庶民が日常、「米屋さん」といえば、この店を指しまして、米問屋《こめどいや》ではありません。米を【唐臼《からうす》】で精米して小売いたします。

白米を食べるようになったのは元禄の頃（一六八八～一七〇四）で、それまでは玄米や雑穀を食べておりま

した。白米を食べるようになって、【糠《ぬか》】が大量に出ましたので漬け物が普及いたしました。その一方で、質素な食事をする武士などに【江戸《えど》煩《わずらい》】が多く生じました。

**【月済金】つきなしがね**

月払い制の短期金融でございます。高利ですが【素金《すがね》】で貸してくれますので、庶民はこれによく頼りました。一方、毎日返済するものは【日《ひ》済金《なしがね》】と申します。

**【月次御礼】つきなみおんれい**

毎月一日、十五日、二十八日の三回行われる、【御目見得《おめみえ》】以上の【大名《だいみょう》】【旗本《はたもと》】が将軍に拝謁する日でございます。

**【月番】つきばん**

㊀毎月交代で役務に就くことを申します。【町役人《ちょうやくにん》】や【宿役人《しゅくやくにん》】などが用います。毎日交代するのは「日《ひ》番《ばん》」でございまして、お休みしてる方は「非番《ひばん》」ですな。

㊁【奉行所《ぶぎょうしょ》】が毎月交代で庶民の訴えを受け付けることでございます。江戸、京、大坂の奉行所は南北または東西二箇所にございまして、それぞれ月番で受け付けました。しかし非番だからといってお休みではなく、その月は【吟味《ぎんみ》】などに専念しておりました。

**【継飛脚】つぎびきゃく**

幕府の【飛脚《ひきゃく》】でございまして【継《つぎ》送《おくり》】で走るものを申します。ふたりひと組で【宿場《しゅくば》】～宿場の一区間を担当し、次々にリレーいたしますので、普通の飛脚よりもずっと早く、江戸～京間を三日ほどで結びました。

**【月夜の蟹】つきよのかに**

蟹が月夜に産卵し、その後の蟹は身

が細いことから、見かけ倒しで中身のないものを申します。

**【蹲・蹲踞】つくばい**

茶室の前庭に置かれます、手水鉢《ちょうずばち》のことを申します。客がかがんで手を洗うようになっておりまして、「つくばう」「蹲踞《そんきょ》する」の意味から来ております。

**【突棒】つくぼう**

【捕《と》り物《もの》】の際に使う道具で、T字形のトゲトゲ棒を申します。相手を押さえたり、雨戸、襖《ふすま》を突き外すのに使いました。【袖搦《そでがらみ》】【刺股《さすまた》】と併せて「三道具《みつどうぐ》」のと呼びます。

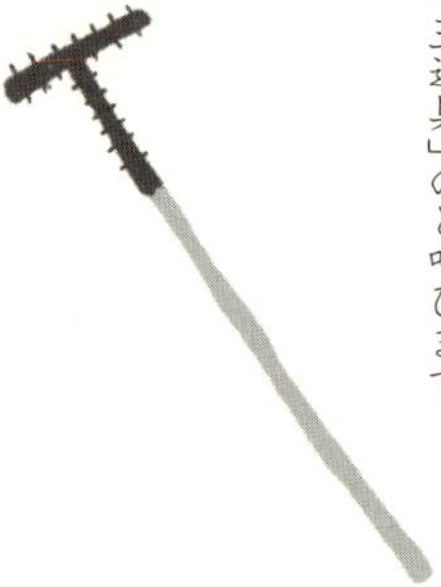

**【九十九神】つくもがみ**

長く生きた動物や道具が神となったものを申します。古くなって神格化することを【神《かむ》さび】と申します。動物では【九尾《きゅうび》の狐《きつね》】【猫又《ねこまた》】【犬神《いぬがみ》】、物では【唐傘小僧《からかさこぞう》】【鳴釜《なりかま》】などがございます。大切にしますと、幸せをくれます。邪険にしますと、祟りがございます。

**【付木】つけき**

「硫黄木」「火付け木」とも申します。これだけで火は点きませんが、マッチのようなものです。種火を薪などに移すのに使いました。先に硫黄を付けた檜《ひのき》や松の薄板でして、細く裂いて使います。軽いので「付木売」は老人の【棒手振《ぼてふり》】が廻りました。一束一文くらいで安いものでした。

**【付け届け】** つけとどけ

贈り物、謝礼金のことを申しまして、盆暮れに品物や金子《きんす》を贈ります。今日のお中元、お歳暮のことです。【天保の改革《てんぽうのかいかく》】をしました【水野時代《みずのじだい》】に、特に盛んになりました。

**【辻商い】** つじあきない

【棒手振《ぼてふり》】や【立《た》ち売《うり》】【床見世《とこみせ》】など、店舗を持たずに外へ出てする商売、またはその人を申します。【外商い《そとあきない》】【出商人《であきんど》】とも申します。

**【辻行灯】** つじあんどん

【辻番《つじばん》】や【自身番《じしんばん》】の前、人通りの多い辻に備えられました木製の街灯でございます。しかし、あたりを照らしたというよりは目印でございました。なにしろ灯籠の灯りは、一メートルほどまで近寄って、やっと字が読めるほどの明るさでございますから、今日の外灯ほどの明るさはございません。

**【辻駕籠】** つじかご

【町駕籠《まちかご》】でも、駕籠屋でなく辻にある【立場《たてば》】でお客を待つものを申します。多くは【宿駕籠《やどかご》】を引退した四十代の【駕籠舁《かごか》き】がやっておりました。「へいかご！」とか「だんかご！」と通行人に声を掛けました。

これに対し、流しの駕籠を「雲助駕籠」と申しました。こちらは、駕籠舁きのマナーなぞ知りませんので、トラブルが絶えません。腕に自信のない方にはお勧めしません。

**【辻斬り】** つじきり

お話では「路上殺人」の意味で使われることが多いようですが、まだ戦国気質が残る江戸初期には、もっぱら暗殺を申しました。武士同士の対立、遺恨が原因で、夜間人通りのなくなる武家屋敷街で多発しました。その名の通り、多くは辻で待ち伏せて、不意を突いて斬りかかりました。幕府は辻斬りの横行に各【大名屋敷《だいみょうやしき》】に警備を命じまして、【辻番《つじばん》】が設置されました。
　また、庶民が襲われますのは、金銭目的の強盗殺人です。江戸末期など治安の悪化した時代に、主に町外れの淋しい夜道で起こりました。

**【辻講釈】つじこうしゃく**
道端で「宮本武蔵《みやもとむさし》」【岩見重太郎《いわみじゅうたろう》】などを語ります講釈師のことでございます。

**【辻立ち】つじだち**
㈠人通りの多い交差点に立ち、見張ることを申します。
㈡庶民の刑罰では、見せしめの刑を申しまして、罪人の身許、余罪の情報を問うためにも使われました。

**【辻灯籠】つじとうろう**
【辻行灯《つじあんどん》】に同じでございます。灯籠の場合は、神社の参道、庭などに奉納されたものなど、石造りを主に申します。

**【辻番】つじばん**
武家屋敷の辻に置かれた交番です。江戸初期に多かった【辻斬り《つじぎ》】を警戒するために設けられ、江戸市中に九百箇所ございました。夜間は五人前後、昼間はその半分で警護いたしましたが、幕末には高齢者が多く、形だけのものとなっていました。

**【辻風呂】つじぶろ**
「担風呂《にないぶろ》」とも申します。風呂桶を担いでする【辻商い《つじあきない》】の一種で、街角で粗末な囲いを付けて営業する小さな露天湯屋でございます。普通の【湯屋《ゆや》】は十文しますが、こちらは三文ほどと安く入浴できました。

**【土御門家】**つちみかどけ

京の公家で、【暦《こよみ》】を計算する役目を江戸初期まで担っておりました。その後は、主に占い師の職業訓練と管理監督を行いまして、占いを商うには土御門家から職札を買わなければなりませんでした。全国から集まる上納金には、毎年十万石以上といわれ、その莫大な資金は討幕運動にも使われたとされています。

**【筒先】**つつさき

【龍吐水《りゅうどすい》】のホースを担当します【火《ひ》消《けし》】のことでございます。

**【筒袖】**つつそで

袂《たもと》のない袖を申しまして、袢纏《はんてん》など仕事着に使われました。図は【袖《そで》の色々】のコラムをご覧ください。

**【包金・包銀】**つつみきん・つつみぎん

「ほうきん」「ほうぎん」とも読みます。金貨、銀貨をまとめて和紙で包んだものでございます。お話に【切《きり》餅《もち》】と呼ぶ、小判を包んだ白いものが登場しまが、あれです。もともとは幕府が公用に使うために【金座《きんざ》】で和紙に包み、表に「金五十両」と書き封印したものを申します。

使うときに、いちいち貨幣の真贋を確かめたり、数えたりする必要がなく、便利でしたので、次第に【両替《りょうがえ》商《しょう》】や商店でも、使い勝手のいい額を包むようになりました。幕府と三井家など信頼のある両替商のものだけは開くことは【御法度《ごはっと》】とされました。しかし、開かなくても重さを量れば真贋はほぼ確認できました。図は巻頭コラムの【江戸《えど》の通貨《つうか》】をご覧ください。

**【美人局】**つつもたせ

いい女に誘われまして、これはしめたと食いつきますと！　見るからに恐い男が出て来まして、「やい畜生、俺の色に手ぇ出しやがってどうしてくれるんだ！」と、示談金を脅し取られちゃいます。この詐欺を美人局と申します。ちなみに「色」っていうのは「愛人」のことを申します。

**【葛籠】つづら**

竹で編んだトランクのことでございます。古くは蔓《かずら》で作られ、主に衣装箱として使われました。

**【津留】つどめ**

港で荷（主に米）を留められることを申します。飢饉のための食料確保や米価の釣り上げなどを目的に、荷物の揚げ下ろしが禁止されることがございました。

**【角笠】つのがさ・かくがさ**

円錐形の【笠《かさ》】でございます。【螺尻《ばいじり》笠《がさ》】とも呼ばれます。図は【笠《かさ》の色々】のコラムをご覧ください。

**【角樽】つのだる**

お祝いの時に用います。黒または朱塗りの酒樽でございます。「柄樽《えだる》」とも申します。

**【鍔迫り合い】つばぜりあい**

㈠真剣の決闘で、お互いの刀を合わせ、鍔で押し合うなど、組みあいの状態も申します。

㈡接戦のことを申します。

**【つぶいち】**

公家の娘や若い見習いの【女中《じょちゅう》】に結われました髪型です。根元を結ぶのに紫の組紐を用いまして、その紐で髷《まげ》を縛りました。また、「丁髷《ちょんまげ》」とも呼ばれました。

**【潰し島田】**つぶししまだ

「腰折島田」とも申します。江戸後期に大ブームとなった髪型です。【島《しま》田髷《だまげ》】を【元結《もとゆい》】で再度縛りまして細く潰しました。同時期に【灯籠鬢《とうろうびん》】や【切《き》り前髪《まえがみ》】が流行りまして、これらと組み合わせたりもいたします。

**【妻折笠】**つまおれがさ

女性用の【笠《かさ》】でございます。【江戸《えど》笠《がさ》】よりも深くて、開いた形に作られましたので、姿がやさしく見えるものでした。図は【笠《かさ》の色々】のコラムをご覧ください。

**【爪掛】**つまかけ

雪の日に草鞋《わらじ》のつま先に付けます、防寒具でございます。

**【積み藁】**つみわら

脱穀し終わった藁《わら》を積んで保存する方法でございます。【藁《わら》ぼっち】とも呼びます。

**【紬】**つむぎ

絹を真綿にして紬糸を引き出し、織ったものを申します。糸の太さにムラがあり、素朴で個性のある反物でございます。

**【爪印】**つめいん

右手の親指の爪先で判を押すことを申します。印の代用として使われました。

**【詰所】**つめしょ

江戸城の執務室でございます。【番《ばん》方《かた》】【祐筆《ゆうひつ》】【目付《めつけ》】、勘定方などに与えられました。

**【爪紅】**つめべに

爪の先に紅を塗ることで、マニキュア&ペディキュアのようなものでございます。

**【露銀】つゆぎん**
【豆板銀《まめいたぎん》】のことを申します。図は巻頭コラムの【江戸《えど》の通貨《つうか》】をご覧ください。

**【露払】つゆはらい**
㈠先を歩き、草の露や邪魔になるものを払う役を申します。
㈡【大名行列《だいみょうぎょうれつ》】の先頭で「下～にぃ～、下に」と通過を知らせる者を申します。「先行《せんこう》」とも申します。

**【面当て】つらあて**
「当てつけ」「当てこすり」のことを申します。

**【釣書】つりがき**
「吊書」とも書きます。お見合いの時に使う家計図みたいなものでございます。双方で交わしまして、お見合いするかどうか考えますが、決して「結婚相手を釣る」意味ではなく、家系が吊り下げられるように書かれるのでこう呼ばれます。

**【釣髭】つりひげ**
【鎌髭《かまひげ》】同様に、「奴さん」といわれる【中間《ちゅうげん》】が好んでした髭でございます。もみあげから繋がっております。【鬢《びん》】もキリッと上げ剃りにしまして、威厳がございますね。

**【つる】**
【牢屋敷《ろうやしき》】内で「つる」と申しますのは、【大牢《おおろう》】や「女揚屋《おんなあげや》」に入れられる新入りが【牢名主《ろうなぬし》】へ払います献上金を申します。この金額で牢屋の居心地が変わりました。

**【吊責】つるしぜめ**
後ろ手に紐で縛り、吊り下げて行う【吟味《ぎんみ》】のための拷問を申します。【牢屋敷《ろうやしき》】の拷問蔵《ごうもんぐら》や、【火附盗賊改《ひつけとうぞくあらため》】の役宅で行われました。図は巻頭コラムの【江戸《えど》の社会《しゃかい》と司法《しほう》】をご覧ください。

**【吊るしの着物】**つるしのきもの

誂《あつら》えではない、出来合いの着物のことでございます。

**【鶴屋南北】**つるやなんぼく

宝暦五年～文政十二年（一七五五～一八二九）。歌舞伎の作者でございます。「鶴屋南北」を名乗った者は五名おりますが、一般的には最も活躍いたしました四代目を申します。彼を指して「大南北《おおなんぼく》」とも申します。代表作には『東海道四谷怪談』などがございます。

## 【て】

**【出合茶屋】**であいぢゃや

茶屋とは名ばかりの、貸し部屋業を営む店で、今日のラブホテルでございます。

**【出商人】**であきんど

【棒手振《ぼてふり》】や【立《た》ち売《うり》】、屋台など、店を持たずに外へ出て商売する者のことでございます。【外商《そとあきな》い】とも申します。

**【手焙】**てあぶり

手を暖めるための小さな火鉢を申します。

**【出入り】**でいり

出たり入ったりすること以外に、揉めごとや喧嘩のことを申します。

**【手討ち・手打ち】**てうち

㈠武士が家来や庶民を成敗すること、斬り殺すことを申します。【自分《じぶん》成敗《せいばい》】【斬捨御免《きりすてごめん》】とも申します。

㈡約束や契約の合意を申します。

**【手桶】**ておけ

バケツでございますな。取っ手が付いている桶でして、主に水を汲むの

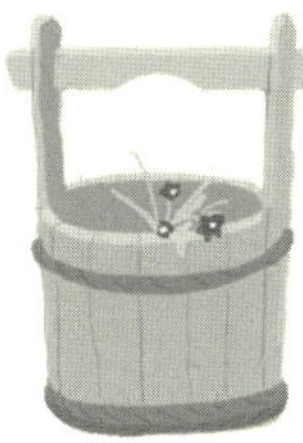

に使います。どこの家、屋敷にも必ずひとつはあるものですな。【殿様《とのさま》】が使われるものには、毒が入れられないように鍵が付いておりました。

**【出女】** でおんな

【入鉄砲《いりでっぽう》と出女《でおんな》】をご参照ください。

**【出方】** でかた

芝居小屋の中で、お客を席まで案内したり、幕間《まくあい》の食事やお茶を運ぶ者を申します。【小茶屋《こぢゃや》】の中には出方だけで商売している店もございました。

**【手絡】** てがら

髪飾りの一種で、髪に巻く布のことを申します。

**【出来物】** できぶつ

できのいい、立派な人のことを申します。

**【敵薬】** てきやく

「適薬」と書きますと、病にピッタリ効く薬ですが、こちらの場合には、食い合わせの悪いもの、配合によっては毒になる薬を申します。同じ読みでも「敵」と「適」、偏旁《へんつくり》が異なるだけで意味が違うってのは、実にややこしいですな。

**【手鎖】** てぐさり

手錠を付けて自宅謹慎をする、庶民の刑でございます。作家【山東京《さんとうきょう》伝《でん》】などが、世間を騒がせた咎で五十日の刑に処せられました。「過怠手鎖」とも申しまして、三十日、五十日、百日がございました。人によっては簡単に抜けちゃうんで、一日おきに【同心《どうしん》】が確認に来ます。それまでに風呂に入って着替えちゃったりしてるとマズイですね。

**【手管】** てくだ

㊀精神的な駆け引きの技のことで、

主に女性が男性を色仕掛けで操る技を申します。
㊁【間男《まおとこ》】や情夫といった浮気相手の男性のことでございます。

**【手先組】** てさきぐみ

城門の警護をする鉄砲隊、弓隊のことを申します。【与力《よりき》】【同心《どうしん》】四十～五十人で構成されました。江戸では門番の他、【火附盗賊改《ひつけとうぞくあらため》】としても働きました。

**【手燭】** てしょく

手で持つ燭台のことでして、蝋燭《ろうそく》を立てて使います。お城や廊下のあるようなお屋敷、芝居小屋で使うものです。戸口で屁をひりますと家の隅々まで匂うような【長屋《ながや》】には用のないものですな。

**【手代】** てだい

㊀商家では、番頭《ばんとう》の下で働く【奉公《ほうこう》人《にん》】のことでございます。【丁稚《でっち》】から【若衆《わかしゅう》】、手代へと昇進いたします。
㊁武士では、【郡代《ぐんだい》】や【代官《だいかん》】、奉行が、直轄領《ちょっかつりょう》で勉学優秀な農民から雇う御役人のことを申します。働きが認められると【手付《てつき》】として雇われ、【士分《しぶん》】の仲間入りができました。

**【手練】** てだれ・てれん

㊀「てだれ」と読みますと、主に運動の能力・技術に長けた武芸者を指します。能力のある熟練者で一目置かれました。
㊁「てれん」と読みますと、嘘、ごまかしの意になります。または、人を操る技のことを申しまして、「手練手管」とは、人を操るあらゆる技、策略のことでございます。

**【鉄火場】** てっかば

【賭場《とば》】のことでして、鍛冶屋の仕事場ではございません。「鉄火」とは【博徒《ばくと》】のことを申します。鉄砲打ちのことを「鉄火打ち」ということから、火のように熱くなって【博打《ばくち》】

をしている様を「博打打ち」に掛けてこう呼ぶ、など多説あります。

**【手付】てつき**

【郡代《ぐんだい》】や【代官《だいかん》】、奉行、【勘定吟味《かんじょうぎんみ》役《やく》】が直属で使う事務方でございまして、【年貢《ねんぐ》】の徴収や裁判などを行います。手付、【手代《てだい》】の頭を【元締《もとじめ》】と呼びます。

**【手甲脚絆】てっこうきゃはん**

【道中《どうちゅう》】や野外仕事の際にに使う布製の手足の防具を申します。

**【丁稚】でっち**

商家に勤める、十歳から十四歳の若い男の子の【奉公人《ほうこうにん》】を申します。【口《くち》入《い》れ屋《や》】などの仲介で、保護者と契約を結んで【年季奉公《ねんきぼうこう》】に来ますが、契約金（三両ほど）は先に両親に支払われますので、丁稚本人は無給でした。また、盆暮れの休みでも実家に帰ることは許されませんで、【年季明《ねんきあ》け】の【初登《はつのぼり》】までガマンしなければなりませんでした。

　豪商の白木屋では初登は九年目ですので、【元服《げんぷく》】して【若衆《わかしゅう》】になっております。若衆には年二両ほどの給金が出ますので、帰郷の際には貯めたお金を持って帰れました。真面目に勤めた者は再就職して、今度はしっかり給料をいただけるようになり、出世すれば番頭《ばんとう》へ、さらに【暖簾《のれん》分《わ》け】してもらって、自分の店を持つこともできました。

**【鉄砲鍛冶】てっぽうかじ**

鉄砲を作る鍛冶屋、商人のことでございます。根来《ねごろ》、近江、薩摩など地方の藩に保護されて商売しておりました。

**【鉄砲笊】てっぽうざる**

【屑屋《くずや》】がよく使います、竹で籠目《かごめ》に

編んだ直径五十センチほどの丸籠を申します。農具としてもポピュラーなものでございます。

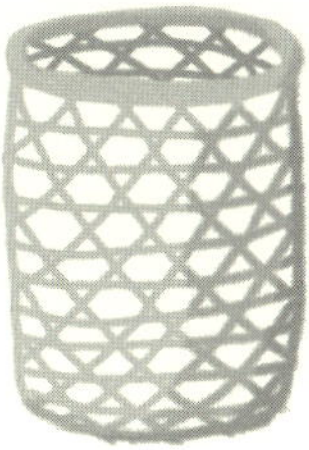

**【鉄砲袖】**てっぽうそで

【筒袖《つつそで》】よりさらに袖口を細くしたものでございます。袂《たもと》がありませんので、動きやすく、仕事着などに好まれます。図は【袖《そで》の色々】のコラムをご覧ください。

**【鉄砲風呂】**てっぽうぶろ

お屋敷や【町屋《まちや》】にありますお風呂のことでして、浴槽に「鉄砲」と呼ばれる煙突形の釜が仕込んであります。上方では【五右衛門風呂《ごえもんぶろ》】でしたが、江戸ではこれが主流でございました。

　コンパクトで燃焼効率がよく、薪が少なくて済むのが利点ですが、煙突に触れますと火傷をしますので、浴槽内でふざけるのは厳禁でございました。煙突の脇には【岡湯《おかゆ》】を沸かす小さな仕切りがありまして、このお湯が檜のよい匂いがして、湯から上がったたぁという心持ちにしてくれました。昭和の中頃まで東京ではよく使われておりました。

**【手爪・手妻】**てづま

手品のことでございます。

**【鉄面皮】**てつめんぴ

鉄のように面の皮が厚い者を申します。恥知らずで、厚かましいという意味ですな。

**【出床】**でどこ

道端に莫蓙《ござ》を敷いて営業する【髪結《かみゆい》】のことを申します。【月代《さかやき》】を剃ってチャチャッと髪を直すには便利なものでした。もっぱら庶民男性が使いました。

**【手慰み】てなぐさみ**

もっぱら【博打《ばくち》】のことを申します。「本気じゃないんだよ」「ちょっと遊んだだけだよ」という意味で使います。

**【手拭】てぬぐい**

手拭は、手を拭うだけでなく、被るための布でもございまして、そのために都合のよい大きさになっております。【姉《あね》さん被《かぶ》り】「頬被り」「大尽被り」【吉原被《よしわらかぶ》り】「喧嘩被り」など様々な被り方がございますが、名称は人により場所により年代により、様々に呼ばれます。

**【手札】てふだ**

【岡引《おかっぴき》】が持つ【同心《どうしん》】から貰った「捕方《とりかた》」の証明書を申します。中には先代が貰ったものを使っていたりと、管理は甘いものでございました。公には、同心の【奉公人《ほうこうにん》】である証に過ぎません。

**【手文庫】てぶんこ**

文房具などを入れて手元に置く小箱を申します。大事な書類も入れましたが、鍵はございませんでした。

**【手間取】てまとり**

その場雇いの仕事をする者を申します。雑用などをしてその都度、手間賃をいただきます。

**【手目博打】てめばくち**

「手目」と申しますのは、「自分に有利な目」という意味でございます。つまり、いかさま【博打《ばくち》】のことを申します。ただ、博打というのはある程度は【胴元《どうもと》】の手目が常識でございます。

**【でも医者】でもいしゃ**

信用できないけど、見せないよりはマシなお医者を申します。「あいつでも呼ぶか」「そうだね、あれでも医者だから」と呼ばれまして、見立ても

「う～ん疲れでも溜まったんでしょうな。養生でもして、栄養でもとればじきに回復するでしょう」と、なにかと「でも」がつきまといます。

**【手元不如意】** てもとふにょい

「手元がままならぬ」という意味でございまして、要するに持ち金がないことを難しく申します武士の言葉でございます。

**【てやんでい】**

「何を馬鹿なこといってやがるんでい」の略でございます。

**【寺入】** てらいり

入学のことでございます。ほとんどは六歳で寺入しますが、早い子は五歳、遅い子は十歳など、まちまちでした。なにしろ義務教育ではありませんから、何歳で寺入してもかまいませんでした。

寺入の日は初夏の「芒種《ぼうしゅ》」、二月の「初午」、五月の「端午の節句」など、いずれも春から夏にかけてでございます。男の子は約四年間、女の子は五年間通います。裕福な娘さんは、【寺子屋《てらこや》】を卒業しますと、【音曲《おんぎょく》】や舞、生け花などを本格的に習い始めます。男の子はそれぞれ家の仕事や、【年季奉公《ねんきぼうこう》】に出ます。

**【寺男】** てらおとこ

お寺の雑用をする下働《したばたら》きの者を申します。

**【寺小姓】** てらこしょう

住職の身の回りの世話をする少年のことを申します。イケメンの【小姓《こしょう》】は、住職のボーイフレンドだったり、檀家の武士や富商の奥さんのボーイフレンドだったりします。しかし、全ての小姓が愛人とされたわけではございません。……イケてない小姓もたくさんおりますので。

**【寺銭】** てらせん

【博徒《ばくと》】が【貸元《かしもと》】に支払う【賭場《とば》】の場所代を申します。「寺で稼ぐ銭」という意味でございます。

## 寺子屋

江戸中期を迎える頃になりますと、世の中は安定し、庶民生活も豊かになってまいりました。また、五代・綱吉《つなよし》様が、学問を奨励したこともあり、身分の上下、男女の区別なく学ぶことを楽しむようになりました。その基礎教育を担ったのが寺子屋でした。

武家の通う寺子屋は男女別で、女子《おなご》には女性の先生が教えました。庶民の寺子屋は共学も多くございました。授業はだいたい朝五ツ〜昼八ツ（午前八時頃〜午後二時頃）の二、三刻でした。習うのは、読み書き算盤が基本で、その他に職業心得や道徳、裁縫、生け花、茶の湯など色々ございました。

教科書は【往来物《おうらいもの》】を主に使いました。一昔前は、こういったことは、奉公先で習うものでしたが、寺子屋が普及するにつれ、優秀な者が良い店に奉公できるチャンスが増え、本人の努力が出世の糸口につながるような世の中に変わってきました。

裕福な武家、【町人《ちょうにん》】は寺子屋以外に、学者の私塾に通いまして漢学、蘭学など専門的な勉強をいたしました。寺子屋のお休みは、盆暮れ、【五節句《ごせっく》】の他、毎月一日、十五日、二十五日だけでした。授業料は「謝儀」と申しまして、二百文〜金一分を五節句ごとに納めました。値段は寺子屋の格の差、親の収入の差で異なりました。この他に、毎月支払う二十〜五十文ほどの「月並銭」、畳代として年に一度二百〜三百文、冬は炭代を二百〜三百文ほど支払いました。

**【寺若衆】**てらわかしゅう
【寺小姓《てらこしょう》】に同じでございます。

**【典侍】**てんじ・ないしのすけ
【帝《みかど》】に使える女官を申します。

**【転失気】**てんしき
「おなら」のことでございます。漢方用語でございまして普通の方は使わない言葉です。落語にこれを知ったかぶりする和尚さんのお話がございます。

**【天神差】**てんじんさし
乗馬の際などに、【太刀《たち》】の刃を下に向けて腰に差すことを申します。

**【天神髭】**てんじんひげ
学問の神様・菅原道真の髭でございまして、威厳と才知に富んだ風貌に見えます。ご隠居さんなどが好んでされまして、「天神爺」なんて呼ばれました。

**【天水桶】**てんすいおけ
屋根の上や通りに設置しました防火用水で、雨水を溜めます大きな桶でございます。火事の時に家に撒きまして、火の粉による飛び火を防ぎました。

**【殿席】**でんせき
江戸城に登城した【大名《だいみょう》】に割り振られた、【本丸《ほんまる》】にある【詰所《つめしょ》】のことでございます。大名の格によって部屋が決められました。「大廊下上之間」「大廊下下之間」【溜之間《たまりのま》】「大広間」「帝鑑之間《ていかんのま》」【柳之間《やなぎのま》】「雁之間《かりのま》」「菊之間縁頬《きくのまえんがわ》〈広縁〉」と序列があります。「何候《しこう》席」とも呼ばれます。

**【殿中】**でんちゅう
㊀お城の中のことを申します。
㊁「殿中でござるぞ！」は、お城の中では厳しい制約があり、それに抵触することを注意していうものです。特に江戸城内と、京の町中〈鴨

川内」では刀を抜くことが厳しく禁じられておりました。

**【天秤棒】てんびんぼう**

【棒手振《ぼてふり》】の商売道具でございます。重い荷物を前後に振り分けて担ぐ木の竿を申します。棒がしなりますので、慣れないとフラフラして真っ直ぐ歩けません。箱や笊《ざる》だけでなく、【夜蕎麦《やそば》】の屋台も担いで移動しました。

**【転封】てんぽう**

【国替《くにがえ》】に同じ。【大名《だいみょう》】の【領地《りょうち》】替えのことでございます。

**【伝法】でんぽう**

荒くれ者のことでございます。元は浅草伝法院の【下男《げなん》】が、寺の威厳を笠に着て、乱暴なことをしたことから悪場擦《あばずれ》をこう呼ぶようになりました。後に【鯔背《いなせ》】な者を指すようになり、少し評価が上がりました。

**【天保通宝】てんぽうつうほう**

「天保銭」とも申します。天保六年（一八三五）に発行されました、小判型の銭です。百文として造られましたが、銅が五・五匁しか使われていませんので価値が低く、実際には八十文として使われました。

また、わずか十文の経費で作れるため、幕末には各藩で密造が横行しました。鉄製の四文銭と共に銭の価値を一両＝一万文まで下落させる原因となりました。図は巻頭コラムの【江戸《えど》の通貨《つうか》】をご覧ください。

**【天保の改革】てんぽうのかいかく**

十二代・家慶《いえよし》様と【老中《ろうじゅう》】・水野忠邦、鳥居耀蔵《ようぞう》によって、天保十二年〜十四年（一八四一〜一八四三）に行われた改革でございます。

倹約令によって、風俗取締、【寄《よせ》場《ば》】の閉鎖、歌舞伎の弾圧、【人情本《にんじょうぼん》】を禁止。【人返し令《ひとかえしれい》】で、農村出身者を強制的に帰農させようとしたり、

【棄捐令《きえんれい》】で武士の借金百二十万両を帳消しにし、幕府公定金利を一割二分に下げたりいたしました。また、【株仲間《かぶなかま》】も廃止しました。その一方で、一番の無駄遣いをしていた【大奥《おおおく》】には手を付けず、結局、市場は乱れ景気は悪化し、風紀の乱れや賄賂政治が横行することとなりました。

**【伝馬】てんま**

幕府や諸【大名《だいみょう》】の運輸を担当する荷運びの馬のことでございます。街道の【宿駅《しゅくえき》】には通常五頭の馬を常に待機させておりましたが、最も交通の多かった東海道の【駅《えき》】では、徐々に増やされまして、寛永十五年(一六三八)には百頭の馬を常備することが義務付けられました。

**【伝馬朱印状】てんましゅいんじょう**

公用で【伝馬《てんま》】を使用するための証明書でございます。これがありますと【宿駅《しゅくえき》】で無料で伝馬を使うことができました。

**【伝馬船】てんません**

大きな船から荷物を載せ替えまして、岸や蔵・店先へと運ぶ小舟のことでございます。

**【天明の大飢饉】てんめいのだいききん**

天明二年〜八年(一七八二〜一七八八)に発生した史上最大の飢饉でございます。この頃は地球が「小氷期」に突入し、世界中が冷害に襲われておりました。

**【天文方】てんもんかた**

貞享元年(一六八四)、【貞享暦《じょうきょうれき》】(大和暦)を開発した渋川春海《はるみ》が任命されたことにより始まりました。科学と【暦《こよみ》】の管理をする役所でございます。貞享二年に貞享暦が施行されまして、それまでバラバラだった国内の暦が統一されます。同時に暦の計算が【土御門家《つちみかどけ》】から【天文方《てんもんかた》】に移行いたしました。

**【典薬頭】てんやくのかみ**

「典薬」は朝廷・幕府で医薬を司った者のことで、典薬頭はその長でございます。代々、半井《なからい》家と今大路家の二家系が世襲いたしました。

# 【と】

**【樋竹】といだけ**

【町屋《まちや》】に使われました雨樋を申します。ふたつに割って節を抜いた竹を使っておりました。傷みますと樋竹屋にすげ替えてもらいます。寺院やお屋敷などは、銅でできた今日と変わらない高級なものを使っておりました。

**【問屋】といや**

今日では「とんや」と読みますが、当時は「といや」と読みました。物品の中間業者、商社のことを申します。商品を集め相場を取り仕切り、小売業者などへさばく商売でございます。「卸《おろし》」とも申しまして、消費者に直接販売はいたしません。

**【問屋駕籠】といやかご**

【駅《えき》】の【問屋場《といやば》】に用意されました武士用の駕籠で、二百五十文で使うことができました。粗末で乗り心地の悪いものでした。これに乗りたくない者は、自腹で【雲助《くもすけ》】と値段を交渉して、【宿場駕籠《しゅくばかご》】を使いました。他の駕籠は【駕籠《かご》の色々】のコラムをご覧ください。

**【問屋場】といやば**

【宿場《しゅくば》】に用意されました、【宿駅《しゅくえき》】業務を担う役所でございます。幕府の公用や【大名行列《だいみょうぎょうれつ》】の荷物を運びます【伝馬《てんま》】の中継基地でもございました。これを「駅伝」「継立《つぎたて》」と申しました。

問屋場では、普段五組ほどの馬と【馬子《まご》】を用意しておりましたが、大名行列が通る際にはとてもたくさんの人馬が必要でしたので、近隣から

手配する仕事もしておりました。これを【助郷《すけごう》】と申しますが、馬子の専門業者が増えますと、人馬の代わりにそのための資金を徴収いたしました。農家にとっては大変迷惑なお話でございます。

その他に【継飛脚《つぎびきゃく》】も管理いたしました。この業務を取り仕切る【宿役人《しゅくやくにん》】、問屋役《といややく》には地域の有力者二、三名が【月番《つきばん》】で担当しました。彼らは【本陣《ほんじん》】の家長でもあり、【問《とい》屋《や》】業務の他、宿場町の管理をしたりと、仕事は大変忙しいものでした。

### 【東叡山】とうえいざん

上野・【寛永寺《かんえいじ》】のことを申します。東の比叡山という意味です。

### 【道具持】どうぐもち

【火消《ひけし》】の階級でございまして、上から「三役《さんやく》」【筒先《つつさき》】「道具持」「若衆《わかしゅう》」という順序になっていました。道具持は【纏《まとい》】「梯子《はしご》」【刺又《さすまた》】の三つを担当する者をいいます。【鳶口《とびぐち》】や【龍吐水《りゅうどすい》】のポンプ係、【玄蕃桶《げんばおけ》】は若衆が担当いたしました。火消にとって「道具持になる」ことは一人前になることを意味しました。

### 【銅壺】どうこ

江戸の【旅籠《はたご》】や【船宿《ふなやど》】、料理屋などで使われました銅製の竈《かまど》を申します。竈全体が湯沸かしになっておりまして、料理をするついでに湯が沸かせる、便利物兼エコ商品でございました。なにしろ、薪は高価でしたから、大事にしないといけません。隅には、そのお湯で燗を付けられるように【チロリ】を入れる穴がございました。

### 【堂島米会所】どうじまこめかいしょ

世界初の「先物市場」でございます。江戸の米座御為替御用会所を発展させたものでして、年貢米の集まる大坂堂島に享保十五年（一七三〇）に開かれました米問屋の取引所です。現物の米の取引の他、米価安定のために「帳合米取引」と申します、「証拠金」を用いた先物取引が行われました。

**【灯心】** とうしん

【行灯《あんどん》】に使う火の芯を申します。藺《い》草や紙捻《こより》を使いました。

**【同心】** どうしん

【直参《じきさん》】の【足軽《あしがる》】の家柄を申します。【御目見得《おめみえ》】以下の下級役人で、筆頭の【禄《ろく》】は八十俵五人【扶持《ぶち》】、下の者は三十俵二人扶持と微禄でございました。各【奉行所《ぶぎょうしょ》】、大番組、書院番組で【与力《よりき》】の下で働きます。

町奉行所の同心は、「町方同心」「見廻《みまわ》り同心《どうしん》」とも呼ばれます。南北それぞれの奉行所に百～百四十人が所属しておりました。普段は【自身番《じしんばん》】を廻りながら町の見廻りをし、【町役人《ちょうやくにん》】と協力して治安維持や犯罪の捜査にあたりました。町住まいで、言葉遣いもファッションも庶民にとっては親しみがあり【粋《いき》】でございました。他の同心と異なり、袴を着けませんので一目でわかります。薄給でしたが、【町人《ちょうにん》】の【付《つ》け届《とど》け】が多く、幕府より町に雇われているといった経済状態でした。

**【当世人】** とうせじん

今風の人ということで、流行に敏感な人を申します。

**【道祖神】** どうそじん

旅人の守り神でございます。峠や辻などに置かれまして、悪霊や疫病から旅人を守ってくれます。

**【同田貫】** どうたぬき

肥後国〈熊本県〉の刀工の名前でございまして、地味ですが名刀として知られました。

**【道中】** どうちゅう

旅のことでございます。江戸の平和が百年も続きますと、商品往来や

【伊勢参《いせまい》り】などで、庶民の旅も一般化いたしまして、娯楽のひとつになりました。ひとり旅は若い武士や商人、流れ者などで、たいていは数人で旅をしました。もちろん安全のためでございます。

道中ではいくつか決まりごとがございます。【通行手形《つうこうてがた》】を持つこと。必ず【宿場《しゅくば》】の【旅籠《はたご》】に泊まること。必ず【関所《せきしょ》】を通ること、などなどでございましたが、きっちり守られたわけではございません。それを幕府は許していたのかと申しますと、世の中を乱さなければ、武士は庶民が何をしようと、基本的にはあまり構いませんでした。特に【お陰参《かげまい》り】などには、多い時で一日二十万人以上が参りますので、通行手形も省略されました。

**【道中駕籠】どうちゅうかご**
【山駕籠《やまかご》】など街道で使う駕籠でございます。【町駕籠《まちかご》】との違いは、「垂《た》れ」がないことでございます。雨が降りますと濡れて困ります。

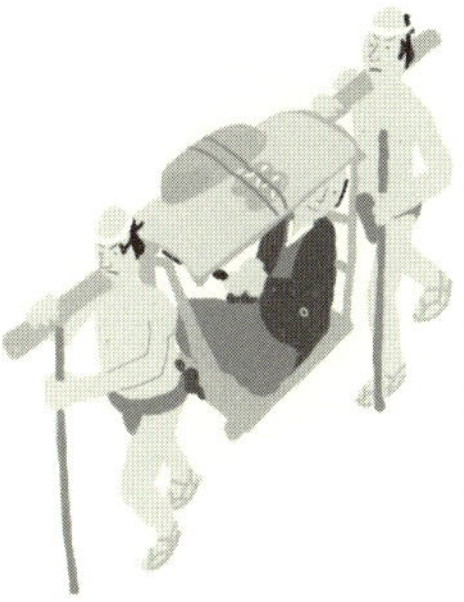

**【道中笠】どうちゅうがさ**
「三度笠《さんどがさ》」【江戸笠《えどがさ》】など、旅に使う【笠《かさ》】を申します。

**【道中細見】どうちゅうさいけん**
街道案内の地図本を申します。各【宿場《しゅくば》】の特徴や距離などが記されておりました。旅の必需品です。

**【道中手形】どうちゅうてがた**
【通行手形《つうこうてがた》】に同じでございます。【関所《せきしょ》】に提出する書類で、身分と旅の目的などが、発行者によって証明されております。グループの場合はまとめて一枚でかまいませんが【往《おう》来切手《らいきって》】と異なり、通る【関所《せきしょ》】の数だけ必要でした。

**【道中脇差】どうちゅうわきざし**
旅に出る時に庶民が携帯する短い刀でございます。庶民は普段、帯刀を許されませんが、【道中《どうちゅう》】では護身用に持つことが許されました。しかし、いかんせん使い慣れないものですから、いざという時にも抜くこともままならず、やっと抜いても蝶のようにひらひらさせるのが【関《せき》の山《やま》】でございました。

**【胴抜】どうぬき**
胴の部分だけ裏地を付けない仕立て方で、長襦袢などに用いられます。

**【同朋】どうぼう**
㊀寺院で輿《こし》などを担ぐ力仕事をする者のことを申します。
㊁寺社で芸能を行う者を申しまして、能・狂言の祖である、観阿弥《かんあみ》、世阿弥《ぜあみ》も同朋の衆でございました。
㊂江戸城に勤める【坊主衆《ぼうずしゅう》】の一職で、城内での【大名《だいみょう》】の案内や【太刀《たち》】の管理をいたしました。将軍の【薙刀《なぎなた》】を持つ役もいたしました。

**【道帽】どうぼう**
松尾芭蕉などが【道中《どうちゅう》】で被りました帽子でございます。図は【頭巾《ずきん》】のコラムをご覧ください。

**【胴巻】どうまき**
腹に巻く財布を申します。泥棒除けに【道中《どうちゅう》】などで使いました。

**【唐丸籠】とうまるかご**
罪人護送用の竹籠です。「唐丸」とは鶏の品種の名で、コケコッツッツコ〜と、鳴き方の美しさを競う長鳴鶏のことでして、この鶏を飼うのに使うドーム状の籠に形が似ていることからこう呼ばれます。
「唐丸送り」とは捕縛地から【奉行《ぶぎょう》所《しょ》】または【牢屋敷《ろうやしき》】まで護送すること。「唐丸破り」は護送中の脱走のこと、または罪人を逃がす者、逃げた者のことを申します。図は【駕籠《かご》の色々】のコラムをご覧ください。

**【胴元】どうもと**
【博徒《ばくと》】の親分のことで、地域を治める大親分を指すこともございます。

**【道楽】どうらく**
趣味のことを申します。ちなみに、当時「趣味」と申しますのは「趣《おもむき》」のことでして、道楽とは別の意味でした。「いい趣味だねぇ」ってのは、センスが良いということでした。

【胴乱】どうらん
男性用のショルダーバッグのことでございます。

【棟梁】とうりゅう
大工の親方のことを申します。普通は「とうりょう」と読みますが、江戸っ子は「とうりゅう」といいました。棟梁の下で働く大工を【仕手方《してかた》】と申します。

【灯籠鬢】とうろうびん
江戸中期から流行った女性の髪型で、張り出した【鬢《びん》】を申します。それ以前は【鴎髱《かもめづと》】など張り出した【髱《たぼ》】が人気でしたが、これ以降は髱は小さくなります。

【道陸人】どうろくじん
【道祖神《どうそじん》】に同じでございます。旅人の守り神ですな。

【遠馬】とおうま
【旗本《はたもと》】などの武士が、騎馬訓練に鎌倉や小金井などに遠乗りに行くことを申します。歩きで行くのを「遠《とお》足《あし》」と申します。

【通し飛脚】とおしびきゃく
荷物を【宿場《しゅくば》】で継がずにひとりで運び切る【飛脚《ひきゃく》】を申します。宿場で他の飛脚に交代して運ぶのは、【継飛脚《つぎびきゃく》】と申します。

【遠山金四郎】とおやまきんしろう
遠山左《さ》衛《え》門尉《もんのじょう》景元《かげもと》。寛政五年～安政二年（一七九三～一八五五）。江戸後期に北町奉行所を預かった【町奉行《まちぶぎょう》】でございます。若い頃は放蕩しておりましたが、家を継いでからは有能な働きをいたしました。庶民生活にも明るく【老中《ろうじゅう》】・水野忠邦の芝居興行への弾圧を制するなどしたため、特に芝居、出版関係者から正義の味方と愛されました。

【戸隠様】とがくしさま
虫歯の神様で、梨に生年月日と、どの歯が悪いかを書きまして、橋の上から【大川《おおかわ》】へ流します。そして、願掛け中は梨を食べないという神頼みでございます。

**【科人】とがにん**

「咎人」とも書きます。罪人、犯人のことを申します。

**【時の鐘】ときのかね**

江戸十五箇所以上に設置されました、【不定時報《ふていじほう》】時刻を知らせる鐘のことでございます。お寺だけでなく、市ヶ谷八幡などの神社にも置かれました。鐘はまず【捨鐘《すてがね》】が三回鳴らされてから、「昼九ツ」などと呼ばれるように、その名の数だけ鳴らされました。江戸市民の生活は明け六ツに起きて、その後二回鐘を聞くとお昼。お昼の鐘は九つと長いので間違えることはございません。それからまた二回聞きますってぇと、暮れ六ツでございまして、一日が終わるという塩梅《あんばい》になっておりました。自動車の騒音も防音ガラスもない時代ですので、鐘の音は町の隅々まで、屋敷の端まで染み渡りました。

**【常磐津】ときわず**

「常磐津節」の略でございます。【浄《じょう》瑠璃《るり》】の一種で、三味線に合わせて語り歌われます。歌舞伎にも使われるなど、江戸時代のポップミュージック的存在でございました。『関の扉《と》』『将門』などが有名です。習い事のひとつとしても人気がありまして、美人のお師匠さんにはたくさんの暇男が集まりました。

**【鍍金】ときん**

銅細工に金を焼き付けメッキすることでございます。仏像などに金メッキをしたものを金銅像《こんどうぞう》といいます。銀メッキは「鍍銀」と申します。

**【ときん】**

山伏が額に付けます小さな【烏帽子《えぼし》】でございます。

**【十組問屋】とくみどいや**

江戸の荷主問屋の組合でございまし

て、大坂から海上輸送される荷物の損失や盗難による損害に対処する互助会として組織されたものです。
　当時、船頭が難破を装って商品を横領する事件が多発したため、【廻《かい》船問屋《せんどいや》】を使うのをやめ、十組問屋で信用のできる船を仕立てて運航することに切り替えました。さらに海上保険のような役割を担い、海運の信頼性を向上させました。組合は、塗物、繊維、【小間物《こまもの》】、薬種、釘、綿、畳材、油、紙、酒の十組がありました。

**【床店・床見世】** とこみせ

寺社の周りや、橋の袂《たもと》、土手などに、板張りの小屋を作りまして商う店を申します。一般の店はもっぱら住まいも一緒でございますが、こちらは通いの店です。

**【床山】** とこやま

力士や俳優を専門に結う【髪結《かみゆい》】のことでございます。

**【所替】** ところがえ

【国替《くにがえ》】に同じ。【大名《だいみょう》】の転勤による【領地《りょうち》】替えのことを申します。

**【土左衛門】** どざえもん

水死体のことでございます。二〜三日水に浸かっていた遺体が二〜三倍に膨らみ大きくなることから、当時最も大きかった相撲取・「成瀬川土左衛門」の名に掛けてこう呼ばれました。【非人《ひにん》】が引き上げ埋葬いたしまして、衣類や持ち物は引き上げ人足のものとなりましたので、通常は遺品が残ることはございません。

**【外様大名】** とざまだいみょう

【関ヶ原《せきがはら》】後に徳川側になった【大《だい》名《みょう》】を申します。天下統一での働きがなかったので、幕府の信頼が薄く、江戸前期にはなにかと冷遇されました。逆に古くからの徳川チームは【譜代大名《ふだいだいみょう》】と呼ばれまして、【老《ろう》中《じゅう》】など高い役に就きました。しかし、毛利、島津、上杉家などは別格で、外様でも一目置かれた存在でした。

**【歳徳神】** としとくじん

幸福を司る神様で、歳徳神のいる方角が万事に吉とされ【恵方棚《えほうだな》】を祀ります。その年の方位は【暦《こよみ》】に記載されておりました。

**【年寄】** としより

㈠家臣の取締役を申します。幕府では【老中《ろうじゅう》】、【大名《だいみょう》】では【家老《かろう》】のことを指します。

㈡江戸城【大奥《おおおく》】一番の権力者でございます。いわゆる「御局様《おつぼねさま》」のことでして、【御台様《みだいさま》】同様に大奥内でも歩くことはなく、【乗物《のりもの》】で移動しました。

㈢町や村の代表【町人《ちょうにん》】の役名を申します。【組頭《くみがしら》】【町年寄《まちどしより》】「村年寄」などがあります。

**【短刀】** どす

㈠短い刀のことで、【匕首《あいくち》】などを申します。

㈡転じて→凄味を利かすことを「どすを利かす」といいます。

**【短刀を呑む】** どすをのむ

懐に【短刀《どす》】や【匕首《あいくち》】を忍ばせることを申します。

**【戸棚風呂】** とだなぶろ

江戸の初期にあった【湯屋《ゆや》】を申します。洗い場の奥に、戸棚のような狭い風呂がありまして、その中に足だけを浸ける浴槽があり、戸を閉めるとサウナになるものでした。

**【土壇場】** どたんば

【斬首《ざんしゅ》】刑の時の土盛りを申します。首を落とす穴を掘りまして、その土で土壇場を築きます。土壇場の上に蓆《むしろ》を敷いて、後ろ手に縛られた罪人が膝立ちで首を出しますと、首斬役《くびきりやく》が【太刀《たち》】で一刀両断に！

と、いうところを「待たれいっ！その首、斬ってはなりませぬ！」とギリギリで刑が止められますと、「土壇場で助かった」ということになります。というわけで、切羽詰《せっぱ》まった状況も申します。

**【とってんこう】**

鶏の鳴き声を当時はこう表現したものでございます。

**【土壺】**どつぼ

㈠【肥溜《こえだめ》】のことでございます。土に穴を掘り糞尿を溜めて熟成させて、畑の肥料を作りました。

㈡困難なこと、大変な局面の例えとして使われます。「土壺に嵌《はま》る」は抜け出すのが困難な状態になることを申します。………出てからも困難でございますなぁ。

**【都々逸】**どどいつ

七・七・七・五の四句を連ねて歌います【音曲《おんぎょく》】でございます。内容は恋愛ものが主でございます。「♪咲いて桜と いわれるよりも 散って牡丹と いわれたい」なんて感じでございますな。

**【宿直】**とのい

江戸城の宿直《しゅくちょく》勤務のことです。

**【殿様】**とのさま

二百石・【御目見得《おめみえ》】以上の武家の主を申します。殿様の妻を正式には「奥様」と申します。御目見得以下の武士は「旦那様」と呼ばれ、妻は【ご新造《しんぞう》】と呼ばれます。ただし、【町《まち》方《かた》】の【与力《よりき》】だけは、二百石以上でも「旦那」と呼ばれました。

**【賭場】**とば

【博打《ばくち》】の会場のことでございます。場所は寺社の境内がほとんどでした。お寺や神社は【寺社奉行《じしゃぶぎょう》】の管轄ですので、たとえ外から丸見えで博打をしていても、【町奉行《まちぶぎょう》】は手が出せないからでございます。

**【鳶】**とび

江戸中期に【町火消《まちびけし》】の設置で生まれた職業でございます。主な仕事は【火消《ひけし》】ですが、それだけでは食べられないので、【仕事師《しごとし》】や建築人足など、町のあらゆる手間仕事を行いました。名の由来は、色々ございますが、火消道具の【鳶口《とびくち》】を持っていたからといわれております。

**【鳶口】とびくち**

火事の際に、天井や屋根を叩き割ったり、剥がしたり、引き倒したりする道具でございます。先端の鉤《かぎ》の形が、鳥の鳶《とび》のくちばしに似ておりますのでこう呼ばれます。

破壊消防のリーダーであります鳶頭は、長さが六十センチほどの「指揮鳶」というのを持ちまして、指図いたしました。実践の【火消人足《ひけしにんそく》】は百七十センチと、身長より長い「長鳶」を使いました。

**【土瓶】どびん**

お茶を沸かしたり、薬を煎じる陶製の薬缶《やかん》でございます。

**【土間】どま**

【三和土《たたき》】とも申しまして、家の中にある土を打ち固めた床の部分でございます。大きな家や店の正面、【厨《くりや》】など、履き物を脱がずに入る場所でございます。座敷に上がらず、ここだけで働くものを【下男《げなん》・下女《げじょ》】と申します。

**【土饅頭】どまんじゅう**

墓場の盛り土のことでございます。

土葬の場合、棺桶の蓋が腐りますと、上の土が落ちて凹みますので、その分をあらかじめ盛っておきます。

**【富くじ】とみくじ**

「富」とも申しました、社寺の【普請《ふしん》】料などを集めるために行います「宝くじ」のことでございます。「鶴の二十七番」などと書かれた「富札」を買いました。抽選は番号の書かれた木札を箱の中に入れまして、錐《きり》で一枚突き刺して当たりを決めます。

「三富」とは、谷中《やなか》・感応寺、目黒不動、湯島天神の富くじを申します。

**【留桶】とめおけ**

【湯屋《ゆや》】で借りる、大ぶりの個人専用の洗い桶を申します。特に馴染みの女性客に人気でして、借り賃は初めに二百文くらいでした。借りると目印に家紋や屋号を入れてくれます。

**【留女】とめおんな**

【宿場《しゅくば》】の【旅籠《はたご》】におります「呼び込み女」のことを申します。たいそうな力持ちで、ぼんやり歩いていると、大の男でも腕を抱えられて宿に連れて行かれてしまいます。

**【留柄】とめがら**

【大名《だいみょう》】家が持つ小紋の柄を申しまして、その家でしか使うことが許されないものをいいます。

**【留袖】とめそで**

「振袖」に対して、短い袖の着物を申します。

**【供揃】ともぞろえ**

【大名《だいみょう》】や【旗本《はたもと》】【御家人《ごけにん》】が登城や正式な外出の時に連れて歩く家臣のことでございます。「侍《さむらい》」「若党《わかとう》」【徒《かち》】など、位によって人数が決められておりました。お金のない武家では必要な時だけ雇いました。

**【供連】ともづれ**

供を連れて外出すること、連れの供を申します。武家は基本的にひとりで出歩くことはございませんでした。また、裕福な【町人《ちょうにん》】もひとりではあまり外出しませんでした。

**【弔い】ともらい**

普通は「とむらい」と読みますが、江戸っ子は「ともらい」と読みました。葬式のことでございます。

**【鳥追女】とりおいめ**

正月の門付《かどづ》けのことでございまして、お正月に三味線を弾きながら「鳥追歌」を歌って家々を廻りました。もともとは米を狙う鳥を払う農村の行事でございました。

**【取替金】**とりかえきん

雇用契約の時に、契約金として給料から前借りするお金を申します。

**【鳥目】**とりめ

栄養不良による暗視力低下です。【行《あん》灯《どん》】の灯ではほとんど見えません。

**【捕り物】**とりもの

逮捕のことを申します。【与力《よりき》】【同《どう》心《しん》】が【岡引《おかっぴき》】に人足を揃えさせ、梯子や【袖絡《そでがらみ》】を持って捕縛に向かいました。その場で斬ってしまえば手っ取り早いのですが、同心はわざと刃のない刀を携えて行きました。相手が庶民でも、先ずは穏やかに諭し、往生際の悪い者にのみ、力で押さえお縄《なわ》にしました。

**【捕り物帳】**とりものちょう

【捕《と》り物《もの》】の出動記録帳を申します。【奉行所《ぶぎょうしょ》】で記録するものでございました。

**【頓証菩提】**とんしょうぼだい

「安らかに成仏なさい」という意味でございます。

**【どんずり】**

江戸後期に【髪結《かみゆい》】職人が好んだ髪型でございます。

**【頓珍漢】**とんちんかん

鍛冶屋の師匠と弟子が向かい合って、交互に金槌《かなづち》を打つことを「相槌」といいます。その音が揃わないところから、転じて→噛み合わないこと、ピント外れのこと、またはそういう人のことを申します。

**【とんとん葺】**とんとんぶき

安価な板葺き屋根のことを申します。【長屋《ながや》】などの安普請の建物によく使われましたが、時期によっては【町屋《まちや》】の全てで瓦葺きが禁止されていました。

# 【な】

**【内意】ないい**

将軍、【殿様《とのさま》】、または上司の内々の意向でございます。内意を受けた場合には、決して公にはしないのが原則です。

**【内儀】ないぎ**

㈠内々のこと、内輪の相談を申します。

㈡主に【町人《ちょうにん》】の奥さんを申します。

**【内済】ないさい**

表沙汰にせず、内々に収めること、示談にすることを申します。

当時は、家、親類縁者、店、【長屋《ながや》】、町など、それぞれ自己管理が基本でございまして、内で解決できるトラブルは自分たちで処理するものでした。それで収まらない事件が【奉行所《ぶぎょうしょ》】へ訴えられます。公に事件となりますと【縁座《えんざ》】【連座《れんざ》】で管理責任を問われることもありますので、よっぽどのことでないと告訴には至りませんでした。

**【典侍】ないしのすけ**

【典侍《てんじ》】に同じでございます。

**【内々用】ないないよう**

武士の書類や手紙の中でも極秘のものを申します。「内々に」は秘密にという意味です。

**【内用】ないよう**

武士の書類や手紙で親展扱いのものを申します。

**【長唄】ながうた**

「江戸長唄」「江戸唄」と申しまして、歌舞伎の伴奏曲として発展いたしました【音曲《おんぎょく》】でございます。【義太夫《ぎだゆう》】や【浄瑠璃《じょうるり》】は【語《かた》り物《もの》】と呼ばれますが、こちらは【唄物《うたもの》】と申します。三味線の他に太鼓や笛などが入ったりもいたします。

**【中売】なかうり**

芝居の幕間《まくあい》に、お茶やお菓子を売る商売のことを申します。お客に弁当を配るのは【芝居茶屋《しばいぢゃや》】の【出方《でかた》】と申します。

**【中奥】** なかおく

将軍が日常政務や寝起きをするエリアを申します。

**【永尋】** ながたずね

一年以上の指名手配を申します。当時は犯罪も「間《ま》」で考えるところがありまして、一度の過ちなら、その後真面目に暮らしていれば、一年で時効となりました。しかし、再犯しますと、その間ず～っと悪人だったとされ、厳しく裁かれました。

**【長局向】** ながつぼねむき

【大奥《おおおく》】に勤めるお【女中《じょちゅう》】の暮らすエリアのことを申します。

**【中野御囲】** なかののおかこい

【犬屋敷《いぬやしき》】のことでございます。

**【長袴・引き袴】** ながばかま・ひきばかま

位の高い【大名《だいみょう》】が、【殿中《でんちゅう》】での正装に着ける裾の長い袴を申します。裾を三十センチほど引きずって歩いておりました。図は【袴《はかま》の色々】のコラムをご覧ください。

**【中働き】** なかばたらき

㊀【奥向《おくむ》き】や勝手向きの間で雑用をするお【女中《じょちゅう》】を申します。清掃などが主な仕事でした。

㊁有名な俳優の付き人のことも申します。

**【長直垂】** ながひたたれ

長い袴を着用する【直垂《ひたたれ》】を申します。四位以上の【大名《だいみょう》】の礼装や、年始、【元服《げんぷく》】などの時に使われました。短い袴を着けるのは直垂、「鎧《よろい》直垂《ひたたれ》」と呼ばれます。

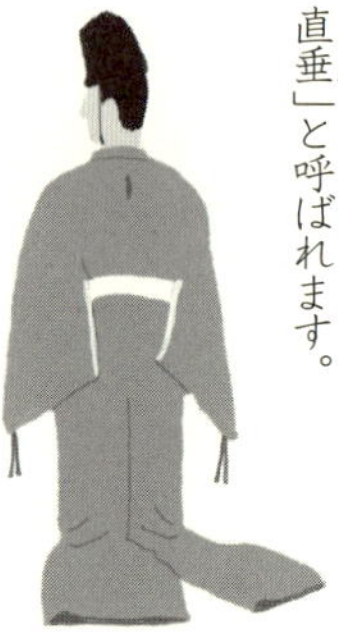

**【長火鉢】** ながひばち

【町屋《まちや》】でよく使われましたのが、長火鉢でございます。木目のよい木で作られまして、内側は銅でできてお

ります。隅にはお酒の燗を付けます銅製の【チロリ】入れを置いたりしました。横の引き出しには、煙草やら海苔やら【付木《つけぎ》】やらをしまっておきますと、乾燥して具合がよく保存できました。

**【長持】** ながもち

主に上流武家や商家で使われました、衣装、貴重品などをしまう大きな

トランクを申します。運ぶ時は棒をさして担ぎます。重いので車輪付きのものも作られましたが、火事の時に持ち出しますと、避難路を塞ぐことになり、被害を大きくしましたので、後に禁止されました。

**【長屋】** ながや

アパートのことでございます。長屋には大きく分けまして二種類あります。ひとつは武士の住みます【武家《ぶけ》長屋《ながや》】です。武家屋敷の外周や奥にありまして、主にご家来衆が住みました。また、貧しい武家では、拝領屋敷に長屋を建て、庶民に貸して家賃収入を得たりしていました。

もうひとつは、一般庶民向けの長屋です。【表長屋《おもてながや》】【裏長屋《うらながや》】と呼ばれるのがそれです。時代劇では平屋で四畳半の長屋しか出てきませんが、日本橋では二階建ても多くありました。最安の長屋には畳もなく、自分で買うか茣蓙《ござ》を敷いて住みました。どの長屋にも【惣後架《そうこうか》】、【井戸《いど》】、下水、【芥溜《ごみため》】が備えられておりました。逆になかったのは風呂でございます。火事の多い江戸では、長屋に風呂を造ることが禁じられていたからです。

【地主《じぬし》】にとって【表店《おもてだな》】は賃借商売でございましたが、裏長屋はチャリティーの意味もありました。町は人が賑やかだからこそ商売ができま

すし、様々な職人がいるから便利なのですが、それらの人たちも住むところがなければいけません。そこで、土地を持つ者は、貧しい人に住まいを提供する義務があったのでございます。ですから、建物は「三年元取り」といわれまして、三年で建築経費が償却できる程度のものを基準に設計されました。図は【裏長屋《うらながや》】の項をご覧ください。

**【中屋敷】なかやしき**

江戸城の外堀沿いに並ぶ【大名《だいみょう》】の別邸でございます。隠居された【殿《との》様《さま》】の住まいによく使われました。

**【長屋門】ながやもん**

武家屋敷の門で、【長屋《ながや》】と門が一体になったものを申します。門番をします【足軽《あしがる》】などが住みました。

**【長脇差】ながわきざし**

一尺八寸（約五十四センチ）の長さのものを申します。当時、武士以外の者が【太刀《たち》】を持つことは禁じられておりましたが、護身用に一尺八寸以下の刀を一本持つことは許されておりました。そのため、善からぬ輩《やから》はこの長脇差を持ちました。【上《じょう》州長脇差《しゅうながどす》】もこの類でございます。

**【薙刀】なぎなた**

竿の先に一尺（約三十センチ）ほどの刀の付いた武器でございまして、片刃で鍔《つば》があるところが槍と異なります。「大薙刀」は三メートル、「小薙刀」は一メートルくらいの長さでございます。

また、男薙刀を「静型《しずかがた》」、女薙刀を「巴型《ともえがた》」と申しました。

**【鳴きを入れる】**なきをいれる
江戸の【町駕籠《まちかご》】は、後ろが「はぁん」前が「ほう」と掛け声を掛けながら担ぎました。この掛け声を「鳴きを入れる」と申します。

**【名倉医院】**なぐらいいん
江戸の北、千住の宿に今日もあります、骨折、打撲などの専門医でございます。「骨接ぎの名倉」と呼ばれまして、職人たちには特に有名で、頼りにされておりました。骨折いたしますと、千住宿に泊まって治療いたしました。

**【投げ打ちの傷】**なげうちのきず
手裏剣《しゅりけん》などで背中に受けた傷を申します。背中の傷は「逃げ傷」と見られ、武士の不名誉とされましたので、普通は隠しているものです。

**【長押】**なげし
柱と柱の間に渡された建物の横材、和室の壁に見える横材のことを申します。壁には釘も打てないので、着物を掛けたり、棚を吊ったり、部屋の飾り造作には長押が使われます。

**【投頭巾】**なげずきん
男性用の【頭巾《ずきん》】でして、水戸のご老公様や飴売などが被りました四角い袋状の帽子を申します。図は【頭巾《ずきん》の色々】のコラムをご覧ください。

**【夏越の祓い】**なごしのはらい
六月の晦日《みそか》に神社で行う厄落としで、川で禊《みそぎ》をする行事でございます。【大川《おおかわ》】に近い橋場神明宮《はしばしんめいぐう》や鳥越《とりごえ》神社では、川に舟を浮かべ、厄を移した人形《ひとがた》を流し、無病息災を祈りました。その他、佃島住吉《つくだじますみよし》神社などの行事が大きく有名でした。

**【名護屋帯】**なごやおび
平帯が流行る江戸初期まで主流だった組紐の帯でございます。男女共に使います。図は【帯《おび》の色々】のコラムをご覧ください。

**【名残】** なごり

物事の最後、その余韻を申しますが、食べ物で名残と申しますと、旬の最後をいいまして「食べ納め」のことを申します。

**【名代】** なだい・めいだい・みょうだい

㊀【奉行所《ぶぎょうしょ》】が許可しました芝居などの、興行権を持つ者のことを申します。

㊁代理人、または代理でする仕事のことも申します。

**【名題】** なだい

㊀歌舞伎や【人形浄瑠璃《にんぎょうじょうるり》】の題名。

㊁名前が劇場の看板に載る人気役者を申します。「名題看板」は劇場正面に掲げられる、演目を記した看板を申します。

**【菜種油】** なたねゆ・なたねあぶら

油菜《あぶらな》の種から絞る油で、【行灯《あんどん》】に使われました。今日ではサラダ油のひとつになっておりますな。

**【撫付】** なでつけ

オールバックの髪型でございまして、儒学者、易者、山伏などがしておりました。髷《まげ》は結いません。

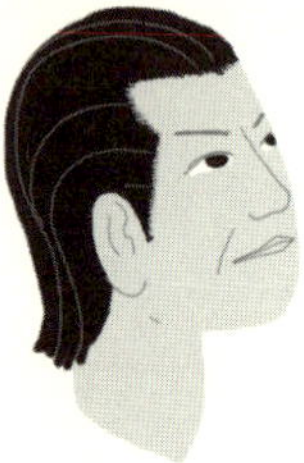

**【名所】** などころ

【鎬《しのぎ》】の項をご覧ください。

**【七去】** ななきょ・しちきょ

離縁の理由として認められる事柄でございます。

㊀親に従順でない。

㊁三年添っても子ができない。

㊂おしゃべりが過ぎる。

㊃盗癖がある。

㊄淫乱だ。

㊅嫉妬深い。

㊆悪疾がある。

当時はお家大事の世の中なので、本人同士はよくても舅《しゅうと》、姑《しゅうとめ》が離縁させる場合もよくありました。

**【七つ口】** ななつぐち

【大奥《おおおく》】の日用物資を入れる戸口で、夕七ツ（午後四時頃）に閉められる出入り口を申します。【長局向《ながつぼねむき》】と【広敷向《ひろしきむき》】の間にありまして、【御用《ごよう》商人《しょうにん》】が出入りいたしました。ここから先は男子禁制です。

**【七ツ立ち】ななつだち**

「お江戸日本橋七ツ立ち」なんてことを申しまして、暁七ツに出発することでございます。七ツと申しますと明け六ツの前ですから、日の出の二、三時間ほど前、旅行シーズンの春ですと二時半くらいになります。

　やけに早いですが、この時間に出ますと、初めの【宿場《しゅくば》】・戸塚には明るいうちに着き、風呂に入って夕食を食べることができます。なにしろ慣れない場所で真っ暗っていうのは、不便でございますからね。もともとは、【大名行列《だいみょうぎょうれつ》】が出発する時間を申しました。江戸初期には明け六ツまで見附門が閉まっていて庶民は通行できませんでした。

**【七つ坊主】ななつぼうず**

【芝《しば》】・増上寺《ぞうじょうじ》のお坊さんの托鉢を申します。毎日、昼七ツになりますと、【拍子木《ひょうしぎ》】を鳴らしながら念仏を唱えて、数十人で托鉢に廻りました。

**【浪花講】なにわこう**

文化元年（一八〇四）に現れました、東海道の【旅籠《はたご》】組合のひとつでして、【飯盛女《めしもりおんな》】を置かない健全な宿として、とても人気になりました。この頃、旅籠の多くが【岡場所《おかばしょ》】化して、旅する人々が困ったために生まれた組織です。大坂を講元とするのが浪花講で、江戸に講元があるものは【三都講《さんとこう》】と申しました。店先に「浪花講」「三都講」の看板を掛けておりますので、誰もがひと目でわかりました。安政二年（一八五五）には新たに【東講《あずまこう》】ができました。

**【浪花節・難波節】なにわぶし**

【浪曲《ろうきょく》】とも申します。江戸末期に

生まれた【音曲《おんぎょく》】で、三味線をバックに語り歌います、独演ミュージカルでございます。

**【名主】なぬし**

身分は百姓ですが、村を統率する【町役人《ちょうやくにん》】のような者を申します。東北では【肝煎《きもいり》】と呼び、上方では「庄屋《しょうや》」と呼ばれました。江戸では、町行政を行う者を【町名主《まちなぬし》】と呼び、京では【雑色《ぞうしき》】と呼ばれました。

**【鈍刀】なまくらがたな**

㈠切れ味の悪い刃物を申します。材質、製法、研ぎなどが悪い様、安物の刃物を申します。

㈡転じて→役に立たないものを申します。

**【なまくら坊主】なまくらぼうず**

「生臭《なまぐさ》坊主」に同じ。戒律を守らず、酒は飲むは、肉は食うは、女遊びはするはという為体《ていたらく》な坊主のことです。

**【海鼠壁】なまこかべ**

平瓦を埋め込んだ耐火壁でございます。目地を大きく盛り上げたもので、目地の形の美しさは左官職人の腕の見せ所でございました。

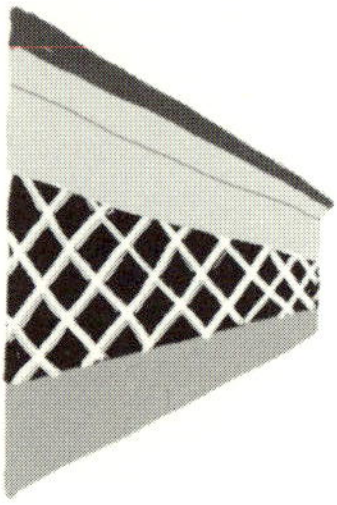

**【生酔い】なまよい**

本来は少し酒に酔うことを申しますが、ぐてんぐてんの酔っぱらいのことでもございます。

**【南無三】なむさん**

仏教用語の「南無三宝」の略でして、「大変だぁ!」「しまった!」「頼む!」といった意で使われます。

**【鳴釜】なりかま**

お釜を被った毛むくじゃらの妖怪でございます。絵馬を差し出しまして、吉凶を占うような素振りをいたします。古いお釜の【九十九神《つくもがみ》】でございます。

【〜縄手】なわて

縄のように続く、真っ直ぐな長い道のことを申します。郊外では田圃《たんぼ》の畦道《あぜ》を指します。

【縄暖簾】なわのれん

㊀横竹に縄を幾筋も垂らして作りました暖簾でございます。

㊁居酒屋が多く縄暖簾を使っていたことから、居酒屋も指します。

【なんば走】なんばはしり

体を捻らず、右手右足、左手左足をそれぞれ一緒に前後に動かす独特の走り方でして、長く走っても疲れないといわれております。【飛脚《ひきゃく》】の走り方とされますが、詳しい走法はわかっておりません。

【南蛮菓子】なんばんがし

洋菓子のことを申します。和菓子はほぼ完璧なベジタブル・ケーキでございますので、そこへ登場した西洋の卵などを使った菓子は全く異なる味覚がいたしました。これらの菓子を苦労して日本まで持って来たのは【切支丹《きりしたん》】の宣教師です。

海外では酒、煙草、麻薬、武器、医療などで人々の注意を引いて布教活動をしましたが、日本では通じなかったため、カステラなどの菓子を用いたそうでございます。

【なんまいだ、なんまいだ】

阿弥陀経の「南無阿弥陀仏」の意味でございます。不信心な者や偽坊主がうろ覚えで唱えます。

【南陵二朱銀】なんりょうにしゅぎん

明和九年（一七七二）に田沼意次《おきつぐ》の通貨統一政策によって発行された銀貨でございます。【二朱金《にしゅきん》】と同額とし、一両は八片《へん》（枚）とされました。それまで銀は目方を計って使う【称《しょう》量《りょう》貨幣《かへい》】でございました。幕府は様々な不都合を取り除くため、銀も金と同じ額面で使う【計数貨幣《けいすうかへい》】にしたいと考え発行いたしました。

しかし、南陵二朱銀は目方に換算しますと、八片で五十五匁《もんめ》の銀しか使われていませんでしたので、それまでの一両＝六十～七十匁の相場と大きな差が生じます。そして何よりも、銀行である【両替商《りょうがえしょう》】が両替の差益で儲けておりましたので、二朱銀の流通に強く反発いたしました。

# 【に】

**【二階風呂】** にかいぶろ

天保から嘉永年間（一八三〇～一八五四）に流行りました【湯屋《ゆや》】の形式で、二階が大広間になっていて男客が寛ぐことができました。武士の刀掛《かたなかけ》もここにありました。寛ぎ料は別料金になっております。

**【二間牢】** にけんろう

【牢屋敷《ろうやしき》】にありました、【非人《ひにん》】を入れる獄舎を申します。

**【西詰】** にしづめ

橋の西側の袂《たもと》のことです。方角によって東詰、南詰、北詰となります。

**【西丸】** にしのまる

江戸城【本丸《ほんまる》】の西側にありました、将軍のお世継ぎの住む場所を申します。

**【西町奉行所】** にしまちぶぎょうしょ

京、大坂の町奉行所は、南北ではなく東西二箇所にございました。それぞれ西に建てられたものを「西町奉行所」と申します。「東町奉行所」と毎月交代で開きまして、庶民の訴訟を受け付けました。

**【二十四節気】** にじゅうしせっき

一年三百六十五日を二十四等分にして、約十五日ごとに「節気」と「中気」を割り当てた季節の【暦《こよみ》】でございます。これを「暦注《れきちゅう》」と申しまして、

二十四節気

| 節季／中気 | 太陽暦の時期 | 備考 |
|---|---|---|
| 小寒 | 一月五日頃 | 寒さが増す |
| ※冬土用 | 立春前の十八日間 | 季節の変わり目 |
| ㊥大寒 | 一月二十日頃 | もっとも寒い頃 |
| 立春 | 二月四日頃 | 春が来る |
| ㊥雨水 | 二月十九日頃 | 雪解け |
| 啓蟄 | 三月六日頃 | 虫が目覚める |
| ㊥春分 | 三月二十一日頃 | 昼夜の長さが等しい |
| 清明 | 四月五日頃 | 花が咲き始める |
| ※春土用 | 立夏前の十八日間 | 季節の変わり目 |
| ㊥穀雨 | 四月二十日頃 | 春雨の季節 |
| 立夏 | 五月六日頃 | 初夏を迎える |
| ㊥小満 | 五月二十一日頃 | 実を結び始める |
| 芒種 | 六月六日頃 | 田植えの季節 |
| ※入梅 | 六月十一日頃 | 梅雨入り |
| ㊥夏至 | 六月二十一日頃 | 昼が最も長い |
| ※半夏生 | 夏至から十一日目 | 農業を五日間休む |
| 小暑 | 七月七日頃 | 暑さが増す七夕の日 |
| ※夏土用 | 立秋前の十八日間 | 季節の変わり目 |
| ㊥大暑 | 七月二十三日頃 | 一番暑い日 |
| 立秋 | 八月七日頃 | 秋の始まり |
| ㊥処暑 | 八月二十三日頃 | 朝夕涼しくなる |
| ※二百十日 | 九月一日頃 | 台風が来やすい |
| 白露 | 九月八日頃 | 秋の気配がする |
| ㊥秋分 | 九月二十三日頃 | 昼夜の長さが等しい |
| 寒露 | 十月八日頃 | 寒くなってくる |
| ※秋土用 | 立冬前の十八日間 | 季節の変わり目 |
| ㊥霜降 | 十月二十三日頃 | 霜が降り始める |
| 立冬 | 十一月七日頃 | 冬に入る |
| ㊥小雪 | 十一月二十二日頃 | 小雪が舞い始める |
| 大雪 | 十二月七日頃 | 本格的な冬 |
| ㊥冬至 | 十二月二十二日頃 | 夜が一番長い日 |

㊥＝中気。今日でも季節を表すために利用されますね
※＝雑節。農業の目安として使われます。植物の生長にも関わり、この時期に、田植えや収穫、台風の備えなどをします

農業を行うのにとても重要な目安でございました。季節名は中国のものなので、日本の気候とは多少ずれます。これを六組ごとにまとめたものを、春夏秋冬と申します。

この他に日本独特の季節として、「土用」「八十八夜」「入梅《にゅうばい》」「半夏生《はんげしょう》」「二百十日」などの「雑節《ざっせつ》」と合わせて暦に記されました。

**【二重門】にじゅうもん**

寺院の正門に使われます【山門《さんもん》】のことでございます。

**【二十四組問屋】にじゅうよ(し)くみといや**

大坂の【問屋《といや》】組合で、江戸の【十《と》組問屋《くみどいや》】からの注文を【菱垣廻船《ひがきかいせん》】などで江戸へ送る組合でございます。元禄七年（一六九四）に十組から始まりましたが、次第に増えまして二十四組になりました。油、木綿、畳表、紙、乾物、瀬戸物、鉄釘、【小間《こま》物《もの》】、蓆《むしろ》、雑貨、薬種、渋、煙草、塗物、打物、砥石、蝋《ろう》、【古手《ふるて》】、足袋などなどの問屋が加入しました。しかし、天保十二年（一八四一）には十六万五千両が焦げ付き解散いたしました。

**【二朱金】にしゅきん**

元禄十年（一六九七）から発行されるようになりました、最小単位の金貨でございます。十六朱で一両になりまして、【二朱銀《にしゅぎん》】と同価格、銭で二百五十～六百二十五文に相当します。銀は主に目方で換算されましたが、金は単位でして「両」「分」「朱」で四進法で計算されました。一両＝四分＝十六朱となります。

**【二朱銀】にしゅぎん**

明和九年（一七七二）以降に発行されました、最小単位の計数銀貨でございます。貨幣価値は【二朱金《にしゅきん》】と同価格でして、単位も同じでございます。銭で二百五十～六百二十五文に相当します。

**【躙り口】にじりぐち**

茶室に設けられます客用の出入り口

の造りを申します。高さが低く頭を下げ膝で躙《にじ》りながら入らなければならないものです。どんなに偉い方でも、頭を下げさせ「謙虚な気持ちを抱かせるように」とされております。

**【二挺立】** にちょうだて

二挺の【艪《ろ》】で漕ぐ、足の速い船を申します。

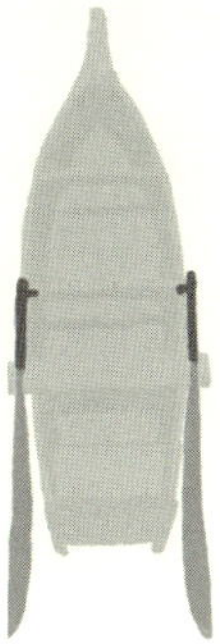

**【日光東照宮】** にっこうとうしょうぐう

元和二年（一六一六）に亡くなりました初代・家康《いえやす》公を祭る神社でございます。元和十三年（一六一七）に駿河国（静岡県）・久能山《くのうざん》東照宮から下野国《しもつけのくに》（栃木県）に移しました。今日の社は、三代・家光《いえみつ》様が寛永十一年（一六三四）に、幕府【大棟梁《だいとうりょう》】・甲良宗廣に造らせたものです。

**【荷留】** にどめ

主に米を自藩領内から出さないために、【関所《せきしょ》】で通行を阻止することを申します。飢饉中に自国の米が流出するのを防いだり、米価を上げるためなど、諸藩諸々の理由で行いました。港で荷を留めることを【津留《つどめ》】と申します。

**【担箱】** にないばこ

【挟箱《はさみばこ》】は武家が使う正式なもので、庶民が使うのは担箱と呼ばれました。「薬屋」「唐辛子売」【便り屋《たよりや》】などが使いました。小さな物を売る商売には、引き出しの付いた箱が使われました。

**【にぬき】**

上方で「ゆで卵」のことを申します。江戸では「荷物を抜き取る」ことになりますので、これを聞くと江戸っ子は驚きます。

**【二ノ膳付き】にのぜんつき**
料亭などで出されます、正式な料理〈本膳料理〉には複数の膳が出てまいります。一ノ膳、二ノ膳、三ノ膳と続きまして、そりゃあ豪華でございます。

**【二の太刀】にのたち**
勝負の際のふた振り目の【太刀《たち》】を申します。一刀目を斬り込んだ際に相手の反応や動きを計算して、二刀目を斬り込みますので、腕があれば二の太刀で雌雄は決します。

**【二丸】にのまる**
江戸城【本丸《ほんまる》】の外側にありまして、将軍のお母さん、【側室《そくしつ》】の住むエリアでございます。

**【二番煎じ】にばんせんじ**
㈠漢方薬やお茶の二回目を煎じることを申します。「煎じる」とは、湯が半分ほどになるまで煮て濃縮することを申します。
㈡転じて↓新し味がない物事のこと、まねっこのことを申します。

**【二半場】にはんば**
江戸初期に「西丸留守居」【与力《よりき》】【同心《どうしん》】を勤めた【御家人《ごけにん》】の家柄でして、特別待遇の家格とされました。「譜代准席《ふだいじゅんせき》」とも申します。

**【二方荒神】にほうこうじん**
【道中《どうちゅう》】で、馬に輿《こし》を付けてふたりを乗せる方法を申します。三人乗せるのを【三方荒神《さんぼうこうじん》】と申します。その他は【馬子《まご》】の項をご参照ください。

**【二本差し】にほんざし**
【太刀《たち》】と【脇差《わきざし》】の二本を腰に差しているのは【士分《しぶん》】の証でして、武士のことを申します。

**【乳鉢】にゅうばち**
薬や絵の具をすり潰すための陶製のすり鉢でございます。

**【二六時中】にろくじちゅう**
今日の「四六時中」と同じ意味でございます。当時の一日は十二刻でしたので、二×六＝十二で、丸一日、いつも、という意味になりました。

**【仁侠】にんきょう**
【男伊達《おとこだて》】のことを申します。弱きを助け、強気を挫《くじ》く輩《やから》でして、【町《まち》奴《やっこ》】などがこう呼ばれました。

**【人形浄瑠璃】にんぎょうじょうるり**

【義太夫《ぎだゆう》】節の語り、三味線の演奏、それに操り人形の演技が一体となった劇のことです。今日では「文楽《ぶんらく》」と呼ぶことが多くなりました。『仮名手本忠臣蔵』など歌舞伎に移された作品もたくさんございます。

**【刃傷】にんじょう**

刃物で人を斬ることを申します。「刃傷沙汰」は刀を抜く喧嘩、殺人を申します。武士でも、江戸城内と京の市内、鴨川内において、【抜刀《ばっとう》】そのものが厳しく禁じられておりましたので、ここでの刃傷は一大事でございました。

**【人情貸し】にんじょうがし**

担保もなければ、返せる保証もない者に、人情で貸す金を申します。表向き「貸す」とは申しましても、返してもらうつもりのない貸し金でございます。借りた方は二倍三倍にして返そうと頑張りますが、まず受け取りませんな。「お前さんが、真面目に勤めた証だ。私も貸した甲斐があるってもんだ。立派な姿を見られただけで十分だよ」なんておっしゃいましてね。どうにも人のできた方でございます。

**【人情本】にんじょうぼん**

簡単に申しますと、エロ小説のことでございます。「好色本」とも呼ばれまして、あまりに過激になり、享保七年（一七二二）に禁止されます。

**【人相書】にんそうがき**

犯人や失踪者の捜索に使います手配書でございます。「人相覚」とも申しまして、顔形と名前が書かれております。文字で特徴を書いたものが多く、似顔絵があるのは珍しい方でございました。

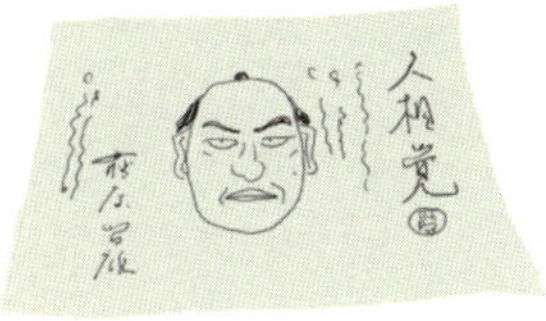

**【人足仕事】にんそくしごと**

今日でいいます、ガテン系の仕事でして、力仕事のことを申します。

**【人足寄場】にんそくよせば**

寛政二年（一七九〇）に、石川島（佃《つくだ》島《しま》）に設置されました軽犯罪者と【無宿者《むしゅくもの》】の更生施設でございます。正式には「加役方人足寄場《かやくかたにんそくよせば》」と申します。【天明《てんめい》の大飢饉《だいききん》】で江戸にたくさんの浮浪者が増え、犯罪が多発したため【火附盗賊改《ひつけとうぞくあらため》】・【長谷川《はせがわ》平蔵《へいぞう》】により【寛政《かんせい》の改革《かいかく》】で設置、運営されました。三年間の収容で様々な職業訓練がされまして、無事に勤め上げますと、職業を斡旋してもらえたり、中で働いた分の積み立て金を、出直しの元金としていただけました。寛政四年（一七九二）に長谷川様が引退された後は、町奉行所に管轄が移されました。ユニフォームの着物が水玉模様だったことから、ここの収容者は【水玉人足《みずたまにんそく》】と呼ばれました。

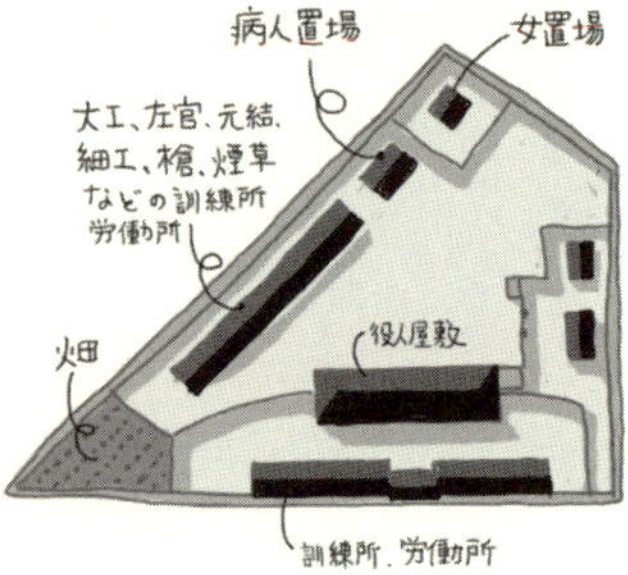


**【人別帳】にんべつちょう**

【町名主《まちなぬし》】が管理いたします、庶民の戸籍簿を申します。生国、宗派、菩提寺、【店請《たなうけ》】（住居の保証人）の住所氏名、世帯主、家族、使用人、両親の名などが記載されておりました。

住民の出入りの都度に書き換え、毎年四月に南北両奉行所に提出いたしました。さらに移動しない家族も、六年に一度調査して改められました。これに記されない者は【無《む》宿者《しゅくもの》】とされ、厳しく取り締まられました。

ちなみに、武家に戸籍はありませんで、各家で「家譜」という家系図で管理されました。

# 【ぬ】

**【糠】** ぬか

㊀ 玄米を白米にする際に出ます米の皮や胚《はい》でございます。漬け物の糠床や体を洗う【糠袋《ぬかぶくろ》】などに使います。

㊁ 細かい粉であることから、転じて→頼りないこと、儚《はかな》いことを申します。「糠喜び」は儚い喜び、「小糠雨」は細かい霧雨の意味です。

**【糠袋】** ぬかぶくろ

当時は石鹸ではなく、【糠《ぬか》】を入れました袋で体を洗いました。糠で肌がつるつるになります。【湯屋《ゆや》】で【手《て》拭《ぬぐい》】と共に貸してくれたり、売ったりしています。女性はたいてい自分の袋を持ってまいりまして、中身の糠だけを買いました。

**【抜け荷】** ぬけに

密貿易のこと、またはその荷物のことでございます。当然ながら厳しく禁じられておりました。

**【抜け参り】** ぬけまいり

犯罪っぽいですが、【二親《ふたおや》】や奉公先の主人に無断で行く【お陰参《かげまい》り】のことを申しまして、社会的には悪事ではございません。主人に無断では【道中手形《どうちゅうてがた》】は取れませんが【伊勢《いせ》参《まい》り】や【善光寺参《ぜんこうじまい》り】などの有名な参拝には不要でございました。金《きん》子《す》も持たず、柄杓《ひしゃく》で物乞いしながら旅するのが慣わしで、そのスリルも楽しかったのでございましょう。とても流行りました。

**【幣】** ぬさ

【みてぐら】の項をご覧ください。

**【盗人宿】** ぬすびとやど

盗賊が根城にしている宿を申します。宿といっても【旅籠《はたご》】ではなく、たいていは茶屋や料理屋などで、盗人をかくまったり、情報交換の場所に使われました。

**【ぬっぺらぱふ】**

なんでしょうか、まったくわかりません。深夜に淋しい場所に出ます妖怪でございます。大きくて白くて、どこかのユルキャラみたいな存在ですが……ひとりでは会いたくございませんね。

**【布子】** ぬのこ

木綿の「綿入《わたいれ》」のことでございます。今日で申しますダウンジャケットみたいなものでしょうか、羽毛の代わりに木綿の綿が入っております袢纏《はんてん》や褞袍《どてら》ですな。ちなみに、和紙でできているものは【紙子《かみこ》】と申しまして、軽く暖かいので、松尾芭蕉も「奥の細道」の旅で使いました。

**【濡女】** ぬれおんな・ぬれよめじょ

体が蛇で頭が女の妖怪でございまして、夜の海岸に現れます。赤子を抱いて近寄ってまいりまして、「この子をどうか預かってたもれ」と渡されてしまいます。恐れおののいておりますと、次に牛鬼《ぎゅうき》が現れ、逃げようとしても抱いた赤子が石のように重くなり、棄てようとしても、手から離れなくなっており、逃げられぬまま……牛鬼に食われてしまうそうでございます。

# 【ね】

**【願いの糸】** ねがいのいと

七夕に竹に結びます五色の糸、または帯でございます。願いを込めて結びました。

**【寝茣蓙】** ねござ

夏に敷布団の上に敷く茣蓙でございます。【長屋《ながや》】は蒸しますから、茣蓙を敷いて風通しを良くしますと涼しく眠れました。

**【猫じゃらし結】** ねこじゃらしむすび

男性の帯の結び方で、一本だらりとだらしなく伸ばした「片輪結」でございます。アンニュイな感じを演出しました、通人好みの結び方です。垂れ下がった帯に猫がじゃれつくんですね。猫ってのは女性のことでもございます。図は【帯《おび》の色々】のコラムをご覧ください。

**【猫頭巾】ねこずきん**

【町火消《まちびけし》】が被ります、防火頭巾でございます。【刺し子《さしこ》】で作られたもので、姿が猫に似ておりました。図は【頭巾《ずきん》の色々】のコラムをご覧ください。

**【猫又】ねこまた**

尾が二本ある妖怪でございます。女《おな》子《ご》の姿をしていたり、二本足で歩いたりして、意外に可愛いくて、その上しゃべります。男性の夢に出てきて精気を吸い取ったりするそうでございますよ。

**【猫跨ぎ】ねこまたぎ**

㊀「猫も興味を示さず、跨いで通る」と食べ物を茶化す言葉でして、特にまずい魚のことをいいます。

㊁転じて↓誰にも相手にされないものと皮肉を込めて使われます。

**【猫も杓子も】ねこもしゃくしも**

「誰もかれも」という意味ですな。由来は「女子《ねご》も弱子《じゃくし》も」でして、女子供を意味した言葉を洒落たものだぞうで。または、「普段、人の事には興味を示さない猫も、料理中で忙しい奥さんまでも杓子を握ったまま集まって来る。てんやわんやの大賑わい」にちなんでいる、などなど諸説ございます。

**【根津】ねず**

上野・【不忍池《しのばずのいけ》】の奥にある地域で、根津神社がある一帯を申します。当時はお坊さん向けの遊里でございました。夏も涼しい谷の町ですんで、裕福な商家のご隠居さんが、好んで別荘を建てて住みました。

**【鼠小僧】ねずみこぞう**

【大名屋敷《だいみょうやしき》】を狙いまして、七十一箇所で一万二千両を盗んだ実在の大泥棒です。単独犯を働く「こそ泥」ってんでぇ、「小僧」と呼ばれました。
　大名屋敷と申しますのは、広いわりには人が少ないのでよく狙われました。しかし、ついに悪運が尽きまして、天保三年（一八三二）に【市《し》中《ちゅう》引《ひ》き廻《まわ》し】のうえ【獄門《ごくもん》】に処せられました。

**【鼠舞】** ねずみまい・ねずまい

鼠が穴から顔を出したかと思うと引っ込み、鼻を出したかと思うと引っ込み、次に前足まで出したかと思うと引っ込みと、なかなか出て来ない様子に例えて、優柔不断なことを申します。

**【寝刃を合わす】** ねたばをあわす

㈠刃物を研ぎ直すことを申します。
㈡または、密かに悪事を企むという意でも使われます。

**【寝間】** ねま

寝室のことでございます。もちろん、【長屋《ながや》】にはございません。

**【年季明け】** ねんきあけ

【年季奉公《ねんきぼうこう》】が終わることを申します。だいたい十歳から奉公に上がりまして十九歳くらいで年季が明けます。商家の【丁稚《でっち》】なら、明け後に数年の御礼奉公をしまして、独立したり、【手代《てだい》】や番頭《ばんとう》として給金を貰って勤めることができました。
　女中奉公なら、給金をいただいてそのまま働き続けるか、実家や奉公先の紹介でお見合い結婚が控えております。【遊女《ゆうじょ》】の場合は、借金を返し終わることを申します。借金さえ返せばただの娘ですので、いい人と結婚するか、【音曲《おんぎょく》】の師匠、【髪《かみ》結《ゆい》】などで独立いたします。

**【年季奉公】** ねんきぼうこう

決められた期日＝年季を決めて奉公することを申します。たいていは契約金として親などが先に金銭を受け取りますので、借金する形で働くことになります。【遊女《ゆうじょ》】も年季奉公のひとつでございました。

　商家や職人のところでは、だいたい十歳前後で修業に出ることを申します。商家の場合は丁稚奉公、【見《み》習奉公《ならいぼうこう》】とも申します。もっぱら、九～十年勤めて【年季明《ねんきあ》け】となりました。職人は業種によって異なりますが、十年勤めてようやく下働《したばたら》きが終わるくらいでしょうか。そこから優秀な者だけに技術の伝承がされます。

　今日と違いますのは「週」という観念がございませんから、土曜も日曜日もございません。ですからお休みも毎週はなく、盆暮れの二回と、お祭りの時くらいでした。

**【年貢】** ねんぐ

農民が納めます年貢米のことを申します。「四公六民」と申しまして、四十%と高い税率でした。初めは「検見《けみ》」と申しまして、毎年、田を見て石高を予想して年貢の量を決めておりましたが、【享保《きょうほう》の改革《かいかく》】以来、五年、十年あるいは二十年の平均収穫量から平均を割り出し、一定量を納める「定免《じょうめん》」に変わりました。ただし、ひどい自然災害があった場合には、検見のうえ減免が認められることもございました。

　【知行《ちぎょう》】の「～石」は田の面積ですので、実際の税収換算は約三十五%ほどでした。

**【懇会】** ねんごろかい

諸藩の江戸【留守居役《るすいやく》】が集まる隠密会議でございます。【留守居茶屋《るすいぢゃや》】という高級料亭で行われました。

**【念者】** ねんじゃ

【男色《だんしょく》】の年上の方を申します。

**【年番方】** ねんばんかた

【奉行所《ぶぎょうしょ》】の経理・取締り係の御役人でございます。

## 【の】

**【能書き】** のうがき

㊀ 薬などの効能を書いたものを申します。くどくどと長くてわかり難

い、江戸っ子の好みには合わないものでございます。

㈡転じて→理屈っぽいこと、自己アピールの過ぎることを申します。

**【能吏】** のうり

特に事務処理に長けた、有能な方を申します。

**【野駆け】** のがけ

㈠武士が馬で遠乗りをすることを申します。

㈡庶民の【物見遊山《ものみゆさん》】を申します。花見や紅葉狩り、近隣の名所巡りや寺参り、七福神廻りなどもピクニックのひとつでございました。

**【鋸挽】** のこぎりびき

死刑のひとつで、【逆罪《ぎゃくざい》】の者に科せられました。【引《ひ》き廻《まわ》し】にされた後、日本橋南詰の晒《さら》し場《ば》で、地面に埋めた箱に首だけ出して入れられます。横に罪状を記した「捨《す》て札《ふだ》」を立て、竹で作られた模造の鋸と共に二日間晒《さら》されます。希望すればこの鋸で首を切ることができましたが、当時希望した者は誰もいなかったそうです。夜には【牢屋敷《ろうやしき》】に戻り、三日目は刑場へ連れて行かれ【磔《はりつけ》】に処せられました。

**【野晒し】** のざらし

㈠風雨に晒されることを申します。

㈡野晒しになった白骨から、転じて→髑髏《されこうべ》のことを申します。

**【熨斗目】** のしめ

武士の【小袖《こそで》】に使われました「練《ねり》貫《ぬき》」という、生糸と練糸で織った生地のことを申します。【裃《かみしも》】など礼装の下に着るものです。

**【のっぺらぼう】**

お馴染みの顔のない妖怪でございますが、のっぺらぼうってのは、正体は狐か狸でございます。奴らが化けたものですな。だったら綺麗なお嬢さんに化けて欲しいですな。人に対していう場合は、表情や感情のない人間＝人でなしという意味で使われます。

**【野袴】のばかま**

庶民のものは、日常仕事や庭仕事に使う袴でございます。裾を絞り、当て布をして補強してあります。武士が使うものは、【馬乗袴《うまのりばかま》】の裾をビロードなどで補強したものをいいます。主に【道中《どうちゅう》】などに使われました。図は【袴《はかま》の色々】のコラムをご覧ください。

**【野非人】のひにん**

主に「難民」のことを申します。飢饉が起こりますと、耕地を捨てて都会へ流れる人々が増えまして、通りに座り込んだりしておりました。【非人《ひにん》】と付きますのは【非人頭《ひにんがしら》】の管理下に置かれたからです。その他【無宿人《むしゅくにん》】など【人別帳《にんべつちょう》】に記されないで江戸に住み着いている人々も含まれます。

**【蚤の夫婦】のみのふうふ**

蚤というのは、雄が雌より小さいんで、それに掛けまして、小粒の旦那に大女の嫁の夫婦を申します。特に農家では、大きな女性は丈夫だから福を呼ぶ、と好まれました。

**【のめり】**

前歯の先が斜めになっている一材の下駄のことでございます。風情がお淑やかなんで、女性の下駄によく使われます。

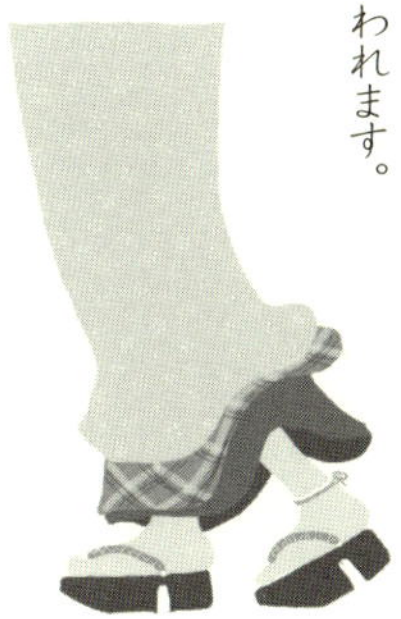

**【野良着】** のらぎ

農民の作業着のことですが、作りが特別というよりは、当て布をして丈夫に補強してあるものを申します。

**【矩】** のり

掟や決まりごとのことです。「矩を越える」は掟を破ることを申します。

**【乗掛】** のりかけ

【道中《どうちゅう》】で荷物と人を一緒に馬に乗せて運ぶ方法を申します。その他は【馬子《まご》】の項をご参照ください。

**【乗物】** のりもの

将軍や【大奥《おおおく》】【大名《だいみょう》】、一万石以上の身分の高い武家が使う【駕籠《かご》】を申します。乗物はしっかりとした造りで、高級なものは【螺鈿《らでん》】などで豪華な装飾が施されておりました。入り口は【連子窓《れんじまど》】が付いた引き戸になっております。武家では、主人が使う乗物の他に、妻女が使う「女《おんな》乗物《のりもの》」も所有しておりました。担ぎ手は【陸尺《ろくしゃく》】と呼びまして、もっぱら四～六人で担ぎました。

一方、庶民の使う駕籠には戸を付けることが禁じられておりました。図は【駕籠《かご》の色々】のコラムをご覧ください。

**【暖簾分け】** のれんわけ

お店の【奉公人《ほうこうにん》】が独立する時に、屋号の使用を許されることを申します。主人に認められた者だけがいただけまして、文字通り、屋号を染めた暖簾をいただきました。新しい店は、よその町や、故郷などに開店しまして、お店の信用や仕入れ先、顧客も受け継ぐことができますので、商売にはとても有利でございます。中には経営が安定するまで、奉公人を派遣してくれる場合もあります。

**【野分】** のわき・のわけ

台風などの強い風を申しました。『枕草子』の時代から、野の草を分けて吹く様を指してこう申します。

# 【は】

【灰買】はいかい
竈《かまど》や火鉢の灰を買い取ったり、売ったりする商売です。買った灰は肥料にリサイクルされました。

【稗史】はいし
記録としての歴史書「正史」に対し、民間から集めたお話で書かれた歴史書のことでございます。

【拝借金】はいしゃくきん
「恩貸《おんたい》」とも申します。幕府や【大《だい》名《みょう》】が災害の時などに貸し出した、無利息の救済金でございます。武士から農民まで、誰もが借りることができました。

【陪食】ばいしょく
身分の高い方と共に食事をすることでございます。

【螺尻笠】ばいじりがさ
尖った貝のような【笠《かさ》】でございまして、「朝鮮の薬売」などが被っておりました。

【陪臣】ばいしん
【大名】に仕える家来のことで、【又《また》家来《げらい》】【又者《またもの》】とも呼ばれました。一方、将軍直属の家臣は【直参《じきさん》】と申します。

【灰吹き】はいふき
【煙草盆《たばこぼん》】にある煙草の灰を捨てる容器を申します。安い物はただの竹筒でした。

【売卜者】ばいぼくしゃ
占い師、陰陽師《おんみょうじ》のことを申します。江戸中期になりますと、占い師は、流派、宗教に関わらず、全て京・【土《つち》御門家《みかどけ》】の支配下になりました。

## 袴の色々

武士の男子は五歳を過ぎますと日常の正装として袴を着用いたします。また、動きやすくするためにも、防寒具としても用いられました。

【半袴】
はんばかま

【長袴・引き袴】
ながばかま・ひきばかま

【伊賀袴】
いがばかま

【四幅袴：四布袴】
よのばかま

【一文字結】
いちもんじむすび

【十文字結】
じゅうもんじむすび

【結切】
むすびきり

【踏込袴】
ふみこみばかま

【野袴】
のばかま

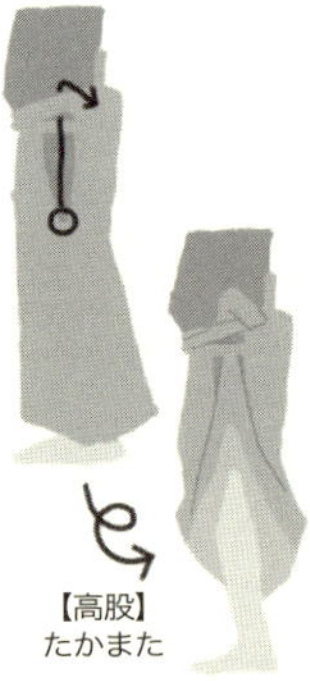

【高股】
たかまた

【行灯袴】
あんどんばかま

【括袴】
くくりばかま

**【拝領屋敷】はいりょうやしき**

【大名《だいみょう》】【旗本《はたもと》】【御家人《ごけにん》】が幕府から拝領する屋敷を申します。微禄の【同心《どうしん》】でも、百坪くらいのお屋敷を与えられますので、【長屋《ながや》】などを建てまして家賃収入を得ました。【与《よ》力《りき》】は空いた土地を武家や医師《いし》、【寺《てら》子屋《こや》】、武芸者《ぶげいしゃ》などに貸したりいたしました。地代は月に三〜十両くらいが相場でございました。

また、江戸郊外にあるものを「抱《かかえ》屋敷《やしき》」と申します。不便ですので、全てを貸して、住まいを市中に借りる方もおりました。

**【端唄】はうた**

【小唄《こうた》】の項をご覧ください。

**【羽織芸者】はおりげいしゃ**

【深川芸者《ふかがわげいしゃ》】が、当時、男の着物であった羽織を着ておりましたので、【芸子《げいこ》】ですが【芸者《げいしゃ》】と呼ばれます。

**【羽織勤】はおりづとめ**

江戸城に羽織袴で勤務する武士のことでございます。「裃勤《かみしもづとめ》」より下の御役人となります。

**【破鏡】はきょう**

「破局」と同じでして、離縁のことを申します。

**【白雨】はくう**

夕立のことを申します。夏の夕にザーっと来ますと、あたりが雨で白く見えます。

**【白刃】はくじん**

「しらは」とも読みまして、抜き身の刀を申します。手入れの行き届いた刀がギラリと光る様は、身の毛がよだつ恐ろしさがございますな。

**【博打・博奕】ばくち**

博打は【御法度《ごはっと》】でしたが、これがなかなか取り締まれず、娯楽のひとつとして、今日のパチンコほどの盛況ぶりでございました。

取り締まるのは【町奉行《まちぶぎょう》】ですが、【与力《よりき》】【同心《どうしん》】は上納金を受けていたりしますので、御上に迷惑をかけるような問題さえ起こさなければ、見過ごしておりました。

**【博徒】ばくと**

今日のヤクザでございます。【賭《と》場《ば》】、金貸し、良からぬ口入れ、人身売買が主な収入源でした。親分は【貸《かし》元《もと》】と呼ばれ、普段は表に出て来ません。下っ端の子分は、顔を見たことがない場合もございます。表に出ないのは、抗争で殺されないように、または【大店《おおだな》】の店主であるなど、色々な理由がございました。ナンバーツーは「代貸《だいがし》」、大坂では「盆守《ぼんもり》」と呼ばれます。賭場やアジトを仕切っているのが、代貸です。その下に「本出方」「助出方」【三下《さんした》】と続きます。

**【麦粒腫】ばくりゅうしゅ**

目の出来物、「ものもらい」のことでございます。

**【莫連】ばくれん**

すれっからし、欲深く性格の悪い女性のことを申します。

**【馬喰町】ばくろちょう**

日本橋の北にある町です。伝馬屋敷がありまして、旅人が多いので周りには【旅籠《はたご》】、江戸土産屋が軒を連ねておりました。「馬喰」とは馬の世話、売買をする者、または牛馬の医者「伯楽《はくらく》」のことを申します。

**【ばけべそ】**

【長屋《ながや》】の連中が女房を呼ぶ言葉でございます。

**【箱看板】はこかんばん**

木枠に和紙を貼り、墨書きしました看板を申します。地味に見えるでしょうが、日に透けて和紙が輝くんで、よく目立ちます。柱に付けたりもできますし、夜の商いには、中に火を灯して光らせることもできました。

**【箱島田】はこしまだ**

【島田髷《しまだまげ》】に【鴎髱《かもめづと》】を組み合わせま

して、派手に後部を張り出したものでございます。【遊女《ゆうじょ》】に人気があった髪型のひとつでございます。

**【箱ずし】** はこずし

「押寿司」を申します。四寸（約十二センチ）ほどの箱に酢飯を詰め、椎茸、卵焼き、鯛の刺身、鮑《あわび》、紅ショウガなどをのせまして、押し固めたものです。古くからある寿司で、江戸では握寿司の登場で廃れましたが、上方では永く好まれています。

**【箱膳】** はこぜん

【膳箱《ぜんばこ》】で食事をすること、または膳箱のことを申します。正式な食事はお膳で供されますが、日常の食事では食器が収納できる膳箱がよく使われました。【奉公人《ほうこうにん》】や【中間《ちゅうげん》】などが使いましたので【折助膳《おりすけぜん》】などとも呼ばれます。

**【箱提灯】** はこちょうちん

台が箱になっていて、潰しますとピッタリ収まる仕掛けの【提灯《ちょうちん》】を申します。これを小型にしたものが【小田原提灯《おだわらぢょうちん》】です。図は【提灯《ちょうちん》の色々】のコラムをご覧ください。

**【箱枕】** はこまくら

享保の頃（一七一六〜一七三六）になりますと、女性の髪が変わってまいりまして、ぐっと【髱《たぼ》】が張り出してきました。そのため形を崩さないように、図のように高い箱枕が主流になってまいります。

箱枕には箪笥《たんす》になっているものもありまして、大事なものをしまうことができました。……枕を高くして寝ている割りには、心配事は減らなかったようです。

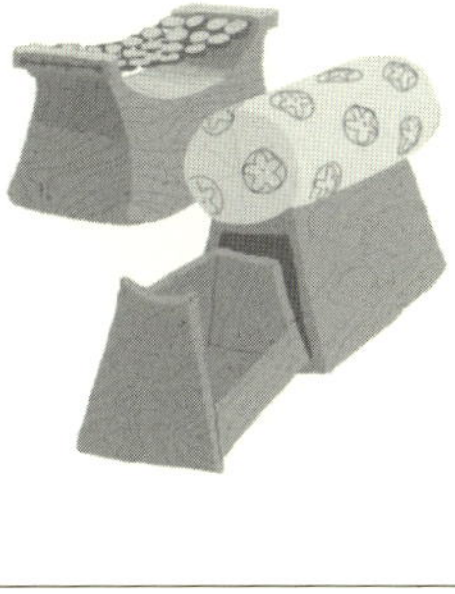

**【挟箱】** はさみばこ

【中間《ちゅうげん》】など武家の使用人が、主人の書類や道具、雨具などを運ぶ長い竿の付いた箱でございます。【大名《だいみょう》行列《ぎょうれつ》】では【殿様《とのさま》】の衣服などが入れられた立派なものもあり、この豪華さで格式がわかりました。大きなものは二～四人で担ぎました。

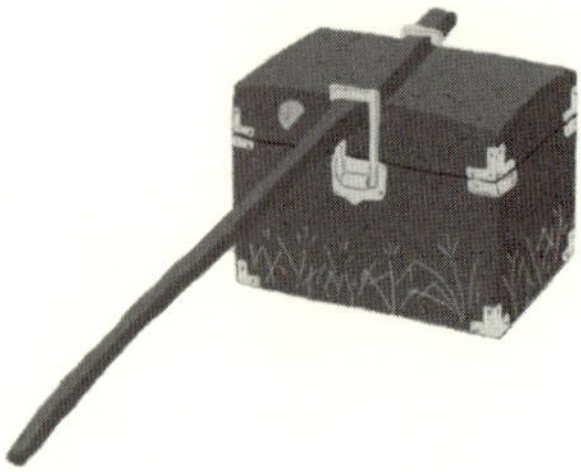

**【挟結】** はさみむすび

女性の帯結びのひとつで、帯を締めた後、結ばずに折って挟むだけの方法でございます。図は【帯《おび》の色々】のコラムをご覧ください。

**【橋番】** はしばん

大きな橋に置かれました、橋を管理する番人です。橋番は【番小屋《ばんごや》】に住みまして、昼夜なく橋の清掃や飛び込み自殺の防止に努めました。

**【馬上提灯】** ばじょうちょうちん

武士が夜間騎乗の際に、腰に差して携えるように工夫された【提灯《ちょうちん》】を申します。騎乗以外にもよく使われました。図は【提灯《ちょうちん》の色々】のコラムをご覧ください。

**【蓮池】** はすいけ

上野・【不忍池《しのばずのいけ》】にある弁天島の【出《で》合茶屋《あいちゃや》】のことを申します。上流階級の方が密会や【逢瀬《おうせ》】に利用されました。

**【長谷川平蔵】** はせがわへいぞう

延享二年～寛政七年（一七四五～一七九五）。【火附盗賊改《ひつけとうぞくあらため》】を八年勤め活躍した【旗本《はたもと》】で、池波正太郎の小説『鬼平犯科帳』の主人公として有名です。【関八州《かんはっしゅう》】を荒らした大盗賊・神道徳次郎や強姦盗賊団の

お頭・【葵小僧《あおいこぞう》】などを捕縛いたしまして、当時も庶民に大変な人気がございました。また、【寛政の改革《かんせいのかいかく》】で石川島に【人足寄場《にんそくよせば》】を設置したことでも有名です。

**【旅籠】はたご**

「旅籠屋」のことで【宿場《しゅくば》】にあります旅館を申します。宿賃は享保の頃（一七一六〜一七三六）で、上宿が百七十〜五百文ほど、中宿が五十〜百七十文ほど、下宿が三十〜百四十文ほどでございました。【伊勢参り《いせまいり》】や【善光寺参り《ぜんこうじまいり》】が盛んになりますと、宿場も賑わいましたが、やがて【飯盛女《めしもりおんな》】と呼ばれます娼婦が流行りまして、【悪所《あくしょ》】化するところが増えました。これに一般の旅人は困ってしまいましたが、やがて全国に【三都講《さんとこう》】や【浪花講《なにわこう》】などの「安心して泊まれる宿屋の組合」が生まれました。

**【果たし合い】はたしあい**

武士の決闘を申します。「果て」までやりますので、どちらかが死ぬまでやるのが基本です。江戸時代には禁じられておりましたが、【武士《ぶし》】の【一分《いちぶん》】に関わる時は、名誉のために行いました。しかし、【御法度《ごはっと》】ですので、勝った方も、奉行所に届け出、身柄を預けるか、その場で【切腹《せっぷく》】いたしましたので、結果的に勝者はナシとなります。

**【旗奉行】はたぶぎょう**

【五節句《ごせっく》】などの式日にだけ、幕府の旗を掲げる御役でございます。が、それ以外は暇でした。奉行なので、配下には【与力《よりき》】一騎、【同心《どうしん》】十五人がおりましたが、同じく年五回以外は暇でございました。このような、とりあえず的な役職は【閑職《かんしょく》】と呼ばれました。

**【旗本】はたもと**

将軍【直参《じきさん》】の家臣で【御目見得《おめみえ》】以上、一万石未満の武家を申します。さらに、御目見得以下は【御家人《ごけにん》】と申します。

**【旗本株】はたもとかぶ**

【御家人株《ごけにんかぶ》】のように、持参金＋養子

縁組で買い取る【旗本《はたもと》】の地位を申します。しかし旗本の養子縁組は、血縁者に限られておりましたので、こちらは犯罪でした。

**【旗本八万騎】はたもとはちまんき**

【旗本《はたもと》】の【軍役《ぐんやく》】を併せると総勢八万人になる！　という意味で、勢力を表した言葉でございます。

**【旗本奴】はたもとやっこ**

江戸前期に現れました【旗本《はたもと》】でありながら無頼な行動をする連中で「大小神祇組《だいしょうじんぎ》」「白柄組《しらつか》」「六法組《むほう》」など名乗り、徒党を組んで暴れました。こういった輩《やから》を取り締まれないのは、リーダーが旗本の次男坊などだったためでした。作法に厳しい武家社会でしたが、次男以下は本筋ではないので、乱暴狼藉を働いても、家長はお咎めを受けませんでした。

　しかし、庶民も黙っていたわけではありません。彼らに対峙する【町《まち》奴《やっこ》】が登場し、しばしば激しく衝突いたしました。【町奉行《まちぶぎょう》】では取り締まれなかったために、後に武闘派の【手先組《てさきぐみ》】から【火附盗賊改《ひつけとうぞくあらため》】が組織され、駆逐されました。

**【鉢金】はちがね**

鉢巻の額部分に付けられた金属の板のことです。おでこを刀で斬られるのを防ぐものでした。特に初期のものは金属部分も小さくて薄く、実益というよりは、士気を高めるために使われました。一方、幕末に土方歳三などの志士が用いた鉢金は大きくて分厚く、ヘルメットとして用いられました。

**【撥鬢頭】ばちびんあたま**

江戸中期から流行り出しました、【月代《さかやき》】を広く取り、【鬢《びん》】を三味線の撥のように剃り整える髪型でございます。主に【中間《ちゅうげん》】や【奴《やっこ》】が好んでいたしました。「奴頭《やっこあたま》」とも申します。図は【髪型《かみがた》の色々】のコラムをご覧ください。

**【八幡】** はちまん

本来は「やわた」と読みます。武士の守護神で、稲荷に次いで信仰の多い神社でございます。神仏習合の「仏教を守る神」となりまして「八幡菩薩」ともいわれます。

**【八幡の暮れ六ツ】** はちまんのくれむつ

富岡八幡（深川八幡）の暮れの鐘のことを申します。江戸には幕府公認の鐘撞《かねつき》堂が九箇所ございましたが、それ以外で有名な【時《とき》の鐘《かね》】がこれでございます。深川の庶民や【岡場《おかば》所《しょ》】の人々が聞きました。

**【初鰹売】** はつがつおうり

初鰹を売る【外商い《そとあきない》】でございます。夏の訪れを伝える四月（今日の五月）の季節商売でして、「目には青葉山ほととぎす初鰹」なんて詠われるほど、江戸っ子は初鰹が大好きで、我先にとこぞって手に入れようといたしました。

文化九年（一八一二）には初めに入荷した十八本の初鰹の一本を、歌舞伎役者・中村歌右衛門がなんと三両もはたいて買い求めたと噂になり

ました。三両と申しますと今日のお金で三十万円ほどですが、庶民感覚ではそれ以上に高額でした。初鰹を担いで魚屋が走りますと、めったに食えない【長屋《ながや》】の庶民も「夏だねぇ」と思うのでございます。

**【八脚門】** はっきゃくもん

控え柱が八本ある豪華な門のことでございます。

**【八卦見】** はっけみ

占い師、陰陽師《おんみょうじ》のことを申します。

「当たるも八卦、当たらぬも八卦」と申しまして、占いにハズレは付きものでございます。

**【八間】はっけん・はちけん**

【行灯《あんどん》】は、床置きだけではありません。天井から吊すタイプも、ちゃんとありました。【湯屋《ゆや》】や料理屋など多くの人で混み合う場所や、酔っぱらって正体をなくす方がいる場所で使われました。

**【八荒】はっこう**

国の八方、世界の果てまでを申します。

**【八州廻】はっしゅうまわり**

【関八州《かんはっしゅう》】を管轄にしました広域警察のような御役目を申します。江戸後期になりますと、この地域に【無《ぶ》頼漢《らいかん》】が増え、賭博やヤクザな行為を派手に行い、治安が悪化いたしました。江戸は日光街道、東海道、甲州街道、中山道、奥州街道の始点ですから、全国から【無宿者《むしゅくもの》】が紛れ込みやすかったためでございましょう。

**【八双の構】はっそうのかまえ**

「八相」とも書きます。左半身を相手に向け、刀を右肩の前で構えるものでございます。「陰の構」「気の構」とも申しまして、威嚇するために用いられます。図は【太刀《たち》と剣術《けんじゅつ》】のコラムをご覧ください。

**【八反風呂敷】はったんふろしき**

敷き布団の下に敷きます大きな風呂敷のことを申します。【長屋《ながや》】には押し入れがありませんので、昼はこれに包んで部屋の隅へ片付けます。さらに周りを【枕屏風《まくらびょうぶ》】で囲めば、お客さんが来ても大丈夫。また、近くで火事が起きた時も、布団の上に着物などを投げ込みまして、一気にくるんで逃げることもできました。長屋住まいで高価なものは、仕事道具と着物に布団でしたので。

**【八丁堀銀杏】はっちょうぼりいちょう**

【町方《まちかた》】の【与力《よりき》】が好んでした、町人風の髪型でございます。与力は朝がゆっくりなので、朝風呂に入って髪を整えてから出勤いたしました。いつもこざっぱりしているので、町娘にモテました。

**【八丁堀の旦那】はっちょうぼりのだんな**

町奉行所の【与力《よりき》】【同心《どうしん》】のことでございます。八丁堀に官舎がございまして、そこにお住まいですんで、親しみを込めてこう呼ばれます。普通の武士を「旦那」などと気安く呼んだりはいたしません。

**【抜刀】ばっとう**

刀を抜くことでございます。

**【初登】はつのぼり**

丁稚奉公に出た者が、初めて実家に帰るお休みを申します。【大店《おおだな》】の白木屋では、勤めて九年目になります。十歳で奉公に出ますと、【元服《げんぷく》】して十九歳になっておりますので、【丁稚《でっち》】から【若衆《わかしゅう》】に昇進して、立派な商人見習いとなっておりました。国が遠いこともありますので、五十日ほどの長いお休みがいただけます。

**【鼻緒】はなお**

お話で、よく女子《おなご》の下駄や草履《ぞうり》の鼻緒が切れまして、「はれっ、困った」というシーンがございますな。当時の鼻緒は消耗品で、今日と比べるとずっと切れやすかったものです。特に濡れたりしますと切れやすいんで、雨の日にはなるたけ歯の高い【高下駄《たかげた》】などを使いました。

そのうち、革の鼻緒をすげた日和《ひより》下駄《げた》ができまして、これはもう、ちょっと濡れたくらいでは切れませんので便利でございました。

**【花衣】はなごろも**

花見のために誂えた、女性の着物を申します。裕福な【町人《ちょうにん》】や武家の妻女が作りました。自慢の【小袖《こそで》】などは、わざわざ花見の宴席の幕代わりに掛けまして【小袖幕《こそでまく》】として通る人に自慢いたしました。

**【放し亀】はなしがめ**

【橋番《はしばん》】が兼業でやりました商売で「放生会《ほうじょうえ》」にちなみまして、生き物を買って逃がすと功徳になると、亀や鰻などを売っておりました。

**【花の雨】はなのあめ**

春の季語で、花が咲き始める頃に降る春雨を申します。桜を濡らす雨のこともいいます。

**【羽田奉行】はねだぶぎょう**

幕府が置いた【遠国奉行《おんごくぶぎょう》】のひとつでございます。天保十三年～弘化元年（一八四二～一八四四）の二年間だけ、外国船の来航に備え、防御を固めるために設置されました。

**【馬場】ばば**

騎馬の訓練所を申します。乗馬は重要な武術のひとつでしたので、江戸市中にもいくつも馬場がありました。特に【番方《ばんかた》】や【与力《よりき》】は馬術と馬の扱いに慣れている必要があり訓練が義務づけられておりました。一方、庶民は落馬したり、馬に走られて必死になる侍を見て楽しみました。

**【はばき】**

藁《わら》で作った【脚絆《きゃはん》】でございます。レッグウォーマーみたいなものだとお考えくださいまし。

**【破免】はめん**

凶作の年に【年貢《ねんぐ》】を大幅に減らす処置を申します。普段は「定免《じょうめん》」という定率法で年貢が決められますが、災害のひどい年には「検見《けみ》」という実際に田を観察して年貢を割り出す方法に変えました。

**【早起きは三文の得】** はやおきはさんもんのとく

三文というのは当時でも僅かな額でございます。どうして僅かに得をするのかと申しますと、早起きして夜は早く寝ますと、明かりがいりませんので【行灯《あんどん》】の節約になります。行灯の油は毎晩四勺《しゃく》（約七十ミリリットル）くらい使うそうです。油四勺は約十～二十四文ほどですので、ちょっと早く消しますと三文くらいの節約はすぐです。今日で申しますなら「早起きは三十グラムの二酸化炭素削減」でしょうか？（百ワット電球は一時間あたり約三十七グラムの$CO_2$を発生させます）

**【早駕籠】** はやかご

街道を急いで行く時に使う【権門駕籠《けんもんかご》】を申します。吉良邸討ち入りの知らせにも使われ、江戸～赤穂百七十里（約六百八十キロ）を四日半で走破いたしました。八～十人で担ぎ、さらに紐で引っ張りました。こういった急ぎの駕籠や【飛脚《ひきゃく》】は、東海道を行きますと【川留《かわどめ》】に遭う危険があるので、中山道を行きます。山道が多いので、それは大変でした。

**【早寿司】** はやずし

「押寿司」のことを申します。酢飯と魚を箱に入れ、押し固めて作ります。【箱《はこ》ずし】とも申します。江戸では「握寿司」が大流行して廃れますが、上方では、寿司といえば早寿司がメインでした。そのため、握寿司を【江戸前《えどまえ》】と申します。

**【早道】** はやみち

㊀馬の歩き方のひとつで、「速歩《はやあし》」のことを申します。逆にゆっくり歩くのを「地道《じみち》」と申しました。

㊁【飛脚《ひきゃく》】のことを申します。

㊂帯に挟んで使う小銭入れです。

**【払切・払斬】** はらいきり

刀を横に払うように斬ることを申します。

**【腹掛け】**はらがけ
金太郎さんが付けている菱形の布で、胸から腹までを覆う下着でございます。職人などが半被《はっぴ》の下に着たり、子供が着ました。

**【張り板】**はりいた
【洗《あら》い張《はり》】に使います板を申します。専用のものもあれば、戸板などを流用する場合もあります。

**【張形】**はりがた
大きな声では申せませんが、大人のおもちゃでございます。

**【磔】**はりつけ
【逆罪《ぎゃくざい》】や傷害事件に【沙汰《さた》】されました、死刑のひとつでございます。【引《ひ》き廻《まわ》し】の後、【刑場《けいじょう》】で執行されました。木に十字に張り付けられまして、左右から槍鉾《やりほこ》で三十回串刺しにされました。さらにそのまま三日間晒《さら》されました。

**【張店・張見世】**はりみせ
【遊廓《ゆうかく》】の格子窓越しに【遊女《ゆうじょ》】が客を待つことです。「部屋持《へやも》ち」以下の、位の低い遊女が行いました。

**【半】**はん
サイコロ【博打《ばくち》】で奇数の目のことです。偶数は【丁《ちょう》】と申します。

**【判鑑】**はんかがみ
手形の印影を照合するために各【奉《ぶ》行所《ぎょうしょ》】の印が記載されておりますカタログでございます。手形の印と照合して真否を確かめるのに用いました。「印鑑」とも申します。

**【半囲い】**はんがこい
【妾《めかけ》】のパトロンとなって、【船宿《ふなやど》】

や料亭などの商売をさせることを申します。僧侶や商家の番頭《ばんとう》が多かったようですよ。

**【番傘】ばんがさ**
【唐傘《からかさ》】の項をご覧ください。

**【番頭】ばんがしら**
商家の番頭《ばんとう》と同じ字を書きますが、武士では「ばんがしら」と読みます。大番衆、小姓組番衆、書院番衆の長を申します。ちなみに、「大番頭」とは大番衆の頭を申します。

**【番方】ばんかた**
幕府の護衛、軍務職でございます。大坂の陣以降、幕末までの二百五十年間は、主に公家や幕府施設の警備を担当いたしました。【番衆《ばんしゅう》】とも呼ばれまして、大番衆、小姓組番衆、書院番衆の総称でもございます。

**【犯科帳】はんかちょう**
公平な裁きの判断に用いました【奉《ぶ》行所《ぎょうしょ》】の判決記録を申します。しかし「犯科帳」という記録形式があるわけではございません。犯科帳名目で現存しますのは、寛文六年～慶応三年（一六六六～一八六七）に編纂された長崎奉行所のもので、他は明暦三年～元禄十二年（一六五七～一六九九）の町奉行所の犯例記録【御仕置裁許帳《おしおきさいきょちょう》】、新政府に引き継がれた「評定所記録」などです。

**【半可通】はんかつう**
知ったかぶりをした、スノッブな輩《やから》を申します。流行に押されて通ぶってはいるものの、物の本質は見られないんで、上っ面だけになりますな。

**【版木】はんぎ**
書物や【唐紙《からかみ》】、札などの印刷に使われる木版のことを申します。「版木職人」は版木を専門に彫る【彫師《ほりし》】のことです。難しい内容の版木は、知識が必要でしたから、主に武士が内職で彫っておりました。
江戸初期には「活版印刷」が行われておりましたが、寛政の頃（一七八九～一八〇一）には、日本語独特の「送り仮名」や挿絵が重要であること、長期にわたって大量に刷ること、版木は保存が利くことなどから、頁《ぺーじ》丸ごと、または二頁分を一枚の版で刷る版木印刷（整版）へと進化いたしました。

**【板木】ばんぎ**
【半鐘《はんしょう》】のように叩いて火事を知らせる木の板を申します。

**【藩校】はんこう**
「学問所」とも申します。藩の【士分《しぶん》】男子のための学校でございます。【儒学《じゅがく》】【蘭学《らんがく》】、数学、剣術、兵法などを教えました。初の藩校は、岡山藩主池田光政が寛文九年（一六六九）に設立した「岡山学校」でございます。その他、全国に四百校以上ありました。会津藩の「日新館」、水戸藩の「弘道館」、長州藩の「明倫館」、薩摩藩の「造士館」などが有名です。

**【番小屋】ばんごや**
「木戸番小屋」の略でございます。【町木戸《まちきど》】の脇に建てられた【木戸《きど》番《ばん》】が住み込みで詰める小屋を申します。木戸番は【番太郎《ばんたろう》】とも呼ばれ、町に雇われています。【木戸《きど》】の開け閉めが主な仕事で、昼間に日用品を売ったりするものは「商い番小屋」と呼ばれます。

**【反魂丹】はんごんたん**
越中富山の代表薬で、心痛、腹痛、小児病、気付けに効くとされました。

**【万歳楽】ばんざいらく・まんざいらく**
㈠地震を起こすと考えられている大鯰《なまず》の類でございます。正徳二年（一七一二）には毛むくじゃらの体長二メートルの怪魚（おそらく海《あざ》豹《らし》）が網にかかり、万歳楽と呼ばれました。
㈡雅楽の舞の一種でございまして、今日の万歳の元になりました。

**【藩札】はんさつ**
各藩が独自に発行した紙幣で、基本的に藩領内で使用するものでございました。【山田羽書《やまだはがき》】を模範に、藩または豪商の信用で発行されましたが、山田羽書が換金の約束手形としての紙幣であったのに対し、藩札は債権（借金）の要素がありました。
藩に発行札全額を換金する資産がなかったり、藩が取り潰しになると無効になってしまうなど、必ずしも信用できるものではありませんでした。それでも、幕末には二百六十七地域で藩札が発行され、各地方で流通しておりました。

**【番衆】ばんしゅう**

江戸城に宿直《しゅくちょく》勤務する武士を申します。大番衆、小姓組番衆、書院番衆があり、警備や雑務を行いました。また江戸城以外でも、二条城、大坂城に勤務し、市中見廻りもいたしました。トップは【番頭《ばんがしら》】、その下に【組頭《くみがしら》】、番士、【与力《よりき》】【同心《どうしん》】と続きます。【番方《ばんかた》】とも呼ばれました。

**【番所】ばんしょ**

江戸では主に町奉行所のことを申しました。

**【半鐘】はんしょう**

【火消《ひけし》】が鳴らします小さな鐘でございます。【火《ひ》の見櫓《みやぐら》】の上に付いておりまして、火事を発見しますと叩いて知らせます。ただし、半鐘にも上下があり、【町火消《まちびけし》】は【定火消《じょうびけし》】の半鐘より先には鳴らせませんでした。

「ジャンジャン……ジャンジャン」と、二回続けて鳴らしますと出動の合図です。

「ジャ～ン……ジャ～ン」と、ゆっくり鳴らしますと「火元は遠い」の合図です。

「ジャン、ジャン、ジャン、ジャン」と、早く連続ですと「火元は近い」という合図でございます。

**【番船】ばんせん・ばんふね**

【樽廻船《たるかいせん》】と【菱垣廻船《ひがきかいせん》】が大坂から江戸への到着を競いました優勝船を申します。新酒を運ぶスピードを競い、その樽は高値がつき、船乗りの賞品は名誉と一年間の特権でした。

**【飯台】はんだい**

お膳や【膳箱《ぜんばこ》】のこと、ご飯をいただく小さな机を申します。

**【盤台・板台】はんだい・ばんだい**

魚屋が使う浅い大きなタライでございます。【棒手振《ぼてふり》】用のものは【天秤《てんびん》棒《ぼう》】に吊れる仕組みになっておりました。

**【番太郎】ばんたろう**

【町木戸《まちきど》】の【木戸番《きどばん》】として雇われた警備員を申します。夜四ツ（午後十時頃）から、明け六ツ（日の出前）まで【木戸《きど》】を閉じ、通行を管理いたしました。「木戸番小屋」に住み込みまして、昼間は小屋で日用品などを売って商売する者もおりました。町木戸を挟んだ向かいには【自身《じしん》番《ばん》】がありまして、【町役人《ちょうやくにん》】が詰めておりました。

**【番町】ばんちょう**

「番町皿屋敷」で有名な【山の手《やまのて》】の武家屋敷町でございます。江戸城・半蔵門から四谷、市ヶ谷見附までの広大な土地に、大番組屋敷が一番から六番まで並んでおりました。【町人《ちょうにん》】は住んでおりませんので、普段から人通りも少なく、日が暮れますと非常に寂しい場所です。

**【半時】はんとき**

当時の一時《いっとき》は約二時間ですので、その半分の一時間を申します。

**【半袴】はんばかま**

くるぶしまでの長さの正装用の袴を申します。「半」といっても、【長《なが》袴《ばかま》】に対する半ですので、普通の長さのものでございます。実際には【袴《はかま》の色々】のコラムをご覧ください。図

**【版元】はんもと**

出版社のことを申します。自分のところで作家から絵師、【彫師《ほりし》】、刷り師、綴《つづり》師を抱えまして、企画から制作、販売までをいたしました。これらの版元は京・大坂・名古屋・江戸

の四都に集中しておりました。版元は出版権も持っておりまして、版権の売買やレンタルもしておりました。しかし、江戸前期には版権意識は薄く、各地で海賊版がたくさん作られておりました。

**【番屋】** ばんや

【自身番《じしんばん》】の小屋を申します。

## 【ひ】

**【火炙】** ひあぶり

放火犯に適用されました死刑でございます。生きたまま焼かれ、死体はそのまま三日間晒《さら》されました。江戸時代を通して、火炙にされた女性は【八百屋《やおや》お七《しち》】ただひとりでした。

**【ビイドロ】**

ポルトガル語で「Vidro」、ガラスのことを申します。

**【火入れ】** ひいれ

煙草に火を点けるための、小さな炉でございます。【煙草盆《たばこぼん》】には必ずある道具のひとつです。

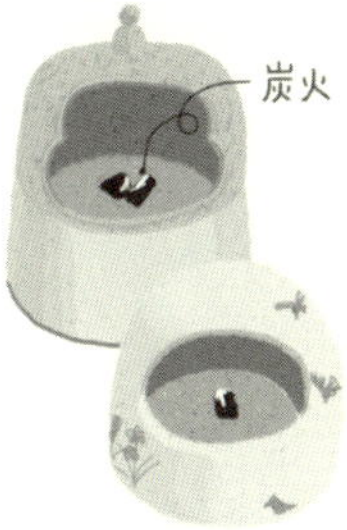


**【火打ち金・火打ち石】** ひうちがね・ひうちいし

火を起こす際に使う鉄と石を申します。火打ち石を火打ち金に叩きつけ、火花を飛ばしまして、その火花を【火口《ほくち》】に移し、火種にします。また、「切火《きりび》」と申しまして、出掛けに身を清めたり、火の粉をかけて魔除けとするおまじないにも使います。

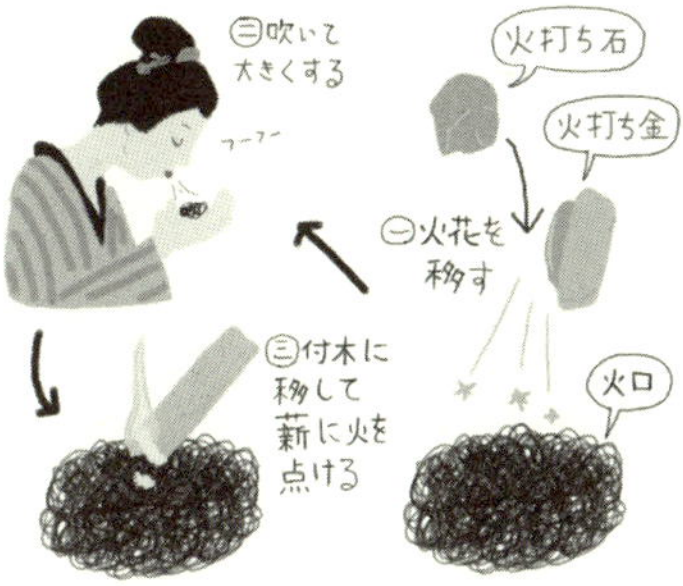

**【火打ち箱】** ひうちばこ

【火《ひ》打《う》ち金《がね》・火《ひ》打《う》ち石《いし》】それに【火口《ほくち》】【付木《つけぎ》】をセットしてしまっておく箱でございます。どこの家にもありました。

**【檜垣廻船・菱垣廻船】** ひがきかいせん

江戸の【十組問屋《とくみどいや》】と大坂【二十四組問屋《にじゅうよくみといや》】の荷物を運ぶ定期船のことを申しまして、【千石船《せんごくぶね》】のことでございます。

**【火方】** ひかた

「火附改」【火附盗賊改《ひつけとうぞくあらため》】に同じでございます。

**【～疋】** ひき

武家の贈答用のお金の単位でございまして、金一分《ぶ》を「百疋」と呼びました。

**【引合】** ひきあい

事件の参考人のことを申します。例えば、盗人が捕まりますと、被害を受けたことを証言するために、被害者が参考人として呼び出されます。これを「引合をつける」と申します。引合をつけられた者は【町名主《まちなぬし》】にも同行を頼み【白洲《しらす》】へ出頭する規則になっておりました。これが一日がかりでして、帰りには町名主をもてなし、謝礼を包んだりと、それはそれはやっかいでした。そこで、それなりのお金を包んで【岡引《おかっぴき》】に頼みまして、引合から外してもらうことが多々ございました。これを「引合を抜く」と申します。

**【引馬】** ひきうま

【馬子《まご》】が引く馬のこと、その馬に乗ることを申します。

**【挽き米屋】** ひきごめや

【搗き米屋《つきごめや》】のことでございます。

庶民が米を買う店を申します。

**【引きずり】** ひきずり

「お」が付きますと、【遊女《ゆうじょ》】や【大奥《おおおく》】女中の長い着物、またはそれを着る人を指します。
一方、「お」を省きますと、庶民がこれを真似しました様が、単にだらしなく見えたことから、「だらしない者」「怠け者」を指しました。

**【引摺餅】ひきずりもち**
お正月に餅搗《もちつき》職人を家に呼びまして、店先や【土間《どま》】、庭などで搗いてもらう餅のことを申します。臼や杵《きね》などの重い道具を引き摺るように持って廻ったことから、こう呼ばれます。

**【引手茶屋】ひきてちゃや**
【出合茶屋《であいぢゃや》】に同じで、ラブホテルでございます。手を引いて入る茶屋と、待ち合わせをする茶屋というくらいの差ですが、どちらも役目は同じですな。

**【引札】ひきふだ**
商売の「ちらし」のことを申します。今日と同じように、お得な情報を刷って配りました。始めたのは天和三年（一六八三）に駿河町の三井越後屋だといわれております。この頃から、いわゆるコピーライターという仕事ができまして、主に戯作者《げさくしゃ》などの作家が気の利いた文句や商品名を考えるようになりました。

**【引き廻し】ひきまわし**
罪人の所行《しょぎょう》を、町中に触れ廻る刑でございます。太縄で縛った罪人を馬に乗せまして、所行を書いた「捨札《すてふだ》」と共に市内を廻ります。【市中《しちゅう》引《ひ》き廻《まわ》し】は【牢屋敷《ろうやしき》】から【芝《しば》】、牛込、浅草と江戸を一周し、牢屋敷に戻って【下手人《げしにん》】や【死罪《しざい》】の刑を執行されました。【五箇所《ごかしょ》引《ひ》き廻《まわ》し】は牢屋敷から【小塚原《こづかっぱら》】か【鈴ケ森《すずがもり》】の【刑場《けいじょう》】までを引き廻され、【火炙《ひあぶり》】【磔《はりつけ》】【鋸挽《のこぎりびき》】の刑に処せられました。

**【引結】** ひきむすび

女性の帯結びのひとつでして、しっかりと結ぶ方法でございます。きちんとした身なりの武家や商家の娘さんに好まれました。図は【帯《おび》の色々】のコラムをご覧ください。

**【飛脚】** ひきゃく

当時の郵便屋さん、宅配便屋さんを申します。鎌倉時代は馬を使っておりましたが、江戸時代に入ってからは、もっぱら人が徒歩で運びました。街道や【宿場《しゅくば》】が整備されましたので、宿場ごとに飛脚が交代しながら行く【継飛脚《つぎびきゃく》】方式がとられるようになり、江戸～京も二、三日でやりとりいたしました。【町人《ちょうにん》】が利用します【町飛脚《まちびきゃく》】の料金は、江戸～大坂間に手紙を出しますと、六百文～四両でございました。値段は早さによって変わりまして、「並便り」（三十日）、「十日限り」「六日限り」「四日限り」などがありました。継飛脚や【大名飛脚《だいみょうびきゃく》】は家来が走りますので、料金はかかりません。

**【飛脚船】** ひきゃくせん

急ぎの荷を運ぶ足の速い船でございます。左右で八本の【艪《ろ》】を使いました。

**【引割箸】** ひきわりばし

割箸のことを申します。杉や檜《ひのき》の端材、間伐材で作られたもので、他には古樽を材料にしたものもありました。初めは仕出しの鰻のために使われまして、それが段々と料亭などに広まりました。しかし、使い捨てではありませんで、リサイクルされて最後は「塗箸」に加工されて【一膳飯《いちぜんめし》屋《や》】などで使われました。

**【引け】** ひけ

【吉原《よしわら》】の閉店時間のことを申します。夜九ツ（午前零時）頃でございます。公にはそれより一刻早いのですが、徐々に遅くなり幕末には夜八

## 火消

火事の延焼を食い止める男衆のことを申します。当時は火事を消す方法はございませんでしたので、対処の方法は「破壊消防」と申します、出火した家や隣接する家を取り壊し、延焼を食い止めること、それに建物に水をかけたり、火の粉を払って「飛び火」を防ぐことだけでした。

そして人々はとにかく避難するより方法がありませんでした。「宵越しの金は持たない」っていうのも、火事が多くて、お金や物を持っていても燃えちゃうからでございます。武家屋敷や商家では蔵や「穴蔵」がありますので、火事になっても、全てを失うということはありませんでしたが、被災した場合に使う【中屋敷《なかやしき》】や【下屋敷《しもやしき》】は欠かせないものでした。

火消は江戸初期から増える大火災に対応するため、次々に整備されていきまして、大きく四種類ございました。

初めて組織された火消は、火事の際に【大名《だいみょう》】が任命される【奉書火消《ほうしょびけし》】でした。その次に設置されたのはカンカンと【拍子木《ひょうしぎ》】を叩いて知らせた【大名火消《だいみょうびけし》】です。大名火消からは【火《ひ》の見櫓《みやぐら》】を建て、常に火事を警戒するようになりました。火消は大名の家臣たちでした。その次がドンドンと、太鼓を叩いた【定火消《じょうびけし》】。【旗本《はたもと》】が任命され、この時から専門の火消が組織されました。火消は【臥煙《がえん》】と呼ばれ、庶民から募集されました。

最後が、ジャンジャンと【半鐘《はんしょう》】を鳴らした【町火消《まちびけし》】です。【明暦《めいれき》の大火《たいか》】後に設置された、初めての庶民のための火消でした。いろは四十七に本組を加えて四十八組と、本所・深川の十六組がございました。

ツ（午前二時～三時頃）になっておりました。この時刻に大門が閉められます。【大引《おおびけ》】は締められた大門の【潜《くぐ》り戸《ど》】も閉ざされる時間でございます。

**【火消陣笠】** ひけしじんがさ

【陣笠《じんがさ》】の項をご覧ください。

**【火消壺】** ひけしつぼ

薪や炭の燃えかすを入れる壷です。火の用心が何より大切でしたので、用の終わった火を竈《かまど》の中に放っておくことはありませんで、こういった容器に移しまして消しました。これは意外に便利なものでして、消した炭を「消炭《けしずみ》」と申しますが、これはとても火が点きやすいので、新たに火を起こす時に手間が掛かりません。

**【火消人足】** ひけしにんそく

【火消《ひけし》】の「見習い」「手伝い」のことでございまして、正式には【火消《ひけし》】に含まれない者を申します。「土手組」とも呼ばれました。

**【膝切り】** ひざきり

裾が膝あたりまでしかない子供の着物のことを申します。裾が傷みやすいので、おはしょりして着ます。一方、体が大きくなって、短くなった着物は「つんつるてん」と申しまして、ちょっとみっともないものでございます。

**【毘沙門天】** びしゃもんてん

仏教の「四天王」のリーダーでして、「多聞天《たもんてん》」と呼ばれます、北の方角を守る鬼神を申します。全てのことを聞き漏らさない神様です。単独で行動します時に毘沙門天と呼ばれまして、人々の信仰を集めております。また、七福神の一神としても扱われます。江戸では【馬喰町《ばくろちょう》】（→麹町

↓神楽坂へ移転」の善國寺と、【芝《しば》】の正伝寺《しょうでんじ》が有名でして、正月の初寅《はつとら》の日にはたくさんの方で賑わいました。

**【鐚銭】** びたせん

江戸初期まで使われました輸入銭の中で質の悪いものを申します。形がゆがんでいたりするもので、四枚で一銭、十枚で一銭として使われました。ですんで「鐚一文出せない」というのは、「ほんの僅かでも払いたくない」ということになります。

**【直垂】** ひたたれ

もともとは武士の平服で、江戸以前に日常に使われたものです。戦《いくさ》の時にも使われ、鎧《よろい》の下に着るもを「鎧直垂」と申します。鎌倉時代から武士の正装にも用いられるようになり、威厳を示すために袖や袴《はかま》が大きくなっていきました。江戸時代には袴の裾がものすごく長くなりまして、これを【長直垂《ながひたたれ》】といい、四位以上の礼装に用いられました。

**【左前】** ひだりまえ

㈠死者の着物の着方でして、相手から見て、左の襟（衽《おくみ》）を前にして着ることを申します。着物は男女とも「右前」が正しい合わせなので、「左前」は忌みを表すものでございます。
㈡物事が上手く行っていない状態、商売が傾いている状態を申します。

**【引っかけ結】** ひっかけむすび

女性の帯結びのひとつで、付け外しが簡単な結び方のため【間男結《まおとこむすび》】とか「浮気結」とも呼ばれました。しかし、使い古して短くなった帯に用いるごく一般的な結び方で、【長屋《ながや》】の女房がサクサクっと結んだ帯使いでございます。図は【帯《おび》の色々】のコラムをご覧ください。

**【火附盗賊改】** ひつけとうぞくあらため

寛文五年（一六六五）に設置されました、江戸市中や【関八州《かんはっしゅう》】の犯罪を取り締まる刑事専門の御役人で、放火、盗賊、賭博の取り締まりを主に行い、【三奉行《さんぶぎょう》】の支配権に関わらず、現行犯であれば寺社境内、武家屋敷など、どこへでも捕縛に入れました。正式には「盗賊火付御改」といい、【火方《ひかた》】「加役《かやく》」とも申します。

軍部の【先手組《さきてぐみ》】から組織されましたので、非常に気が荒く、剣の腕も立ち、怪しいと見れば捕縛し、逆らえば躊躇なく斬りました。【吟《ぎん》味《み》】も苛烈で、江戸庶民にも恐れられました。江戸で使われた四つの拷問のうち【石責《いしぜめ》】と【海老責《えびぜめ》】は彼等の発案でした。【町方《まちかた》】では歯の立たない【旗本奴《はたもとやっこ》】や盗賊組織を多数成敗しました。最も有名な方は【長谷川平蔵《はせがわへいぞう》】でございます。

**【逼塞】** ひっそく

【籠居《ろうきょ》】のことでございます。武士の刑罰のひとつで、門を閉じ謹慎して、昼間は誰にも会わないように命じられました。しかし、夜には来客と面会することが許されました。

**【筆墨料】** ひつぼくりょう

高利貸の悪徳手口のひとつです。金利を高く取りますと、御上に怒られますので、筆墨料と称して金利に上乗せしたものを申します。

**【秘伝書】** ひでんしょ

剣の奥義が書かれた伝書で、限られた門弟にのみ伝えられるものを申します。本人以外、決して見ることはできません。

**【単衣】** ひとえ

裏地のない着物を申します。もともとは肌着の意味でした。着物は高価ですので、特に貧しい庶民の男性は、一年中単衣で過ごします。

**【人返し令】**ひとかえしれい

【天保《てんぽう》の改革《かいかく》】のひとつで、農村から江戸への移住を禁止したものです。すでに江戸に住む者も、永年営業して妻子のある者以外は、強制的に出身地に返されました。人別改めと農村の復興、【年貢《ねんぐ》】の安定を図った法令ですが、一方で「五公五民」という厳しい年貢が農民を苦しめ、離農者が絶えませんでした。

**【一角・一廉】**ひとかど

「一角の侍」とは、一人前の武士のことです。一角になりますと、心構えから作法まで厳しく見られます。

**【一つ結】**ひとつむすび

女性の帯結びのひとつで、「緞子帯《どんすおび》」とも申します。商家の妻女が密かに外出する際によく使われました。図は【帯《おび》の色々】のコラムをご覧ください。

**【人見女】**ひとみおんな

【関所《せきしょ》】で女性を調べる女役人のことでございます。【出女《でおんな》】を監視するために置かれましたが、実際には袖の下次第で調べは変わりましたので、たいそう評判が悪い者でした。

**【日済金】**ひなしがね

「日銭貸」とも申しまして、毎日少しずつ返済する借金を申します。高利ですので元金が払えずに延々と払い続けることになります。

**【非人】**ひにん

当時の事実上の身分、「公家、武士、庶民、その他」の「その他」に属する人々を申します。江戸でいわれる非人は、「抱非人《かかえひにん》」という人々で、【非《ひ》人頭《にんがしら》】の管轄内で【人別帳《にんべつちょう》】に記されました、江戸の住民を申します。職業は、仏教の考えに則って「町の不浄を清める」役割を担い、【牢屋《ろうや》敷《しき》】【浅草溜《あさくさだめ》】【刑場《けいじょう》】、遺体の処理などの【公儀御用《こうぎごよう》】や【町火消《まちびけし》】が組織される前は【火消《ひけし》】を勤めました。
報酬は、管轄地域の【町人《ちょうにん》】から勧進《かんじん》（お布施）として、一軒あたり月に三十文を集めました。一年の勧進《かんじん》は文政の頃（一八一八～一八三〇）で四百十六両あったそうでございます。お布施は非人頭によってみなに分配されました。公用以外は紙屑拾《かみくずひろい》などリサイクル業に従事しました。この収入は、多い時には月に二～三両（二十～三十万円）ありましたので、貧乏長屋の住人よりも実入りの多い者もおりました。

**【非人頭】**ひにんがしら
地域の【非人《ひにん》】を管理統括します親方を申します。最も有名な者は、浅草非人頭の「車《くるま》善七」です。天保十年（一八三九）に【町奉行《まちぶぎょう》】に提出いたしました「浅草非人頭千代松由緒書」によりますと、【関ケ原《せきがはら》】合戦で敗れた常陸国《ひたちのくに》（茨城県）の家老・車丹波守《くるまたんばのかみ》の子で、江戸城の庭師として潜り込み、初代・家康《いえやす》公の暗殺を二度企て失敗。しかし、その忠誠心により家康公に罪を許され、寛文六年（一六六六）に、屋敷九百坪と三十五両をいただき、非人頭に任命されたそうです。
品川非人頭・松右衛門もまた武士の出とされています。その他、深川の善次郎、郊外には代々木の久兵衛がおりました。

**【非人手下】**ひにんてか
庶民の追放刑のひとつでございます。身柄を【非人頭《ひにんがしら》】に預けられ、【人別帳《にんべつちょう》】を移されまして、非人頭の下で働きます。【心中《しんじゅう》】、近親密通、前妻への傷害、盗みをした浮浪児などに【沙汰《さた》】されました。

**【火熨斗】**ひのし
炭を入れて使うアイロンを申します。【裃《かみしも》】をピンとさせるには欠かせない道具でした。「火熨斗摺《ひのしずり》」は、アイロンをかけ損なって、布を駄目にすることを申します。

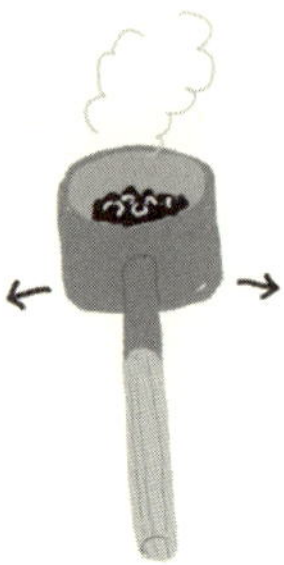

**【火の見櫓】** ひのみやぐら

常時または火災の時に登って、火元を監視するための櫓でございます。

「大名火消櫓」は、【直参《じきさん》】の八万石以上の【大名屋敷《だいみょうやしき》】の【長屋《ながや》】に設けられました。江戸城の近くですので、お城が覗けないように櫓の城側は塞がれておりました。

大名火消櫓

「常火消櫓」は高さ五丈（約十五メートル）と最も高い櫓です。太鼓と【半鐘《はんしょう》】が備えられ、常に二人以上の見張り番が監視しておりました。

常火消櫓

「町火消櫓」は、高さが四丈（約十二メートル）以下で、享保年間（一七一六～一七三六）に十町に一箇所、【広小路《ひろこうじ》】などに建てられました。

町火消櫓

**【灯袋・火袋】** ひぶくろ

【行灯《あんどん》】や【提灯《ちょうちん》】を囲う和紙の覆いを申します。【蔵提灯《くらちょうちん》】には金網を用いました。

**【火札】** ひふだ

放火を通告する脅迫状のことを申します。これだけで【死罪《しざい》】になることもありました。

**【緋毛氈】** ひもうせん

今日でいうフェルトのような風合いをしました、緋色（赤）の毛織物を申します。茶屋の【床几《しょうぎ》】などに敷かれました。

**【百一文】** ひゃくいちもん

一日の利息が百文につき一文という、一種の【烏金《からすがね》】でございます。

**【白衣役】** びゃくえやく

「白衣勤め」とも申します。【中間《ちゅうげん》】や【陸尺《ろくしゃく》】など、お侍の従者の中で、座敷に上がれない身分の者を申します。荷物持ちや【駕籠《かご》舁《か》き】【槍持《やりも》ち】などの力仕事をしますので、動きやすいように【尻《しり》っ端折《ばしょり》】をしておりました。

**【百姓牢】** ひゃくしょうろう

八丁堀の【牢屋敷《ろうやしき》】にありました、農民専用の獄舎を申します。

**【百人組】** ひゃくにんぐみ

鉄砲隊のことでございまして、【同心《どうしん》】百人がおりましたことからこう呼ばれます。二十五騎組、伊賀組、根来《ねごろ》組、甲賀組から成っておりました。その名前からも想像できますように忍者系の猛者《もさ》でございます。

**【百文緡】** ひゃくもんざし

一文銭を九十六枚束にしたものを申します。これで百文として使いました。千文（九百六十枚束ねたもの）を【一貫緡《いっかんざし》】と申します。

**【百俵三人泣き暮らし】** ひゃっぴょうさんにんなきくらし

百俵の【俸禄《ほうろく》】では家族三人の生活がままならないことを申します。そのため【御家人《ごけにん》】といえど内職は欠かせませんでした。武士に許された仕事は刀研ぎ、【髪結《かみゆい》】、傘張り、【提灯《ちょうちん》】作りなどの手内職や花卉《かき》の生産小鳥や金魚、秋虫の養殖、武道指南、【寺子屋《てらこや》】の師匠などなどでしたが、中には刀を捨て【町人《ちょうにん》】となり、副業を本業にする方もおりました。

**【冷や飯食】** ひやめしぐい

武家や【大店《おおだな》】の次男坊以下のことでございます。家督を継げない立場なので、そのままでは仕事はなく、【厄介者《やっかいもの》】とも呼ばれます。家長の後に食事をするので、冷えた飯を食べる様からこう呼ばれました。

**【評議部屋】** ひょうぎべや

江戸城の会議室でございます。【老中】や【若年寄《わかどしより》】が奉行などの御役人と会議をいたしました。

**【兵庫髷】** ひょうごまげ
江戸初期に登場した女性の髪型です。女性髪の基本四種のひとつでもあります。「唐輪《からわ》」から発達したもので、【立兵庫《たてひょうご》】【横兵庫《よこひょうご》】などに変化いたしました。図は【髪型《かみがた》の色々】のコラムをご覧ください。

**【拍子木】** ひょうしぎ
対になった四角い木の棒で、合わせて鳴らすと「カンカン」と遠くに通る音がいたします。芝居小屋や、火の用心、【木戸番《きどばん》】の巡回などで使われました。

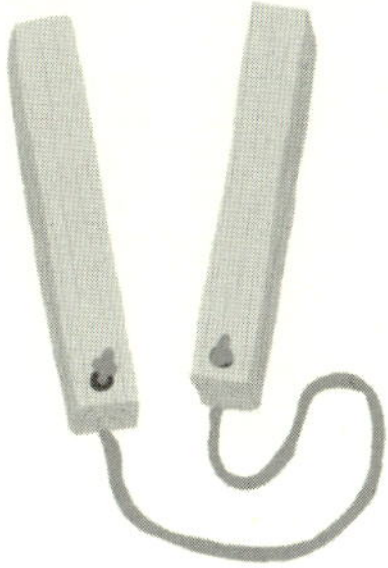

**【瓢箪秤】** ひょうたんはかり
携帯用の秤でございます。皿と竿と重りを収めますケースがちょうど瓢箪のような格好でした。

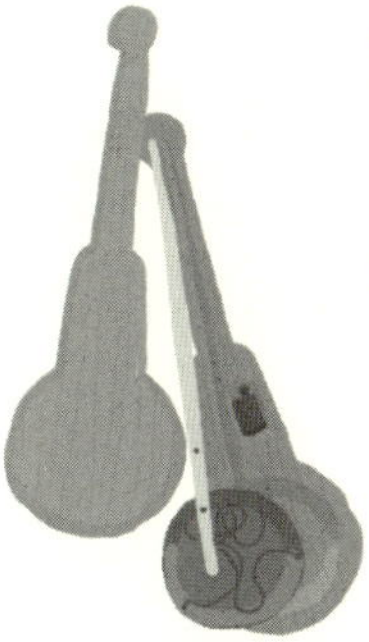

**【評定所】** ひょうていじょ
【寺社奉行《じしゃぶぎょう》】【町奉行《まちぶぎょう》】【勘定奉行《かんじょうぶぎょう》】の【三奉行《さんぶぎょう》】に加え【大目付《おおめつけ》】【目《め》付《つけ》】で構成されます。今日の最高裁のような司法機関です。幕政の重要事項や【大名《だいみょう》】【旗本《はたもと》】の訴訟、三奉行の管轄をまたぐ複雑な事件事故問題の裁判を主に行いました。場所は江戸城外の辰ノ口（千代田区丸の内一丁目）にございました。

**【日傭取】** ひようとり
日払い、日雇いの仕事でございます。火事の後片付けや、【普請《ふしん》】人足、警備や繕い物、行事のお手伝いなど、様々ありました。【長屋《ながや》】の大家さんや【口入れ屋《くちいれや》】に紹介してもらうのが一般的でした。現代の派遣社員みたいなものも含まれます。

**【秤量貨幣】** ひょうりょうかへい
【称量貨幣《しょうりょうかへい》】ともいいます。【切銀《きりぎん》】

のことで、額面ではなく目方を量って使う銀貨を申します。

**【兵六玉・表六玉】ひょうろくだま**

間抜けの意がございまして、ひょろひょろして鈍臭《どんくさ》く、何もできない男を嘲ってこう呼びます。

**【火除け地】ひよけち**

【大岡越前守忠相《おおおかえちぜんのかみただすけ》】の時代に設置された類焼防止のための都市デザインでして、火事になって焼けた場所を使い、広場や【広小路《ひろこうじ》】などの大きな通りを設置しました。その道幅は今日の大通りと同じくらいありました。また、日本橋の橋詰などには、木組みに蓆《むしろ》掛けのテントの設置のみが許され、芝居小屋などが建ち並び、繁華街となりました。

**【日除暖簾】ひよけのれん**

【表店《おもてだな》】の前に掛ける屋号・家紋を染め抜いた、大きな暖簾を申します。店内に日差しが入るのを避けるためのものです。

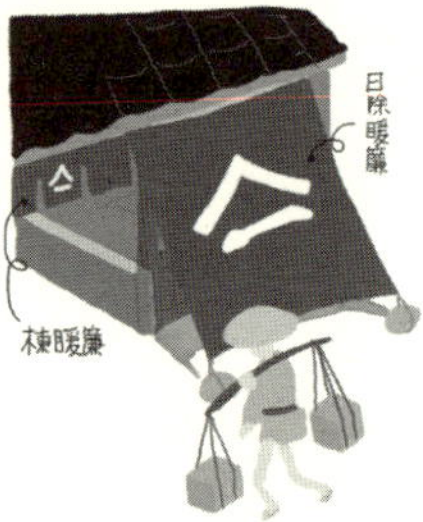


**【火男】ひょっとこ**

㈠火を吹く顔つきをした、滑稽なお面、または踊りを申します。

㈡「この火男め！」と、間抜けな男を揶揄することもございます。

**【平賀源内】ひらがげんない**

享保十三年〜安永八年（一七二八〜一七七九）。蘭学者であり、発明家、医師、鉱山開発技師、作家、画家でもありました。鳩渓《きゅうけい》、風来山人、貧家銭《ひんかぜに》内《ない》などの号やペンネームを使い、様々な分野で活躍いたしました。「土用《どよう》の丑《うし》の日《ひ》」のキャッチコピーの作者として、また【エレキテル】を復元したことでも有名です。処女作『根無草（根南志具佐）』は三千部の大ベストセラーでございました。

**【平袖】ひらそで**

寝間着などに使われます、大きい【筒袖《つつそで》】を申します。今日でも旅館の浴衣などに使われます。図は【袖《そで》の色々】のコラムをご覧ください。

**【平旅籠】ひらはたご**

個室はなく、雑魚寝の大部屋だけの安宿を申します。相部屋《あいべや》なので盗難も多く、用心が欠かせません。

**【昼行灯】ひるあんどん**

これは【行灯《あんどん》】でも、ちっとも明るくはありません。昼間に行灯を灯しても油を食うだけで役に立たないことから、飯だけ食う怠け者、特にぼーっとした男のことを申します。

**【広小路】ひろこうじ**

【明暦《めいれき》の大火《たいか》】の後に設けられました、延焼を防ぐための広い道路でございます。幅が十間（約十八メートル）ございまして、今日の大通りほどございました。

**【広敷向】ひろしきむき**

【大奥《おおおく》】で唯一、将軍以外の男性がいる場所でございます。【御殿向《ごてんむき》】の事務方、警備役の部屋として使われました。ここで働く者を「広敷用人」と申します。

**【広袖】ひろそで**

袂《たもと》の袖口を縫っていないものを申します。逆に、袖口を小さくしたものは【小袖《こそで》】と申します。図は【袖《そで》の色々】のコラムをご覧ください。

**【鬢】びん**

頭の横の部分を申します。図は【髪《かみ》型《がた》の色々】のコラムをご覧ください。

江戸中期になりますと、顔の大きなのが美人とされるようになり、鬢もだんだんに大きく派手になりまして、【灯籠鬢《とうろうびん》】と呼ばれる羽のように広がったものも流行りました。

**【鬢切】びんきり**

男性が【鬢《びん》】を剃りデザインすることを申しまして、都市の庶民の間に流行りました。武士は髷を剃り上げたりはいたしませんが、【与力《よりき》】や【同心《どうしん》】はいつも町中で暮らしておりますので、町人風の流行も取り入れる方がございました。

## 【ふ】

**【歩合】** ぶあい

「利息」のことでございます。幕府が定めた歩合の上限は、一割五分でしたが、高利貸が横行しておりました。江戸後期には豪商のみにお金が偏るようになり、武士も庶民も日々の生活すら借金に頼らなければならなくなってしまいました。そのため【天保《てんぽう》の改革《かいかく》】で、利息を一割二分に引き下げましたが、貸金業者が貸し渋りの抵抗に出たため、失敗いたしました。

**【無音】** ぶいん

ご無沙汰していることを申します。

**【封印切】** ふういんきり

【飛脚《ひきゃく》】が荷物を横領することを申します。飛脚の運ぶ為替には金が入っておりましたので、その封を切って使い込む輩《やから》がおりました。

**【風眼】** ふうがん

淋菌による膿漏眼《のうろうがん》を申します。「病《やみ》目《め》」は結膜炎で、「はやりめ」とも申します。

**【封書御尋】** ふうしょおたずね

犯罪の容疑者が【旗本《はたもと》】や【御家人《ごけにん》】の場合に、【目付《めつけ》】が送る尋問書です。これに申し開きができませんと【切腹《せっぷく》】をすることになります。その場合は病死として扱われ、【縁座《えんざ》】によって関係縁者に責任が及ぶことはございません。しかし、切腹しませんと、【揚《あ》がり座敷《ざしき》】に入れられ正式に裁かれます。ほとんどの場合は切腹しましたので、武士が裁かれることは稀でした。

**【風病】**ふうびょう

脳卒中のことでございます。【類中《るいちゅう》】【中気《ちゅうき》】とも申します。

**【風聞】**ふうぶん

噂のことです。「風聞書《ふうぶんがき》」は、諸藩が江戸、京、大坂の噂を集めてまとめた書物、報告書を申します。

**【風鈴蕎麦】**ふうりんそば

屋台に風鈴を付けて売り歩きました、【棒手振《ぼてふり》】の蕎麦屋でございます。涼しげな音が夏の夜には風流です。「しっぽく」などの薬味を添えたかけ蕎麦や饂飩《うどん》を売りました。

**【風炉】**ふうろ

㈠鍛冶屋や【鋳掛屋《いかけや》】などが使います炉です。鞴《ふいご》で風を送って炭を高温にしまして、金属を溶かすのに使いました。

㈡「ふろ」と読みますと、茶道で初夏～秋にかけて用いられる、茶釜に用いる炉でございます。五月になりますと茶室の床にある炉を塞ぎまして、風炉を畳の上に据えます。

**【深編笠】**ふかあみがさ

覆面のための【笠《かさ》】でございます。「天蓋《てんがい》」とも申します。【虚無僧《こむそう》】が被りましたので、「虚無僧笠」とも「無頼笠」とも呼ぶことがあります。図は【笠《かさ》の色々】のコラムをご覧ください。

**【深川芸者】**ふかがわげいしゃ

深川の【芸子《げいこ》】衆のことで、薄化粧に深川育ちらしい気風《きっぷ》のサバサバした芸子でございました。男のように地味な着物に羽織を着まして、名前も男風でございました。ですんで【芸《げい》者《しゃ》】と呼ばれます。今日風には、ツンデレ系とでも申しましょうか、色気ではなくサバサバで人気を集めました。もちろん芸子ですんで、基本的に体は売りません。【羽織芸者《はおりげいしゃ》】【辰巳芸者《たつみげいしゃ》】とも呼ばれます。

**【武鑑】** ぶかん

諸【大名《だいみょう》】、幕府要職に就く家々の系譜をカタログにしたものでございます。市中ですれ違う時の作法【路傍《ろぼう》の礼《れい》】に関わりますので、江戸に勤める武士は、自分の主人の家柄よりも上か下かを家紋を見るだけですぐに判断できるように記憶いたしました。記憶が苦手な方は常に持ち歩いておりました。

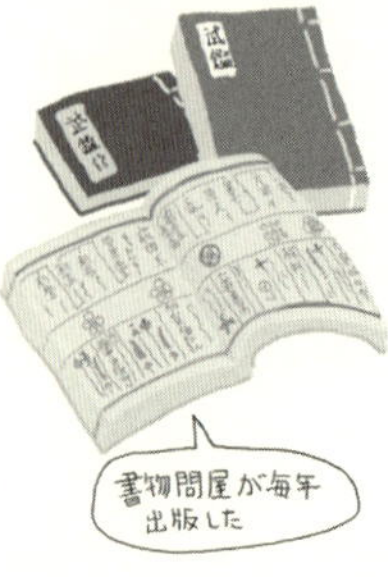


**【吹所】** ふきしょ

お金に関して「吹く」といいますと、通貨を鋳造することを申します。吹所は金銀銭を造る施設を申しまして、今日の造幣局のようなものでございます。金を吹くところを【金《きん》座《ざ》】、銀は【銀座《ぎんざ》】、銭は【銭座《ぜにざ》】とも申しました。

**【不義密通】** ふぎみっつう

不倫のことを申します。当時も夫婦者は貞操を守る義務がありましたので、破りますと【御仕置《おしおき》】をいただくことになります。ただし、【遊女《ゆうじょ》】とのお戯れはこの限りではございません。

武士の場合は【町人《ちょうにん》】に比べ格段に厳しく、妻が不義密通をいたしますと相手と共に【手討ち《てうち》】にされることがございます。これを【女敵《めがたき》討《う》ち】と申します。

**【奉行所】** ぶぎょうしょ

【町奉行《まちぶぎょう》】は「町奉行所」という屋敷施設に直属の家臣と共に住みます。ここには留置所や裁き場、【白洲《しらす》】などがございます。「南町奉行所」は数寄屋橋（有楽町）に、「北町奉行所」は呉服橋（八重洲）にございまして、【月番《つきばん》】と申します毎月交代で訴訟を受け付け、御役目にあたりました。ですんで、担当地区が北と南に割り振られていたわけではありません。元禄十五年～享保四年（一七〇二～一七一九）には「中町奉行所」も設置されました。【番所《ばんしょ》】「御番所」とも呼びます。

**【吹輪】ふきわ**

「吹鬠《ふきわげ》」とも申します。大きな輪と豪華な飾りが特徴の髪型で【大名《だいみょう》】の娘などがいたしました。

**【福草履】ふくぞうり**

【大名《だいみょう》】が履きます正式な草履でございます。白く太い【鼻緒《はなお》】が付いた藺《い》草で編んだ草履でございます。

**【瓢】ふくべ**

瓢箪《ひょうたん》で作った水筒でございます。

**【武家諸法度】ぶけしょはっと**

徳川将軍と各【大名《だいみょう》】との契約・法令を申します。武家が守るべき基本事項が定められておりました。各時代ごとに改訂され、「元和令」「寛永令」「寛文令」「天和令」「正徳令」「享保令」などがございました。主な内容は、「文武に励むこと」【参勤交代《さんきんこうたい》】「質素にすること」「衣装の定め」「大名や有力者と結婚、戦をしないこと」、などなどでございます。

**【武家長屋】ぶけながや**

武家屋敷に設けられました【長屋《ながや》】を申します。お住まいになるのは、もっぱらお屋敷に勤める方です。庶民に貸すものは、屋敷とは区切られ別になっておりました。借りるのは、元【女中《じょちゅう》】さん、武家の後家さん、【中間《ちゅうげん》】など、【裏長屋《うらながや》】よりもずっと身元のしっかりした方です。

**【房楊枝】ふさようじ**

楊枝が房になっては使い物にならないように思いますが、これは楊枝ではなく歯ブラシでございます。主に柳の小枝の先を潰して房にしたもので、江戸っ子は白い歯も自慢ですから、みなさんよく使いました。値段は二～十六文ほどでございます。歯磨き粉はもっぱら焼塩か砂で、ハッカなどが混ぜられておりました。

**【武士の一分】** ぶしのいちぶん

武士が命に代えても守らねばならない名誉を申します。プライドとは多少異なり、「故に我有り」といえる、武士の大義でございます。

**【武士の習い】** ぶしのならい

武士の風習を申します。特に決められたことではございませんが、昔からそうされていることを受け継いでいきます。

**【武士の本懐】** ぶしのほんかい

武士としての本望のことを申します。「武士たる者かくあるべし」に則していることで、規約や伝導書のようなものはありません。「人としてどうあるべきか」は、自然から中国哲学まで、様々なものから自分で学び、「己の義」を自分で育てました。「日本男児」や「大和魂」といったナショナリズムは、幕末から明治時代以降の思考でございます。

**【武士は相身互い】** ぶしはあいみたがい

武士同士は誰でも同じように、様々な規則習慣に縛られる立場に置かれているのだから、お互いに助け合い、融通し合うものだという考えでございます。簡単にいうと「お互い様」ってことですな。

**【武士は食わねど高楊枝】** ぶしはくわねどたかようじ

武士はどんな立場でも弱音を吐かず、泣き言を並べず、堂々としていなければならないという考えでございます。清貧《せいひん》を美化する言葉で、どんなに空腹でも楊枝を加えて満腹なふりをすることからいわれます。

**【伏見奉行】ふしみぶぎょう**

京の入り口である伏見を監督するために、伏見城廃城後に置かれました。【遠国奉行《おんごくぶぎょう》】の中では、唯一【大名《だいみょう》】があたる役職でございまして、諸侯が勝手に【帝《みかど》】と接触しないように監視いたしました。【京都所司代《きょうとしょしだい》】とのつながりが深く、【京都町奉行《きょうとまちぶぎょう》】と兼任した時期もあります。

**【不浄役人】ふじょうやくにん**

武士が【町奉行《まちぶぎょう》】配下の【与力《よりき》】【同心《どうしん》】のことをいう差別表現でございます。犯罪者を扱うことから、不浄とされ、江戸城に入ることもできませんでした。しかし、彼らは【町人《ちょうにん》】からの【付《つ》け届《とど》け】などの副収入が禄高の何倍もあったといわれ、身なりもよく【粋《いき》】で、腕っ節も強いうえに庶民とも親しく接するので、庶民には人気がありました。逆に人気がないのは、威張ってるだけの【本所《ほんじょ》の御家人《ごけにん》】でございました。

**【普請】ふしん**

もともとは禅寺を建てる際に、庶民に労働協力を求めることをいいましたが、転じて→建築、土木工事のことを申します。また、その費用や人工《にんく》のことも指します。

**【普請奉行】ふしんぶぎょう**

江戸城の堀、石垣などの土木工事、上水道や堤防などの公共工事、武家屋敷の管理を担当いたしました。「普請方」とは、普請奉行や【勘定奉行《かんじょうぶぎょう》】の下で働く御役人を申します。江戸は埋め立てと水道工事によって作られた町でございます。下町の【長屋《ながや》】それぞれに水道が設置され、上水が送られていましたので、たくさんの人が健康に暮らせました。水道の管理は【作事奉行《さくじぶぎょう》】が担当しておりました。

**【麩】ふすま**

小麦を挽いた時に出る殻屑のことでございます。馬や牛の飼料にも使われまして、【道中《どうちゅう》】で疲れた馬に食べさせますと元気が出ました。

**【伏籠】ふせご**

衣装にお香の香りを移すための道具

でございます。竹や金属で作られた籠を香炉の上に伏せ、そこへ着物を被せて使います。

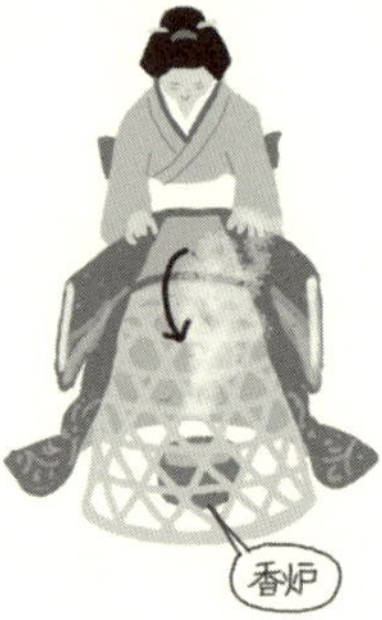


**【譜代席】** ふだいせき

「譜代」とは初代・家康《いえやす》公と共に戦国を生き抜いた家柄を申します。譜代席は四代・家綱《いえつな》様までに、「留守居与力」「留守居同心」を勤めた家だけに与えられる、【御家人《ごけにん》】の最高位の家格でございます。御家人の中では特別扱いで、江戸城中に席を与えられました。

**【譜代大名】** ふだいだいみょう

【関ヶ原《せきがはら》】の合戦以前から徳川チームだった【大名《だいみょう》】を申します。天下統一の功労者として信頼が厚いことから、【老中《ろうじゅう》】【若年寄《わかどしより》】の多くはこの大名から選ばれました。また、関ヶ原以降に徳川家に従った大名を【外様大名《とざまだいみょう》】と申します。

**【二親】** ふたおや

「両親」のことでございます。

**【札差】** ふださし

幕府が全国の【御領《ごりょう》】から江戸に集めるお米は、年に約六十二万俵あったそうでございます。これらは蔵前にあります米蔵に収められ、【旗本《はたもと》】【御家人《ごけにん》】に【俸禄《ほうろく》】として支払われました。その俸禄米を換金、委託販売する商売が札差でございます。「蔵宿《くらやど》」「米問屋《こめどいや》」とも呼ばれますが、米を直接市民に売ることはせず、他の米問屋、【搗《つ》き米屋《ごめや》】に卸しました。その売買差益が彼らの利益を左右しますので、相場を調整することにも熱心でして、食品業ではなく金融業といえます。

　また、俸禄米を担保に年に二〜四割の超高利でお金を貸すことも行っておりました。こんなに儲かる商売は他にございませんで、江戸の文化人（遊びや芝居、美術にお金を惜しげなく使う御仁）のほとんどが札差の旦那でございました。中には住友財閥となった方もいらっしゃいます。そのため、江戸末期には武士よりも立場が強くなっておりました。大坂では【掛屋《かけや》】と申します。

**【ふたつ名】** ふたつな

あだ名のことを申します。

**【札場】** ふだば

【川越人足《かわごしにんそく》】の【川札《かわふだ》】を換金する役場でございます。通行人は【川番所《かわばんしょ》】で川札を買い、それを人足に出して川を渡してもらいました。

**【〜扶持】** 〜ぶち

【俸禄《ほうろく》】の種類で使われる言葉で、最も小さい単位でございます。ひとり扶持は、「一石八斗=約五俵」を申します。

**【扶持米取り】** ふちまいとり

【足軽《あしがる》】などの下級武士のことを申します。【俸禄《ほうろく》】が【〜扶持《ぶち》】などの単位だったためでございます。

**【不調法】** ぶちょうほう

㊀配慮が行き届かないこと、至らないことを申します。

㊁転じて→芸事、酒、【遊廓《ゆうかく》】遊びが苦手なことを、謙遜する意で使われます。

**【ぶっかけ】**

かけ蕎麦、かけ饂飩《うどん》のことです。【夜《や》蕎麦《そば》】などでも食べられまして、江戸の定番食でした。当時は夏でも熱いものを食べました。なにしろ生は食あたりの危険がございますから。江戸っ子の健康法は「腹八分目に冷や水を飲まない」ことでした。

**【打裂羽織】** ぶっさきばおり

武士の乗馬用の羽織を申しまして、騎乗の邪魔にならないように、羽織の背中の下半分を割ったものです。騎乗以外にも用いられまして、【与《よ》

力《りき》】のトレードマークでもございました。ちなみに、今日のスーツのジャケットも同じ理由で背中にスリットが入っております。

**【不動心】ふどうしん**
いかなる時も心を乱さないことを申します。

**【懐刀】ふところがたな**
懐に入れておく護身刀でございます。転じて↓信頼できる部下のことを申します。

**【懐勘定】ふところかんじょう**
胸算用のことでございます。

**【懐手】ふところで**
手を懐に入れている様を申します。それでは何もできないことから、転じて↓物事を他人任せにすることを申します。

**【懐手錠】ふところてじょう**
両手を懐に入れた状態にして、縄《なわ》で縛る方法です。

**【太物屋】ふとものや**
木綿や麻の反物を扱うお店のことでございます。「太物店《ふとものだな》」とも申します。そこそこの生活の方は木綿や麻の着物を好みました。木綿の着物は動きやすくて、夏は涼しく、冬は暖かく、働く人にとっては最高の生地です。【長屋《ながや》】暮らしの庶民は木綿でも高価でしたので、衣類は【古手屋《ふるてや》】で買うのが普通でした。【奉公人《ほうこうにん》】は盆暮れに【お仕着《しき》せ】をいただけますので着物の心配はありませんでした。

**【船簞笥】ふなだんす**
船に載せます金庫のことでございます。とても機密性が高く水に浮きました。

**【船問屋】ふなどいや**
江戸の【十組問屋《とくみどいや》】と大坂【二十四《にじゅうよ》組問屋《くみどいや》】など、廻船を使って商う商売のことを申します。【廻船問屋《かいせんどいや》】とも申します。荷主と廻船の取次の

他、人足の手配や、到着した荷物の管理、販売をすることもございました。「樽廻船問屋」は主に酒を扱いまして、「菱垣《ひがき》廻船問屋」は何でも運びました。しかし、【樽廻船《たるかいせん》】の方が江戸到着が早かったので、徐々に何でも運ぶようになり、【菱垣廻船《ひがきかいせん》】のシェアを奪っていきました。

**【船間・舟間】** ふなま

荷を運ぶ船便と船便の間のことを申しまして、商品の売れ行きが良い時は売り切れて「入荷待ち」となります。転じて→品薄のこと、不足することを申します。

**【船宿】** ふなやど

船宿とは「船溜《ふなだまり》」の意味でして、旅人の泊まる【旅籠《はたご》】ではなく、船の停泊場を申します。船宿には大きく二種類がありました。ひとつは、地方から米や酒などを運ぶ廻船《かいせん》の船員の世話、廻船の荷物や船の斡旋をする他、船道具の売買などを行う業者。もうひとつは、市中の【大川《おおかわ》】や堀にある、船の待ち合い場所でございます。後者は主に【猪牙舟《ちょきぶね》】と呼ばれる小型の川舟を用いまして、荷物を運んだり、水上タクシーとして利用するお客が舟待ちする際の接待をいたしました。特に暑い夏の日には川なら涼がとれますし、道のように埃っぽくないので人気がありました。

　こうした船宿では、船を待つお客に、軽いつまみでちょっと飲ませるサービスをしておりまして、そこから発展して、馴染みのお客は接待や密会に使うなど、舟待ち利用以外にも使いました。江戸市中に船宿は大小合わせて百七十軒もあったといわれます。その他、四季を楽しみます「遊山船《ゆさんぶね》」や釣り船の貸し切りも盛んでございました。

**【不如意】** **ふにょい**

㈠思い通りにならないこと。

㈡転じて↓生活が苦しいことを申します。【手元不如意《てもとふにょい》】は持ち銭がないことを申します。

**【踏臼】** **ふみうす**

【唐臼《からうす》】に同じでございます。

**【踏込袴】** **ふみこみばかま**

【野袴《のばかま》】と同じようなもので、野良仕事ではなく、お掃除や避難訓練などに【奉公人《ほうこうにん》】たちがよく使いました。特に冬は袴があると暖かくて仕事が楽でございます。このような裾を括るスタイルが、江戸時代以降に「もんぺ」に進化したといわれます。図は【袴《はかま》の色々】のコラムをご覧ください。

**【不明】** **ふめい**

「己《おの》が不明を恥じる」とは、自分の才知のなさを恥じるという意味でございます。不明とは、物事や道理に暗いことを申します。

**【冬隣】** **ふゆどなり**

冬の隣ですから、晩秋を申します。良い言葉でございますね。冬がもう隣なので、冬支度もしなければなりません。

**【無頼漢】** **ぶらいかん**

ならず者、ごろつきのことでございます。

**【不埒】** **ふらち**

【埒《らち》】とは【馬場《ばば》】を囲う柵のことでございます。物事の区切りという意もありまして、物事に片が付くことを「埒が明く」と申します。不埒とはその反対で、物事の決着がつかないことを申します。

**【ぶら提灯】** **ぶらちょうちん**

竹竿の先に【提灯《ちょうちん》】をぶら下げたものを申します。ぶらぶら揺れますのでこの名が付きました。柄はただの竹竿のものから、予備の蝋燭《ろうそく》がしまえる仕掛けのものまで色々ございました。図は【提灯《ちょうちん》の色々】のコラムをご覧ください。

**【振袖火事】** **ふりそでかじ**

【明暦《めいれき》の大火《たいか》】のことでございます。明暦三年（一六五七）に起きた江戸の半分を消失する大火事でして、その原因と申しますと……浅草諏訪町の商人・大増屋十右衛門のひとり娘お菊〔または梅野〕が、母親たちと上野へ花見に行った際に【寺小姓《てらこしょう》】の美少年に恋をしますが、叶わず病に伏してしまいます。両親はせめてもと、美少年が着ていたのと同じ振袖を作ってやるのですが、翌年亡くなってしまいます。そして、葬儀の際に一緒に焼くはずだった振袖を寺は【湯灌場買《ゆかんばがい》】に払い下げてしまい、その振袖が次々と他の娘たちの手に渡り、憑き殺していきました。

　そのことに気付いた大増屋は寺に振袖の供養を頼みます。いざ、供養の火にその振袖を投じますと、振袖はメラメラと燃えながら宙を舞い、本堂を燃やし、その火が美少年を求めて江戸中を駆け廻り焼き尽くす、というお話でございます。

**【振分行李】** ふりわけごうり

【道中《どうちゅう》】に使う鞄で、ふたつの小さな【行李《こうり》】を紐で結び、肩にかけられるようにしたものでございます。

**【古金屋】** ふるかねや

金属を専門に買い取る【古手買《ふるてかい》】でございまして、天秤ばかりを持って商います。【辻商い《つじあきない》】と店商いがありました。集めた金属は【問屋《といや》】や鍛冶屋に売りました。

**【古着売】** ふるぎうり

古着を【天秤棒《てんびんぼう》】で担ぎまして、【辻《つじ》商《あきな》い】をいたしました。庶民向けの商売でございます。

**【古手】** ふるて

㊀古い手段を申します。

㈡ 年配者、先輩のことも申します。

㈢ 中古品のことを申します。何にいたしましても、新品を使うのは裕福な方でして、庶民が使うのは主に古手でした。また、たいていのものは修理ができ、永く使えました。

**【古手市】** ふるていち

世田谷の「ぼろ市」が有名でございます。下駄の片方や布の切れ端、壊れた道具などが売られておりました。当時の世田谷は田舎《いなか》でして、日本橋に比べますと住民の生活はずっと貧しいものでしたから、これでも有用な物でした。

**【古手買】** ふるてかい

家々を廻って、中古の衣類、道具などを買い取る商売でございます。江戸時代はリユース、リサイクルが発達しておりまして、あらゆるものが日常に取引されました。【古手《ふるて》】の他、竈《かまど》の灰、抜けた髪、塵紙、トイレで使った紙までも引き取られました。ちなみに、質屋は貸したお金が返ってこないと、質草《しちぐさ》を古手として売り払いました。

**【古手屋】** ふるてや

古着屋、古道具屋のことでございます。今日でも着物は高価ですが、江戸時代の庶民にとってはなおさら高価でしたから【呉服屋《ごふくや》】【太物屋《ふとものや》】を利用するのは、お金持ちだけでございました。庶民はもっぱら古手屋で購入いたします。着物は古くなりますと破けやすくなります。それを洒落て【正宗《まさむね》】と呼んだりいたしました。鍋や釜も【古手《ふるて》】を買いました。穴があいても【鋳掛屋《いかけや》】という修理屋が廻って来ますので、簡単に修理ができました。

**【無礼討ち】** ぶれいうち

武士が目下の者や庶民から無礼を受けた場合に、相手を斬る権利でございます。武士は名誉を重んじますので、無礼を受けて放って置くことが許されませんでした。そのため【斬《きり》捨御免《すてごめん》】という特権が与えられておりましたが、一方的にいつでも斬れるということではございません。

**【無礼講】**　ぶれいこう

お祭りや酒宴で、上下の礼儀を取り払って楽しむことでございます。逆に礼儀正しい集会は【慇懃講《いんぎんこう》】と申します。

**【触書・触札】**　ふれがき・ふれふだ

新たな法令や規制を伝える文書のことでございます。【御達《おたっし》】とも呼ばれます。触書は【町役人《ちょうやくにん》】が直接庶民に口頭で伝えるもので、触札は高札場に掲げられるものを申します。【高札《こうさつ》】とも申します。

**【文化の大火】**　ぶんかのたいか

【江戸三大大火《えどさんだいたいか》】のひとつで、「丙寅《ひのえとら》の大火《たいか》」とも呼ばれます。【芝《しば》】・車町から出火しまして、風に煽られ、日本橋、神田、浅草まで広がりました。延焼面積は五百三十町に及び、十二万人が被災いたしました。

**【文久の改革】**　ぶんきゅうのかいかく

【大老《たいろう》】・井伊直弼《なおすけ》が暗殺された後、文久二年（一八六二）に薩摩藩主・島津久光が兵を率いて京に上り、孝明天皇の勅書《ちょくしょ》をいただき始めた幕政改革でございます。【安政《あんせい》の大獄《たいごく》】の処分者の赦免と復権、若年の十四代・家茂《いえもち》様の後見に十五代・慶喜《よしのぶ》様を任命、京都守護職の新設、【参勤交代《さんきんこうたい》】の緩和、洋学研究の推進、軍事の近代化、儀礼の簡素化などが行われました。この時期に「寺田屋事件」「生麦事件」が起こり、どんどん時代はきな臭くなってまいります。江戸の治安も徐々に悪化していきました。

**【文金風髷】**　ぶんきんふうまげ

髷《まげ》を細く高く結った髪型でございます。江戸の中頃に武士の間で流行りました。

**【文人墨客】**　ぶんじんぼっかく

詩や文章、書画の制作を好み、それに携わる人を申します。こうした文化形成に関わる人を総じて「文化人」と申します。共通するのは、お金があるか、暇があるか、才能があるかでございますな。江戸を面白くしてやろうと、日頃から企んでおりまして、様々な品評会やら遊びやらを考え出しては実行いたしました。江戸文化の【立役者《たてやくしゃ》】でございます。

**【分銅】** ふんどう

金銀の目方を量ります重りのことでございます。制作が許されたのは後藤四郎兵衛家だけでございました。

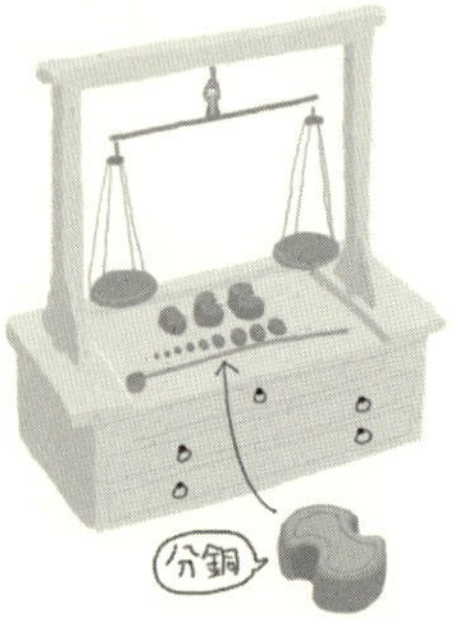


また、【両替商《りょうがえしょう》】は分銅形の【絵看《えかん》板《ばん》】と【両替天秤《りょうがえてんびん》】の模型を店先に掲げました。

## 【へ】

**【幣衣蓬髪】** へいいほうはつ

髪は乱れ、衣服はボロボロの様でございます。落ちぶれてしまったことも申します。

特に【一角《ひとかど》】の武士に使う場合には、武士とはどんなに貧乏しても、身なりは正しくしておくものですので、異常な様でもありまして、心の荒れも示しております。

**【塀重門】** へいじゅうもん

「冠木《かぶき》」という横木のない簡素な仕組みの門のことでございます。

**【閉門】** へいもん

刑罰のひとつで、武士や僧侶などに科されました。家での謹慎を命じられまして、門から窓までを固く閉ざし、昼夜問わず出入りが禁じられました。監視が付き誰とも面会は許されません。【籠居《ろうきょ》】とも申します。

**【へっつい】**

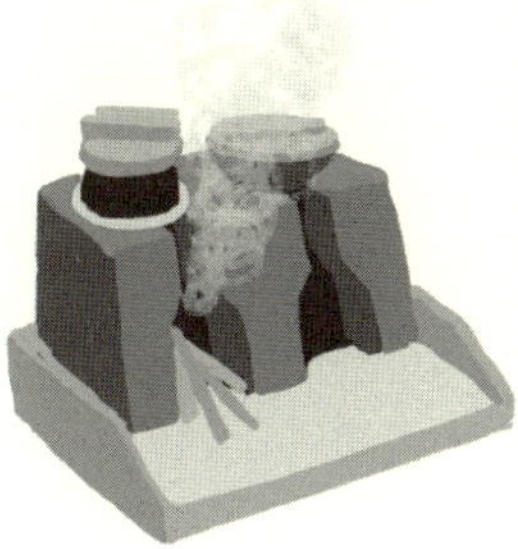

【長屋《ながや》】などの台所にある、小さな竈《かまど》のことでございます。主に米を炊いたり、煮物をするのに使われまして、お釜はここにピッタリ合う形をしておりました。へっついは薪を使いますので、釜の底には煤《すす》が付きます。これを放って置きますと厚く層になり、断熱材の役を果たして、釜に熱が伝わらなくなってしまいます。ですんで、使ったら必ず洗わなければなりません。結構大変なんです。洗うのには、古草鞋《わらじ》や古縄《なわ》、束子《たわし》が使われました。へっついの隣には流しがありまして、簡単な洗い物ができました。魚などの焼き物は七輪を使って外で行いました。

**【紅鉄漿】**　べにかね

口紅と【お歯黒《はぐろ》】のことでございます。子供のいる奥さんの必需品です。江戸初期には結婚した女性はみな眉を落とし、【鉄漿《かね》】を付けたものです。結婚しなくてもほどほどの年齢になるとした方もおりますが、【時代《じだい》が下《くだ》る】と、結婚しただけではしなくなりました。当時の口紅は綺麗に飾られた貝殻の容器に入れられていました。

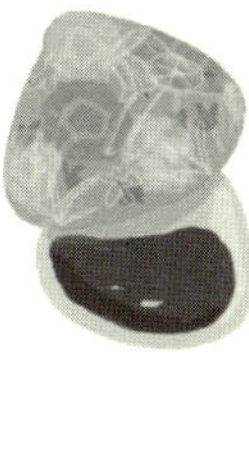

**【部屋住】**　へやずみ

武家の次男坊以下のことを申します。【冷《ひ》や飯食《めしぐい》】【厄介者《やっかいもの》】などと呼ばれます。家を継ぐ資格がなく、家長から【捨扶持《すてぶち》】をいただいて、肩身狭く暮らします。命ぜられることといえば、家名を汚さぬことぐらいでございます。

次男以下は、長男のスペアでござ

います。新たな【召出《めしだし》】の可能性のない時代には、婿養子になって他家の家督を継ぐか、長男が嫡男《ちゃくなん》を得る前に死亡して、その後の家督を継ぐかしか、己を生かす道はありませんでした。そのため、ぐれて【旗本奴《はたもとやっこ》】と名乗る【無頼漢《ぶらいかん》】になる者もおりました。江戸後期になりますと、勘定方や医者などの御役目に、技能に優れる者が取り立てられるようになりまして、新規の召出や婿養子の話が増えましたし、刀を捨てて商売を始めたり、【文人墨客《ぶんじんぼっかく》】になるなど、だいぶ自由になりました。

**【べらぼう】**

㈠「とんでもない」という意味でございます。

㈡バカ者のことでもございます。

**【弁慶】べんけい**

【辻商い《つじあきない》】の者が使います、棒に束ねた藁《わら》を括り付けた商品のディスプレイ道具でございます。これに風車や髪飾りなどの商品を突きさして売り歩きました。物をさした様子が弁慶が七つ道具を背負ったように見えることから、こう呼ばれます。農家ではこれを囲炉裏の上からぶら下げまして、開いた魚などをさして燻《いぶ》して保存食を作るのに使いました。【長《なが》屋《や》】では箸や杓文字をさしたりするものを申します。

# 【ほ】

**【布衣】ほい・ほうい**

五位以下の【旗本《はたもと》】で、特別な者が着用を許された、無地の【狩衣《かりぎぬ》】を申します。六位相当と扱われ、下位の旗本には大変名誉なことでした。

**【防火用水】ぼうかようすい**

【天水桶《てんすいおけ》】のことを申します。通りに備えました、雨水を溜めます大きな樽と桶のセットでございます。

**【幇間】**ほうかん・たいこ

【太鼓持《たいこもち》】に同じでございます。

**【奉公人】**ほうこうにん

武家や商家に勤める者のことを申します。武家屋敷では【若党《わかとう》】【中間《ちゅうげん》】【女中《じょちゅう》】【下男《げなん》・下女《げじょ》】。商家では【番頭《ばんとう》】【手代《てだい》】「女中」【若衆《わかしゅう》】【丁稚《でっち》】「下男・下女」を申します。「中間」は代々その家に勤める家系もありました。

**【暴死】**ぼうし

突然の死、不慮の死を申します。

**【奉書紙】**ほうしょがみ

【上意《じょうい》】を記したものなど正式な書類に使われました、きめの美しい上等の和紙でございます。

**【奉書火消】**ほうしょびけし

江戸に初めて作られました【火消《ひけし》】でございます。非常時に「奉書」という召喚書で【大名《だいみょう》】を火消役に任命したものです。非常時のみの火消でございました。

**【坊主衆】**ぼうずしゅう

江戸城では、頭を丸めた雑役係の総称でございます。「奥坊主」「表坊主」「紅葉山坊主」【同朋《どうぼう》】などがありました。

**【疱瘡】**ほうそう

天然痘のことでございます。感染力が非常に強く、死亡率も高い恐ろしい病気です。朝鮮半島との交流と共に国内に持ち込まれ、パンデミックを起こしました。予防策として種痘の技術もございましたが、その方法が広まらなかったため、江戸時代を通して各地で頻発いたしました。完治しても顔にアバタが残るので、娘衆には特に恐れられました。

**【蓬頭】**ほうとう

「蓬髪」とも申します。手入れをしていない、ボサボサ頭のことでございます。「蓬」はヨモギのことでございまして、酒浸りの【浪人《ろうにん》】などのボサボサ頭を申します。
「蓬頭垢面《ほうとうこうめん》」とは頭ボサボサ、顔中垢だらけですから、ちょっと匂ってきそうな身なりをいいます。

**【方便】** ほうべん

「嘘も方便」なんてなことを申します。その方便ですな。実は生計のことを申しまして【方便《たずき》】とも読みます。つまり、「生活のためなら嘘をつかなければならないこともある」ということでございます。

**【俸禄】** ほうろく

将軍が【直参《じきさん》】の【旗本《はたもと》】や【御家《ごけ》人《にん》】に支払う報酬のことを申します。【知行《ちぎょう》】以外の、米や金で支払われるものです。その中でも【蔵米《くらまい》取《と》り】は春、夏、冬の年三回に分けて支払われまして、この方法を【切米《きりまい》】と呼びます。ちなみにこのお米は「玄米」でございます。白米に搗きますと、二割くらい目減りします。

**【焙烙頭巾】** ほうろくずきん

【大黒頭巾《だいこくずきん》】のことを申します。図は【頭巾《ずきん》の色々】のコラムをご覧ください。

**【鬼灯提灯】** ほおずきちょうちん

鬼灯に蛍を入れたものや、小型の紅白提灯を申します。祭りや夜店などに使われました。図は【提灯《ちょうちん》の色々】のコラムをご覧ください。

**【苧屑頭巾】** ほくそずきん

猟師や鷹匠が使います藁《わら》製の防寒頭巾でございます。図は【頭巾《ずきん》の色々】のコラムをご覧ください。

**【火口】** ほくち

綿や藻草などを材料にした炭を申します。ふわふわした綿のような炭で火打ちの火花をこれに移しまして、火種を作るのに使います。

**【反故】** ほご

役に立たないもの。無駄にすること

と、棄てることを申します。

**【反故紙】**ほごがみ

㊀書き損じの紙のことを申します。

㊁文字の練習に使い、墨で真っ黒になった紙を申します。それをさらに練習に用いました。また、練習用にもともと黒い丈夫な紙もございました。濡れている間は書いた字が光って見えますので、墨ではなく水筆で書いて練習しました。

**【干鰯】**ほしか

油抜きをした鰯《いわし》を干したものでございます。油は【魚油《ぎょゆ》】として売り、残りは「金肥《きんぴ》」と呼ばれ、肥料として売られました。

**【星目】**ほしめ

フリクテンのことで、角膜の縁に白い斑点のできる眼病でございます。

**【臍を噛む】**ほぞをかむ

後悔して悔しがっている姿を申します。「ほぞ」とは臍《へそ》のことで、ガックリと肩を落としてうな垂れる様子が、臍を噛もうとしているように見えるからだそうです。

**【蛍沢】**ほたるさわ

蛍で有名な谷中《やなか》の町を申します。上野・【不忍池《しのばずのいけ》】近くで、たくさんの蛍が舞います夜の景勝地でございます。「蛍狩りに行く」と申しまして、実は【出合茶屋《であいぢゃや》】で恋人と逢うなんてこともよくございました。ロマンチックでようございますね。

**【牡丹】**ぼたん

花の名以外に、猪肉のことも申します。当時は仏教の教えによって表向き肉食が嫌われましたので、別名を付けて呼び、忌みを避けました。【山《やま》鯨《くじら》】などとも呼びました。

**【墨客】** ぼっかく

画家、書家などのアーティストでございます。このような文化人は詩人、小説家と合わせまして【文人墨《ぶんじんぼっ》客《かく》】と申します。

**【ぽっくり下駄】** ぽっくりげた

【灯籠鬢《とうろうびん》】と共に、江戸中期から後期に女子衆《おなご》に流行りました底の厚い下駄でございます。台が厚いので飾る面積が大きく、【蒔絵《まきえ》】などを施した贅沢なものがたくさん作られまして、お洒落アイテムとして好まれました。図は【下駄《げ》《た》の色々】のコラムをご覧ください。

**【墨刑】** ぼっけい

窃盗をした庶民に、前科の印として入れ墨をすることを申します。同時に、百敲《ひゃくたたき》などの体罰が科されました。また、【遠島《えんとう》】などの流刑者にも行われました。【黥首《げいしゅ》】に同じでございます。

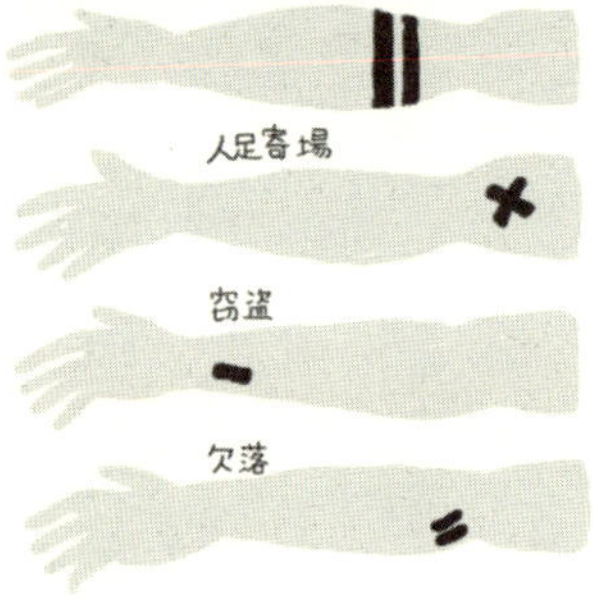


**【北国】** ほっこく

【吉原《よしわら》】の異名でございます。江戸の北に位置するので、こう呼ばれました。品川の【岡場所《おかばしょ》】を「南《みなみ》」と呼びました。

**【棒手振】** ぼてふり

【天秤棒《てんびんぼう》】で商品を担いで行商する【外商《そとあきな》い】の者を申します。元手が少なくてもできるので【年季奉公《ねんきぼうこう》】に行かない庶民の若者が初めにする仕事でした。ただし、勝手に始められるわけでなく、株を持たなければできませんでした。

豆腐、野菜、下駄、【笠《かさ》】【古手《ふるて》】、油など、食品から日用品まで様々な商売がありまして、【長屋《ながや》】の路地まで来てくれますので、便利ですね。

**【骨絡み】** ほねがらみ

㈠梅毒や結核が進行し、骨や関節が痛むことを申します。「うずき」ともいいます。

㈡手の打ちようがないほどに悪いこと、状況からなかなか抜け出せない様を申します。

**【彫師】** ほりし

本や【錦絵《にしきえ》】の【版木《はんぎ》】を彫ります職人のことを申します。錦絵などの版木は、専門の彫師が行いましたが、漢文などの難しい書物の版木は、学問が必要ですので武士が内職で行いました。

**【梵字】** ぼんじ

インドのサンスクリット語を記すのに使われる文字でございます。一字一字が諸仏諸尊を表しており、真言として崇められました。寺院の御札や【卒塔婆《そとば》】にも書かれます。

**【本所方】** ほんじょがた

【向河岸《むこうがし》】の本所《ほんじょ》から深川《ふかがわ》を担当する【町方《まちかた》】の御役人のことでございます。

**【本所の御家人】** ほんじょのごけにん

「人の悪いのは本所の後家人」といわれるほど傲慢で態度ばかり大きく、江戸っ子に特に嫌われた武士のことでございます。

本所は浅草の【向河岸《むこうがし》】で【大川《おおかわ》】を渡ったあたり一帯で、水戸屋敷など名だたる【大名《だいみょう》】の【下屋敷《しもやしき》】がございましたが、【留守居役《るすいやく》】などの無役の武士や、重要でない【旗本《はたもと》】のお屋敷が江戸城から遠い本所に移されました。「赤穂義士《あこうぎし》」が討ち入りした吉良上野介《こうずけのすけ》の屋敷も本所に移されたものでございます。この討ち入りが、江戸っ子の胸を騒がせたのは、本所の御家人に対する日頃の鬱憤もあったかもしれません。

**【本陣】ほんじん**

各地の【宿場《しゅくば》】に用意されました、【大名《だいみょう》】や勅使など重要人物がお泊まりになるお屋敷でございます。【旅籠《はたご》】ではありませんので、位の高い方以外は使えませんでした。

もっぱら【宿役人《しゅくやくにん》】の屋敷や寺院が使われ、門と玄関には宿泊する大名家の定紋幔幕《じょうもんまんまく》が掛けられました。頻繁に【大名行列《だいみょうぎょうれつ》】が通る宿場では、他に【脇本陣《わきほんじん》】が用意されておりました。

**【本多髷】ほんだまげ**

【鬢《びん》】を剃り上げ、広い【月代《さかやき》】に細い髷をキリリと結いました、【粋《いき》】な髷型でございます。本多忠勝様の御家中から流行りまして、【吉原《よしわら》】で遊ぶ旦那衆にもてはやされました。そのうち本多髷でないと、吉原で遊べないといわれるほどに一世を風靡しました。後に本多をアレンジして様々な髷型が作られます。図は【髪《かみ》型《がた》の色々】のコラムをご覧ください。

**【本馬】ほんま**

馬に荷物を運ばせることを申します。詳しくは【馬子《まご》】の項をご覧ください。

**【本丸】ほんまる**

㈠【殿様《とのさま》】の住まわれるお城の中心部を申します。または、政務をする館でもございます。

㈡転じて→中心人物の居場所という意で使われます。

# 【ま】

**【間合】まあい**

剣術で、相手との距離を申します。自分と相手の間合を探り合うことは、戦いの一歩でありまして、相手の間合に収まってしまいますと、敵を

有利にさせてしまいます。間合は詰めるだけでなく、開くことも駆け引きのひとつでございます。心理戦では、間合だけで雌雄を決することもございます。

**【賄・賂】まいない**

神への捧げ物という意味ですが、お話では主に賄賂のことを申します。もちろん江戸時代でも犯罪ですが、贈り物は賄に入りませんで、逆に、折々に贈り物をするのがマナーでございました。

下の者はあちこちと大変そうですが、上司も二倍返し、三倍返しとお金がかかりました。正月の扇子など形式的な贈り物は、専門の【古手屋《ふるてや》】が買い取ってリユースされました。

**【前髪】まえがみ**

㈠額の上部の髪を申しまして、男の子は【元服《げんぷく》】の時に剃ってしまいます。女性は髷《まげ》とは別に括りまして、江戸中期になりますとボリュームをもたせるようになり、より女性らしく演出いたしました。

㈡元服前の男の子の髪型です。頭頂部を剃る「中剃り」をして、前髪を残した形です。図は【髪型《かみがた》の色々】のコラムをご覧ください。

**【前垂】まえだれ**

腰に巻くエプロンのことで「前掛《まえかけ》」とも申します。今日ではさほど重要なものではございませんが、お店に

よっては前垂は一人前の商人の証でもありました。

【前渡り】まえわたり

人前を横切ることを申します。特に【大名行列《だいみょうぎょうれつ》】や【乗物《のりもの》】の前を横切ることをいいまして、忌み嫌われる無礼行為でございました。

【間男】まおとこ

「旦那の居ない間に来る男」でして、つまり妻や【妾《めかけ》】が【不義密通《ふぎみっつう》】をすることと、または相手の男のことを申します。情夫、【密夫《みそかお》】とも申します。

武家では不倫は一大事でございまして、バレますと【手《て》討《う》ち】にされてしまいます。庶民にはそんな血生臭いことはございませんで、離縁となり、訴えられますと間男と共に【晒《さら》し者《もの》】にされます。法としては、最高刑で死刑！　だったりしますが、だいたいは示談金一〜五両くらいで済ましていたそうです。

【賄方】まかないかた

武士の役職で、【表向《おもてむ》き】【奥向《おくむ》き】の食料品、食器、什器などを管理するお役目でございます。食べ物は命に関わる場合もございますので、非常に神経を使う仕事でございました。

【賄屋】まかないや

ひとり暮らしの武士に食事を入れる仕出し弁当屋でございます。お屋敷の他、江戸城にも納めました。

【蒔絵】まきえ

漆塗りの器や家具、小物、建具などに施す装飾技法を申しまして、日本を代表する工芸のひとつです。漆を塗った上に、螺鈿《らでん》を埋め込んだり、金銀粉を蒔き付けたりして絵柄を表していきます。金銀、螺鈿、漆と高価な材料を用い、技術を要し、手間隙もかかりますので、相当な高級品です。

【巻袖】まきそで

仕事着、袢纏《はんてん》などの袂《たもと》を三角に折って縫い留めたもので、「捻袖《ねじそで》」とも申します。要するに袂が邪魔になるんで、コンパクトにしたわけですな。図は【袖《そで》の色々】のコラムをご覧ください。

**【巻筆】まきふで**

主に文字書き用に使われました筆のことを申します。芯毛を和紙で巻きました硬い感触の筆でございまして、細い文字もスルスルと書ける優れものでございました。今日ではほとんど作られておりません。

**【枕絵】まくらえ**

【春画】のことを申します。

**【枕時計】まくらどけい**

和時計の一種でございまして、今日でいいます目覚まし時計ですな。枕元に置いて使います。小型ですので動力はゼンマイでございます。

**【枕屏風】まくらびょうぶ**

枕元に置く小さな屏風《びょうぶ》を申します。特に冬は冷気を遮るのに使われました。押し入れのない【長屋《ながや》】では、昼はたたんだ夜具の目隠し、部屋の仕切りとしても使いました。

**【曲げわっぱ】まげわっぱ**

杉や檜《ひのき》の薄板を曲げて作る器でございます。弁当箱やお櫃《ひつ》によく使われます。

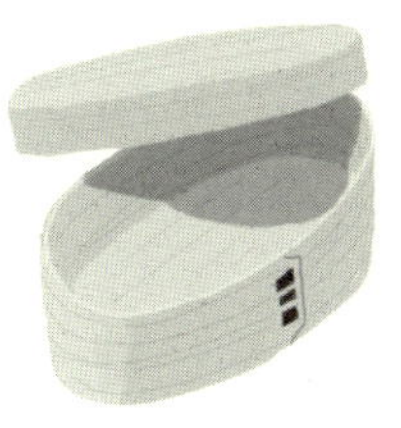

**【馬子】まご**

【馬引《うまひき》】「馬追《うまおい》」とも呼ばれます。「馬子にも衣装」の「馬子」でございまして、馬を引く人足のことを申します。

もともとは農民で農閑期に荷を運ぶのが主でしたが、旅や物流が盛んになるにつれて専門職となり、人も乗せるようになりました。【本馬《ほんま》】は四十貫目（約百五十キロ）までで百五十～二百文ほどでした。

**【将門の首塚】** まさかどのくびづか

平将門の首を祀った塚で、江戸幕府が開かれる六百年以上前からございます。将門様は京では単なる悪人ですが、関東では飢饉と圧政に苦しんだ庶民を救うために立ち上がった伝説のヒーローで、江戸っ子にはスーパーマン的存在でした。また、神田明神は将門様を祀る神社でございます。

**【正宗】** まさむね

㈠日本刀で最も有名な刀工の名でございます。その刀工が作りました刃物のことも申します。

㈡名刀「正宗」が触るだけで斬れるといわれたことから、転じて↓触るだけで破けるような【古手《ふるて》】の着物を洒落て申します。「おいおい、袖を引っ張るなよ、正宗なんだから」なんていったりします。

**【間尺に合わない】** まじゃくにあわない

「間尺」は家を建てる時に使われます決まり寸法のことでございます。例えば、日本の家は三尺（約九十センチ）単位で建てられまして、一間《けん》は六尺（約百八十センチ）となっています。これに合わせて、畳も襖《ふすま》も三尺×六尺になっています。ですから七尺などの中途半端な寸法取りで家を建てますと、あちこちで一尺ずつ余ってしまいピッタリ作れず無駄が出ます。このことから、無駄が多く利益にならない＝「割に合わない」「損が多い」ことを申します。

**【猿】** ましら

字のごとく、猿のことでございます。

猿回しは大道芸でも人気がございました。江戸に猿回しがたくさんいたのは、武士の馬の守り神として、癒しのためでございます。

**【升・枡】ます**

計量升は「鉉掛升《つるかけます》」とも申しまして、木製の四角い箱のことを申します。計量器具として重要なものですので、この升を作れたのは、「升座《ますざ》」と呼ばれます、京の福井作左衛門と江戸の樽屋藤左衛門の二店だけでございました。升を許可なく作りますと【中追放《ちゅうついほう》】、不正の升を作りますと【獄門《ごくもん》】の刑に処せられました。升の口には、「鉉鉄《つるてつ》」という斜めの梁が入っております。升に盛った穀物を「斗概《とかき》」で平らにならすのに、鉉鉄をガイドにすれば、誰の目にも正確に計量できるという仕組みでございました。サイズは四種類ありまして、一斗《と》（約十八リットル）、五升《しょう》（約九リットル）、一升（約一・八リットル）、五合《ごう》（約〇・九リットル）でした。鉉掛升以外は「器《うつわ》」として自由に作れました。

**【又家来】またげらい**

【殿様《とのさま》】の直属ではなく、家臣の家来のことでございます。【陪臣《ばいしん》】【又《また》者《もの》】とも申します。殿様への忠信ではなく、直属の主への義で働くというのが本来でございます。赤穂浪士でただひとり生き残った寺坂吉右衛門は、四十七士のひとりである吉田忠左衛門の【足軽《あしがる》】であり、浅野様の家臣ではなかったため、討ち入り後に浪士から追放されました。【仇討《あだう》ち】は戦ではございませんので、その権利は又家来にはなかったからといわれております。

**【又者】またもの**

【又家来《またげらい》】に同じでございます。

**【町医者】まちいしゃ**

庶民向けの医師でございます。歩い

て往診に来ますのを「徒医者《かちいしゃ》」、【乗物《のりもの》】で来ますのを「乗物医者」と申します。徒医者は薬代が二分《ぶ》だったのに対し、乗物医者は五分取られました。二分と申しますのは銭にしますと二千文ほどですので、医者を呼べるのは裕福な【町人《ちょうにん》】くらいでした。それも寛延の頃（一七四八～一七五一）の話で、天明の頃（一七八一～一七八九）には三分に、天保（一八三〇～一八四四）には五分になりました。これでは庶民はとても医者にかかれません。

**【町会所】まちかいしょ**

【町役人《ちょうやくにん》】の寄合所でございます。町の災害保険である【七分積金《しちぶつみきん》】の運用などをいたしました。

**【町駕籠】まちかご**

町で営業している駕籠のことでございます。【宿駕籠《やどかご》】や【辻駕籠《つじかご》】などがあり、どちらも戸がなく、代わりに「垂れ」が付いていました。一方、街道で使われる【道中駕籠《どうちゅうかご》】は町では商売できませんで、作りも質素で「垂れ」もございませんでした。

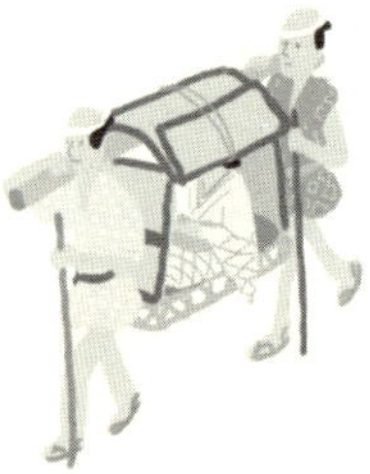

**【町方】まちかた**

町奉行所にお勤めの武士の総称でございます。町方【与力《よりき》】、町方【同心《どうしん》】は町奉行所の与力、同心を申します。

**【町木戸】まちきど**

町ごとに設置された【木戸《きど》】を申します。【自身番《じしんばん》】と【番小屋《ばんごや》】に挟まれた町の治安維持の要でございます。単に「木戸」とも呼ばれます。

**【町代】** まちだい・ちょうだい

㈠「まちだい」は京での【町役人《ちょうやくにん》】のことを申します。上京・十二、下京・八の「町組」に分け、一、二人が担当し、【京都町奉行《きょうとまちぶぎょう》】の下で町の管理をいたしました。【与力《よりき》】や【同心《どうしん》】よりも京の習《なら》いに詳しいため、彼らに法的・作法的・習慣的な指示を与えることもいたしました。

㈡江戸、大坂では「ちょうだい」と呼びまして、【町年寄《まちどしより》】や【町名主《まちなぬし》】の下で補佐する役を申しました。

**【町年寄】** まちどしより

「三年寄《さんどしより》」ともいわれまして、樽屋、奈良屋、喜多村の三家を申します。初代・家康《いえやす》公に従って三河から来まして、江戸の町作りに貢献いたしましたので、代々江戸の町を【差配《さはい》】する権利をもった家系でございます。

二千坪の拝領地がありまして、賃貸収入だけで年間六百両あったといわれますが、祭りや【普請《ふしん》】などの出費も多くございました。江戸の町作りや訴訟、調停、商業の管理、庶民の管理を担当する長でございます。今日で申しますと東京都知事か区長のようなものでした。拝領地以外の管理は【月番《つきばん》】で担当いたしました。

町の自治は、直接ではなく配下の【町名主《まちなぬし》】に行わせました。

**【町名主】** まちなぬし

【町役人《ちょうやくにん》】の上で町の自治をする【町《ちょう》人《にん》】を申します。不動産の仲介、【人《にん》別帳《べっちょう》】の管理、【御触《おふれ》】の伝達、揉めごとの仲裁、住人の出廷の付き添いなどをいたしました。収入は年に五十～六十両ほどでございます。

**【町飛脚】** まちびきゃく

寛文三年（一六六三）に誕生いたしました民間の飛脚問屋、またはその【飛脚《ひきゃく》】を申します。江戸～大坂～京間を走り、公用以外の武士や商人の手紙などを運びました。

**【町火消】** まちびけし

庶民のための庶民による【火消《ひけし》】でございます。作られましたのは享保三年（一七一八）で、二年後には南町奉行・【大岡越前守忠相《おおおかえちぜんのかみただすけ》】によって

「いろは四十八組」と「本所深川《ほんじょふかがわ》十六組」に広げられました。ひと組に二百名ほどが在籍しておりましたので、ざっと一万二千八百名もの火消がいたことになります。後には、ちょっと多すぎたので、十組に束ねられました。

**【町火消人足改】まちびけしにんそくあらため**

火事の際に【町火消《まちびけし》】を指揮したり、気の荒い【火消人足《ひけしにんそく》】の管理をした御役人を申します。また、火事の際には火事場泥棒も多く出ますので、火消人足のふりをしたこそ泥にも目を光らせました。

**【町奉行】まちぶぎょう**

【町方《まちかた》】の警視庁、裁判所、消防庁、そして東京都庁を兼ねた超多忙な役所の長でございます。南町、北町奉行の他、一時期は中町も併せて三人の町奉行が【旗本《はたもと》】の中から選任されました。午前中は江戸城で報告、会議をいたしまして、午後は町奉行所で働きました。八代・吉宗《よしむね》様の時代に「大岡裁き」で名を馳せた【大岡《おおおか》越前守忠相《えちぜんのかみただすけ》】や、「遠山の金さん」こと【遠山金四郎《とおやまきんしろう》】などが江戸っ子に愛されました。

**【町屋】まちや**

市中の家屋を申します。特に【長屋《なが》】に対して【町人《ちょうにん》】の持ち家などをいいます。

**【町役】まちやく**

「ちょうやく」とも読みます。【町役《ちょうやく》人《にん》】の略でございます

**【町奴】まちやっこ**

庶民の【男伊達《おとこだて》】のことを申します。【旗本奴《はたもとやっこ》】の乱暴狼藉に対抗するため名乗ったものでございます。「我は町奴なり」といわんばかりの派手

な格好をしまして、旗本奴をけん制いたしました。このような格好をする輩《やから》を【傾《かぶ》き者《もの》】と申しました。特に天下の【無礼講《ぶれいこう》】となる祭りの日には激しく火花を飛ばし合い、町をあげての大喧嘩になることもしばしばでございました。また、町奴は「悟《さと》り絵《え》」と申します柄を好んで身に付けました。最も有名な町奴は「幡随院長兵衛《ばんずいいんちょうべえ》」で、歌舞伎の人気演目でもございます。

**【末社】まつしゃ・まっしゃ**

㊀神社の本社の隣や裏にある、小さな社でございます。「枝宮《えだみや》」とも申します。

㊁転じて↓メインの側にいる者、ある物を指します。また、【遊女《ゆうじょ》】の末社とは【太鼓持《たいこもち》】のことを申します。

**【待乳山】まっちやま**

浅草にある丘でして、花柳界の信仰が厚い聖天宮《しょうでんぐう》がございました。【吉《よし》原《わら》】に向かう山谷堀の入り口となりますので、【船宿《ふなやど》】や料亭が多く立ち並び、近くには超有名会席料亭「八百善」などもございました。

**【松脂蝋燭】まつやにろうそく**

松脂で作りました筒状の蝋燭《ろうそく》でございます。蝋燭よりも格段に安く、【行灯《あんどん》】よりも明るいので、【辻商い《つじあきない》】や農村でよく使われました。しかしとびきり煤《すす》が多いので【町屋《まちや》】や【長《なが》屋《や》】には向きません。

**【真魚箸】まなはし**

魚や鳥肉を料理する時に使います鉄製または木製の箸でございます。

**【馬庭念流】まにわねんりゅう**

上州馬庭の樋口定次《さだつぐ》の剣の流派でございます。奥州・相馬義元の「念流」の一派で、護身術を基本に相手の面を割る剣法です。【太刀《たち》】の他、【薙刀《なぎなた》】、槍、古武道も伝える総合兵法でございます。護身術として関東を中心に庶民にも広まりました。

## 纏

纏《まとい》とは、【町火消《まちびけし》】チームのシンボルでございます。ですんで、【大名火消《だいみょうびけし》】や【定火消《じょうびけし》】は使いません。

「纏持《まといもち》」は【火消《ひけし》】の花形ですので、美男子で力があって足の速い者が選ばれました。役目は「〇組参上、ここが最前線」という標《しるし》を掲げることでございました。

纏持は真っ先に現場に到着して、風向きを読んで「防火線」を判断し、屋根に上がります。纏が上がりますと、そこよりも後に火を進めないという責任が出ました。そのため、纏持は焼け死んでもその場を動かない者が多くおり

ました。

しかし、次の組の纏が来ますと、場所を譲ります。と申しますのも、たいてい一番に上がるのは火元の町の纏でございまして、後から来るのは他の町の火消です。ですんで、応援に来た組に「花形の場所を譲る」のです。そうやって、次から次へと到着する組の纏が、屋根に上がるという仕組みになっております。それを見て、庶民も心強く思うのでございます。ちなみに、纏は上部の飾りのことを指しまして、下に付いているひらひらの飾りは「ばれん」と申します。重さはだいたい三貫（約十一キロ）ございました。

**【間夫】**まぶ

【遊女《ゆうじょ》】の情夫を申します。お金を払わず密会したり、【揚代《あげだい》】を遊女がもったりしますもんで、【廓《くるわ》】の亭主は手を焼きました。なにせ遊女の盛りは五年ほど、その間に借金を返済してもらわなければ困るわけですな。たいていは【勘当《かんどう》】の身か筋者《すじもの》で、そんな甲斐性もありませんで、始末が悪うございました。

**【豆板銀】**まめいたぎん

小さい粒の銀貨を申します。詳細は巻頭の【江戸《えど》の通貨《つうか》】のコラムをご覧ください。

**【豆本多】**まめほんだ

【本多髷《ほんだまげ》】の中でも特別なのが豆本多でございます。【吉原《よしわら》】で浮気をしますと、馴染《なじ》みの【遊女《ゆうじょ》】に髷《まげ》を切られ、女物の着物を掛けられて通りへほっぽり出されるというキツイ御仕置きを喰らいます。吉原は「恋愛遊び」の場ですので、中で遊ぶ相手はひとりと決まっておりますから（一婦多客制なので、遊女は複数の客を旦那にしますが）、それも仕方がないわけですな。切られた後は吉原の【髪結床《かみゆいどこ》】へ行きまして結い直してもらいます。切られているんで、ちっちゃな髷になります。これを豆本多といいまして、世の男性の憧れでございました。なんでかって？ そりゃぁあなた、吉原の遊女に焼き餅を焼かれるくらいの色男ってことでございます。こんな吉原での武勇伝を【浮名《うきな》】と申します。

**【摩利支天】**まりしてん

白衣をまとい金色のイノシシに乗った童女神でございます。武士、力士、農民の神として信仰され、全ての災いを避けると信じられておりました。中でも武士は、護身・勝利を祈り、守り本尊といたしました。

**【丸頭巾】**まるずきん

【大黒頭巾《だいこくずきん》】に同じでございます。図は【頭巾《ずきん》の色々】のコラムをご覧ください。

**【丸太ん棒】**まるたんぼう

人を罵声する時に申しますのは、目も耳もない＝状況を見もしないし、話も聞かない＝人情のない奴という意味でございます。

**【丸髷】**まるまげ

庶民の妻女の髪型として、定番のものでございます。【勝山髷《かつやままげ》】の髷《まげ》の部分を玉のようにしたもので、中には和紙の張り子などを入れて形を作っております。大きいほど若々しく、年配になると控えめに膨らませました。図は【髪型《かみがた》の色々】のコラムをご覧ください。

**【廻り髪結】**まわりがみゆい

家々を廻って髪を結う者を申します。美男が多く、得意先と年季契約をしておりまして、五日に一回ほどのペースで廻ります。【大店《おおだな》】では主人から【奉公人《ほうこうにん》】の髪を結いまして、代金は月に二朱ほどいただきました。

**【廻り同心】**まわりどうしん

町を巡回する【同心《どうしん》】を申します。火消人足改、隠密廻り、定町廻り、【高積《たかづみ》見廻《みまわ》り】、昼夜廻り、臨時廻りなど、それぞれ担当がございました。一般には、見た目ですぐにわかる定町廻りを指さします。

**【満願】**まんがん

㊀日数を限って神仏に祈願いたしまして、その日数が満ち、儀式行程が完了することを申します。

㊁転じて→願いが叶うことをいいます。しかし、神仏へのお願いが基本ですから、実際に叶ったかどうかより、全ての段取りを済まし「叶う権利」を得ることと申したほうがわかりやすいでしょうか。

**【万金丹】**まんきんたん

解毒、鎮痛に効くとされた薬でござ

います。「紫金錠《しきんじょう》」も同じです。

**【饅頭笠】** まんじゅうがさ

お饅頭のような丸い形をした【笠《かさ》】を申します。図は【笠《かさ》の色々】のコラムをご覧ください。

## 【み】

**【身請け】** みうけ

【遊女《ゆうじょ》】の借金を払い、商売から足を洗わせることでございます。

**【帝・御門】** みかど

天皇陛下のことを申します。

**【三行半】** みくだりはん

女性が得る【離縁状《りえんじょう》】を申します。「離婚します」ということと「再婚しても文句ない」ということが三行半の定型文で書かれました。離縁状は一方的に突きつけることができますが、受け取ってもらわないことには始まりませんので、必ずしも書いたら成立、というわけにはいきません。

また、夫以外にも舅《しゅうと》・姑《しゅうとめ》が出すこともありました。

**【御左口様】** みじゃくじさま

東日本の土着神で、土地によって様々な姿、伝説がございます。非常に古い信仰で、縄文時代にすでにあったとされ、アイヌの信仰ともいわれわれます。「荒脛巾様《あらはばきさま》」などと同様に「客神」(まろうどがみ・まれびとがみ)「門客神《もんきゃくじん》」として神社に祀られます。

**【水玉人足】** みずたまにんそく

【人足寄場《にんそくよせば》】の収容者のことでございます。朱色に水玉のユニフォームを着ておりましたので、こう呼ばれます。

**【水茶屋】** みずちゃや

寺社や名所にある休息所でございます。お茶一杯八文ほどで休めました。「二十軒茶屋」は浅草寺《せんそうじ》境内のお茶屋さんのことで、二十以上が軒を連ね賑わっておりました。お茶屋さんには看板娘がおりまして、みなさん彼女たち目当てに通ったりもいたします。人気の娘は百文のチップなどをいただくことも珍しくございません。彼女たちは【茶汲《ちゃく》み女《おんな》】と呼ばれます。

**【水鉄砲】**みずでっぽう

【火消《ひけし》】の使います小型のポンプのことでございます。桶の中へ入れて使います。

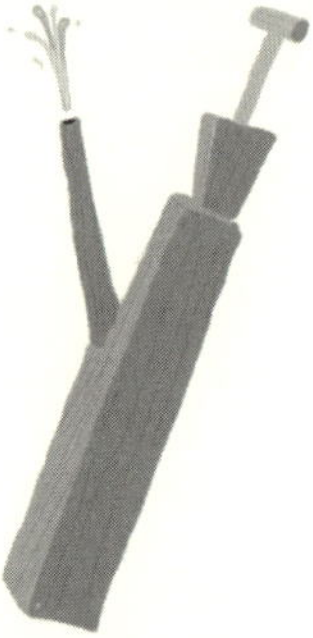

**【水野時代】**みずのじだい

十二代・家慶《いえよし》様の【老中《ろうじゅう》】・水野忠邦が権勢を振るった時代を申します。【天保《てんぽう》の改革《かいかく》】が行われました天保十二〜十五年（一八四一〜一八四四）を指します。

**【水屋】**みずや

㈠神社にある参拝者が手や口を洗う水場を申します。

㈡飲み水を売り歩く【棒手振《ぼてふり》】商売を申します。

㈢茶室の隣にある準備室、洗い物をする部屋でございます。

㈣洪水の多い低地で、非常用の物資を蓄えておく倉庫も申します。

**【見世物】**みせもの

寺社境内や【広小路《ひろこうじ》】などに建てた小屋で行われます、庶民の娯楽でございます。「ゾウ」「ろくろ首」「河童」「かえる娘」「化け物屋敷」「べな」「大ざる小ざる」「大いたち」「人食い人間」などがございました。一見の御利益を謳うものや、恐いもの見たさで寄ってみると、実はダジャレだったりいたします。

**【密夫】**みそかお

【間男《まおとこ》】に同じでございます。不倫相手のことを申します。

**【密事】**みそかごと

秘密にしていることを申します。

**【御台様】**みだいさま

将軍の【正室《せいしつ》】のことでございます。

**【見立番付】**みたてばんづけ

相撲の番付に見立てまして、様々なランキングを東西に分けて記載した刷り物でございます。当時の方はこれがとっても好きでした。例えば、役者番付、【遊女《ゆうじょ》】番付、温泉番付、金魚の番付なんてのもありましたし、「浮世でよくいる人、いない人」の番付やらお国自慢の番付など、ありとあらゆるものがございました。

**【三日コロリ】みっかころり**

コレラのことでございます。三日間で死に至るためこう呼ばれました。安政五年（一八五八）に米艦船が国内に持ち込みまして、パンデミックを起こしました。この時、三年間で感染者の三分の一にあたる二十六万人が死亡いたしました。十三代・家定《いえさだ》様もコロリで亡くなりました。この後、人々の外国嫌いが強まり、【帝《みかど》】も二度と同じ不幸が国民を襲わないようにと、開港を頑なに拒むようになりました。

**【三日法度】みっかはっと**

「法度《はっと》」は、【老中《ろうじゅう》】や【町奉行《まちぶぎょう》】から【触書《ふれがき》】として出され、【町役人《ちょうやくにん》】から口頭で庶民に伝えられました。【長屋《ながや》】住まいの者は【家主《いえぬし》】から、くれぐれも守るようにと聞かされます。しかし、庶民はそれほど重大に考えていなかったようで、「三日もすればほとぼりが冷める」と軽視して「三日法度」と呼んでおりました。そこで、御上はどうしても守らせなければならない場合、再三再四同じ【御触《おふれ》】を出すこととなります。すると今度は、再三いわれないものは、それほど重大じゃないや……と思い、ますます効果がなくなる、という塩梅《あんばい》で、ついに誰かがお縄《なわ》になって初めて震え上がりました。

**【見附】みつけ**

江戸城の門にあります、番兵の見張り所のことでございます。江戸城に続くメインストリートに設けられておりました。数ある門の中でも「見附」の名が付くのは六ツの御門だけで、赤坂見附、浅草見附、牛込見附、芝口見附、筋違《すじかい》見附、四谷見附でございます。これらは外堀にあります城下町の門でして、庶民も通行いたしました。それ以外の【大手門《おおてもん》】や半蔵門などは、江戸城の御門ですので、武士でも限られた人しか通ることができません。

**【幣】** みてぐら・ぬさ

神に捧げるお供え物の総称でございます。神主さんがお祓いなどに用います、二本の【紙垂《しで》】の付いた木の串「御幣《ごへい》」もそのひとつです。

**【水戸様】** みとさま

徳川【御三家《ごさんけ》】のひとつ、水戸徳川家を申します。二代藩主・水戸光圀《みつくに》様がとりわけ有名でして、時代劇「水戸黄門」のモデルと申しますとご存知の方も多いでしょう。今日の東京ドームは水戸様の【上屋敷《かみやしき》】跡で、小石川後楽園（庭園）はその庭でございました。

**【身共】** みども

同等かそれ以下の相手に、武士が使います一人称でございます。また、「拙者《せっしゃ》」はへりくだった表現ですが、尊大な表現にも用いられます。

**【見習奉公】** みならいぼうこう

良家の娘さんや、商家の跡取りが礼儀作法や仕事を覚えるために、よそにお手伝いに上がることを申します。お手伝いですんで給金はございませんが、名家に見習いに行きますと、それだけで箔が付きますし、その家との繋がりも深くなります。

**【峰打】** みねうち

刀の峰で相手を打つことを申します。斬れませんが力の入れ様によっては骨折いたしますので、致命傷になる場合もございます。

**【都侍・京侍】** みやこざむらい

江戸や京の藩邸に勤める武士のこと、または江戸や京で生まれ育った武士のことを申します。反対に、国元に勤めるお侍を【国侍《くにざむらい》】「田舎侍」と申します。

**【都鳥】** みやこどり

百合鴎《ゆりかもめ》雅称として、古来より歌に詠

まれております。

**【宮地芝居】** みやちしばい

「宮芝居」ともいいます。もともと芝居の多くは、お宮の境内に仮小屋を建てて行われておりました。それと同じような粗末な芝居小屋での興行のことを申します。

江戸では寛永六年（一六二九）から芝居への規制が厳しくなりまして、四十年後には許可される芝居小屋は四座のみに規制されます。これを「江戸四座」と申します。官許を得られない一座は、「舞台以外に屋根を作らない」「引き幕や花道は禁止」「百日までの興行」「蓆《むしろ》掛けの仮小屋」、という規制の中で興行いたしました。後に、【天保《てんぽう》の改革《かいかく》】で全面禁止されてしまいます。

**【冥加金】** みょうがきん

幕府に支払いました献上金でございます。事業税みたいなものとお考えください。【吉原《よしわら》】【両替商《りょうがえしょう》】【問屋《といや》】などなど、独占営業権をもつ者が【株仲間《かぶなかま》】でまとめて納めました。

**【明神様】** みょうじんさま

特定の神様ではなく、由緒正しい神社に祀られる神様のことを申します。「大明神」は正式な名ではなく、格を強調する表現でございます。

**【妙薬】** みょうやく

民間療法の薬草を主に申します。

「整腸にはセンブリ」
「解毒、傷、利尿にドクダミ」
「虫刺されにカタバミ」
「鎮痛にマタタビ」

などなど、当時手に入りやすい野草を使うものでございます。ドクダミやカタバミは今日でも都会の雑草としてよく見られます。医者に掛かると非常にお金がかかりましたので、庶民は主にこういった民間療法と神頼みで病と闘いました。

妙薬の効能を覚えるためには「妙薬いろは歌」という、犬棒カルタのようなものが用いられました。

## 【む】

**【迎役】** むかえやく

【宿場《しゅくば》】に到着しました【大名行列《だいみょうぎょうれつ》】の一行を出迎えるための【問屋場《といやば》】の御役人でございます。

**【向河岸】** むこうがし

㈠単純に川を渡った反対側の岸や町のことを申します。

㈡別の町、地域〈テリトリー〉のことも意味します。

　河岸とは船着き場、市場のことでして、当時は冷蔵庫なんてございませんので、人々は毎日のように河岸へ買い物に行きました。そこで自然と仲間意識が生まれます。そのため、向河岸とは別の市場に来る人々、つまり知らない人たち、という意味でも使われます。

**【無腰】** むごし

刀を持たないことでございます。「丸腰」とも申します。

**【武蔵野】** むさしの

江戸城下町の西に広がる野を申します。秋には月見の名所となり、春には小金井の桜が、上野・【寛永寺《かんえいじ》】の桜に続いて有名でございました。

　どこまでも野っ原が続くその地形から、転じて↓たいそう大きな物や大盃《たいはい》などに付けられる名でもございます。

**【虫売】** むしうり

鈴虫など、秋の虫を売り歩く【外商《そとあきない》】でございます。千駄ヶ谷あたりの貧しい武士が内職としてよく繁殖させておりました。なかなか風流な内職です。他に金魚や鶉《うずら》、小鳥などを繁殖させていた方もおりました。

**【虫養い】** むしやしない

ファーストフードのことを申します。小腹が減った時にちょいとつま

む程度の間食で、主に屋台で商われました。寿司、天ぷら、鉄砲焼き、煮物、おでん、稲荷など様々なものがありました。虫養いが流行ったのは、当時の庶民には一日三食という習慣がなく、腹が空いてはちょっと食べるということをしていたためでございます。

中でも握寿司は、江戸中期に江戸で大ブレイクして、全国に広まりました。その後、店を構える寿司屋が増えまして、店の表を屋台風の作りにして、立ち食いもできるようなスタイルに変わっていきました。

**【武者草履】むしゃぞうり**

草履が簡単に脱げないように、かかとにも留め緒を付けたものです。

**【無宿者】むしゅくもの**

【人別帳《にんべつちょう》】に記載されていない者、流れ者のことを申します。罪を犯したり、勘当《かんどう》されたり、【出奔《しゅっぽん》】したりと理由は様々でございますが、いずれにしても簡単にはまともな職に就けませんでしたし、住むところもなかなか借りられませんでした。

**【無心】むしん**

㊀心がない様、邪念がない様を申します。

㊁「金を無心する」といいますと、遠慮なくお金を貸せ、くれと要求することを申します。

**【無尽灯】むじんとう**

「からくり儀右衛門《ぎえもん》」が江戸末期に発明したランプでございます。下に【菜種油《なたねゆ》】を入れるタンクがありまして、空気圧で油が自動的に供給される仕組みでした。【行灯《あんどん》】は油を時々足して、芯を調節しないといけませんが、こちらは芯をたまに切るだけでよく、明るさも蝋燭《ろうそく》以上という便利ものでございました。

**【娘組】むすめぐみ**

村ごとにありました、未婚の娘たち

の集まりでございます。「娘宿」という集会所で集まったり、泊まったりして交流を深めました。男性は【若衆組《わかしゅうぐみ》】に入ります。

**【無体】むたい**
無理、無情のことを申します。「ご無体な！」とよく使われます。

**【笞打】むちうち**
【吟味《ぎんみ》】の際の拷問でございます。容疑者を後ろ手に縛って腕を絞り上げ、笞で打って自白を求めます。

**【無手勝流】むてかつりゅう**
戦うことなく策略で相手に勝つこと、またはその方法を申します。特定の戦法はないので、「自己流」という意味でも使われます。

**【無刀取】むとうどり**
相手の【間合《まあい》】に飛び込み、剣を制する方法でございます。空手《からて》（素手）で剣を持つ者と戦ったり、相手の刀を奪うことを申します。

**【謀反】むほん**
「反逆」のことでございます。戦国時代の「下克上《げこくじょう》」は、江戸時代には謀反とされ禁じられました。

## 【め】

**【目明】めあかし**
【岡引《おかっぴき》】に同じでございます。江戸市中や【関八州《かんはっしゅう》】で、【同心《どうしん》】や【八《はっ》州廻《しゅうまわり》】に雇われた庶民の情報屋を申します。悪の道に詳しい方が役に立つので、地元の【胴元《どうもと》】などがなることも多く、善悪両方の仕事をすることから、これを「二足の草鞋《わらじ》をはく」と申しました。

**【銘々稼ぎ】めいめいかせぎ**
庶民の共稼ぎのことでございます。ですが、正確に申しますと「ふたり一緒に稼ぐ」のではなく、「別々に仕事をし稼ぐ」ことを申します。商いを夫婦で切り盛りするような場合には使いません。当時は夫婦であっても財布は別でございまして、お互いに相手の稼いだ金で、勝手に酒などの嗜好品や、着物などの個人のものを買うことはいたしませんでした。

**【明暦の大火】めいれきのたいか**

明暦三年（一六五七）一月の二日間にかけて江戸の大半を焼失させた大火災でございます。【振袖《ふりそで》火事《かじ》】「丸山火事」とも呼ばれます。

**【妾】めかけ**

愛人商売のことを申します。「ご秘蔵」なんて呼び方もございました。ベーシックなのは月に金二分〜一両で契約するタイプです。京からの風習でございまして、【大店《おおだな》】の旦那衆が江戸へ持ち込みました。初めは【遊女《ゆうじょ》】上がりを囲うものでしたが、「安政の大地震」以後に、家族を失った女性が多く出たことから、一般女性も急増いたしました。

**【妾腹】めかけばら**

【妾《めかけ》】に生ませた子供のことを申します。武士や【大店《おおだな》】では、五歳くらいになりますと、跡取り候補として本家へ引き取られることもございました。

**【女敵討ち】めがたきうち**

武士が【不義《ふぎ》密通《みっつう》】をした妻と【間《ま》男《おとこ》】を【手《て》討《う》ち】にすることでございます。当時、武士の単身赴任が多かったので、不在中の不倫騒動は少なくなかったようでございます。だからといって、みんな手討ちにされたかというと、もちろんそうではございません。逆に、事に至った事情は色々ありますから、斬るに忍びない場合もございますが、世間に知れていれば討たなければなりませんでした。

**【眼鏡】めがね**

江戸初期にはすでに眼鏡はありましたが、ガラスの質が良くありませんので、今日ほどに見えたとはいえません。水晶の方が透明度が高く良質でしたが、磨くのが大変ですので高価でした。今日のようなツル眼鏡は

明治以降でして、当時は鼻に挟んでとめる「鼻眼鏡」や、紐で結ぶ「紐眼鏡」が主流でした。

**【目から鼻へ抜ける】** めからはなへぬける

物事を見ただけで、即刻「ウン」と頷くほど、頭の回転が良いこと。行動がすばしっこいことでございます。

**【目利き立て】** めききだて

「目利き伊達」とも書きます。目が肥えていることを自慢すること、またはその人物を申します。

**【目釘を濡らす】** めくぎをぬらす

刀の柄にある「目釘」が抜けてしまわないように、戦いの前に唾で目釘を濡らすことを申します。「目釘を湿らせる」ともいいます。

**【目串が抜ける】** めぐしがぬける

疑いが晴れることを申します。

**【目串を刺す】** めぐしをさす

見当を付けることを申します。「目串を付ける」とも申します。

**【め組の喧嘩】** めぐみのけんか

文化二年（一八〇五）に【町火消《まちびけし》】の辰五郎と相撲取の九竜山の間に起きた乱闘でございます。辰五郎側は束になっても九竜山にかなわないんで、ついに【半鐘《はんしょう》】まで鳴らして「め組」を呼び集めました。それに応戦するために相撲取も部屋の力士を呼び集めて、大喧嘩に発展いたしました。この喧嘩騒動は後始末が珍妙でして、【火消《ひけし》】は【町奉行《まちぶぎょう》】、相撲取は【寺社奉行《じしゃぶぎょう》】が管轄で、それに【勘定《かんじょう》奉行《ぶぎょう》】まで加わって【三奉行《さんぶぎょう》】揃いの協議がなされるという、滅多にない大仰な事態になりました。お裁きも、喧嘩の当事者が【江戸払《えどばらい》】になり、半鐘が【遠島《えんとう》】になるという珍しい結果となりました。

**【目黒行人坂の大火】** めぐろぎょうにんざかのたいか

明和九年（一七七二）、目黒行人坂の大円寺の坊主が、女好き（または盗み）を和尚に咎められ、腹いせに放火。その火が風に煽《あお》られ、目黒から日本橋、本郷まで九百三十四町を燃やしました。死者は一万四千七百人といわれ、火事後のインフレも問題になりました。

**【召出】** めしだし

幕府、藩などの職に就かせることを申します。武家は基本的に世襲制で、代々その家の嫡男《ちゃくなん》が家督を引き継ぎますので、新規の召出は稀でした。しかし、江戸中期以降は【祐筆《ゆうひつ》】や勘定、【代官《だいかん》】、兵法、医療など、力量が物をいう役には【一代限《いちだいかぎり》】として有能な者が取り立てられました。

**【飯盛女】** めしもりおんな

飯盛りは給仕のことですが、実際は娼婦でございました。娼婦は【吉原《よしわら》】でしか商売はできなかったので、表向きは「飯盛り」ということで【旅籠《はたご》】に置いておりました。江戸後期には【宿場《しゅくば》】のほとんどが売春宿化したところもありまして、一般の旅人が大変困りました。

**【目付】** めつけ

㊀幕府の要職で【旗本《はたもと》】の管理役を申します。十人おりましたので【十人目付《じゅうにんめつけ》】とも呼ばれます。配下には【徒目付《かちめつけ》】【小人目付《こびとめつけ》】【中間目付《ちゅうげんめつけ》】などがおりました。【大名《だいみょう》】を管理する御役目は【大目付《おおめつけ》】と呼びました。

㊁諸【大名《だいみょう》】の藩内にも同じような仕組みがありまして、配下を監察する者を目付と呼びました。下級武士を監察する役を「横目付」と申しました。

**【めっけもん】**

「運がいい」ことでございます。神経衰弱のような絵合わせ遊びの「目《め》付紋《つけもん》」が語源でございます。

**【滅相もない】** めっそうもない

「滅相」とは仏の教えがなくなることを申します。転じて→「とんでもない」の意でございます。

**【目塗り】** めぬり

蔵は全体が漆喰《しっくい》塗りで作られております。建物で一番燃えやすい軒下も漆喰で埋めて、熱が溜まらない造り

になっております。それでも付近で火事が起こり、類焼の危険が出ますと、戸や窓の隙間を漆喰で埋めてしまいます。これを目塗りと申します。火が入る余地を全くなくすために行うものでございます。

**【目安箱】めやすばこ**

八代・吉宗《よしむね》様が設置いたしました、庶民の声を直接聞くためのポストでございます。【享保《きょうほう》の改革《かいかく》】で行われたもので、江戸城の辰ノ口にありました【評定所《ひょうていじょ》】前に設置されました。毎月三度回収されました。誰でもどんなことでも直訴ができるというのが特徴でして、それまでにない画期的なものでございました。

**【免許皆伝】めんきょかいでん**

師匠からの技の奥義を全て会得し、伝授が完了したことを申します。「印可」とも申しまして、師匠より免許をいただけます。

## 【も】

**【持組】もちぐみ**

将軍や【大名《だいみょう》】の弓や鉄砲の搬送を担当する組を申します。将軍家では【与力《よりき》】【同心《どうしん》】六十人ほどで構成されました。

**【盲亀の幸い】もっけのさいわい・もうきのさいわい**

「盲亀《もうき》の浮木《ふぼく》、優曇華《うどんげ》の花」が元で、思わぬ幸運に巡り会うことを申します。盲目の亀が流木に運良くつかまると、その流木は三千年に一度しか花が咲かないウドンゲであったという話でございます。

**【畚】もっこ**

【普請《ふしん》】の際に、土や石などを運ぶ道具を申しました。

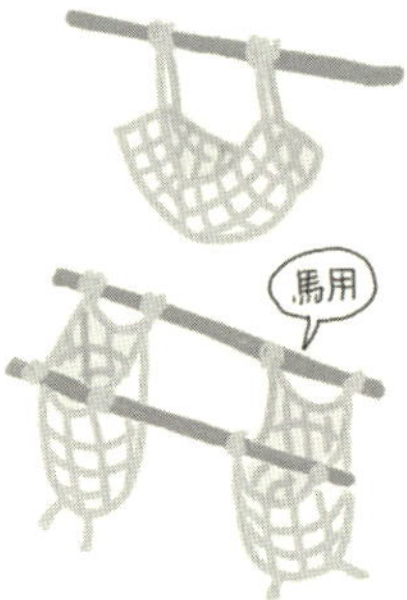


**【畚褌】もっこふんどし**

着物の下でかさばらず、激しい動き

でも緩まないので、役者や女性に好まれて使われました。名前は格好悪いですが、今日のパンツに近い形のものでございます。

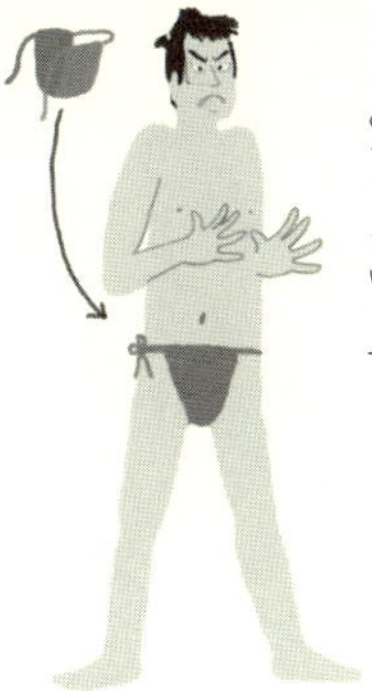

**【物相飯】** もっそうめし

本来は寺院で出されます型抜きのご飯を申しますが、【牢屋敷《ろうやしき》】では切竹の器に入れられた冷や飯に湯をかけたものでございました。ひどいもので、普通の人はとても食べられたものではございませんでした。

**【元締】** もとじめ

㈠勘定の総取締役でございます。御役人では【年貢《ねんぐ》】の徴収役である【手付《てつき》】【手代《てだい》】の頭のことを申します。

㈡【博徒《ばくと》】、盗賊の親分を申します。【胴元《どうもと》】と同じでございます。

**【髻髪】** もとどりがみ

江戸初期まで一般的でした、お【殿様《とのさま》】がするような髪型です。この髪の束ね方を髻《もとどり》と申します。

**【元結】** もとゆい・もっとい

髪の根を束ねること、またはその紙紐のことでございます。

**【物頭】** ものがしら

【足軽大将《あしがるたいしょう》】に同じでございます。

**【物乞】** ものごい

当時の物乞は、笑いで銭をいただく者がたくさんおりました。「笑う門には福来たる」と申しまして、縁起物でもあったのです。思わず感心するような冗談をもって来ますと、店でも通りがかりの者も一文か四文を出しました。元手が必要ありませんから【長屋《ながや》】の連中もおかしな格好をしておどけたり、路上で芝居なんかをして酒代を稼ぎました。

**【物成】** もののなり

【領地《りょうち》】や武家の一年間の総収入を申します。

**【物の怪】** もののけ

死霊や精霊、妖怪などのことを申します。

**【武士・武将】** もののふ

武士のことでございます。「つわもの」とも申します。

**【物見遊山】** ものみゆさん

観光地を見物して遊び廻ることを申します。江戸の遊びは、近郊の神社仏閣への遠出の散歩や花見などのピクニックが人気でした。「隅田川七福神」も「江戸六阿弥陀」もグルリと廻りつつ、美味しいものを食べるのも楽しみでした。

**【物読坊主】** ものよみぼうず

将軍や【大名《だいみょう》】が抱えます、朗読師のことでございます。主に漢文・蘭書などの翻訳をいたしました。それ以外にも、古い書物を読み聞かせ、解説する役を申します。

**【紅葉】** もみじ

食べ物の紅葉は鹿肉のことを申します。仏教の教えから、表向きは肉を食べないことになっておりましたので、みなさん隠語でこう呼びました。他に【山鯨《やまくじら》】といえば猪肉のことでした。【ももんじ屋《や》】という肉料理専門店や街道沿いの店で食べることができました。

**【桃割】** ももわれ

㊀女子《おなご》の髪型で、五歳から十五歳の娘さんがいたしました。小さな頃と、大きくなってきた頃と、同じ桃割でも形が変わります。今日も七五三の時にする髪型でございます。

㊁転じて↓幼い娘のこと。初心《うぶ》な娘さん、まだ大人になっていない女性を指します。図は【髪型《かみがた》の色々】のコラムをご覧ください。

**【ももんじ屋】** ももんじや

肉料理を出す店を申します。「ももんじ」とは毛むくじゃらの妖怪の名でございます。主に【山鯨《やまくじら》〈猪〉】【紅葉《もみじ》〈鹿〉】が出されまして、幕末には豚肉や牛肉もブームになって食べられるようになりました。ちなみに「もんじゃ焼」は「文字焼」と申しまして、溶いた粉で鉄板の上に文字を書きながら売ったものを申します。これも江戸時代に生まれました。

**【貰桶・貰鉢】もらいおけ・もらいばち**

火種を運ぶ道具で、中に灰を敷いて使います。火を起こすのは手間がかかりますから、点いてるものをもらったり、移したりする方が便利でございます。

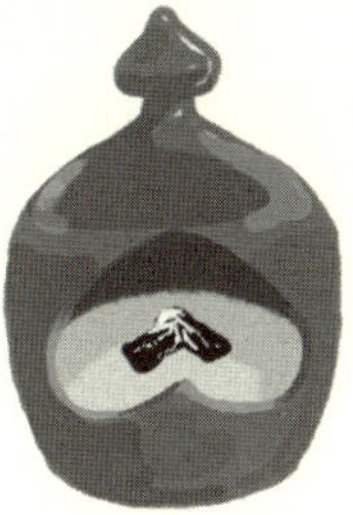

**【諸紙布】もろしふ**

【紙布《しふ》】の項をご覧ください。

**【双輪】もろわ**

男性の兵児帯《へこおび》の結び方でして、蝶々結のことでございます。輪をひとつにすると「片輪《かたわ》」と申します。帯を大きく見せたい時や、腹回りが大きくなって双輪ができない方に向いてます。また、一本だらりと垂らしますと【猫《ねこ》じゃらし結《むすび》】になります。図は【帯《おび》の色々】のコラムをご覧ください。

**【門前捕】もんぜんとり**

武家屋敷内の犯人を屋敷の門前で取り押さえることを申します。武家屋敷内は【勘定奉行《かんじょうぶぎょう》】の管轄のため【町方《まちかた》】は屋敷内に入れませんでしたので、屋敷内の者に追い出させたり、捕らえた者を門の外で待ち構え、お縄《なわ》にいたしました。

寛文五年（一六六五）には、【寺社《じしゃ》奉行《ぶぎょう》】「勘定奉行」【町奉行《まちぶぎょう》】の管轄を飛び越えて捕縛ができる【火附《ひつけ》盗賊改《とうぞくあらため》】が設置されました。

## 模様の色々

「鎌輪奴」
かまわぬ

「鹿の子絞」
かのこしぼり

「蚊絣」
かがすり

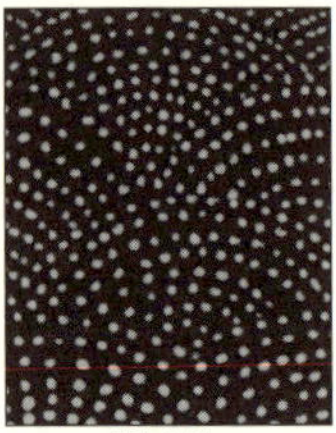

「鮫小紋」
さめこもん

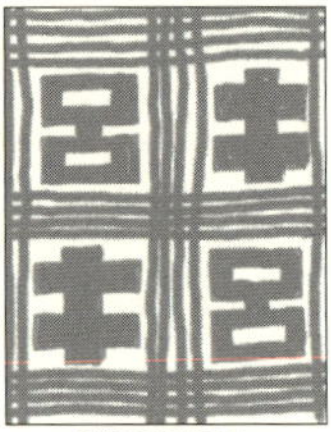

「菊五郎格子」
きくごろうごうし

「唐花七宝」
からはなしっぽう

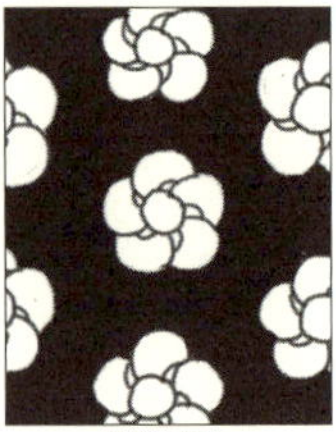

「螺子梅」
ねじうめ

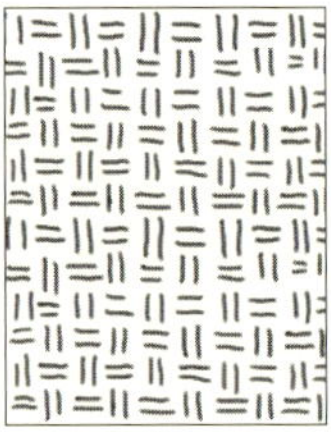

「二崩し」
にくずし

「紗綾形」
さやがた

「三筋格子」
みすじごうし

「松皮菱」
まつかわびし

「花亀甲」
はなきっこう

# 【や】

**【八百屋お七】**やおやおしち

江戸時代にたったひとりだけ【火《ひ》炙《あぶり》】にされた女性です。火事でお寺に避難した際、そこで出会った美男に恋をしてしまいます。「もう一度焼け出されれば、彼に会えるかもよ」っと悪い奴にそそのかされ、放火してしまいますが、過ちに気付き自分で【半鐘《はんしょう》】を鳴らして火事を知らせます。【井原西鶴《いはらさいかく》】の『好色五人女』に書かれて有名になり歌舞伎や【人形浄瑠璃《にんぎょうじょうるり》】にもなりました。

**【屋形船】**やかたぶね

屋根の付いた船を全般的に申しますが、江戸では大型のものを申しまして、小型のものは「屋根舟」と呼び分けました。

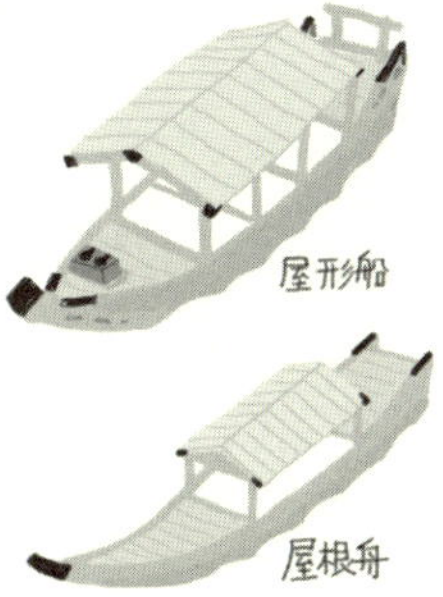


**【焼継師】**やきつぎし

瀬戸物は高価なものですし、ふたつとないものも珍しくありません。欠けたり割れたりした時には、焼継師の出番でございます。江戸の後期に流行りまして、白玉粉で繋いで、窯で焼き直しますと、真っぷたつに割れた茶碗でも復活いたします。白玉粉ったって、食べる白玉ではございません。ガラスと鉛を混ぜたものです。また、焼き直しを嫌う高級な器は、昔ながらのやり方で、漆で繋いで金をかけて修繕してくれます。これを「金継《きんつぎ》」と申します。

**【夜具】**やぐ・よぐ

寝具のことでございます。当時は「お布団」といいますと、敷き布団のことを申しました。掛け布団は使いませんで、「褞袍《どてら》」とも呼ばれます綿入《わたいれ》を、夜具、「夜着《よぎ》」と呼んで、くるまって眠りました。襟も袖もございますので、特に寒い時は、そのまま起きて、たいていのことはできますので便利でした。

**【役方】** やくかた
幕府の御役人を申します。

**【役儀取上】** やくぎとりあげ
家督を継ぐ者がいない場合などに、代々その家に継がれてきた役職が取り上げられることを申します。また、武士の刑罰として科されることもございました。

**【薬膳】** やくぜん
肉料理のことを申します。滋養がつきますが、肉食は仏教の影響で後ろめたいものでございましたので、遠回しにこのように呼びました。

**【役高】** やくだか
㈠御役職に追加される必要経費相当の追加給与でございます。【役《やく》料《りょう》】では経費が賄いきれない場合に付けられました。【家禄《かろく》】の増額となりますので、【御役御免《おやくごめん》】になってもいただけました。これが幕府の財政負担となったため、【享保《きょうほう》の改革《かいかく》】で【足高制《たしだかせい》】に変えられました。
㈡地方に残る、「永高制《えいだかせい》」のことを申します。室町時代の給与体系で、【年貢《ねんぐ》】を通貨で換算する方式の禄額のことでございます。

**【疫病本多】** やくびょうほんだ
「五分下本多」よりもさらにサッパリした髪型で、細くて頼りない小枝のように結った髷《まげ》でございまして、通人が好んでいたしました。

**【櫓時計】**やぐらどけい
不定時法の【和時計《わどけい》】で一番一般的なのがこの形でございます。下の三角の櫓《やぐら》の中には、時計を動かす【分銅《ふんどう》】が入っております。

**【櫓門】**やぐらもん
お城の門のことでございます。

**【役料】**やくりょう
武士の役職手当のこと。【役高《やくだか》】と同じような制度でございます。

**【優男】**やさおとこ
色白で細い腕をしまして、頼りにはなりませんが、人の気持ちに敏感で優しく上品な男性を申します。【鯔《いな》背《せ》】な連中とは正反対ですな。

**【香具師】**やし
派手な口上やパフォーマンスをする的屋《てきや》でございます。一般の露天商よりも上等だと自負しておりまして、お互いを「やー様」と呼び合います。「香具《かぐ》」とは偽薬のことを申します。

**【屋敷頭巾】**やしきずきん
武家の妻女が使いましたものでございます。図は【頭巾《ずきん》の色々】のコラムをご覧ください。

**【安囲い】**やすがこい
二ヵ月契約で二〜五両をいただきます【妾《めかけ》】商売を申します。たいていは二、三人の旦那を取りました。

**【夜蕎麦】**やそば
夜に売り歩く蕎麦屋です。「夜鷹《よたか》蕎麦」とも申します。江戸後期にはみなさん宵っ張りになりましたので、こうした夜食が人気となりました。

**【矢立】** やたて

筆入れのことです。矢立は弓の矢を入れるケースで、戦場へ赴く際に、筆を入れて運んだことから、こう呼ばれます。筆と墨を含ませました綿などを入れて携帯いたしました。

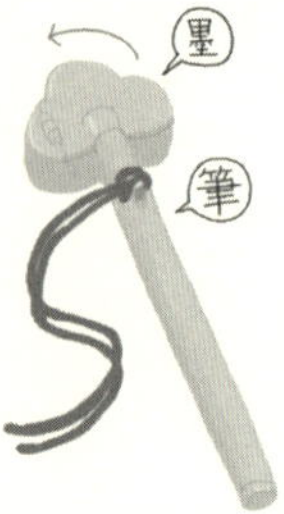


**【厄介者】** やっかいもの

武家の次男以下を申します。当時、男尊女卑よりさらに明確だったのが、嫡尊弟卑でございまして、【冷《ひ》や飯食《めしぐい》】だの【部屋住《へやずみ》】などといわれ肩身狭く暮らしておりました。

**【奴】** やっこ

㈠【大名行列《だいみょうぎょうれつ》】の先頭で「長柄《ながえ》」「槍《やり》」【挟箱《はさみばこ》】などを持って歩く【中間《ちゅうげん》】を申します。【糸鬢頭《いとびんあたま》】に【鎌髭《かまひげ》】、大きな四角い「釘抜紋」を染め抜いた袢纏《はんてん》を着まして、踊るような派手な歩様で行進いたしました。

㈡【男伊達《おとこだて》】のことも申します。

㈢日雇い【中間《ちゅうげん》】のことを申します。

㈣下僕、身分の低い者を申します。

㈤転じて→囚われの身。

㈥相手を低く見ていう「やつ」「あいつ」と同じ意味でも使われます。

㈦行動や言葉遣いが男伊達風の【遊女《ゆうじょ》】を申します。

**【奴頭】** やっこあたま

図のような男の子の髪型を申します。他に、【丁稚《でっち》】や【下男《げなん》】など若い【奉公人《ほうこうにん》】の髪型、または【撥鬢《ばちびん》頭《あたま》】のことも申します。

**【奴島田】** やっこしまだ

小さな娘の髪型で、前髪と【鬢《びん》】を短

く切りました髪型です。「禿《かぶろ》」とも呼びました。

**【やっとう】**

「やぁ！　とぅ！」の掛け声から、転じて→剣道のことを申します。

**【宿入・宿下がり】**やどいり・やどさがり

㊀【御目見得《おめみえ》】以下の【奥女中《おくじょちゅう》】が親元に帰ったり、外泊すること、またはその日を申します。

㊁【年季奉公《ねんきぼうこう》】中の者が、盆暮れに里帰りすることを申します。無給の【奉公人《ほうこうにん》】も、この時には小遣いがいただけますし、お土産も持たせてくれました。【薮入《やぶいり》】とも申します。

**【宿送】**やどおくり

旅先で事件などに巻き込まれ、お金を盗まれた客を、宿泊していた【旅籠《はたご》】の信用で故郷へ送り届けることを申します。旅籠の主人が「送り状」を書いてくれ、次に泊まる宿を紹介してくれます。また、旅に必要な金《きん》子《す》も貸してもらえました。そうして次々に宿を継いで国まで帰ります。このため、商人など定期的に旅をする者は【定宿《じょうやど》】を使い、馴染みを深めておきました。旅籠同士も、普段から客を紹介するなどの誼《よしみ》があるからできる技で、当時の商売がいかに信用の上に成り立っていたかがうかがえます。借りた金子や宿代は、御礼を付けて「宿屋切手」という為替を使って返済しました。

**【宿駕籠】**やどかご

江戸市中の駕籠屋さんに頼んで出してもらう、高級【町駕籠《まちかご》】でございます。駕籠も【駕籠舁《かごか》き】も身なりよく立派でした。【江戸三駕籠《えどさんかご》】と申しますのは、この宿駕籠の名店でございまして、富商などが贔屓《ひいき》にしました。乗り賃は高くて、ちょいと乗りますと職人の一日の稼ぎが飛びます。

また、町駕籠には辻々で客を拾う、今日の個人タクシーのようなのもありまして、そちらは【辻駕籠《つじかご》】と申します。ちなみに、「しゅくかご」と読みますと【道中《どうちゅう》】の【宿場駕籠《しゅくばかご》】のことを指しまして、全く別物です。

**【宿六】やどろく**

もともとは宿の主人のことをいいまして、それが転じて→亭主のことを指すようになりました。【旅籠《はたご》】は女将《おかみ》が管理するもので、旦那はたいした仕事をしていないように見えることから、立場のない亭主、甲斐性なしのことを申しました。

**【柳之間】やなぎのま**

上位の【外様大名《とざまだいみょう》】が江戸城【本丸《ほんまる》】に登城した際に入る部屋、【殿席《でんせき》】のひとつでございます。外様大名の中でも格の高いことを意味する、名誉な部屋でございました。

**【柳橋】やなぎばし**

今日もある地名で、【船宿《ふなやど》】が多く立ち並んだ場所でございます。幕末には花街として賑わいました。

**【脂下がる】やにさがる**

自慢たらしい様、高慢な様や物言いを申します。【煙管《きせる》】の頭を高く上げてくわえる、偉そうな態度を形容していう言葉でございます。

**【屋根看板】やねかんばん**

店の正面屋根の上にある看板のことを申します。当時は辻から見えるように通りに対して縦に設置いたしました。「屋根看板」が上がれば商店も一人前でございます。

**【薮入】やぶいり**

【年季奉公《ねんきぼうこう》】中の者が、盆暮れに帰省することを申します。【宿入《やどいり》・宿下《やどさ》がり】に同じでございます。

**【野暮】**やぼ

㈠無粋な者、察しの悪い者、女性あしらいの下手な者を申します。特に【遊廓《ゆうかく》】でのマナーの悪い者がこう呼ばれました。「野暮天」は野暮の極みでございます。

㈡仕事ばかりで芸や道楽ごとに洗練されていない者を申しまして、美意識のない者、通でない者を申します。それ自体は悪いことではありませんが、美意識のない方というのは、往々にして物事を金や損得で評価しやすいものです。それが野暮なんでございますな。

**【山駕籠】**やまかご

【道中駕籠《どうちゅうかご》】の一種でございます。特に中山道や箱根などの山道で使われました。【町駕籠《まちかご》】と違って長距離を乗りますし、揺れますので、乗りやすいように座が丸い笊《ざる》になっています。荷物は屋根の上に束ねて結ぶか、【強力《ごうりき》】に頼んで別に運んでもらいます。【駕籠舁《かごか》き】は背の大きいのと、小さいのがペアになりまして、登り下りで【先棒《さきぼう》】と【後棒《あとぼう》】を入れ替えて担ぎました。図は【駕籠の色々】のコラムをご覧ください。

**【山鯨】**やまくじら

猪肉のことを申します。江戸後期になりますと、肉食が徐々に広まりました。特に、舌が肥えた人や、肉体労働をする人々に好まれました。しかし、肉を食べますと、体臭が強くなりますので、一般には嫌われました。

武士は食でも贅沢は禁物とされましたが、【薬膳《やくぜん》】と称して食べました。

**【山下駄】**やまげた

歯と台を一材から切り出した一材下駄を申します。一材下駄は【下駄《げた》の色々】のコラムをご覧ください。

**【山田浅右衛門】**やまだあさえもん

「御様御用《おためしごよう》」を務めます山田家の当主が、代々襲名した名でございます。「朝右衛門」とも書きます。死刑の首斬役《くびきりやく》で、刀剣の【試《ため》し斬《ぎ》り】を行っておりました。そのため【首斬浅《くびきりあさ》右衛門《えもん》】「人斬り浅右衛門」とも呼ばれました。斬った遺体は山田家のものとなりますので、小指を【遊女《ゆうじょ》】の心《しん》中立《じゅうだ》て用に売ったり、内臓や脳で薬を作っては売りまして、二〜三万石の【大名《だいみょう》】並に裕福でございました。しかし、徳川の家臣ではなく、身分は【浪人《ろうにん》】でした。また、刀剣の鑑定や仲介も行いました。

**【山田羽書】やまだはがき**

慶長十五年（一六一〇）に【伊勢参《いせまい》り】の【御師《おし》】たちと伊勢商人が発行した銀貨の預かり証で、紙幣として使われたものを申します。【藩札《はんさつ》】の原型ともなりました。民間発行でしたが、豪商・三井家も関わっておりましたので信用がありました。また、紙幣は軽くて、傍から見ましても、いくら持っているかわからないので、【道中《どうちゅう》】には便利で安全でした。多い時には年間四百万人もの方が伊勢神宮へ参りましたので、伊勢参りに行く多くの人が利用しました。イラストは【丁銀《ちょうぎん》】六十五匁《もんめ》＝一両の紙幣です。ちなみに、欧羅巴《ヨーロッパ》で紙幣が使われたのは、八十五年後の一六九五年（元禄八年）でした。

**【山の手・山手】やまのて・やまて**

下町に対し、麹町《こうじまち》や【番町《ばんちょう》】、牛込《うしごめ》あたりの高台の町を申します。下町は湿地でしたので【旗本《はたもと》】は地盤の良い山の手に屋敷を与えられました。

**【稚児】ややこ**

赤ちゃんのことでございます。「赤《あか》子《ご》」とも申します。

**【矢来】やらい**

竹や木で組みます格子のことを申します。垣根や柵、檻《おり》などに使います。「犬矢来」は軒の下に置きまして、雨滴や泥、犬の小便から家の基礎を守るものを申します。

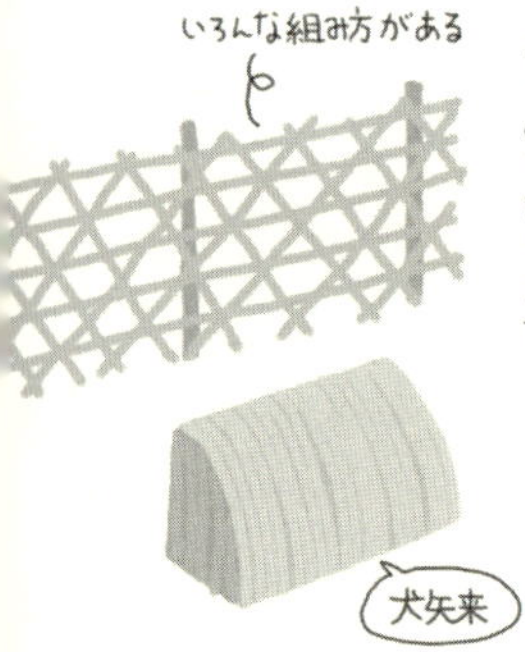

## 家守・家主・差配

「家守《やもり》」「家主《やぬし》」【差配《さはい》】は、どれも【長屋《ながや》】の大家のことでございます。【長屋《ながや》】は大家の持ち物ではなく【地主《じぬし》】の持ち物でした。地主から管理と【店賃《たなちん》】の徴収を委託されておりますのが、大家でございます。たいていは、【表店《おもてだな》】の主か、【裏長屋《うらながや》】の入り口にある部屋に住んでおりました。

大家は地主に代わり【町役人《ちょうやくにん》】として町政も行い、【自身番《じしんばん》】に詰めて交番と町役場のような仕事もいたしました。長屋の住人の管理も請け負っておりますので、長屋の誰かが悪さをしでかしますと連帯責任を取らされます。

これを【連座《れんざ》】と申します。

そんなわけで、落語などでは「口うるさい大家」がよく登場し、【店子《たなこ》】の面倒を見るわけですね。普段から疎遠ですと、締め付けが効かないものですから。

その代わりに、長屋から出るウンチを売った代金は大家の収入になりました。ですから、多少店賃を払わないからといって追い出しては損なわけで、飯も食わしてあげて、ウンチをさせるわけです。店子は元気で悪さをしないのが一番です。

落語には三年も店賃を払わない者も登場しますが、それはいくらなんでも寛容に過ぎますな。あり得ないからおかしいのでございます。

大家になるには「大家株」を買わないといけません。株は百両ほどいたしまして、大家業で年に二十両、町役人で十両、ウンチやゴミの売買で十～二十両くらいの実入りがありましたので、年収は五十両ほどになります。

**【槍鉋】** やりがんな

大工道具のひとつで、槍のような鉋を申します。材木の表面を整えたり、薄く削ぐために使われました。

**【遣手】** やりて

【遊女《ゆうじょ》】のマネージャーのような者でございます。遊女上がりの者がなりました。「遣手婆《ばば》」「花車《かしゃ》」とも申します。

**【野郎帽子】** やろうぼうし

若手の歌舞伎役者はお咎めを受けますと、【月代《さかやき》】を剃られてしまいました。それを紫色の「水木《みずき》帽子」で隠したのが始まりです。男女関わらず庶民の間で流行りました。

**【野郎髷】** やろうまげ

「野郎頭」とも申します。歌舞伎役者が好んだ髪型で、【髱《たぼ》】が長いのが特徴です。他に、【束髪《そくはつ》】のことも野郎頭と申しました。

# 【ゆ】

**【結綿】** ゆいわた

若い娘さんがします【潰《つぶ》し島田《しまだ》】に【手絡《てがら》】という布を巻いて飾った髪型でございます。

**【遊郭】** ゆうかく

【廓《くるわ》】に同じで、江戸では【吉原《よしわら》】のことを申します。

**【遊女】ゆうじょ**

【遊廓《ゆうかく》】で働きます風俗嬢のことでございます。【吉原《よしわら》】では【太夫《たゆう》】「格子」「端《はし》」の三クラスに分かれておりました。【岡場所《おかばしょ》】などの非公認の場所では「売女《ばいた》」と呼ばれました。

**【友禅ひながた】ゆうぜんひながた**

元禄元年（一六八八）に発行されました着物の模様カタログ本でございます。【呉服屋《ごふくや》】さんでこれを見ながら振袖などを注文いたしました。他に「都ひながた」「和歌物あらかい」「余情雛形」「正徳ひながた」などもございます。

**【有徳】ゆうとく**

お金持ちのことを申します。または、徳のあること、その人物を申します。

**【祐筆】ゆうひつ**

武家の書記職でございまして、日記や書類、手紙を書く御役人を申します。【奥祐筆《おくゆうひつ》】は【奥向《おくむ》き】ではなく、幕府【老中《ろうじゅう》】【若年寄《わかどしより》】の秘書を申しまして、奥向きは「御祐筆《おゆうひつ》」と呼ばれます。【寛永《かんえい》の三筆《さんぴつ》】のひとり、幕府祐筆の松花堂昭乗《しょうかどうしょうじょう》は公文書のための標準書体【御家流《おいえりゅう》】をデザインしまして、日本中、庶民もこの書体を学ぶことで、読み書きの共通化が図られました。

**【宥免】ゆうめん**

罪を許すことを申します。

**【遊里】ゆうり**

【吉原《よしわら》】や【岡場所《おかばしょ》】などを申します。または、公許の【遊廓《ゆうかく》】に対して、非公許の岡場所などをいうこともあります。

**【湯女】ゆおんな・ゆな**

【湯屋《ゆや》】の中で、客の世話をしてくれる女性のことでございまして、江戸初期の町にまだまだ女性の少なかった頃に登場いたしました。武士も庶民も総出で江戸の【普請《ふしん》】にあたっておりまして、毎日みなさん泥だらけでしたので、背中を流したり、髪をすいたり、結ったり、男たちの世話をしてくれました。【勝山髷《かつやままげ》】を流行らせた、勝山も湯女でした。

【時代《じだい》が下がる】につれてなくなりましたが、江戸後期になりますと「湯女風呂《ゆなぶろ》」として再登場しまして、夜には湯女が【小唄《こうた》】や踊りで客を楽しませました。あまりに流行って【吉原《よしわら》】が廃れたという話もございます。

**【湯灌場買】** ゆかんばがい

亡くなった方が着ていた衣服を専門に買い集める【古手買《ふるてかい》】を申します。寺院などに出入りしました。

明暦三年（一六五七）に起きました【振袖火事《ふりそでかじ》】にまつわるお話は、【寺小姓《てらこしょう》】に恋い焦がれて死んだ娘に、親が買い与えた振袖が火事の原因となったとする都市伝説をまとめたものでございます。娘の葬儀を行った寺が一緒に葬られるはずのその振袖を湯灌場買に払い下げたため、それを買い求めた娘が次々と謎の死を遂げ、最後に世界史上最も大きな都市火災を引き起こしたというお話です。

**【雪靴】** ゆきぐつ

「深靴」とも申します、藁《わら》で作りました長靴でございます。

雪靴

**【湯島聖堂】** ゆしませいどう

五代・綱吉《つなよし》様が元禄三年（一六九〇）に神田湯島に移設しました儒学者・【林家《りんけ》】の私塾と孔子廟でございます。寛政九年（一七九七）には幕府の最高学府として【昌平坂学問所《しょうへいざかがくもんじょ》】となります。

**【湯たんぽ】** ゆたんぽ

「黙阿弥」とも呼びます。江戸後期から使われるようになりました、お湯を入れて使う陶器製の暖房具です。【長屋《ながや》】ではあまりお湯を沸かさないので、もっぱら、お金持ちや

【旅籠《はたご》】などで使われました。

**【湯桶】** ゆとう

蕎麦湯を入れます、木製の急須《きゅうす》のことを申します。お酒を入れるのにも使われました。

**【湯船】** ゆぶね

今日で「湯船」といえば浴槽のことですが、当時は本当に船に浴槽を設けたものがございました。江戸や大

坂は水の都。物資の輸送は船ですから、それだけ水辺で働き暮らす人も多くおりましたので、そんな方たちのための【湯屋《ゆや》】でございます。

**【湯風呂】** ゆふろ

【物見遊山《ものみゆさん》】の際に使います、携帯用の燗付け用コンロでございます。小枝などを焚きまして湯を沸かし、その熱で燗を付けるものです。銅で作られておりました。

**【弓張提灯】** ゆみはりちょうちん

竹などで作った弓状の持ち手に【提灯《ちょうちん》】を付けたものを申します。弓の張力で【灯袋《ひぶくろ》】を張りますので、パリッとした見栄えのいい提灯です。また、持ち手がしっかりしていますので、とても扱いやすいものでした。図は【提灯《ちょうちん》の色々】のコラムをご覧ください。

**【湯文字】** ゆもじ

腰巻きと同じものでございますが、行水や混浴の【湯屋《ゆや》】で女性が使ったものを申します。

宝永の頃（一七〇四～一七一一）までは、みなさん湯文字を着けて入浴いたしました。男性は「風呂褌《ふんどし》」を着けました。また、武士は白い浴衣を着て入りました。

## 湯屋

　上方では「ふろや」と呼びましたが、江戸では「ゆや・ゆうや」といいました。江戸は築地（埋め立て）によって作られた町ですので、江戸の初期は【普請《ふしん》】で毎日泥だらけになりましたので、湯屋は不可欠なものでした。しかし、火事が多いので、庶民が「内風呂」を持つのは禁止されておりました。そのため、他の都市に比べて湯屋が多く、江戸末期には市中に六百件ありました。

　当時の浴槽は、【戸棚風呂《とだなぶろ》】【石榴口《ざくろぐち》】と呼ばれるもので、流し場とは別部屋になっておりました。また、江戸中期までは【入込湯《いりこみゆ》】という混浴がほとんどでしたが、「風呂褌」や【湯文字《ゆもじ》】を着けて入浴しました。

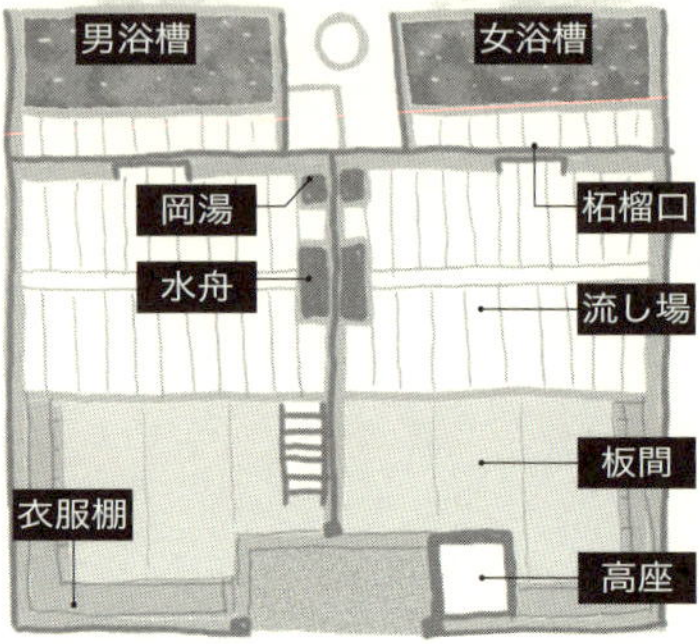


　江戸庶民は風呂好きでして、夏など汗をかく時期には、力仕事をする職人なぞは、日に四度《たび》も五度も通っておりました。彼等は「羽書《はがき》」という一ヵ月月定期を用いましたので、一日に何度入っても懐は痛みませんでした。一般の湯代は、大人七〜十五文でした。営業時間は、朝五ツ〜宵五ツ（午前八時〜午後八時）で、風の強い日には、火事を警戒してお休みとなりました。

　【町方《まちかた》】の【与力《よりき》】【同心《どうしん》】は、朝の時間帯に湯屋を専用で使っておりました。女湯があるところでは、女湯を貸し切りで使い、湯代は米で月払いしておりました。また、そういった湯屋は、同心が開店資金を出し、【岡引《おかっぴき》】が経営していたりしました。

# 【よ】

**【洋銀】** ようぎん

開港後に入ってきた、外国の銀貨でございます。貿易で、洋銀一枚を銀三分として取引しましたので、幕府はこれに「改三分定」と【極印《ごくいん》】を打ちまして、国内でも通貨としての使用を許可いたしました。

**【養生所】** ようじょうしょ

享保七年（一七二二）に、八代・吉宗《よしむね》様と【町奉行《まちぶぎょう》】の【大岡越前守忠相《おおおかえちぜんのかみただすけ》】、【町医者《まちいしゃ》】の小川笙船《しょうせん》によって設置されました、貧しい庶民のための医療所でございます。小石川薬園（薬草の植物園で今日の小石川植物園）に設置されましたので【小石川養生所《こいしかわようじょうしょ》】と呼ばれます。初めは、幕府医師が治療にあたりましたが、天保十四年（一八四三）からは町医者に変わりまして、以来ず～っと貧しい人々の救済にあたりました。

**【恙中病】** ようちゅうびょう

恙虫病《つつがむしびょう》、ライム病のことを申します。東北地方の風土病で、これらの謎の病が出る河原を「病河原」と申しました。伊豆七島の「七島熱」、土佐の「ホッパン」も同じものでございます。「恙《つつが》」とは「病や憂い」のことを申します。

**【妖刀】** ようとう

妖力を持つ刀を申します。抜くと「人を斬らずにいられない」などの魔力があるとされまして、神社に納められていたり、蔵の奥に封じられていたりします。

**【用人】** ようにん

【大名《だいみょう》】【旗本《はたもと》】の庶務、経理係を申します。家老に次ぐ重職で、今日の会計士のように、必要な時だけ方々の家で働く「渡用人《わたりようにん》」というのもおりました。俸禄米《ほうろくまい》を【札差《ふださし》】などの米問屋に売る際の交渉など重要な仕事もいたしました。ちなみに、幕府の用人は【側用人《そばようにん》】と呼ばれますが、仕事内容は異なります。

**【余殃】**よおう

難しい言葉でございますが、悪事に対する「因果応報」のことを申します。悪いことをしたその報いとして災いを被ることを申します。

**【横根】**よこね

性病の感染によって発症する、足の付け根のリンパ節の腫れを申します。女郎屋通いが好きな者は「横根ができて一人前」などと無知なことを申しておりました。

**【横兵庫】**よこひょうご

とがった髷《まげ》の先がピョンと飛び出るところがチャームポイントの髪型でございます。江戸中期に登場しました。

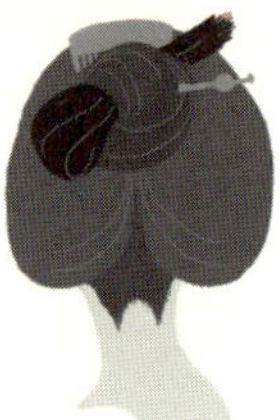

**【与作頭巾】**よさくずきん

髪型を壊さないというので、女性に好まれました。図は【頭巾《ずきん》の色々】のコラムをご覧ください。

**【吉野太夫】**よしのだゆう

豪商・灰屋紹益《じょうえき》の奥様となった【花魁《おいらん》】で、気立てもよく機知に富んだ女性として有名な【太夫《たゆう》】でございます。灰屋が太夫を【請出《うけだし》】ました時、親戚一同が妻にすることにひどく反対いたしました。そこで太夫は「私は故郷に帰ります」といい、最後のご挨拶にとその親戚の奥様方を招きまして、料理にお茶に碁の相手、さらに面白おかしい話を聞かせ、娘たちには最新モードの髪を結って差し上げました。それで奥様たちもすっかり彼女に惚れ込んでしまい、「是非に」と正式にお嫁に迎えられたということでございます。

**【吉原被り】**よしわらかぶり

【手拭《てぬぐい》】の被り方のひとつです。ふたつ折りにした手拭を頭に乗せまし

# 吉原

吉原には「元吉原」と「新吉原」がありました。元吉原は、元和三年（一六一七）に江戸の町外れ、今日の人形町あたりの葦原に、駿府より引っ越してまいりました。

　幕府は以下の三条件を守ることで【遊廓《ゆうかく》】の設置を許可いたしました。

一、宿泊は一晩のみ。
一、騙されて売られてきた娘は親元に返す。
一、犯罪者がいたら届ける。

　その他、麻薬を吸うこと、人身売買も禁じられております。これにより、公の【廓《くるわ》】と私娼窟の【岡場所《おかばしょ》】との区別が生まれ、吉原以外で売春をすることが禁じられました。が当初は本気で取り締まりませんでした。本格的な取り締まりが開始されるのは、江戸後期の【寛政《かんせい》の改革《かいかく》】【天保《てんぽう》の改革《かいかく》】の頃です。

　元吉原は作られて四十年後の【明暦《めいれき》の大火《たいか》】で焼けてしまいます。その頃、江戸もだいぶ大きくなっておりましたので、浅草寺《せんそうじ》裏の田圃《たんぼ》の中に移されます。これが新吉原で、江戸の北端にあったため【北国《ほっこく》】と呼ばれます。また、「中《なか》」と呼ばれます。

　吉原で働く【遊女《ゆうじょ》】は、借金を返済するために【年季奉公《ねんきぼうこう》】で勤めます。ですんで、年季が明けますと自由になれました。意外かも知れませんが、当時の遊女の約八割が、年季が明けたり、返済を終えたり、はたまた旦那に【請出《うけだ》】され、無事に吉原を出て行きました。中には【大店《おおだな》】に嫁いだ人もありました。返済できなかった者は、【遣手《やりて》】「飯炊」「縫子」などをして一生廓で働きました。

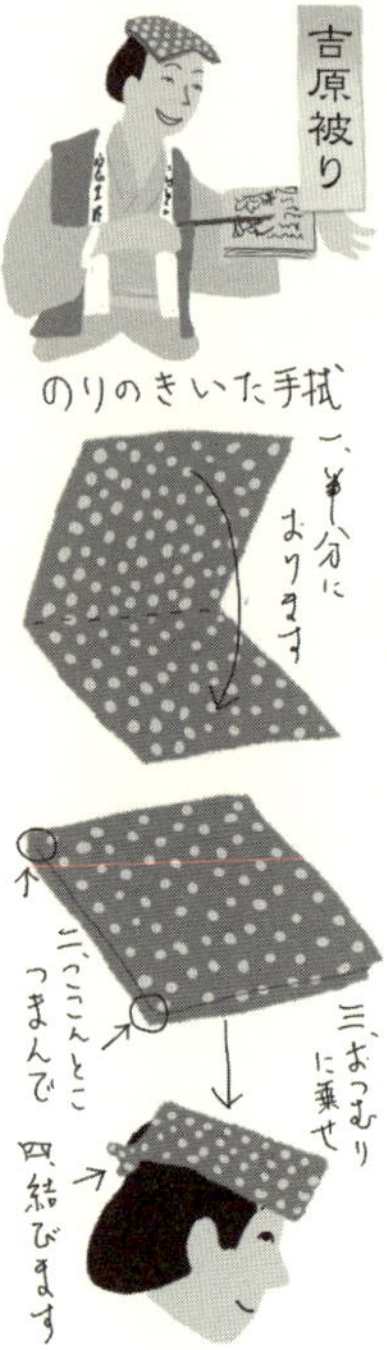


て、両端を髷《まげ》の後ろで結びます。【外《そと》商《あきな》い】の者などが帽子代わりによく使いました。

【寄場】よせば

元禄時代（一六八八～一七〇四）に登場します寄席《よせ》（小劇場）を申します。落語に講談、【音曲《おんぎょく》】、影絵など、座敷芸や漫談を聞かせる場所で、昼・夜二回興行をいたしました。一回四十八文で観ることができ、庶民に人気がありましたが、【天保《てんぽう》の改革《かいかく》】で閉鎖されました。

【夜鷹】よたか

道ばたで客を取る私娼で、蓆《むしろ》を抱えて客を呼び、物陰でいたしました。お金に困った武家の妻女などもおりました。ちなみに、「夜鷹《よたか》蕎麦」は【夜蕎麦《やそば》】のことでございます。

【四つ手駕籠】よつでかご

江戸の【辻駕籠《つじかご》】のことを申します。夜も街角で客を待っておりまして、「だんかご（旦那、駕籠はどう？）」っと声を掛けました。

【四ツ目垣】よつめがき

竹で造った透かし垣です。横竹に縦竹を前後交互に組んだもので、組み方は様々です。

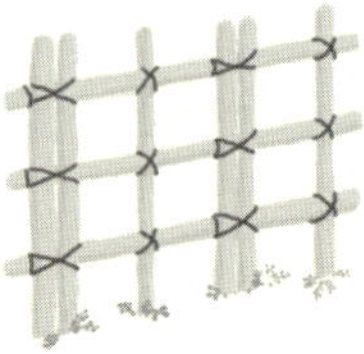

【四谷御門】よつやごもん

麹町《こうじまち》に置かれました江戸城の外郭門で、「四谷門」とも呼ばれました。江戸防衛の要衝でしたので【見附《みつけ》】が置かれ「四谷見附」とも呼ばれます。周囲には武家屋敷が並び、江戸の街道口で最も強固な門でした。ここが、甲州街道の始まりになります。

**【四幅袴・四布袴】よのばかま**

膝までの短い袴を申します。動きやすいので、【足軽《あしがる》】【中間《ちゅうげん》】、百姓にも好まれました。図は【袴《はかま》の色々】のコラムをご覧ください。

**【夜這い】よばい**

㈠夜に女性の床へ忍び込むことを申します。

㈡プロポーズのことも申します。

**【呼子】よびこ・よぶこ**

「呼子笛」と申しまして、【同心《どうしん》】が吹く笛のことでございます。加勢を求めたり、合図をするために使われます。

**【四枚肩】よまいがた・しまいがた**

四人で担ぐ駕籠のことでして、高級な医者などが使いました。ふたりで担ぐ駕籠は「四《よ》つ足《あし》」と呼ばれました。

**【読売】よみうり**

【深編笠《ふかあみがさ》】を被って辻に立ちまして、記事を面白く読み上げて、【瓦版《かわらばん》】を売る商売を申します。顔を隠すのは時事ネタなど、ともすると叱られかねないネタも扱ったからでございます。上方のニュースでしたら事件の翌々日には刷って売られました。一枚三、四文と、庶民が飛びつきやすい値段でしたので、大変人気がございました。

**【読本】よみほん**

絵の多い本に対して、文字主体の本を申します。中国文学の翻訳物、それをネタにした小説などが多く、文化文政（一八〇四～一八三〇）に人気を呼びました。

**【寄合】よりあい**

御役に就いていない高位（三千石以上と【布衣《ほい》】以上）の【旗本《はたもと》】や【御家人《ごけにん》】が所属する組でございます。日常の仕事はなく、「寄合金」という寄付金を負担をするだけでした。金がある【大名《だいみょう》】は、毎日のように「寄合茶屋」へ行き、宴会を楽しんでおりました。三千石以下の者は【小普《こぶ》請組《しんぐみ》】に入れられました。

**【寄合医師】よりあいいし**

主に高齢の【御医師《ごいし》】が配属されるもので、非常時にだけ招集されました。それ以外は【寄合《よりあい》】同様に無役でございました。

享保七年（一七二二）に【小石川養《こいしかわよう》生所《じょうしょ》】ができますと、天保十四年（一八四三）まで寄合医師の中から配属されました。

**【寄神】よりがみ**

「漂着神」とも呼ばれ、海の向こうからやって来た神様を申します。蜃気楼や不知火《しらぬい》も寄神とされました。

**【与力】よりき**

㊀武士の職名のひとつで、各【奉行《ぶぎょう》所《しょ》】、所司代、城代、大番頭《おおばんがしら》、【書院番《しょいんばん》】などの配下にある管理職を申します。配下には実働職の【同心《どうしん》】を抱えます。

㊁町奉行所では、【町奉行《まちぶぎょう》】の家臣は【内与力《うちよりき》】と呼ばれ、事務方を勤めました。一方、【吟味《ぎんみ》】や捜査の管理をする「町方与力」は、幕府の【直参《じきさん》】で【譜代席《ふだいせき》】の方を申します。直参ですので、町奉行が交代しても、町方与力は換わりません。また、八丁堀に住み、庶民と多く接するため、言葉使いも態度も町人風ですので、他の武士よりも親しまれました。逆に罪人に接するために【不浄役人《ふじょうやくにん》】とされ、江戸城に上がれないなど差別がございました。

もともと騎馬隊身分のため、正式には「ひとり、ふたり」ではなく「一騎、二騎」と数えられます。

# 【ら】

**【羅宇】** らお・らう

【煙管《きせる》】の真ん中の筒部分を申します。竹でできているものが一般的でして、高級品は銀製で【雁首《がんくび》】から吸口まで一体になっております。

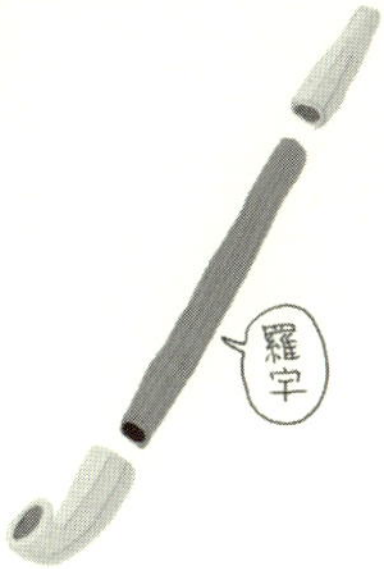


**【羅宇屋】** らおや

【羅宇《らお》】に詰まったヤニを取り除いたり、割れたりして具合が悪くなったものをすげ替える【外商い《そとあきない》】でございます。羅宇をしっかり締めてはめ込むことを「羅宇を殺す」といいまして、今日でも江戸っ子は「ネジを殺す」などといったりしますな。首をギュッと締めると死んでしまうんで、「しっかり締める＝殺す」という洒落でございます。

**【落手】** らくしゅ

㊀手から何かがこぼれ落ちるような言葉でございますが、「手紙を受け取る」ことを申します。手紙というのは、昔っから葉に例えられますので、落ちた葉が手に落ちるイメージなんでございましょう。

㊁品物を受け取ることも申します。

㊂将棋、囲碁の場合は、悪い手を申しますので、転じて→失敗したことを申します。

**【羅生門河岸】** らしょうもんがし

「羅生門」は京にある門ですが、江戸では【吉原《よしわら》】でイケてない【遊女《ゆうじょ》】の多い、東側を申しました。ここへ冷やかしに行きますと、豪腕の遊女に腕を掴まれ、強引に店に引きずり込まれてしまいますので、羅生門の鬼に例えてこう呼ばれます。

**【羅刹】** らせつ

人を食う鬼神のことです。羅刹女《らせつにょ》は普賢菩薩に仕える十人の女性鬼神で、中には鬼子母神などがおります。

一般に「十羅刹女」と呼ばれます。

**【埒が明かない】** らちがあかない

埒とは【馬場《ばば》】を囲う柵のことでございまして、埒が開かないと外へ出られないことから、転じて↓物事が進まない、解決しないことを申します。

**【埒もない】** らちもない

㊀秩序がなく、まとまりがつかないことを申します。

㊁とりとめのないこと、取るに足らないことを申します。

**【蘭学】** らんがく

享保の頃(一七一六〜一七三六)に青木昆陽《こんよう》、野呂元丈《げんじょう》が始めました、阿蘭陀《オランダ》の書物などによって研究された、欧羅巴《ヨーロッパ》の学術・医学・兵学などを申します。前野良沢《りょうたく》や杉田玄白《げんぱく》などが蘭学者として有名です。

**【蘭奢待】** らんじゃたい

東大寺・正倉院に納められる最高級の香木のことを申します。最も雅な香りとして、歴史の覇者たちが愛したものです。相当の身分の者しか嗅ぐことの許されない幻の香りです。

**【欄間】** らんま

襖の上にあります、透かし彫りや格子などの飾りを申します。

## 【り】

**【離縁状】** りえんじょう

女性が離縁した夫に貰います「再婚許可証」でございます。詳しくは【三行半《みくだりはん》】の項をご覧ください。

**【力士髷】** りきしまげ

当時の力士には、今日のように決まった髪型はありませんで、思い思いの髷《まげ》を結っておりました。人気力士は髷もトレードマークになりました。

代表的なものに「相撲銀杏」「やぐ

ら落とし」「五分立髪」「合鬢」「振分若衆」「前立髪」などがございました。中には櫛をさしている者もおりました。「おれは強いから、頭突きなどしねぇ」という印でございます。中でも初代・両国梶之助は「二枚櫛」をさしておりまして、格下の力士には「櫛を落としたらお前の勝ちにしてやる」と啖呵《たんか》を切っておりました。

**【龍吐水・雲龍水】** りゅうどすい・うんりゅうすい

【火消《ひけし》】の使います大型のポンプでございます。このホースを担当する者を【筒先《つつさき》】と申しました。ポンプを押すのは若い衆の仕事でございます。主に延焼を防ぐために建物に水をかけるのに使われました。

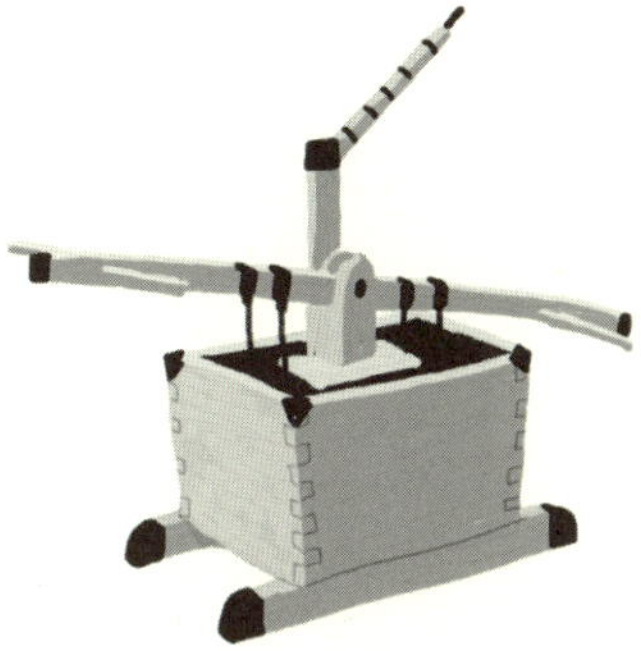

**【両替商】** りょうがえしょう

両替商には金銀両替の「本両替」と、銭を扱う「銭両替」がございました。当時の貨幣は金、銀、銭、三種類が使われておりまして、それぞれ独立した別の通貨でしたので、両替が必要でした。

換金の他にも、預金や貸付、為替や手形の発行もしておりまして、今日の銀行と同じような業務でございました。官許の両替商は、公式の【両《りょう》替天秤《がえてんびん》】が与えられ、店先に【分銅《ふんどう》】の看板が掲げられておりました。「支配人」と申しますのは日常業務の管理者で、最高責任者は「老分《ろうぶん》」と呼ばれました。大きな両替商は大坂にございまして、通貨改革では幕府と対立いたしました。

**【両替天秤】りょうがえてんびん**
【両替商《りょうがえしょう》】で使われた箪笥《たんす》形の天秤ばかりを申します。【分銅《ふんどう》】も両替天秤も、幕府から与えられるものでございました。

不正がないことを示すために目盛りを叩く
カンカン

**【両国】りょうごく**
【両国橋《りょうごくばし》】の東西の地名でございます。

**【両国橋】りょうごくばし**
万治二年～寛文元年（一六五九～一六六一）に、日本橋と深川の往来や物流の増加に伴って架けられた橋でございます。【両国《りょうごく》】と申しますのは、貞享三年（一六八六）まで深川は武蔵国《むさしのくに》ではなく下総国《しもうさのくに》だったので、「ふたつの国にまたがる橋」という意味で名付けられました。【大川《おおかわ》】では千住大橋《せんじゅおおはし》の次に古い橋でございます。

**【領主】りょうしゅ**
【領地《りょうち》】を持っている【大名《だいみょう》】や【旗《はた》本《もと》】のことを申します。

**【領地】りょうち**
将軍から与えられた土地のことでございます。

**【領知】りょうち**
【大名《だいみょう》】が将軍から【領地《りょうち》】を拝領すること、または大名の領地を申します。【旗本《はたもと》】が拝領する場合は【知《ち》行《ぎょう》】と呼ばれます。

**【両手髷】りょうてまげ**
【勝山髷《かつやままげ》】の先を【笄《こうがい》】でまとめたもので、輪がふたつできますので、このように呼ばれます。武家屋敷勤めのお【女中《じょちゅう》】に好まれました。

**【悋気】** りんき

焼きもち、妬み、嫉妬のことでございます。【野暮《やぼ》】と悋気は江戸では嫌われまして、男女とも慎むべきものとされました。特に女性の嫉妬深さは離婚の理由にもされました。「悋《りん》気《き》諍《いさか》い」は嫉妬による喧嘩のことでございます。

**【林家】** りんけ

儒学者の家系で、代々世襲で幕府の最高学府【昌平坂学問所《しょうへいざかがくもんじょ》】の【御儒《ごじゅ》者《しゃ》】となりました。

# 【る】

**【類中】** るいちゅう

脳卒中のことでございます。【中《ちゅう》気《き》】【風病《ふうびょう》】とも申します。

**【屢人】** るじん

せむしの人。お話では【間者《かんじゃ》】や【お耳《みみ》】が変装して、ちょっと注目の役柄でございますな。

**【留守居駕籠】** るすいかご

江戸に住む各藩の【留守居役《るすいやく》】が日常に使用する駕籠でございます。

**【留守居茶屋】** るすいちゃや

各藩の【留守居役《るすいやく》】が【寄合《よりあい》】をする高級料亭でございまして、毎晩のように寄合が開かれておりました。

**【留守居役】** るすいやく

㈠【大奥《おおおく》】を取り締まる幕府の重職でございました。【奥女中《おくじょちゅう》】が外出するには留守居役の許可や、手形が必要でした。将軍が外出した場合は江戸城の守護責任者となりました。「留守居年寄」とも申します。

㈡【大名《だいみょう》】では、江戸に常駐して、日常から幕府や他藩との連絡、情報交換をする役職でございます。【殿様《とのさま》】が留守にする際には江戸屋敷の責任者となりました。

**【留守神】** るすがみ

毎年、十月は全ての神が出雲に行っ

てしまうとされるので、「神無月《かんなづき》」と呼ばれます。しかし、出雲に行かず残る神様もおりまして、そういった留守番の神様を申します。

# 【れ】

**【例繰方】れいくりかた**
町奉行所で判決の整理保存や先例の調査をいたしました御役人でございます。いわゆる【犯科帳《はんかちょう》】の整理編集をいたしました。代表的な判例や珍しい事件などを集めてあります。

**【礼席】れいせき**
【御目見得《おめみえ》】以上の【大名《だいみょう》】や【旗本《はたもと》】が江戸城に登城した際に、将軍に謁見する部屋のことを申します。控え室の【殿席《でんせき》】と同様、格式によって分けられていました。

**【零落】れいらく**
㊀草木の枯れる様。
㊁落ちぶれることを申します。

**【連座】れんざ**
【縁座《えんざ》】とも申します。重大な犯罪で、犯人と共にその管理者、縁者が共に裁かれる連帯責任制度です。

**【連枝】れんし**
もともとは連なった枝のことを申しますが、転じて↓特に身分の高い方の兄弟のことを指します。武家では主に【御三家《ごさんけ》】の分家を指す場合に使われます。

**【連子窓】れんじまど**
格子作りの窓のことでございます。【厨《くりや》】では換気のために設けられ、開け閉めできる仕組みになっています。「木連格子《きつれこうし》」「狐格子」とも申します。

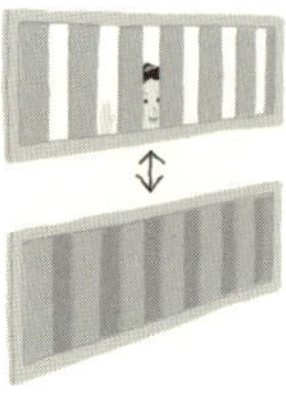

**【連尺】れんじゃく**
㊀荷物を運ぶ紐、【背負子《しょいこ》】のことを申します。紐だけのもの、藁《わら》製のものなど色々ありました。
㊁荷物を背負って行う【外商い《そとあきない》】を

申します。

**【蓮台・輦台】**れんだい

「輿《こし》」のことを申します。特に川越で旅客を乗せて川を渡した台を申します。通常の「平蓮台」の他、手すりなどの設備が加わった「半高欄蓮台」「大高欄蓮台」などがございます。大高欄蓮台は「御駕台《おかだい》」とも呼ばれまして、【大名《だいみょう》】などが駕籠に乗ったまま利用することができました。

# 【ろ】

**【艪】**ろ

船を漕ぐ道具で【櫂《かい》】より大きいものでございます。早緒《はやお》と申します綱を掛けて、梃子《てこ》と艪のしなりを使って漕ぎます。西洋のオールに比べて効率がよく、ひとりで大きな船を動かすことができます。

**【労咳】**ろうがい

肺結核のことを申します。

**【籠居】**ろうきょ

公家、武家の刑罰のひとつで、謹慎のことを申します。部屋での謹慎を【蟄居《ちっきょ》】、家の門を閉ざしての謹慎を【閉門《へいもん》】「押込《おしこめ》」、昼間だけの謹慎を【逼塞《ひっそく》】【遠慮《えんりょ》】と呼びました。最も軽いものは【差控《さしひかえ》】という停職処分でございます。

**【浪曲】**ろうきょく

【浪花節《なにわぶし》】のことを申します。

**【老中】**ろうじゅう

【譜代大名《ふだいだいみょう》】の幕府最高職で、将軍の直近で国政を取り仕切ります。常に四、五名が任命されました。諸【大《だい》名《みょう》】の管理が主な役目でございました。

**【狼藉】ろうぜき**

乱雑な様を「狼の寝床」に例えていう言葉です。乱暴なこと、またはその状態を申します。

**【牢帳】ろうちょう**

【牢屋敷《ろうやしき》】の記録帳でございます。牢屋に入れられた者、【吟味《ぎんみ》】、犯罪手口などが記され、この中から重要なものを抜粋しまして、【奉行所《ぶぎょうしょ》】で【沙汰《さた》】の参考にするための【御仕《おし》置裁許帳《おきさいきょちょう》】が作られました。

**【牢名主】ろうなぬし**

【牢屋敷《ろうやしき》】の牢内で、囚人の管理を任された囚人の長を申します。

**【浪人】ろうにん**

「牢人」と、古くはこのような漢字を使いました。仕える主人がありませんので、浪々のお侍という意味でございます。職を求めて都会へまいりますが、職はなかなか得られませんでした。貧しい暮らしに絶えられず、【士分《しぶん》】を捨てる者も多くありました。

**【浪人頭】ろうにんあたま**

【月代《さかやき》】を剃らずに伸ばしている状態でございます。月代を剃らないのは、貧しくて床屋に行けないからでして、好んでしているものではありません。これを髪型としてお手入れされますと、役者などがいたします【束髪《そくはつ》】になります。

**【蝋の流れ買】ろうのながれかい**

蝋燭《ろうそく》を灯しますと、蝋が垂れますな。当時はそれも無駄にしませんで、家々を廻り買い集めました。買い集めた蝋を使ってまた蝋燭を作ります。リサイクルした蝋燭はちょっと安いので、庶民も【提灯《ちょうちん》】の灯りなどに使いました。

**【労病】ろうびょう**

肺結核のことでございます。激しい

咳と吐血があります。症状が進むと吐血によって窒息死することになります。空気感染しますので、家族を続けて襲います。

**【楼門】** ろうもん

由緒正しい寺社などの門を申します。二階にテラスのある門です。

**【牢屋敷】** ろうやしき

拘置所のことでございます。江戸では小伝馬町にございまして、取り調べや拷問が行われました。

**【路銀】** ろぎん

旅費・交通費として使うお金のことを申します。

**【禄】** ろく

武家の給料を申します【家禄《かろく》】のことです。米の量で表しますのは、禄が米で支払われていたからですが、江戸後期になりますと、お金に換算して払われました。ちなみに、「禄を盗む」とは給料泥棒のことでして、「禄をはむ」とは主人に仕えて給料をいただくこと、または武士が就職することを申します。

**【六阿弥陀巡り】** ろくあみだめぐり

春秋の彼岸に行います、六つの阿弥陀像を巡る若者に人気のハイキングでございます。

一番・豊島村（北区）西福寺、
二番・下沼田村（足立区）延命院、
三番・西ヶ原（北区）無量寺、
四番・田端村（北区）与楽寺、
五番・下谷広小路（台東区）常楽院、
六番・亀戸（江東区）常光寺

**【六字・六文字】** ろくじ・ろくもじ

「南無阿弥陀仏」の六文字を申しまして、仏になること、死ぬことを申します。

**【陸尺】** ろくしゃく

【乗物《のりもの》】を担ぐ人足のことでございまして、【駕籠舁《かごか》き】とは呼びません。武家に雇われまして、武家屋敷で待機しております。「陸尺袢纏《ろくしゃくばんてん》」を着まして、身なりもきちんとしておりました。しかし、「六尺」と書きますと、駕籠舁きも含めたりします。

**【六尺手廻】** ろくしゃくてまわり

江戸城の【下馬所《げばしょ》】で働きます交通

整理員を申します。【座配《ざはい》】の指示に従って、登城する武士の【供連《ともづれ》】や【乗物《のりもの》】の順番、待機場所を案内いたしました。武士ではございませんが、御上に整理を命ぜられておりますので、下馬所においては【大名《だいみょう》】も彼らの指示に従いました。

**【六十六部】** ろくじゅうろくぶ

六十六部の教典を全国の国分寺などに納めて廻る僧侶のことでございます。江戸後期にはほとんどが偽物で、お布施をもらう【物乞《ものごい》】でございました。「六部」とも申します。

**【ろくろ】**

㊀くるくる廻る台。陶器や細工ものを作る時に使われます。

㊁ウインチのことでして、縄を巻きつけまして船や重い荷物、井戸の釣瓶を上げ下げするのに使います。「かぐらさん」とも申します。

**【六法】** ろっぽう

【町奴《まちやっこ》】や【旗本奴《はたもとやっこ》】がいたしました独特の歩き方、または彼らの派手な格好、服装、挙動のことを申します。

**【路傍の礼】** ろぼうのれい

道で【乗物《のりもの》】に出会った時に、武士がとる礼法を申します。格が上の家柄なら右に避け、下なら左に避け、お辞儀をして通します。前を横切ることは【前渡《まえわた》り】と申しまして、最も忌み嫌われ、無礼な行いとなりました。このため、江戸の武家は家紋を見るだけで家柄を判断できるように記憶したり、【武鑑《ぶかん》】という武家カタログを持ち歩いておりました。

# 【わ】

**【若衆】** **わかしゅう**

㈠若者のことを申します。

㈡【大店《おおだな》】に奉公する【丁稚《でっち》】が【元《げん》服《ぷく》】後にこう呼ばれます。丁稚の兄貴分のようなものです。

**【若衆組】** **わかしゅうぐみ**

村の若者の組合です。男子が十五歳ぐらいになりますと加わり「若衆宿」で親睦を図り、村の祭事や警備を手伝うなど労働奉仕をします。「若者組」とも申します。ちなみに、娘たちは【娘組《むすめぐみ》】に入ります。

**【若衆髷】** **わかしゅうまげ**

【元服《げんぷく》】前の若者の髪型でございます。これをモチーフに女性の髪型も生まれました。

**【若党】** **わかとう**

【旗本《はたもと》】や【御家人《ごけにん》】の家来で、身分の低い者を申します。家臣と【奉公《ほうこう》人《にん》】との間の微妙な地位にあり、優秀な者は「侍《さむらい》」に取り立てられ、一人前の家臣となりました。家臣の階級については、巻頭コラムの【江戸《えど》の社会《しゃかい》と司法《しほう》】をご参照ください。

**【若年寄】** **わかどしより**

【老中《ろうじゅう》】に次ぐ幕府の重職でございます。三万石以下の【譜代大名《ふだいだいみょう》】から選ばれました。この御役に就きますと、次は老中や【側用人《そばようにん》】に出世いたしました。

**【若水】** **わかみず**

お正月に一番初めに汲む井戸水のことでございます。お屠蘇《とそ》を入れるのに使います。

**【脇構】** **わきがまえ**

刀の構え方で、剣先を相手の視線から外す構えでございます。【八双《はっそう》】同様に左半身を相手に向けます。「陽の構」「金の構」とも申します。図は

【太刀《たち》と剣術《けんじゅつ》】のコラムをご覧ください。

**【脇差】** わきざし

㈠ 武士が腰に差す二本の刀のうち短い方の刀、又は【中間《ちゅうげん》】の差す刀を申します。鍔《つば》の付いた一尺八寸（約五十五センチ）以下の刀で、庶民でも【帯刀《たいとう》】が許された者などが持ちました。それ以外では、旅に出る時に許可を得て持つことができました。これを【道中脇差《どうちゅうわきざし》】と申します。

㈡ 身分の高い公家や武士の御供侍のことを申します。

**【脇本陣】** わきほんじん

大きな【宿場《しゅくば》】にございます、【本陣《ほんじん》】の予備施設を申します。本陣は【大《だい》名《みょう》】以外は宿泊できませんが、脇本陣は普段一般の【旅籠《はたご》】として使っているところもありました。

**【枠火の見】** わくひのみ

【番小屋《ばんごや》】の上に立てられた【火《ひ》の見《み》櫓《やぐら》】でございます。

**【和鞍】** わぐら

木製の鞍でございます。豪華なものは螺鈿《らでん》細工が施され、それは美しいものでした。形はモンゴル系でして、立って乗るための戦闘向きですので、普段に乗るには、毛皮などのクッションを敷いて座ります。馬具作りの技術は大陸から職人と共に伝来いたしました。

**【病葉・嫩葉】** わくらば

㈠ 木の若葉のことを申します。

㈡ 病気に侵された葉、夏の落ち葉などを申します。

**【業前】** わざまえ

その人の技術、腕前のことを申します。

**【和時計】** わどけい

主に不定時法《ふていじほう》で時を刻む時計を申します。不定時法では、季節によって昼と夜の時間が変化いたしますので、文字盤を調整して時刻を示します。最も簡単なのは【二十四節気《にじゅうしせっき》】に合わせて文字盤を付け替えてしまうものでした。また、時計の針は一本でした。当時の人の時間観念は、短くて【四半時《しはんとき》】(約三十分)ですから、それ以上細かいことは必要ございませんでした。

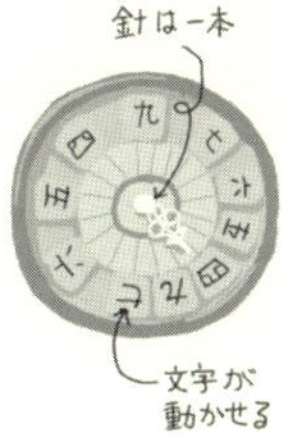


**【笑絵】** わらいえ

【春画《しゅんが》】のことでございます。「ワ印」などとも呼ばれ、刷りにも凝ったもので値段が高く贅沢で綺麗なものでございました。どうしてそれほど贅を尽くしたのかと申しますと、武運向上や火除けのお守りとして利用されたからでございます。

**【藁靴】** わらぐつ

雪の日に履くスリッパ形の草鞋《わらじ》でございます。「つまご」「おそふき草鞋」など編み方によって色々なものがありました。

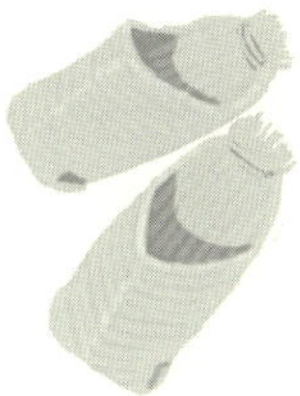

**【藁草履】** わらぞうり

人足や職人が好んで履きました、藁製の草履《ぞうり》でございます。柔らかく滑りにくいのが特徴で、もちろん安くて……すぐ磨り減ります。草鞋《わらじ》と違うのは、つっかけであることでございます。また、武家の次男坊以下が履くので「冷や飯草履」とも呼ばれました。

**【藁ぼっち】** わらぼっち

【積《つ》み藁《わら》】のことでございます。

**【割下水】** わりげすい

㈠湿地から水を抜くために、掘った水路を申します。幅は四尺〜一間(約一・二〜一・八メートル)で、両側は道になっております。

㈡町名では、本所《ほんじょ》北割下水、南割下水を申しまして、小禄の【御家人《ごけにん》】や葛飾北斎などの【文人墨客《ぶんじんぼっかく》】が多く住んでおりました。

**【理無い仲】わりないなか**

「理無き仲」とも申します。男女が深い関係、裂けない関係になることを申します。

**【割長屋】わりながや**

「割り」とは、【長屋《ながや》】一棟を数軒に割っているという意味でございます。割り方によって「六軒長屋」「四軒長屋」「三軒長屋」と呼ばれました。九尺二間（三坪）は六軒長屋のベーシックタイプの間取りでして、二間とは二部屋の意味ではなく、奥行き（約三・六メートル）のことです。九尺は約二・七メートルです。普通は畳敷きですが、貧乏長屋になりますと、板敷きで茣蓙《ござ》などを敷いて暮らしましたが、職人の家では部屋で作業しますので、板敷きの方が便利でした。

建物の棟《むね》で仕切ってある造りを「棟割長屋」と申します。一階には窓がないんで、夏は暑くて蒸して仕方ありません。しかし、冬は風の通りようがありませんから、隙間風に悩むことも少ないですな。善し悪しは考え様です。

二階建てもございまして、梯子をかけたロフト式のものと、階段があって、ちゃんと部屋があるものとがございました。二階に物干しがありまして、夕涼みや花火見物にはよい場所でございました。夫婦者はやはり二階建てがいいですな。

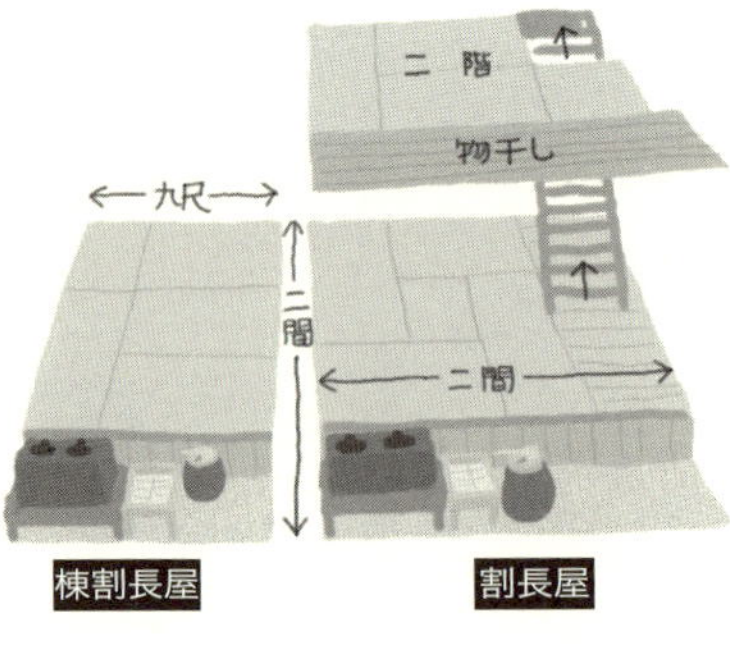


棟割長屋　割長屋

# 諸国諸藩

※地図に記名された国は幕府直轄領・藩領で、藩は置かれませんでした

こちらは天保のころ（一八三〇〜一八四三）までの全国六十国と、主な二百八十一藩です。これ以外にも、江戸二百六十年の間には、改名や【改《かい》易《えき》】【国替《くにがえ》】になった藩や、幕末に新しく作られ、明治四年（一八七一）の廃藩置県までのわずか数年だけの藩などが多数ございました。

藩とはいっても全てお城を建てて藩主が国を治めていたわけではなく、藩主は江戸にいて【代官《だいかん》】が【陣屋】で【知行《ちぎょう》】を管理した藩もたくさんございました。

# 諸国諸藩

奥羽
1. 蝦夷地《えぞち》
2. 陸奥国《むつのくに》（奥州）
3. 出羽国《でわのくに》（羽州）

板東
4. 上野国《こうずけのくに》（上州）
5. 下野国《しもつけのくに》（野州）
6. 常陸国《ひたちのくに》（常州）
7. 上総国《かずさのくに》（総州）
8. 下総国《しもうさのくに》（総州）
9. 安房国《あわのくに》（房州）
10. 武蔵国《むさしのくに》（武州）
11. 相模国《さがみのくに》（相州）

東国
12. 甲斐国《かいのくに》（甲州）
13. 駿河国《するがのくに》（駿州）
14. 遠江国《とおとうみのくに》（遠州）
15. 信濃国《しなののくに》（信州）
16. 三河国《みかわのくに》（三州）

東国
17. 尾張国《おわりのくに》（尾州）
18. 美濃国《みののくに》（濃州）
19. 飛驒国《ひだのくに》（飛州）

北国
20. 越前国《えちぜんのくに》
21. 越中国《えっちゅうのくに》
22. 越後国《えちごのくに》
23. 加賀国《かがのくに》（加州）
24. 若狭国《わかさのくに》（若州）

上方
25. 志摩国《しまのくに》（志州）
26. 伊勢国《いせのくに》（勢州）
27. 近江国《おうみのくに》（江州）
28. 山城国《やましろのくに》（城州）
29. 大和国《やまとのくに》（和州）
30. 紀伊国《きいのくに》（紀州）
31. 河内国《かわちのくに》（河州）
32. 和泉国《いずみのくに》（泉州）

上方
33. 摂津国《せっつのくに》（摂州）

中国
34. 丹波国《たんばのくに》（丹州）
35. 丹後国《たんごのくに》（丹州）
36. 但馬国《たじまのくに》（但州）
37. 播磨国《はりまのくに》（播州）
38. 因幡国《いなばのくに》（因州）
39. 備前国《びぜんのくに》
40. 備中国《びっちゅうのくに》
41. 備後国《びんごのくに》
42. 美作国《みまさかのくに》（作州）
43. 出雲国《いずものくに》（雲州）
44. 安芸国《あきのくに》（芸州）
45. 石見国《いわみのくに》（石州）
46. 周防国《すおうのくに》（防州）
47. 長門国《ながとのくに》（長州）

四国
48. 阿波国《あわのくに》（阿州）

四国
49. 讃岐国《さぬきのくに》（讃州）
50. 土佐国《とさのくに》（土州）
51. 伊予国《いよのくに》（予州）

西国
52. 豊前国《ぶぜんのくに》
53. 豊後国《ぶんごのくに》
54. 筑前国《ちくぜんのくに》
55. 筑後国《ちくごのくに》
56. 対馬国《つしまのくに》（対州）
57. 肥前国《ひぜんのくに》
58. 肥後国《ひごのくに》
59. 日向国《ひゅうがのくに》（日州）
60. 薩摩国《さつまのくに》（薩州）

| 国名 | 藩名 | 藩主 | 石高 | 家格 | 今日所在地 |
|---|---|---|---|---|---|
| 蝦夷地 | 松前藩（福山藩） | 松前家 | 一万石格 | 外様・城主格 | 北海道松前町 |
| 陸奥国陸奥 | 黒石藩 | 津軽家 | 一万石 | 外様・陣屋 | 青森県黒石市 |
| | 七戸藩（盛岡新田藩） | 南部家 | 一万一千石 | 外様・城主格 | 青森県七戸町 |
| | 八戸藩 | 南部家 | 二万石 | 外様・陣屋 | 青森県八戸市 |
| | 弘前藩 | 津軽家 | 十万石 | 外様・城主 | 青森県弘前市 |
| 陸奥国陸中 | 一関藩 | 田村家 | 三万石 | 外様・城主 | 岩手県一関市 |
| | 盛岡藩 | 南部家 | 二十万石 | 外様・国持 | 岩手県盛岡市 |
| 陸奥国陸前 | 仙台藩 | 伊達家 | 六十二万六千石 | 外様・国主 | 宮城県仙台市 |
| 陸奥国磐城 | 泉藩 | 本多家 | 二万石 | 譜代・城主格 | 福島県いわき市 |
| | 磐城平藩 | 安藤家 | 五万石 | 譜代・城主 | 福島県いわき市 |
| | 白河藩 | 阿部家 | 十万石 | 譜代・城主 | 福島県白河市 |
| | 相馬中村藩 | 相馬家 | 六万石 | 譜代・城主 | 福島県相馬市 |
| | 棚倉藩 | 松平松井家 | 六万石 | 譜代・城主 | 福島県棚倉町 |

# 諸国諸藩

| 国名 | 藩名 | 藩主 | 石高 | 家格 | 今日所在地 |
|---|---|---|---|---|---|
| 陸奥国磐城 | 三春藩 | 秋田家 | 五万石 | 外様・城主 | 福島県三春町 |
| | 守山藩 | 松平水戸家 | 二万石 | 親藩・陣屋 | 福島県郡山市 |
| | 湯長谷藩 | 内藤家 | 一万五千石 | 譜代・陣屋 | 福島県いわき市 |
| 陸奥国岩代 | 会津藩 | 松平保科家 | 二十三万石 | 親藩・城主 | 福島県会津若松市 |
| | 下手渡藩 | 立花家 | 一万石 | 外様・陣屋 | 福島県伊達市 |
| | 二本松藩 | 丹羽家 | 十万一千石 | 外様・城主 | 福島県二本松市 |
| | 福島藩 | 板倉家 | 三万石 | 譜代・城主 | 福島県福島市 |
| 出羽国羽前 | 上山藩 | 松平家 | 三万石 | 譜代・城主 | 山形県上山市 |
| | 庄内藩（鶴岡藩） | 酒井家 | 十四万石 | 譜代・城主 | 山形県鶴岡市 |
| | 新庄藩 | 戸沢家 | 六万八千石 | 譜代・城主 | 山形県新庄市 |
| | 天童藩 | 織田家 | 二万石 | 外様・城主格 | 山形県天童市 |
| | 長瀞藩 | 米津家 | 一万一千石 | 譜代・陣屋 | 山形県東根市 |
| | 山形藩 | 秋本家 | 五万石 | 譜代・城主 | 山形県山形市 |
| | 米沢藩 | 上杉家 | 十五万石 | 外様・城主 | 山形県米沢市 |
| | 米沢新田藩 | 上杉家 | 一万石 | 外様・陣屋 | 山形県米沢市 |
| 出羽国羽後 | 秋田新田藩 | 佐竹家 | 二万石 | 外様・陣屋 | 秋田県湯沢市 |
| | 亀田藩 | 岩城家 | 三万石 | 外様・城主格 | 秋田県由利本荘市 |
| | 久保田藩（秋田藩） | 佐竹家 | 二十万六千石 | 外様・国主 | 秋田県秋田市 |
| | 本荘藩 | 六郷家 | 二万石 | 外様・城主 | 秋田県由利本庄市 |
| | 出羽松山藩 | 酒井家 | 二万五千石 | 譜代・城主 | 秋田県酒田市 |
| 上野国 | 安中藩 | 板倉家 | 三万石 | 譜代・城主 | 群馬県安中市 |
| | 伊勢崎藩 | 酒井家 | 二万石 | 譜代・陣屋 | 群馬県伊勢崎市 |
| | 小幡藩 | 松平奥平家 | 二万石 | 譜代・城主格 | 群馬県甘楽町 |
| | 高崎藩 | 松平大河内家 | 八万二千石 | 譜代・城主 | 群馬県高崎市 |
| | 館林藩 | 井上家 | 六万石 | 譜代・城主 | 群馬県館林市 |
| | 七日市藩 | 前田家 | 一万石 | 外様・陣屋 | 群馬県富岡市 |
| | 沼田藩 | 土岐家 | 三万五千石 | 譜代・城主 | 群馬県沼田市 |
| | 矢田藩（吉井藩） | 酒井家 | 一万石 | 親藩・陣屋 | 群馬県吉井町 |
| 下野国 | 足利藩 | 戸田家 | 一万一千石 | 譜代・陣屋 | 栃木県足利市 |
| | 宇都宮藩 | 戸田家 | 七万七千石 | 譜代・城主 | 栃木県宇都宮市 |
| | 大田原藩 | 大田原家 | 一万一千石 | 外様・城主 | 栃木県大田原市 |
| | 烏山藩 | 大久保家 | 三万石 | 譜代・城主 | 栃木県那須烏山町 |
| | 喜連川藩 | 喜連川家 | 五千石 | 外様・陣屋 | 栃木県さくら市 |
| | 黒羽藩 | 大関家 | 一万八千石 | 外様・陣屋 | 栃木県大田原市 |
| | 佐野藩 | 堀田家 | 一万六千石 | 譜代・陣屋 | 栃木県佐野市 |
| | 吹上藩 | 有馬家 | 一万石 | 外様・陣屋 | 栃木県栃木市 |
| | 壬生藩 | 鳥居家 | 三万石 | 譜代・城主 | 栃木県壬生町 |
| 常陸国 | 麻生藩 | 新庄家 | 一万石 | 外様・陣屋 | 茨城県行方市 |
| | 牛久藩 | 山口家 | 一万石 | 譜代・陣屋 | 茨城県牛久市 |

# 諸国諸藩

| 国名 | 藩名 | 藩主 | 石高 | 家格 | 今日所在地 |
|---|---|---|---|---|---|
| 常陸国 | 笠間藩 | 牧野家 | 八万石 | 譜代・城主 | 茨城県笠間市 |
| | 宍戸藩 | 松平水戸家 | 一万石 | 親藩・陣屋 | 茨城県笠間市 |
| | 下館藩 | 石川家 | 二万石 | 譜代・城主 | 茨城県筑西市 |
| | 下妻藩 | 井上家 | 一万石 | 譜代・陣屋 | 茨城県下妻市 |
| | 土浦藩 | 土屋家 | 九万五千石 | 譜代・城主 | 茨城県土浦市 |
| | 府中藩 | 松平水戸家 | 二万石 | 親藩・陣屋 | 茨城県石岡市 |
| | 水戸藩 | 徳川家 | 三十五万石 | 御三家・国主 | 茨城県水戸市 |
| | 谷田部藩 | 細川家 | 一万六千石 | 外様・陣屋 | 茨城県つくば市 |
| 上総国 | 飯野藩 | 保科家 | 二万石 | 譜代・陣屋 | 千葉県富津市 |
| | 一宮藩 | 加納家 | 一万三千石 | 譜代・陣屋 | 千葉県一宮町 |
| | 貝淵藩(請西藩) | 林家 | 一万三千石 | 譜代・陣屋 | 千葉県木更津市 |
| | 久留里藩 | 黒田家 | 三万石 | 外様・城主 | 千葉県君津市 |
| | 五井藩 | 有馬家 | 一万石 | 譜代・陣屋 | 千葉県市原市 |
| | 佐貫藩 | 阿部家 | 一万六千石 | 譜代・城主 | 千葉県富津市 |
| | 大多喜藩 | 松平家 | 二万石 | 譜代・城主 | 千葉県大多喜町 |
| | 鶴牧藩 | 水野家 | 一万五千石 | 譜代・城主格 | 千葉県市原市 |
| 下総国 | 小見川藩 | 内田家 | 一万石 | 譜代・陣屋 | 千葉県香取市 |
| | 生実藩 | 森川家 | 一万石 | 譜代・陣屋 | 千葉県千葉市 |
| | 古河藩 | 土井家 | 八万石 | 譜代・城主 | 茨城県古河市 |
| | 佐倉藩 | 堀田家 | 十一万石 | 譜代・城主 | 千葉県佐倉市 |
| | 関宿藩 | 久世家 | 五万八千石 | 譜代・城主 | 千葉県野田市 |
| | 多古藩 | 松平久松家 | 一万二千石 | 譜代・陣屋 | 千葉県多古町 |
| | 高岡藩 | 井上家 | 一万石 | 譜代・陣屋 | 千葉県成田市 |
| | 結城藩 | 水野家 | 一万八千石 | 譜代・城主 | 茨城県結城市 |
| 安房国 | 勝山藩 | 酒井家 | 一万二千石 | 譜代・陣屋 | 千葉県鋸南町 |
| | 館山藩 | 稲葉家 | 一万石 | 譜代・陣屋 | 千葉県館山市 |
| | 北条藩 | 水野家 | 一万五千石 | 譜代・陣屋 | 千葉県館山市 |
| 武蔵国 | 岩槻藩 | 大岡家 | 二万石 | 譜代・城主 | 埼玉県さいたま市 |
| | 岡部藩 | 安部家 | 二万石 | 譜代・陣屋 | 埼玉県深谷市 |
| | 忍藩 | 松平奥平家 | 十万石 | 親藩・城主 | 埼玉県行田市 |
| | 金沢藩(六浦藩) | 米倉家 | 一万二千石 | 譜代・陣屋 | 神奈川県横浜市 |
| | 川越藩 | 松平越前家 | 十五万石 | 譜代・城主 | 埼玉県川越市 |
| | 久喜藩 | 米津家 | 一万一千石 | 譜代・陣屋 | 埼玉県久喜市 |
| 相模国 | 小田原藩 | 大久保家 | 十一万三千石 | 譜代・城主 | 神奈川県小田原市 |
| | 荻野山中藩 | 大久保家 | 一万三千石 | 譜代・陣屋 | 神奈川県厚木市 |
| 甲斐国 | 甲府藩 | 柳沢家 | 十五万石 | 譜代・城主 | 山梨県甲府市 |
| | 谷村藩(郡内藩) | 秋元家 | 一万八千石 | 譜代・城主 | 山梨県都留市 |
| 駿河国 | 小島藩 | 松平家 | 一万石 | 譜代・陣屋 | 静岡県静岡市 |
| | 田中藩 | 本多家 | 四万石 | 譜代・城主 | 静岡県藤枝市 |
| | 沼津藩 | 水野家 | 五万石 | 譜代・城主 | 静岡県沼津市 |

# 諸国諸藩

| 国名 | 藩名 | 藩主 | 石高 | 家格 | 今日所在地 |
|---|---|---|---|---|---|
| 遠江国 | 掛川藩 | 太田家 | 五万石 | 譜代・城主 | 静岡県掛川市 |
| | 相良藩 | 田沼家 | 一万石 | 譜代・陣屋 | 静岡県牧ノ原市 |
| | 浜松藩 | 水野家 | 六万石 | 譜代・城主 | 静岡県浜松市 |
| | 横須賀藩 | 西尾家 | 三万五千石 | 譜代・城主 | 静岡県掛川市 |
| 信濃国 | 飯田藩 | 堀家 | 二万石 | 外様・城主 | 長野県飯田市 |
| | 飯山藩 | 本多家 | 二万石 | 譜代・城主 | 長野県飯山市 |
| | 岩村田藩 | 内藤家 | 一万五千石 | 譜代・陣屋 | 長野県佐久市 |
| | 上田藩 | 松平藤井家 | 五万三千石 | 譜代・城主 | 長野県上田市 |
| | 小諸藩 | 牧野家 | 一万五千石 | 譜代・城主 | 長野県小諸市 |
| | 須坂藩 | 堀家 | 一万石 | 外様・陣屋 | 長野県須坂市 |
| | 高島藩 | 諏訪家 | 三万石 | 譜代・城主 | 長野県諏訪市 |
| | 高遠藩 | 内藤家 | 三万三千石 | 譜代・城主 | 長野県伊那市 |
| | 田野口藩 | 松平大給家 | 一万六千石 | 譜代・陣屋 | 長野県佐久市 |
| | 松代藩 | 真田家 | 十万石 | 外様・城主 | 長野県長野市 |
| | 松本藩 | 松平戸田家 | 六万石 | 譜代・城主 | 長野県松本市 |
| 三河国 | 大垣新田藩（畑ヶ村藩） | 戸田家 | 一万石 | 譜代・陣屋 | 愛知県田原市 |
| | 岡崎藩 | 本多家 | 五万石 | 譜代・城主 | 愛知県岡崎市 |
| | 奥殿藩（大給藩） | 松平大給家 | 一万六千石 | 譜代・陣屋 | 愛知県岡崎市 |
| | 刈谷藩 | 土井家 | 二万三千石 | 譜代・城主 | 愛知県刈谷市 |
| | 挙母藩 | 内藤家 | 二万石 | 譜代・城主 | 愛知県豊田市 |
| | 田原藩 | 三宅家 | 一万二千石 | 譜代・城主 | 愛知県田原市 |
| | 西尾藩 | 松平大給家 | 六万石 | 譜代・城主 | 愛知県西尾市 |
| | 西大平藩 | 大岡家 | 一万石 | 譜代・陣屋 | 愛知県岡崎市 |
| | 吉田藩 | 松平家 | 七万石 | 譜代・城主 | 愛知県豊橋市 |
| 尾張国 | 尾張藩（名古屋藩） | 徳川家 | 六十二万石 | 御三家・国主 | 愛知県名古屋市 |
| 美濃国 | 岩村藩 | 松平大給家 | 三万石 | 譜代・城主 | 岐阜県恵那市 |
| | 大垣藩 | 戸田家 | 十万石 | 譜代・城主 | 岐阜県大垣市 |
| | 大垣新田藩（畑ヶ村藩） | 戸田家 | 一万石 | 譜代・陣屋 | 岐阜県大野町 |
| | 加納藩 | 永井家 | 三万二千石 | 譜代・城主 | 岐阜県岐阜市 |
| | 苗木藩 | 遠山家 | 一万石 | 譜代格・城主 | 岐阜県中津川市 |
| | 高須藩 | 松平家 | 三万石 | 親藩・陣屋 | 岐阜県海津市 |
| | 高富藩 | 本庄家 | 一万石 | 譜代・陣屋 | 岐阜県山県市 |
| | 八幡藩 | 青山家 | 四万八千石 | 譜代・城主 | 岐阜県郡上市 |
| 飛騨国 | 飛騨高山藩 | 金森家 | 二万一千石 | 外様・城主 | 岐阜県高山市 |
| 越前国 | 大野藩 | 土井家 | 四万石 | 親藩・城主 | 福井県大野市 |
| | 勝山藩 | 小笠原家 | 二万三千石 | 譜代・城主 | 福井県勝山市 |
| | 鯖江藩 | 間部家 | 五万石 | 譜代・城主 | 福井県鯖江市 |
| | 敦賀藩 | 酒井家 | 一万石 | 譜代・城主格 | 福井県敦賀市 |

# 諸国諸藩

| 国名 | 藩名 | 藩主 | 石高 | 家格 | 今日所在地 |
|---|---|---|---|---|---|
| 越前国 | 福井藩 | 松平越前家 | 三十二万石 | 親藩・国主 | 福井県福井市 |
| | 丸岡藩 | 有馬家 | 五万石 | 譜代格・城主 | 福井県坂井市 |
| 越中国 | 富山藩 | 前田家 | 十万石 | 外様・城主 | 富山県富山市 |
| 越後国 | 糸魚川藩 | 松平家 | 一万石 | 親藩・陣屋 | 新潟県糸魚川市 |
| | 黒川藩 | 柳沢家 | 一万石 | 譜代・陣屋 | 新潟県胎内市 |
| | 椎谷藩 | 堀家 | 一万石 | 譜代・陣屋 | 新潟県柏崎市 |
| | 新発田藩 | 溝口家 | 五万石 | 外様・城主 | 新潟県新発田市 |
| | 高田藩 | 榊原家 | 十五万石 | 譜代・城主 | 新潟県上越市 |
| | 長岡藩 | 牧野家 | 七万四千石 | 譜代・城主 | 新潟県長岡市 |
| | 三日市藩 | 柳沢家 | 一万石 | 譜代・陣屋 | 新潟県新発田市 |
| | 村上藩 | 内藤家 | 五万石 | 譜代・城主 | 新潟県村上市 |
| | 村松藩 | 堀家 | 三万石 | 外様・城主格 | 新潟県五泉市 |
| | 与板藩 | 井伊家 | 二万石 | 譜代・城主格 | 新潟県長岡市 |
| 加賀国 | 金沢藩 | 前田家 | 百二万三千石 | 外様・国主 | 石川県金沢市 |
| | 大聖寺藩 | 前田家 | 十万石 | 外様・城主 | 石川県加賀市 |
| 若狭国 | 小浜藩 | 酒井家 | 十万四千石 | 譜代・城主 | 福井県小浜市 |
| 志摩国 | 鳥羽藩 | 稲垣家 | 三万石 | 譜代・城主 | 三重県鳥羽市 |
| 伊勢国 | 伊勢亀山藩 | 石川家 | 六万石 | 譜代・城主 | 三重県亀山市 |
| | 南林崎藩(伊勢西条藩) | 有馬家 | 一万石 | 譜代・陣屋 | 三重県鈴鹿市 |
| | 桑名藩 | 松平家 | 十一万石 | 親藩・城主 | 三重県桑名市 |
| | 神戸藩 | 本多家 | 一万五千石 | 譜代・城主 | 三重県鈴鹿市 |
| | 菰野藩 | 土方家 | 一万一千石 | 外様・陣屋 | 三重県菰野町 |
| | 津藩 | 藤堂家 | 三十二万四千石 | 外様・国主 | 三重県津市 |
| | 長島藩 | 増山家 | 二万石 | 譜代・城主 | 三重県桑名市 |
| | 久居藩 | 藤堂家 | 五万三千石 | 外様・城主格 | 三重県津市 |
| 近江国 | 近江宮川藩 | 堀田家 | 一万三千石 | 譜代・陣屋 | 滋賀県長浜市 |
| | 大溝藩 | 分部家 | 二万石 | 外様・陣屋 | 滋賀県高島市 |
| | 膳所藩 | 本多家 | 六万石 | 譜代・城主 | 滋賀県大津市 |
| | 堅田藩 | 堀田家 | 一万三千石 | 譜代・陣屋 | 滋賀県大津市 |
| | 仁正寺藩 | 市橋家 | 一万八千石 | 外様・陣屋 | 滋賀県日野町 |
| | 彦根藩 | 井伊家 | 三十五万石 | 譜代・城主 | 滋賀県彦根市 |
| | 三上藩 | 遠藤家 | 一万二千石 | 譜代・城主格 | 滋賀県野洲市 |
| | 水口藩 | 加藤家 | 二万五千石 | 譜代格・城主 | 滋賀県甲賀市 |
| | 山上藩 | 稲垣家 | 一万三千石 | 譜代・陣屋 | 滋賀県東近江市 |
| 山城国 | 淀藩 | 稲葉家 | 十万二千石 | 譜代・城主 | 京都市伏見区 |
| 大和国 | 小泉藩 | 片桐家 | 一万一千石 | 外様・陣屋 | 奈良県大和郡山市 |
| | 郡山藩 | 柳沢家 | 十五万一千石 | 譜代・国主格 | 奈良県大和郡山市 |
| | 芝村藩(戒重藩) | 織田家 | 一万石 | 外様・陣屋 | 奈良県桜井市 |
| | 高取藩 | 植村家 | 二万五千石 | 譜代・城主 | 奈良県高取町 |
| | 柳生藩 | 柳生家 | 一万石 | 譜代・陣屋 | 奈良県奈良市 |

# 諸国諸藩

| 国名 | 藩名 | 藩主 | 石高 | 家格 | 所在地 |
|---|---|---|---|---|---|
| 大和国 | 柳本藩 | 織田家 | 一万石 | 外様・城主格 | 奈良県天理市 |
| | 大和新庄藩（布施藩） | 永井家 | 一万石 | 譜代・陣屋 | 奈良県葛城市 |
| 紀伊国 | 紀州藩 | 徳川家 | 五十五万五千石 | 御三家・国主 | 和歌山県和歌山市 |
| 河内国 | 狭山藩 | 北条家 | 一万石 | 外様・陣屋 | 大阪府大阪狭山市 |
| | 丹南藩 | 高木家 | 一万石 | 譜代・陣屋 | 大阪府松原市 |
| 和泉国 | 岸和田藩 | 岡部家 | 五万三千石 | 譜代・城主 | 大阪府岸和田市 |
| | 伯太藩 | 渡辺家 | 一万四千石 | 譜代・陣屋 | 大阪府和泉市 |
| 摂津国 | 麻田藩 | 青木家 | 一万石 | 外様・陣屋 | 大阪府豊中市 |
| | 尼崎藩 | 松平家 | 四万石 | 譜代・城主 | 兵庫県尼崎市 |
| | 三田藩 | 九鬼家 | 三万六千石 | 外様・陣屋 | 兵庫県三田市 |
| | 高槻藩 | 永井家 | 三万六千石 | 譜代・城主 | 大阪府高槻市 |
| 丹波国 | 綾部藩 | 九鬼家 | 二万石 | 外様・陣屋 | 京都府綾部市 |
| | 篠山藩 | 青山家 | 六万石 | 譜代・城主 | 兵庫県篠山市 |
| | 園部藩 | 小出家 | 二万七千石 | 外様・陣屋 | 京都府南丹市 |
| | 丹波柏原藩 | 織田家 | 二万石 | 外様・陣屋 | 兵庫県丹波市 |
| | 丹波亀山藩 | 松平家 | 五万石 | 譜代・城主 | 京都府亀岡市 |
| | 福知山藩 | 朽木家 | 三万二千石 | 譜代・城主 | 京都府福知山市 |
| | 山家藩 | 谷家 | 一万石 | 外様・陣屋 | 京都府綾部市 |
| 丹後国 | 丹後田辺藩（舞鶴藩） | 牧野家 | 三万五千石 | 譜代・城主 | 京都府舞鶴市 |
| | 峯山藩 | 京極家 | 一万一千石 | 外様・陣屋 | 京都府京丹後市 |
| | 宮津藩 | 松平家 | 七万石 | 譜代・城主 | 京都府宮津市 |
| 但馬国 | 出石藩 | 仙石家 | 三万石 | 外様・城主 | 兵庫県豊岡市 |
| | 豊岡藩 | 京極家 | 一万五千石 | 外様・陣屋 | 兵庫県豊岡市 |
| 播磨国 | 明石藩 | 松平家 | 八万石 | 親藩・城主 | 兵庫県明石市 |
| | 赤穂藩 | 森家 | 二万石 | 外様・城主 | 兵庫県赤穂市 |
| | 安志藩 | 小笠原家 | 一万石 | 譜代・陣屋 | 兵庫県姫路市 |
| | 小野藩 | 一柳家 | 一万石 | 外様・陣屋 | 兵庫県小野市 |
| | 龍野藩 | 脇坂家 | 五万一千石 | 譜代格・城主 | 兵庫県たつの市 |
| | 林田藩 | 建部家 | 一万石 | 外様・陣屋 | 兵庫県姫路市 |
| | 姫路藩 | 酒井家 | 十五万石 | 譜代・城主 | 兵庫県姫路市 |
| | 三日月藩 | 森家 | 一万五千石 | 外様・陣屋 | 兵庫県佐用町 |
| | 三草藩 | 丹羽家 | 一万石 | 譜代・陣屋 | 兵庫県加東市 |
| | 山崎藩 | 本多家 | 一万石 | 譜代・陣屋 | 兵庫県宍粟市 |
| 因幡国 | 鳥取藩 | 池田家 | 三十二万五千石 | 外様・国主 | 鳥取県鳥取市 |
| | 鹿野藩（鹿奴藩・鳥取東館新田藩） | 池田家 | 三万石 | 外様・陣屋 | 鳥取県鳥取市 |
| | 若桜藩（鳥取西館新田藩） | 池田家 | 一万五千石 | 外様・陣屋 | 鳥取県若桜町 |
| 備前国 | 岡山藩 | 池田家 | 三十一万五千石 | 外様・国主 | 岡山県岡山市 |

# 諸国諸藩

| 国名 | 藩名 | 藩主 | 石高 | 家格 | 所在地 |
|---|---|---|---|---|---|
| 備中国 | 足守藩 | 木下家 | 二万五千石 | 外様・陣屋 | 岡山県岡山市 |
| | 岡田藩(川辺藩) | 伊東家 | 一万石 | 外様・陣屋 | 岡山県倉敷市 |
| | 岡山新田藩(生坂藩) | 池田家 | 一万五千石 | 外様・陣屋 | 岡山県倉敷市 |
| | 岡山新田藩(鴨方藩) | 池田家 | 二万五千石 | 外様・陣屋 | 岡山県浅口市 |
| | 庭瀬藩 | 板倉家 | 二万石 | 譜代・陣屋 | 岡山県岡山市 |
| | 備中松山藩 | 板倉家 | 五万石 | 譜代・城主 | 岡山県高梁市 |
| | 新見藩 | 関家 | 一万八千石 | 外様・陣屋 | 岡山県新見市 |
| 備後国 | 備後福山藩 | 阿部家 | 十万石 | 譜代・城主 | 広島県福山市 |
| | 三次藩 | 浅野家 | 五万石 | 外様・陣屋 | 広島県三次市 |
| 美作国 | 津山藩 | 松平越前家 | 十万石 | 親藩・国主 | 岡山県津山市 |
| | 美作勝山藩 | 三浦家 | 二万三千石 | 譜代・城主 | 岡山県真庭市 |
| 出雲国 | 広瀬藩 | 松平越前家 | 三万石 | 親藩・城主格 | 島根県安来市 |
| | 松江藩 | 松平越前家 | 十八万六千石 | 親藩・国主 | 島根県松江市 |
| | 母里藩(神戸藩) | 松平越前家 | 一万石 | 親藩・陣屋 | 島根県安来市 |
| 安芸国 | 広島藩 | 浅野家 | 四十二万六千石 | 外様・国主 | 広島県広島市 |
| 石見国 | 津和野藩 | 亀井家 | 四万三千石 | 外様・城主 | 島根県津和野町 |
| | 浜田藩 | 松平越智家 | 六万一千石 | 親藩・城主 | 島根県浜田市 |
| 周防国 | 徳山藩(下松藩) | 毛利家 | 三万石 | 外様・城主格 | 山口県周南市 |
| 長門国 | 清末藩 | 毛利家 | 一万石 | 外様・陣屋 | 山口県下関市 |
| | 長府藩 | 毛利家 | 五万石 | 外様・城主格 | 山口県下関市 |
| | 長州藩(萩藩) | 毛利家 | 三十六万九千石 | 外様・国主 | 山口県萩市 |
| 阿波国 | 徳島藩 | 蜂須賀家 | 二十五万七千石 | 外様・国主 | 徳島県徳島市 |
| 讃岐国 | 高松藩 | 松平家 | 十二万石 | 親藩・城主 | 香川県高松市 |
| | 多度津藩 | 京極家 | 一万石 | 外様・陣屋 | 香川県多度津町 |
| | 丸亀藩 | 京極家 | 五万一千石 | 外様・城主 | 香川県丸亀市 |
| 土佐国 | 高知藩(土佐藩) | 山内家 | 二十四万二千石 | 外様・国主 | 高知県高知市 |
| | 高知新田藩 | 山内家 | 一万三千石 | 外様・陣屋 | 高知県高知市 |
| 伊予国 | 今治藩 | 松平家 | 三万五千石 | 譜代・国主 | 愛媛県今治市 |
| | 伊予松山藩 | 松平久松家 | 十五万石 | 親藩・城主 | 愛媛県松山市 |
| | 伊予吉田藩 | 伊達家 | 三万石 | 外様・陣屋 | 愛媛県宇和島市 |
| | 宇和島藩 | 伊達家 | 十万石 | 外様・国主格 | 愛媛県宇和島市 |
| | 大洲藩 | 加藤家 | 六万石 | 外様・城主 | 愛媛県大洲市 |
| | 小松藩 | 一柳家 | 一万石 | 外様・陣屋 | 愛媛県西条市 |
| | 西条藩 | 松平紀伊家 | 三万石 | 親藩・陣屋 | 愛媛県西条市 |
| | 新谷藩 | 加藤家 | 一万石 | 外様・陣屋 | 愛媛県大洲市 |

# 諸国諸藩

| 国名 | 藩名 | 藩主 | 石高 | 家格 | 所在地 |
|---|---|---|---|---|---|
| 豊前国 | 小倉藩 | 小笠原家 | 十五万石 | 譜代・城主 | 福岡県北九州市 |
| | 小倉新田藩（千束藩） | 小笠原家 | 一万石 | 譜代・陣屋 | 福岡県豊前市 |
| | 中津藩 | 奥平家 | 十万石 | 譜代・城主 | 大分県中津市 |
| 豊後国 | 臼杵藩 | 稲葉家 | 五万石 | 外様・城主 | 大分県臼杵市 |
| | 岡藩 | 中川家 | 七万石 | 外様・城主 | 大分県竹田市 |
| | 佐伯藩 | 毛利家 | 二万石 | 外様・城主 | 大分県佐伯市 |
| | 杵築藩 | 松平能見家 | 三万二千石 | 譜代・城主 | 大分県杵築市 |
| | 日出藩 | 木下家 | 二万五千石 | 外様・城主 | 大分県日出町 |
| | 府内藩 | 松平大給家 | 二万一千石 | 譜代・城主 | 大分県大分市 |
| | 森藩 | 久留島家 | 一万三千石 | 外様・陣屋 | 大分県玖珠町 |
| 筑前国 | 秋月藩 | 黒田家 | 五万石 | 外様・城主格 | 福岡県朝倉市 |
| | 東蓮寺藩（直方藩） | 黒田家 | 四万石 | 外様・陣屋 | 福岡県直方市 |
| | 福岡藩（筑前藩 黒田藩） | 黒田家 | 五十二万石 | 外様・国主 | 福岡県福岡市 |
| 筑後国 | 久留米藩 | 有馬家 | 二十一万石 | 外様・国主 | 福岡県久留米市 |
| | 柳河藩 | 立花家 | 十二万石 | 外様・城主 | 福岡県柳川市 |
| 対馬国 | 対馬府中藩 | 宗家 | 十万石格 | 外様・国主格 | 長崎県対馬市 |
| 肥前国 | 大村藩 | 大村家 | 二万八千石 | 外様・城主 | 長崎県大村市 |
| | 小城藩 | 鍋島家 | 七万三千石 | 外様・陣屋 | 佐賀県小城市 |
| | 鹿島藩 | 鍋島家 | 二万石 | 外様・陣屋 | 佐賀県鹿島市 |
| | 唐津藩 | 小笠原家 | 六万石 | 譜代・城主 | 佐賀県唐津市 |
| | 福江藩（五島藩） | 五島家 | 一万三千石 | 外様・城主 | 長崎県五島市 |
| | 佐賀藩（肥前藩） | 鍋島家 | 三十五万七千石 | 外様・国主 | 佐賀県佐賀市 |
| | 島原藩（日野江藩） | 松平深津家 | 七万石 | 譜代・城主 | 長崎県島原市 |
| | 蓮池藩 | 鍋島家 | 五万三千石 | 外様・陣屋 | 佐賀県佐賀市 |
| | 平戸藩 | 松浦家 | 六万二千石 | 外様・城主 | 長崎県平戸市 |
| | 平戸新田藩 | 松浦家 | 一万石 | 外様・陣屋 | 長崎県平戸市 |
| 肥後国 | 宇土藩 | 細川家 | 三万石 | 外様・陣屋 | 熊本県宇土市 |
| | 熊本藩 | 細川家 | 五十四万石 | 外様・国主 | 熊本県熊本市 |
| | 肥後新田藩（高瀬藩） | 細川家 | 三万五千石 | 外様・陣屋 | 熊本県玉名市 |
| | 人吉藩 | 相良家 | 二万二千石 | 外様・城主 | 熊本県人吉市 |
| 日向国 | 飫肥藩 | 伊東家 | 五万一千石 | 外様・城主 | 宮崎県日南市 |
| | 佐土原藩 | 島津家 | 二万七千石 | 外様・城主 | 宮崎県宮崎市 |
| | 高鍋藩（財部藩） | 秋月家 | 二万七千石 | 外様・城主 | 宮崎県高鍋町 |
| | 延岡藩（縣藩） | 内藤家 | 七万石 | 譜代・城主 | 宮崎県延岡市 |
| 薩摩国 | 薩摩藩 | 島津家 | 七十七万一千石 | 外様・国主 | 鹿児島県鹿児島市 |

## 参考文献

この本を作るにあたって、下記の資料を参考にさせていただきました。


『一日江戸人』杉浦日向子著　新潮文庫
『一話一言・日本随筆大成』日本随筆大成編輯部　吉川弘文館
『稲生物怪録絵巻集成』杉本好伸著　国書刊行会
『絵が語る知らなかった江戸の暮らし』本田豊著　遊子館
『江戸語会話』野火迅著　アスペクト
『校訂江戸時代制度の研究』松平太郎・進士慶幹著　柏書房
『江戸城三十六見附を歩く』鈴木謙一著　わらび書房
『江戸のお白州』山本博文著　文藝春秋
『江戸の暮らし事典』歴史群像シリーズ　学研
『江戸の恋』田中優子著　集英社新書
『江戸の時刻と時の鐘』浦井祥子著　岩田書院
『江戸の生活ウラ事情』永井義男著　日文新書
『江戸の性生活夜から朝まで』歴史の謎を探る会著　河出書房新社
『江戸の旗本辞典』小川恭一著　講談社文庫
『江戸の風景』双葉社スーパームック
『江戸の魔界めぐり』岡崎柾男著　東京美術
『江戸のマスコミ「かわら版」』吉田豊著　光文社新書
『江戸はネットワーク』田中優子著　平凡社
『江戸風物詩』川崎房五郎著　光風社出版
『江戸文学問わず語り』円地文子　講談社
『恋舞台〜江戸文学の女たち』中山あいこ著　鎌倉書房
『江戸奉公人の心得手帳』油井宏子著　新潮社
『江戸町奉行』横倉辰次著　雄山閣
『江戸物語』木村八重子解説　典籍図録集成刊行会
『江戸牢屋敷・拷問実録』横倉辰次著　雄山閣
『大江戸生活体験事情』石川英輔・田中優子著　講談社
『大江戸とんでも法律集』笛吹明生著　中公新書クラレ
『近世風俗志』喜田川守貞著　岩波書店
『近世武士生活史』武士生活研究会著　柏書房
『近世病草紙』立川昭二著　平凡社選書
『御家人の私生活』高柳金芳著　雄山閣
『古典落語』飯島友治著　ちくま文庫
『時代小説用語辞典』歴史群像編集部　学研
『時代風俗考証事典』林美一著　河出書房出版
『新編日本古典文学全集　黄表紙・川柳・狂歌』小学館
『道具で見る江戸時代』高橋幹生著　芙蓉書房出版
『なぜ、江戸の庶民は時間に正確だったのか？』山田順子著　実業の日本社
『日本古典文学大系』岩波書店
『日本史モノ辞典』平凡社
『和漢三才図会』寺島良安・島田勇雄他著　平凡社東洋文庫
『日本の暦法と時法』内田正男著　雄山閣

文・イラスト＝善養寺ススム
編集＝牧浦千晶・甲良みるき・善養寺ススム
装丁・デザイン＝有限会社A/T Harvest
http://at8.co.jp

江戸の用語辞典 オフィシャルブログ
http://www.edojiten.com

校正＝矢島規男
企画・編集＝野田恵子（廣済堂あかつき）

イラスト・図説でよくわかる
# 江戸の用語辞典

2010年2月 1 日　第1版第1刷
2010年5月25日　第1版第2刷

編著者＝江戸人文研究会

発行者 矢次敏
発行所 廣済堂あかつき株式会社
〒105-0014 東京都港区芝 3-4-13 幸和芝園ビル
電話 編集 03-3769-9205
販売 03-3769-9209
FAX 販売 03-3769-9229

振替 00180-0-164137
URL http://www.kosaidoakatsuki.jp

印刷・製本 株式会社 廣済堂
ISBN978-4-331-51436-8 C0521